业中人

摄影：龚建平

20年行

业中人

摄影：龚建平

20年行

业中人

摄影：龚建平

公司简介
Company profile

衡水奇佳停车设备有限公司成立于2012年，取得国家质检部门颁发的特种设备制造许可证及特种设备改造、安装、维修许可证，主要产品有：垂直循环类立体车库，升降横移类立体车库、简易升降类立体车库、无避让智能立体停车位等。

2015年3月10日与韩国COSTEC智能车库公司成功合资，引进了韩国先进的设计、生产技术与完善的管理体系。我公司现注资9000万元，是从事设计、制造、安装、维修的综合性企业。公司拥有先进的生产机加工、焊接、表面防腐处理设备，通过大规模自动化生产线，已实现了产品模块标准化，在保证质量的同时大幅度提高了生产效率，现在年生产各种立体车位12000个。

公司拥有一支完整的、高水平的设计、制造、安装和售后服务队伍，其全过程严格按ISO9001质量管理体系运行。结合国内市场以及客户的实际需求，为客户量身订做的产品共有6大类30多种，拥有的停车设备技术成熟、可靠，具有安全性能高、故障发生率低、运转噪声低、耐腐性能好、使用寿命长、运营成本低等最显著特点。"轻松停车、愉快停车"是公司的经营方针，"产品质量第一、售后服务到位，"是公司的经营目标。我们愿以一流的技术解决您的停车问题，从而改善您的生活环境。

—垂直循环立体车库—

占地面积小
存车容量大
是传统停车位
的8倍左右

优势明显
技术过硬

安装快捷
方便、安全性高
挪动方便快捷

外观大方
可与周围环境
相符、相容

能耗低
噪声小
绿色环保

安全可靠
存取车完全自动化
一车一板可有效
防止剐蹭

高度智能化
车辆存取便捷

市场空间广阔
运营成本低

奇佳公众号

衡水市高新区衡井公路南侧
新桥新路以西

0318-2331226

http://www.hbqjtc.com

走进企业

协会领导在嘉联电梯有限公司考察

协会领导在河北建帮立体停车设备有限公司考察

协会领导在上海彭浦机器厂有限公司考察

协会领导受邀出席北京鑫华源（曹妃甸）智能停车产业园开工仪式

协会领导在广东三浦车库股份有限公司考察

协会领导在南京特种电机厂有限公司考察

协会领导在深圳市伟创自动化设备有限公司考察

协会领导在深圳怡丰自动化科技有限公司考察

停车设备工作委员会应邀出席 2017 智慧型机械停车设备安全规范国际交流会议

停车设备工作委员会理事会代表出席明椿电气机械股份有限公司运营总部综合大楼启用典礼

停车设备工作委员会理事会代表考察台湾 SOGO 百货已用 20 年的停车设备

停车设备工作委员会与武汉市机动车停车场行业协会交流

协会领导陪同国务院参事、中国城市科学研究会理事长仇保兴，上海市人大常委会副主任肖贵玉，上海市人民政府副秘书长黄融，上海市住房和城乡建设管理委员会主任黄永平等领导莅临 2018 国际（上海）城市停车博览会会场指导及参观

协会领导到北京鑫华源机械制造有限责任公司考察

30

专家寄语

汪建业

曾任 中国重型机械工业协会 理事长

我欣喜地看到，对于停车设备行业，已从计划经济的制约演变成市场经济的助推；从事无巨细地管控转为持续的推动与支持。如今，政府的作用是从宏观角度上整体把握行业经济发展的脉络，而行业协会主要根据各个企业发展的情况提出行业整体发展的战略方向。我认为，要想让行业协会更好地促进业内各个企业的发展，就要做到"因人而异"，而不是"一视同仁"。因为不同的企业有不同的资源、不同的技术和不同的核心价值。另一方面，企业和行业协会之间进行对话，不像面对政府那样会有压力和窘迫感，这让平等对话和高效沟通成为可能，也更有益于整个行业的稳步发展。

对于行业的未来发展，希望政府能够延续如今的态势，把行业协会变革成一个"小政府、大协会"，真正把行业协会推向一线，能够将相关行业标准的制定、评判、审核和检验，交由协会来决策，让专业的行业协会做更专业的事，管理部门权责变得更加清晰才能真正符合行业的实际发展。从1998-2018年中国重型机械工业协会停车设备工作委员会走过的20年风雨历程来看，如何服务行业带领行业搏击市场，如何凝聚行业科技创新实力升级市场，如何引导停车参与群体了解智能停车设备，将是行业协会下一个阶段的主要责任。

徐善继

曾任 中国重型机械工业协会 理事长
北京起重运输机械研究所 所长

随着国家综合实力的提升，私家车的保有量这两年也持续攀升，停车难成为各个城市日渐凸显的问题。不难发现北京的大街小巷都被私家车所占领，这对人们的出行造成了很大的困扰。不同于欧美国家，我国发展有自己的特点，其中之一就是城市人口密集度比较高，空间相对比较局促。所以为停车专门圈地搞停车场，在我国的城市不太适合。因此，发展更节约空间的停车设备，对我国就有比较积极而深远的意义，停车设备行业在这几年的飞速发展也是理所当然。停车设备应该作为我国城市的重要基础设施来考虑，其重要性，也已经上升到城市发展的战略高度。就国内环境来说，停车设备行业的发展受市场需求的影响很大，而价格的高低从一个侧面上也影响着市场需求。停车设备行业中的企业只有提高科技创新能力，才能降低产品的生产成本，在市场中才更具有竞争实力。可以预见，未来的停车设备行业，一定会在政府的支持和民众的理解下，发展成为一个完整的生态链。企业将更注重管理模式的变革，把人性化管理融入产品的售前、售中和售后，提高个性化成分，开发综合的服务功能和贴心体验，以提升整个行业的附加值。虽然这个过程还需要相当长的时间，但我相信一定会实现。

行业协会主要有桥梁和纽带两大功能。桥梁功能是把政府与企业之间联系起来，做到企业和政府间的良性沟通，一方面向企业贯彻政府对行业的政策制度；另一方面向政府反馈企业的实际诉求，同时为政府就行业的政策提出适当建议，以此创建一个良性的市场环境；所谓纽带功能，是在企业之间搭建一个良性的互动沟通平台，为企业间提供交流的场所和机会。总体而言，协会在引导企业遵纪守法地发展的同时，也为行业的不断完善制定相关的制度和标准，提高企业发展过程中的自律性。同时，促进企业家之间、技术人员之间、同行之间和兄弟协会之间的交流。停车设备行业看似是单一的行业，其实和很多行业都有交集，比如建筑、消防、市政等行业，都是我们应该增强交流沟通的行业。只有交流充分，才能让行业更好地发展。

在停车设备行业30年的发展过程中，主要出现了三个变化，一是相关厂家增多，二是产品种类增多，三是机械和信息化的融合加快。这三个变化证明了停车设备行业已经进入高速发展阶段。在我看来，这样的变化喜忧参半：喜的是因为行业越来越受重视，所以有发展的市场和平台，我国已经开始引领国际停车设备发展，也已成为了国内一个新的经济增长点。

李 镜
中国重型机械工业协会 常务副理事长

20年弹指一挥间，记得在1997年，当时建设部停车协会已经成立，由于专业的原因在国内推动机械停车技术遇到了困难，而机械式停车设备也没有在当时机械部归口产品目录中。我询问了当时的二装司、三装司，给出的答复均是不好归口。当时就想这么好的项目不能干等着，所以就联系了相关领导以及北京起重所、机械院、二装司、三装司、科技司、体改司、计划司等，在怀柔敲定了机械式停车设备的产品归口走向，并明确了机械部接手此项工作。紧接着正式起草文件，通知各省机械厅局，要求将机械式停车设备企业管理起来，加强产品的质量控制。为方便行业上传下达，计划成立了中国重型机械工业协会停车设备工作委员会。停车设备工作委员会创办之初人力资源匮乏、办公经费紧张，当时只有区区的千元钱，连桌椅板凳都要去借、去自己想办法。20年后的今天，我们的停车行业已是突破150亿元大关的行业，在智慧城市建设，解决大城市停车难方面发挥着巨大的作用，为此我深感欣慰！在行业建立30年，停车设备工作委员会成立20年之际，我祝愿停车工作委员会与行业在新的征程上越走越好，愿我们共同开创的事业为祖国做出更大贡献。

任 伯 淼
**中国重型机械工业协会停车设备
工作委员会 首任理事长**

明艳华

中国重型机械工业协会停车设备
工作委员会 理事长

2018年是停车行业非常重要的一年。一来是中国停车行业迎来了具有里程碑意义的30年，二来是中国重型机械工业协会停车设备工作委员会成立20周年。作为一个伴随行业发展走过20年的行业协会，非常感谢协会的副理事长、理事单位，理事们不断与协会分享他们的"金点子"，共同为停车协会出谋划策。

协会最初成立时，的确不被看好，因为当时汽车非常少，家庭能拥有汽车是根本不敢想象的。因此，最初办会的时候遇到了诸多困难。首先是政策从哪里来？其次会员从哪里来？最后经费从哪里来？那时候养成一分钱掰成两半花的习惯，坚持做到"开源节流"。

早年间协会的工作是协助企业寻找市场搭建供销桥梁，十几年前，工作重点是协助企业进行技术引进消化的服务工作，前些年国内市场逐渐成熟，工作重点转向引导行业企业引进新的生产技术、生产线，扩大生产。当前我国停车设备产业技术已走到了世界前列，保护市场良性健康发展就成了协会当前的第一要务，所以协会"品质委员会"应运而生。"合作大于竞争"的协作互促理念在行业中推行。

未来十年行业的发展一定会走上快车道，在行业高速发展的阶段协会就要为企业保驾护航，尽可能想会员之所想急会员之所急，尽己所能减少停车设备企业的后顾之忧。持续发挥协会催化剂的作用，重点解决发展中的四个矛盾，通过协助企业优化产能增加利润；通过增加对话吸引外界投资；通过技术交流促进科研创新，通过参与制度的订立和公正的监督不断完善业内制度。而作为行业与政府的纽带，我的理解是一定做到"紧密"，跟紧政府制定决策的步伐，细心倾听企业呼声诉求，做到让政府放心让企业减负，让企业感觉到协会是在为行业健康发展发声。

唐 超

中国重型机械工业协会停车设备工作
委员会 常务副理事长

北京起重运输机械设计研究院有限公
司 董事长 总经理

当下在破解超级城市病，解决城市停车难的挑战中，立体停车设备已经充当了绝对主力角色。立体停车设备在诸多城市的爆发式增长一方面归功于政策引导和市场需求，另一方面这也是符合绿色制造，环保高效利用空间的举措要求的。北京起重运输机械设计研究院有限公司的前身为北京起重运输机械研究所，是最早一批参与到停车设备研发鉴定工作的行业归口院所。自身就有着植根行业的先天基因，当前在服务行业企业特种设备型式试验和特种设备鉴定评审方面都与协会展开了良好的合作。并且通过设立在北起院的停车设备标准化工作组积极参与到行业标准的制修订工作中，为行业的健康良性发展打好基础。20年间协会深深地植根于企业中，服务企业、引导企业，与行业携手走向了快速发展之路。当下中国重型机械工业协会停车设备工作委员会和北京起重运输机械设计研究院有限责任公司一定会发挥各自之所长，一同为行业添砖加瓦，一同为行业腾飞助力。

20世纪80年代末90年代初期，停车设备行业才起步，我国企业积极向日本和西方国家学习，汲取相关管理理念、经验和生产技术，迈出了行业发展的第一步。90年代末，越来越多的企业结合我国国情和不同城市的客观条件，改良产品和技术，做出的停车设备产品更适应我国民众需求。

进入21世纪，我国加入WTO，越来越多的企业关注自家产品在国际市场上的竞争力，逐步加大产品的科研创新力度，形成了行业发展创新的井喷现象。随着市场需求的明确，行业发展模式的趋于稳定，土地、人工等生产成本的逐年递增、价格竞争给企业的发展带来不小的压力，恰逢国家PPP模式的提出，更多的企业开始转变经营理念，从单一的"销售＋售后"服务模式变为"销售＋综合服务"的系统运营模式。

如今，互联网和智能手机等的移动终端不断更迭，APP的应用和停车设备配套消费的观念悄然形成，打造产业生态链呼之欲出，进入了以停车设备行业为主体的附加价值提升阶段。

提到停车设备行业的未来发展，人机交互和人工智能是我马上想到的两个词。我能想到的停车行业的未来，一定不是毫无温度的冷冰冰的机械设备；也不该是消耗人力资源的人工服务，而是将科技的高效便捷与人工的温暖体贴结合了起来。而这两点的结合，只有人机交互和人工智能能做到。

再有就是，我国对于相关行业领域的制度法规会逐步完善。就停车设备行业而言，我国属于典型的后发优势国家。因为学习和借鉴，行业发展的速度较之于其他国家得以大大提高，但另一方面，相关的制度拟定、管理规范、生产标准、细节要求并不能一时间全面涉及，难免产生相关的法律法规、政策制度滞后延时的情况，而随着时间的推移，我相信这些问题都会迎刃而解。

龚建平

曾任 中国重型机械工业协会停车设备
工作委员会 秘书长

伴随着改革开放的进程，中国停车设备行业矢志耕耘、砥砺奋进。中国重型机械工业协会停车设备工作委员会从1998年到2018年，矢志不渝护初衷，为波澜壮阔的中国乃至全球停车设备行业增添了浓墨重彩的一笔，一直维护行业利益，不断促进行业发展。协会成立的20年，是中国停车设备行业头角峥嵘的20年，是规范发展的20年，是成绩斐然的20年，亦是包容开放的20年。展望未来，我们要在习近平新时代中国特色社会主义思想指引下，朝乾夕惕，慎始敬终，努力建成最具公信力、最富凝聚力的行业协会，持续引领我国停车行业发展方向，更好地服务民生，解决停车难问题。"不忘初心谱华章 牢记使命启新程"。在协会成立20周年之际，回首走过的路，我们因坚持而倍感欣慰；展望未来，我们看到了一个更加广阔的新天地。

张 敏

中国重型机械工业协会停车设备
工作委员会 秘书长

那是在 1988 年年底，有色总公司办公楼工程组会议上决定采用机械车库。这座拥有 68 个泊位的两层升降横移式机械车库的建立，成为我国首座机械式停车库。30 年后的今天，停车设备技术已经有了长足的进步，再回过头来看这台设备，它显得那样笨重，好像没什么值得夸耀的。然而，她的价值在于：她是划时代的作品，结束了我国没有机械车库的历史。每当我回忆这段往事的时候，就感到我是幸运的。假如有色总公司办公楼没有停车问题，假如出入口条件良好不需要采用升降机，假如同事不去日本考察让我在那个时候拿到第一手资料，总之，如果没有这一连串的偶然，这台设备都不会在这个时间与我产生交集。辩证唯物主义认为，必然性寓于偶然性之中。当我在这条偶然链中寻找必然因素时，我感到庆幸，庆幸我抓住了其中的每一环，没有跟机遇擦肩而过。2018 年机械式停车设备行业迎来行业创建 30 年，工作委员会创办 20 年，能看到今日一座座智能立体停车设备拔地而起、技术赶超先进国家，能与行业协会的诸位一同携手前行，我是幸运的、骄傲的、自豪的。

姜勇

**曾任 中国重型机械工业协会停车设备
工作委员会专家委员会 主任**

回想 20 世纪 90 年代，我们主要是向西方国家学习，1997 年筹备成立了中国重型机械工业协会停车设备工作委员会；2000—2010 年行业进入高速发展阶段；2010 年后步入行业的稳定发展阶段。作为一名技术人员，从把工作重点放在相关行业技术的研究和开发上到开拓市场；从主要定位只在企业与政府间的承上启下作用上，到协助政府出台相应的行业政策，订立、细化、完善行业标准。我们意识到停车设备不止要把市场做大，更要把整个产业往"高、精、尖"的发展方向引导。早年间很多的基础创新可以靠模仿欧美、日韩企业改造进行，当前通过发展，我国停车设备行业技术已从模仿走向了引领。所以越来越多的企业逐渐意识到，停车设备行业要依靠大数据，并提升产品的人性化和智能化水平。如今，停车设备工作委员会也有 20 年的成长历史了，我希望通过我们行业协会，更好地链接企业和政府，让整个行业向自动化、智能化方向发展。

许万凌

**中国重型机械工业协会停车设备工作
委员会专家委员会 主任**

对于停车设备最令我印象深刻的是在 20 世纪 90 年代，当时北京建立起第一座机械式立体停车库。这件事在当时是具有行业里程碑意义的，也是很轰动的，那座立体车库是第一座矗立在北京闹市区内、与市民密切接触的立体停车设备。当时谁也不敢想象小轿车这种当年不敢奢望的"奢侈品"能走入千家万户，尽管当时人多车少的停车难的矛盾还没有显现，但当时的行业创立者们对我们行业的未来充满信心，也看好我国经济发展的良好态势，并为未来立体化停车设备技术打下了坚实的基础。2018 年行业发展就要步入 30 年了，在这里感谢一代代机械式停车人为行业发展所付出的辛劳与汗水，感谢停车设备工作委员会 20 年来为行业发展所做出的贡献。让我们一同祝愿行业之树常青，中国重型机械工业协会停车设备工作委员越办越好。

张家驷

曾任 中国重型机械工业协会停车设备
工作委员会专家委员会 专家

国内停车设备行业的发展经历了一个很有意思的变迁：从最开始纯粹对西方国家应用技术的借鉴和"搬运"，到链接自身市场需求、结合自身产业特色的产业融合；从标准制度的统一建立，树立行业指标的规范化，到追求产品科研和管理模式的创新，提高整体行业产能；从因循守旧的传统经营理念和服务模式，到创新经营服务方式的变革，这些变化都在短短 30 年的时间内顺利完成，要知道，即使那些在行业方面具有先进优势的西方国家，也无法在这么短的时间内顺利完成这些转变。

我认为，国内的停车设备行业之所以能够在短期顺利完成剧变，在最短的时间内调整到适合自身发展实情的状态，离不开行业协会的鼎力支持和高效链接。让人非常赞叹的是，行业协会在行业每一个重要的发展阶段都恰如其分地发挥了自身的作用：行业创立之初，高效地实现了链接和枢纽的作用；行业稳步发展阶段，协助政府出台颁布了多项规章制度，确立了"游戏"规则；高速发展阶段，牵头促成行业年会和高峰论坛，促进产业交流创新。可以说，行业协会为整个行业的发展起到了推动作用。

杜永安

曾任 中国重型机械工业协会停车设备
工作委员会专家委员会 专家

周水妹

杭州西子智能停车股份有限公司
董事长

足迹印证着梦想，20年前，行业执着探索市场沧海的深邃，对市场的咆哮，出没在巅峰和波谷之间。还记得20世纪90年代的中国市场，客户对停车设备还在观望；进入21世纪，市场不断壮大，多年的市场培养，项目不断增多，但市场的崛起却带来了多样性做法，有些做法让客户对行业心存芥蒂。经过各方多年的努力，终于将这些阻力除去，随着国家的政策助力，停车设备行业真正进入了高速发展时代。

作为车库人，以坚韧不拔的信念、自强不息的精神，鼓起勇敢与智慧编织的风帆，披星戴月、不舍昼夜勇往直前。

20年，行业从一叶轻舟，被打造成一艘军舰，在市场的律动中留下波澜壮阔的篇章。

张军

深圳怡丰自动化科技有限公司
副总经理

中国重型机械工业协会停车设备工作委员会成立20年了。20年来协会为行业发展、企业交流搭建的信息交流平台，取得了卓有成效的业绩。这20年，我们这些行业的主力企业经过了辛勤耕耘，积累了很多丰富的经验，在很多停车技术领域，我们已经走在了世界前列。深圳怡丰以科技创新为先导，2016年成功地推出了世界首个AGV停车搬运器，2017年还推出了充电的塔库以及载重15t的充电大型轿车立体车库。

期望行业协会能够把停车行业的相关法规政策，包括对政府的一些专业性的引导工作做好，也期望协会扩大行业的宣传，让用户更加了解我们立体停车设备的优点，并且希望行业能够规范、有序地发展。深圳怡丰愿与协会一起，共创下一个美好的20年。

有个成语叫"因地制宜"，是讲根据地方特色做适宜的事情。我觉得这个成语特别适合智能泊车行业。泊车凸显的矛盾，就是刚性泊车需求和实际泊车空间的矛盾。停车设备行业就是为了解决这个矛盾而产生的。但如果想服务好顾客，仅靠"因地制宜"还远远不够，更应"因需制宜"。

在停车设备工作委员会成立20年之际，希望协会在20年发展的基础上，着力打造跨行业交流平台，成为连接政府与行业上下游企业的聚合平台。

李祥啟

大洋泊车股份有限公司 董事长

当前智能停车产业在国家宏观政策的指导下迎来了高速发展的契机，停车设备行业越来越受到社会各界的关注，在市场的驱使下，有更多的企业开始涌进这个行业。虽然竞争日趋激烈，但停车设备市场远没有饱和，因为智能停车是国内的刚性需求，随着人均汽车保有量的日益增长，就目前的停车设备行业产量来看，还远不能满足市场需求。

20年来，行业协会一路与企业风雨同行，搭建良好的交流平台。今后希望行业协会，更要加强行业标准的规范、维护行业的经营环境，促进行业健康稳步发展；作为停车行业的企业，要牢牢把握这一重大发展时机，与行业共同发展。

孙书寨

北京鑫华源机械制造有限责任公司
董事长

王忠利

唐山通宝停车设备有限公司 董事长

岁月如歌，风霜如画，中国重型机械工业协会停车设备工作委员会自1998年成立，已经历20个春秋，机械式停车设备行业恰逢国家经济迅速增长，汽车工业快速发展，城镇化加速的天时，因此，发展迅速。协会秉承积极发挥政府和企业之间的桥梁和纽带作用，促进中国停车设备行业健康有序地发展的宗旨，带领中国停车行业步入新的纪元。唐山通宝停车设备有限公司一直紧随行业协会的脚步，稳健经营，诚信为本，不断提升自身核心竞争能力，创建具有国际化视角的智慧停车资源产业平台，积极促进全新停车产业的发展，努力为推动停车设备行业的发展做出贡献。唐山通宝停车设备有限公司愿与行业协会一路同行，携手共进，拓步前行，并在新的征程中再谱新篇！

陈兴国

北京航天汇信科技有限公司 总经理

筚路蓝缕20年，停车设备工作委员会在20年的发展中，为推动行业进步发展发挥的作用是积极而巨大的。行业协会不仅承担起行业与政府之间的纽带作用，加强了各方的沟通，还在相关管理制度及标准制订等方面对行业起到了规范作用。随着需求的差异化和企业的特色化发展，技术研发和先进管理理念备受重视，协会为此牵线搭桥，多次举办行业展会、论坛，促进行业交流，转变管理理念，提高科研创新的效果。

北京航天汇信隶属于中国航天科技集团，利用航天技术方面的相关优势，将它和智能停车项目结合起来，在人力、资金上都加大了产品研发的投入力度，研发了多种适应市场需求的产品。

未来停车设备行业，人机交互和人工智能是重点发展方向，希望协会能协助政府逐步完善相关行业领域的制度法规，为行业企业发展铺路搭桥，共创行业美好未来。

　　在停车设备行业激烈角逐的当下，要发掘企业的赢利点，让企业立于不败之地，就要做好三个关键：一是关键要舍得进行前期的资本投入，二是关键要有创新意识，三是关键要有企业的社会责任担当。企业赚钱是目的，但只有共同维持良性的市场秩序大家才能一起赚到钱，这需要每个企业坚持社会责任操守。当然，更离不开行业协会的引导、规范、支持和协调引领。

　　杭州友佳精密机械有限公司始终秉承"以诚立业，以信立世"的经营理念，贯彻"克勤克俭、追求卓越"的企业文化精神。坚守以用户为先导，以科技为抓手，产品质量为生命的一贯态度，在当前国内停车设备政策一片大好的形势下，与行业同仁一同携手，为中国机械式停车设备的跨越式发展贡献自身力量。

喻元明
杭州友佳精密机械有限公司
中国区总监

　　在停车设备行业发展的这30年中，给我最大的感触是政府对停车设备产业的发展和相关需求的重视程度逐渐加深了，这意味着政府已经把停车问题当作当今社会的民生问题来看了。具体来说，政府的工作在停车设备行业有两方面的变化，首先是工作流程简化了，早先企业和政府的对接非常烦琐，从建设报批到施工运营，效率很低，如今相关运作流程得到了大幅度简化，业内工作更流畅了。这些都得益于停车设备工作委员会20年的不懈努力与卓有成效的工作。在委员会成立20年之际，祝愿委员会百尺竿头，更上一层楼，带领行业企业，开创新的天地。

林伟通
深圳市伟创自动化设备有限公司
总经理

解决现代城市停车难最便捷的途径是立体化停车，可靠性高的全自动立体化停车技术将成为未来城市停车的优选方案。

人机交互和人工智能带给智能泊车最大的变化是让人享受到更舒适的服务。比如说我们的智能停车APP，用户在使用的时候，有人机交互的功能，避免了完全自动化带来的失误和恶性事故的发生；在收费方式上，我们可以通过不同的形式缴费，通过人机交互会话过程代替真实的人工服务，提高工作效率；还可以通过APP实时查看或预约停车位，实现一键存车、取车，即安全又高效。

一个好的区域性停车解决方案是高端制造业和智能系统的结合，也是高端科技引领现代生活的完美体现。

周 卉
山东莱钢泰达车库有限公司 董事长

上海赐宝公司成立于1998年，如今公司的停车设备业务已遍布上海、南京和天津，已做了5万多个泊位。产品特色是升降横移类，其中滚珠螺杆是我们的独家专利。它的特点是，升降的过程中会有毛刷子运动，下来用于刷灰尘，上去用于加油，以此保持它的韧性。这套德国的材质再配上我们公司的专利折臂，更好地解决了停车升降过程中的安全问题。上海电视台是我们的第一个项目，如今使用效果仍然不错。

2018年是停车设备工作委员会成立20年，也是我们公司成立20年，在行业协会的扶植和推动下，停车行业迅速成长，我们公司的队伍越来越大、市场规模也越来越大。停车设备行业是个朝阳产业，未来有美好的发展前景，我们相信在协会的带领下，这个产业会有更辉煌的明天。

蒋 玲 华
上海赐宝停车设备制造有限公司
董事长

中国重型机械工业协会停车设备工作委员会作为国内行业发展的引路者，为停车设备企业的发展指明了前进的方向，并搭建了一个行业政策、行业动态、协同发展、技术普及的交流互动平台。自天辰智能加入协会近20年来，深切体会到协会在为企业健康发展、产业整合、扩大市场等方面提供的服务和支持。

目前，停车行业步入了发展快车道，迎来了蓬勃发展的历史机遇，真诚希望协会能够一如既往地发挥桥梁和纽带作用，助力行业健康绿色发展。值此停车设备工作委员会成立20周年之际，我们将积极迎接"新机遇，新挑战"，继续坚决贯彻"做新的，做好的"的企业方针，发扬"天道酬勤，辰辉同映"的企业精神，多建好车库，服务客户，奉献社会，为行业的快速发展添砖加瓦！

王 凯

山东天辰智能停车有限公司 销售总经理

停车设备工作委员会在20年的惊涛骇浪中，能够激流勇进、顽强生存，并壮大提升，这与行业协会领导及团队的品德修养，处事风格，行为特征，人格魅力和个人品行都是分不开的。包容、共赢，永不自满，挺设备工作委员会把为行业内的企业办实事、谋发展，视自己职责所在。为了使行业健康发展，卓越成长，委员会组织研讨新的知识技术；组织展会拓展新的市场空间，寻求新的合作伙伴；顺天时，应地利，用人和，义无反顾地争取更多的国家政策扶持。20年呕心沥血，可歌可泣，有史共鉴。

"雄关漫道真如铁，而今迈步从头越"。新时代，新征程，新起点，在当今习近平新时代中国特色社会主义思想的指引下，不忘初心，永不止步，打造百年协会的远景目标，让我们共同努力，永远在路上。

洪伟泉

浙江子华停车设备科技股份有限公司
董事长

朱志慧

江苏金冠停车产业股份有限公司
董事长

从第一套机械停车设备诞生至今已有近百年的历史，中国的立体停车产业也已历经30多年的发展，从最初简易控制的单一机械设备已发展成如今全自动、多品种、多元化、高智能化的智慧停车整体解决方案。

在中国立体停车产业的发展历程中，行业协会起着至关重要的作用，起到了政府和企业的桥梁和纽带作用，以及积极协助政府实施了行业管理，维护企业合法权益职能。

随着国家产业政策的逐步落地，未来的停车产业发展必然呈现百花齐放、百家争鸣的局面。金冠停车作为一个已有十余年停车设备研发、设计、制造、安装经验的主流停车产业服务供应商，秉着"简单停车，快乐生活"的理念，立志与同行企业共同努力，营造创新引领、合作共赢的市场竞争氛围，一同促进立体停车产业的健康快速发展。

苏农

广东三浦车库股份有限公司 董事长

企业要想在停车设备行业健康良性发展，离不开四个要素，一是产品的质量，这关乎使用者的生命安全，产品质量绝对不能出现问题；二是专利研发，这是决定企业核心竞争力的硬性条件；三是创新的意识，汽车行业在发生变化，新能源汽车已经崛起，传统车库需要功能更迭；四是要有社会责任，要心系百姓，服务众生。

从停车设备企业走过的道路中，可以看出中国停车设备行业发展的轨迹。从停车设备不为人知、不被接受，到如今成为热门产业及投资新宠，道路崎岖而漫长。这一路，是协会伴随着企业成长，帮扶着企业，协调各种关系，企业才得以有良好的发展环境，有一个可以互相交流和支持的"家"，正所谓"不经历风雨怎能见彩虹"，凭借信心与毅力，三浦愿与协会一起努力，在停车设备行业开辟出一条更宽广的大道。

明椿公司成立于1977年，快速发展是在1995年以后。我公司基于ISO9001的指导方针，在公司"品质、服务、责任"的理念下，开展一切业务活动，以"客户满意指数达满分"为目标。

未来我公司会在停车机械需求领域中，精益求精，不断研发新产品，以提升产品质量及降低成本，来满足客户的要求。我们祝愿中国重型机械工业协会停车设备工作委员会一如既往地为企业、行业和政府服务，健康稳定发展。我们也将努力拼搏，与世界电机强国产品竞争，更期许"明椿电机"能成为具有世界竞争力的第一品牌。

魏大椿
明椿电气机械股份有限公司 董事长

停车设备的诞生是为了解决停车位不足的难题，停车设备行业协会的诞生则是为了规范和协调停车设备行业成员的行为，促进停车设备行业技术和品质的提升。停车设备行业协会成立20年来，在协会各任领导和专家的规划和指引下，我国的停车设备行业无论是在质上还是量上都取得了长足的发展，科学、规范、合理的停车设备新产品和新技术不断涌现，并在世界各地生根、开花和结果，智能制造在停车设备行业的深入应用促使停车设备品质的不断提升，一大批优质、高效、智能的停车设备已在我国许许多多城市发挥了重要作用，有效地缓解了我国部分城市的停车难题，停车设备企业日益走向健康和规范的发展轨道。我们坚信，在停车设备行业协会的正确领导下，停车产品的品质和智能化水平必将得到更大的提升，停车设备行业的明天会更好。

王国明
江苏启良停车设备有限公司 董事长

中国机械式停车设备行业 30 年发展史

中国重型机械工业协会停车设备工作委员会　编

机械工业出版社

《中国机械式停车设备行业 30 年发展史》设置行业发展综述、行业重要成就、行业交流、行业统计分析、行业大事记、企业风采、人物风采、创新应用案例、行业产品介绍和后记 10 个部分，反映我国机械式停车设备行业 30 年生产经营、技术发展、改革创新的发展历程，详细介绍我国机械式停车设备行业骨干企业生产经营情况、产品类型和重点应用案例及取得的主要成绩，分析我国机械式停车设备行业历年市场情况及取得的专利情况，客观记载我国机械式停车设备行业从无到有的发展历程。

《中国机械式停车设备行业 30 年发展史》主要发行对象为政府决策机构、房地产业、建筑业以及企事业单位决策者，从事市场分析、企业规划的中高层管理人员以及国内外投资机构、贸易公司、银行、证券、咨询服务部门和科研单位的机电项目管理人员等。

图书在版编目（CIP）数据

中国机械式停车设备行业 30 年发展史 ／ 中国重型机械工业协会停车设备工作委员会编．－－ 北京：机械工业出版社，2018.11

ISBN 978-7-111-61346-6

Ⅰ．①中… Ⅱ．①中… Ⅲ．①停车设备－工业史－中国 Ⅳ．① F426.4

中国版本图书馆 CIP 数据核字 (2018) 第 259857 号

机械工业出版社（北京市西城区百万庄大街 22 号 邮政编码 100037）

责任编辑：赵　敏　张珂玲

责任校对：李　伟

北京宝昌彩色印刷有限公司印制

2018 年 11 月第 1 版第 1 次印刷

210mm×285mm•28.25 印张•680 千字

定价：480.00 元

凡购买此书，如有缺页、倒页、脱页，由本社发行部调换

购书热线电话 (010) 68326643、88379812

封面无机械工业出版社专用防伪标均为盗版

《中国机械式停车设备行业 30 年发展史》和大家见面了！

如果以 1988 年北京建成的第一个停车库为标志，2018 年中国机械式停车设备行业将走过 30 个发展年头。30 年的时间，伴随着我国经济高速发展，科技进步突飞猛进，各种新兴产业如雨后春笋般层出不穷。我国机械式停车设备行业也经历了由萌芽走向成熟，由传统走向现代的快速发展阶段。

中国机械式停车设备行业的发展，是以改革开放以后的轿车进入家庭为转折点，逐步发展、壮大起来的，概括起来有三个比较明显的时期。

第一个时期是 20 世纪 80 年代至 2000 年，是停车设备行业的起步阶段。1984 年我国开始研发机械式停车设备，1988 年我国第一个机械式停车库在北京建成，从此拉开了我国机械式停车设备行业发展的序幕。

第二个时期是 2001 年至 2009 年，"鼓励轿车进入家庭"进入了国家"十五"计划，从 2002 年开始轿车全面、大规模进入中国普通百姓家庭，人们对停车的需求急剧增长，机械式停车设备开始快速发展。

第三个时期是 2010 年以来，我国城镇化建设和住房制度改革，激发我国房地产业、建筑业和住宅建设持续高速增长，特别是自 2015 年以来，国家发改委等多部委联合下发《关于加强城市停车设施建设的指导意见》，鼓励社会资本投资建设公共停车场，个人资本与民营资本开始进入停车行业，这就使得我国机械式停车设备行业在相当长一段历史时期内，呈现和保持了高速增长。

经过后两个时期的发展，我国机械式停车设备在设计、制造、施工等各方面不断发生新的变化，设计不断创新、新型机械式立体停车设备层出不穷，核心技术的更新换代速度不断加快，并建造了大量的样板工程，车库品质也不断提升。我国已经毫无争议地成为世界上机械式停车设备制造大国、使用大国和出口大国。机械式停车设备对解决城市停车难和缓解城市交通拥堵发挥了重要作用。

目前，行业发展已达到一定的规模，如何推动行业健康、全面、可持续发展，已经成为极为重要的课题。因此，有必要对我国机械式停车设备行业进行全面、系统的回顾与总结，并就其今后的发展做出展望。总结 30 年行业的发展，深入分析行业发展的背景，是编写本书的初衷。

2018 年 10 月

中国机械式停车设备行业 30 年发展史
编辑委员会

编辑说明

一、《中国机械式停车设备行业 30 年发展史》（以下简称《30 年发展史》）是由中国重型机械工业协会停车设备工作委员会主管、主办，《30 年发展史》编委会编纂，机械工业出版社出版。

二、2018 年是中国机械式停车设备行业诞辰 30 周年，也是中国重型机械工业协会停车设备工作委员会成立 20 周年。中国机械式停车设备行业经过 30 年发展，特别是近 20 年的高速发展，已形成具有 9 大类产品、技术先进的新兴产业，在缓解城市交通拥堵和停车难方面，发挥着越来越重要的作用。

三、《30 年发展史》是一部全面记载和展示中国机械式停车设备行业 30 年发展历程和辉煌成就的大型、资料性工具书。

四、《30 年发展史》设置行业发展综述、行业重要成就、行业交流、行业统计分析、行业大事记、企业风采、人物风采、创新应用案例、行业产品介绍和后记 10 个部分。统计数据截至 2017 年 12 月底，来源于中国重型机械工业协会停车设备工作委员会。

五、《30 年发展史》在编纂过程中得到了中国重型机械工业协会停车设备工作委员会成员单位、行业企业及行业前辈和专家的大力支持和帮助，在此深表谢意。

六、未经中国重型机械工业协会停车设备工作委员会的书面许可，本书内容不允许以任何形式转载。

七、由于水平有限，难免出现错误及疏漏，敬请批评指正。

中国机械式停车设备行业 30 年发展史编辑委员会

2018 年 10 月

目录

行业

发展综述

30

我国机械式停车设备行业发展概览

　　1988年，在国产"桑塔纳"准备驶出生产线的同时，我国第一座机械式停车库在北京建成。该车库为升降横移类，分上下两层，共68个泊位。自此，拉开了国内机械式停车设备行业发展的序幕。此后10年间机械式停车设备持续受到关注，1998年国务院颁布的《当前国家重点鼓励发展的产业、产品和技术目录》中便将城市立体停车设备列入其中，同年中国重型机械工业协会停车设备工作委员会（简称停车设备工作委员会）孕育而生。此后20年中国机械式停车设备行业高速发展。随着新世纪中国经济的再次腾飞，机动车保有量连年攀升，通过技术手段解决停车难的问题逐渐被公众了解熟悉。因为需求的爆发，全国各地在很短的一段时间内涌现出一大批决心投入机械式停车设备领域的优秀企业，全国机械式停车项目如雨后春笋般涌现，在打造智慧城市静态交通系统，破解大城市"停车难"的任务中，机械式停车设备充当着不可或缺的角色。

一、行业的诞生——无中生有定乾坤，借道破题显成果（1984—1994）

九十多年前，世界上第一座机械式立体停车库诞生于美国，标志着停车设备行业的诞生，而过了四十多年，亚洲的机械式停车设备技术才在日本研发出来。作为具有后发优势的我国，在国家企事业单位进行外派考察和学习后，于20世纪80年代开始研发机械式停车设备。1984年，可以说是我国机械式停车设备的开发元年。1986年，机械式立体停车库首次在建设部主办的"全国城市建设成就展览会"上展出（见图1、图2），停车设备和相关产品首次进入人们的视野。1988年，首座机械式停车库在北京建成，该车库为升降横移类，分

图1 观众参观1986年全国城市建设成就展览会机械式停车设备展板

图2 1986年垂直循环类车库模型第一次在展览会上亮相

图3 1988年我国第一个机械式停车库

上下两层，共68个泊位（见图3）。自此，拉开了国内停车设备行业生产的序幕。此后3年，首座垂直循环类机械式停车库在北京建成，共26个泊位（见图4、图5）；再过3年，首台汽车专用升降机停车设备在北京被采用；同年，上海建成了首座垂直升降类（试验）停车库，共40个泊位。

在国内停车设备行业发展初期，我们看到，从开始研发到第一座机械式停车库建成，仅仅用了4年时间。此后6年国内停车设备行业发展势如破竹，仅用了10年的时间便建立起相对健全的停车设备产业脉络，在人口密集的一线城市出现了不同形式的停车设备产品，完成了早期的行业发展目标。

我国是一个具有后发优势的国家，这一点从停车设备行业的前期发展就能看出来。如今业内的翘楚，当年通过学习和消化欧美、日本等国家的先进技术和相关管理理念，快速地完成了我国停车设备领域内的基础建设，尤其难能可贵的是，最初的学习并不是纯粹的"拿来主义"，而是结合了我国自身特色和客户的实际需求，为客户"量体裁衣"，改生搬硬套为自主研发，相应的产品设备也适合我国国情，行业发展成果初现端倪。

二、体制的建立——行业发展不停歇，经营管理定规则（1994—2000）

20世纪90年代起，国内外许多企业开始看好我国的停车设备行业，通过设立合资企业、技术输出等方式，将国内低廉的生产成本与国外成熟的技术相结合，参与停车设备行业的市场竞争。国家也将该行业作为重点鼓

图 4　我国第一座垂直循环类机械式停车库

图 5　我国第一座垂直循环类机械式停车库入口

励和支持的对象，这点从 1998 年国务院颁布的《当前国家重点鼓励发展的产业、产品和技术目录》中就能看出，该目录将城市立体停车设备列入其中。

这期间，停车设备行业不曾停下发展的脚步：1998

年，首座垂直升降类停车库在上海黄河路建成；作为国内重要港口的天津，同年建成共 24 个泊位的国内首座多层循环类停车库；经济特区深圳市不甘其后，也于当年建成首套巷道堆垛类车库，为国内增加了 186 个泊位……2000 年，全国机械式停车泊位年增长量突破了 5 000 个，建设机械式停车库的城市超过了 30 个。

停车设备行业发展得如日中天，但在这段时间更值得关注的是行业相关制度、标准的建立。所谓无规矩不成方圆，我国停车设备行业从无到有已经初现成果，不能由着刚兴起的行业"野蛮生长"。

1998 年，我国停车设备行业的管理机构——中国重型机械工业协会立体仓储及车库设备分会（1999 年，更名为停车设备管理委员会。2002 年变更为停车设备工作委员会）成立，任伯淼当选首任会长，明艳华任秘书长；随后，各种相关政策也在同年陆续出台，其中包括：机械工业部发布的 JB/T 8713—1998《机械式停车设备类别、参数、型式与基本参数》；建设部发布的《机械式停车场安全规范总则》；公安部、建设部联合发布的《汽车库、修车库、停车场设计防火规范》。1999 年，国家机械工业局发布了《升降横移类机械式停车设备》《简易升降类机械式停车设备》的行业标准。国家机械工业局发布了国机管 [1999]501 号《关于进一步加强对停车设备行业管理工作的通知》，明确要求加强对机械式停车设备行业的管理工作；2000 年，国家机械工业局以国机管 [2000]295 号文批复中国重型机械工业协会停车设备工作委员会提出的对停车设备制造企业实施资质管理的请示，并出台了《机械式停车设备制造企业资质评定办法》；同年，国家机械工业局发布了《垂直循环类机械式停车设备》行业标准。

这些颁布的文件，对行业的生产标准、安全要求、经营管理、资质评定、设备种类说明等方方面面进行了翔实的阐述和要求，成为日后业内规范化运营的范本，让企业在生产经营活动中有法可寻，对行业健康稳定发展起到了积极的推动作用。

三、业界的交流——集众所长谋发展，政策指导定方针（2000—2011）

2001 年，我国加入了世贸组织，这对于国内停车设备行业来说，既是机遇，也是挑战：机遇来自于我们可以以更宽广的视野遍观世界范围内行业发展格局，可以更全面地参考和汲取国外同行业先进的科技成果和管理理念，也可以在国际市场上实现资源共享，在业内发声；挑战在于，国际市场上的停车设备产品在价格、技术、产品品质上会对国内市场造成一定程度的冲击，要想在这种情况下提升我国停车设备企业的国际影响力，还需要付出更多的努力。

在此期间，国家继续对停车设备行业进行体制的建立和打造：2003年，国务院发布了《特种设备安全监察条例》，机械式停车设备被正式纳入特种设备范畴；同年，国家质检总局发布了《机电类特种设备制造许可规则（试行）》和《机电类特种设备安装改造维修许可规则（试行）》，并核准停车设备工作委员会为全国首家机械式停车设备制造、安装、改造、维修许可鉴定评审机构。2004年，国家发改委发布了JB/T 10474—2004《巷道堆垛类机械式停车设备》，JB/T 10475—2004《垂直升降类机械式停车设备》等行业标准；2006年，国家发改委发布了《平面移动类机械式停车设备》《汽车专用升降机》等行业标准；翌年，国家质检总局颁布了《特种设备制造安装改造维修质量保证体系基本要求》《特种设备制造安装改造维修许可鉴定评审细则》等规范；由公安部牵头组织的国家标准GB50067—97《汽车库、修车库、停车场设计防火规范》的修订工作也在当年启动，停车设备工作委员会参与了其中机械式停车库部分的修订。

随着停车设备行业在国内发展的日趋成熟，不同的企业陆续研发出新产品，行业内的学术交流便成了这个阶段重要的主题（图6～图8）。

停车设备工作委员先是面向国内行业，出版了三类比较重要的图书和资料，分别是2001年编辑出版的《机械式立体停车库》，2008年与中国建筑标准设计研究院共同编制出版的《机械式汽车库建筑构造》（国家建筑标准设计图集08J927—2），以及同年编制的"停车设备销售标准合同"，这些出版物进一步规范了停车设备行业，同时把更专业、更全面的停车设备产品系统地展示给大众。

2004年，首届城市智能停车国际论坛在山东莱芜召开，会议期间停车设备工作委员会提议成立国际停车协会，此提议得到韩国、日本、加拿大、澳大利亚等国家以及我国台湾地区的响应，自此拉开了业界国际交流

图6 2004年年会在三亚召开

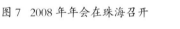

图7 2008年年会在珠海召开

图8 2009年专家组组长姜勇及副组长许万凌为获奖企业颁奖

的序幕，此类会议分别于2006年和2007年又举办了两届。值得一提的是，2005年在韩国召开的"国际停车协会年会"中，停车设备工作委员会在会上做了题为《加强国际合作，促进停车产业发展》的演讲，通过国际交流活动，宣传了我国停车行业，也使参加活动的代表更加了解他国停车行业的发展水平，对增进国际合作

图 9　2010 年 9 月上海展览会

起到了很好的作用。

伴随着行业发展逐步走向正轨，我国政府也陆续出台了相关政策和指导意见，为行业的快速健康发展铺路搭桥：2004 年，国家发改委出台了《汽车产业发展政策》，提出大力发展城市停车事业，搞好停车场所及设施的规划和建设，制定停车场用地政策、投资鼓励政策及相应标准；2006 年，国家建设部颁布的建科 [2006]315 号《建设事业"十一五"重点推广技术领域》指出，应将地下停车库、多层停车楼和机械式停车库建设技术列入重点推广领域；2010 年，国家住建部、公安部、国家发改委联合出台了建城〔2010〕74 号《关于城市停车设施规划建设及管理的指导意见》，提出"各地要根据城市经济社会的发展需求，近期着力解决停车设施供应不足、挪用停车设施和停车管理滞后的问题。充分利用地下空间资源，推动立体化停车设施的建设和管理"；同年，上海世博城市停车国际论坛暨国际停车协会年会和上海国际智能交通与停车设备展览会（图 9）在上海展览中心举办，停车设备制造企业自律委员会成立，共 27 家企业成为首批自律委员会会员，形成了《潍坊公约》2011 年，国标 GB/T 26476—2011《机械式停车设备术语》、GB/T 26559—2011《机械式停车设备分类》、GB/T 27545—2011《水平循环类机械式停车设备》陆续颁布实施。

在这 10 年中，针对停车设备行业的国家政策不断细化规范；业内学术氛围良好，举办了多次国际性的学术研讨会，互通有无，共享经验；政府对行业发展足够重视，颁布出台了行业相关的指导意见。这些都促使我国停车设备行业稳步向前发展。仅从 2001 年到 2011 年的 10 年间，全国机械式停车泊位年增量便从 1 万个猛增到 30 万个。截至 2011 年，全国累计机械式停车泊位总量突破了 100 万个，达到 124.7 万个。

四、产业的互联——经营管理换思路，协同发展做文章（2011—2017）

我国机械式停车设备制造业在近 30 年的发展历程中，积累了一定的生产经验，打下了技术基础，但客观来看，我国在停车设备行业起步晚于发达国家，行业内大部分企业尚处于引进消化吸收阶段，研发设计能力不强，导致技术含量低的产品占市场份额较大。在机械式停车设备的分类中，升降横移类停车设备，特别是低层升降横移类停车设备的市场占有率超过 80%。这类设备优缺点都比较明显：优点是成本低、场地适应性强、停车数量多；缺点是技术含量相对较低，提升速度慢、运行效率低，车库人性化程度较差。

2012 年，停车设备工作委员会举行了第四届换届选举，明艳华当选为理事长，龚建平任秘书长，提出了新一届理事会工作纲领——品质、创新、发展，着重于停车设备行业产品品质的提升，经营理念的创新和跨行业、打造完整产业生态链的协同发展。在之后的两三年中，停车设备工作委员会进一步细化、更新了行业内的各项管理制度规范和行业标准，包括：2013 年 6 月 29 日公布的《中华人民共和国特种设备安全法》（中华人民共和国主席令第 4 号）；与中国建筑标准设计研究院共同编制的国家建筑标准设计图集《机械式停车库设计图册》；组织起草的国家标准 GB/T 31052.1—20114《起重机械检查与维护规程》的机械式停车设备部分（2013）、行业标准 JB/T 11455—2013《多层循环类机械式停车设备》国家标准 GB/T 50067—2014《汽车库、修车库、停车场设计防火规范》及其图册的最后修订（2014），行业标准 JB/T 10545—2016《平面移动类机械式停车设备》的修订（2014）等。

随着行业制度的不断完善，在面对国际市场的角逐时，我国企业的经营模式也在逐渐发生转变。产业初期的经营模式，是"产品销售＋售后服务"。该模式根据

图10 2017年10月上海展会

产品特征和客户需求，一方面是接受客户订单后进行产品设计、组织生产、安装调试、产品验收，完成产品销售；另一方面是为客户提供人员培训、维修保养、零件供应等服务。如今经营模式已变成"产品销售＋综合服务"，已有别于初期的经营模式。"产品销售＋综合服务"模式提供了全产业链的综合服务，是具备竞争实力企业必然的发展方向。在此模式下，企业不仅是设备供应商和产品售后服务商，还要向客户提供技术咨询、规划审批、土建施工、设备装潢、售后服务、远程控制、智能管理等一系列综合服务，从而由单一的设备销售与售后服务商提升为综合服务提供商。同时，可通过PPP模式或自建模式参与停车场的投资、管理、运营等，使用户获得延伸服务的增值收益，实现了产业的互联。

我国老旧住宅小区比较多，当年在城市化建设的过程中，并没有充分考虑到人口密集居民区的泊车配套搭建问题，导致如今很多老旧住宅小区面临停车难的问题。2015年，住建部《关于加强城市停车设施管理的通知》《城市停车设施建设指南》两个重要政策性文件相继出

台，打响了停车设备行业内城市化配套建设的第一枪。2016年，国家发改委、住建部、财政部、国土资源部等有关部委颁发了一系列关于加强公共停车场设施建设的政策文件和实施指导意见：《关于加强城市停车设施建设的指导意见》《加快城市停车场建设近期工作要点与任务分工》《关于进一步完善城市停车场规划建设及用地政策的通知》等。同年，在住房和城乡建设部的指导下，与中国城市公共交通协会、中国市政工程协会城市停车分会联合主办了为期两天的城市公共停车场投资建设高级研修班，并与我国老旧小区暨建筑改造产业联盟、上海市建筑学会在上海共同主办了"中国城市建设发展论坛"。2017年，以主题为"产融结合，协同发展"的中国城市停车大会暨机械式停车设备行业年会在海南博鳌镇隆重举行，来自国家发改委、公安部、住建部等的政府领导，以及各地停车协会、城市规划建设部门、投融资机构、新闻媒体和全国各地会员企业的代表等800余人参加会议。2017年10月在上海举办"2017国际（上海）城市停车博览会"（图10）。

重温这些指导意见，回顾这些年举办的主题年会和业界论坛，我们不难发现，企业和政府越来越关心停车场建设用地、停车设施及管理分工之间的关系，越来越注重城市建设过程中多部门之间的协同与合作，这样的趋势让企业和政府为打造一个行业间协同发展的产业链而共同奋斗。

随着人们对停车设备要求的不断提高，"高质、高效、高智能"已成未来行业发展方向。近年来，有竞争实力的企业加大了产品研发的自主创新力度和投入，一方面对升降横移类停车设备技术进行升级，提高设备提升速度和智能化水平，使其具备高层、高速、高智能的特点。另一方面，加大对平面移动类、巷道堆垛类、垂直升降类等高智能化停车设备的研发投入，出现了诸多自动化程度、运行效率和性价比更高的智能化高端产品，代表了当今国际先进水平。我国高端自动化机械式停车技术经过不断的创新实践，已经开始走出一条自我创新、良性发展的道路。停车设备行业未来的发展，会更突显人性化设计，注重人机交互，提升用户的使用体验。

历届理事会

第一届理事会成员名单

理 事 长	任伯淼	中国重型机械工业协会停车设备管理委员会
副理事长	陆大明	机械部起重运输机械研究所
	杜永安	机械部机械科学研究院
	冯章汉	中元国际工程设计研究院
	姜 勇	北京恩菲科技产业集团
	徐 波	北京鸿安停车库制造有限公司
	高文权	承德华一机械车库集团有限公司
	李正吾	上海许继银天车库工业有限公司
理 事	虞锦昌	上海远东立体停车装备有限公司
	王 英	江苏双良停车设备有限公司
	周水妹	杭州西子孚信科技有限公司
	龙国键	长沙建设机械研究院
	余 诚	深圳市许继富通达车库有限公司
	程 栋	中国船舶重工集团第713研究所
	何炳坤	广东金马自动化停车设备有限公司
	陈向荣	杭州友佳精密机械有限公司
秘 书 长	明艳华	中国重型机械工业协会停车设备管理委员会

第二届理事会成员名单

理 事 长	任伯淼	中国重型机械工业协会停车设备工作委员会
副理事长	陆大明	北京起重运输机械研究所
	张瑞锋	北京恩菲科技产业集团
	周水妹	杭州西子智能停车股份有限公司
	刘金忠	许昌许继澳特活停车设备有限公司
	王 英	江苏双良停车设备有限公司
	高文权	承德华一机械车库集团有限公司
	郭守锦	山东莱钢泰达车库有限公司
	徐 柏	北京鸿安停车库制造有限公司
理 事	伍昕忠	机科发展科技股份有限公司
	陈向荣	杭州友佳精密机械有限公司
	虞锦昌	上海远东立体停车装备有限公司
	李昌义	中国船舶重工集团第713研究所
	王汝泉	上海万强机械车库制造有限公司
	张易宸	敬稳（北京）机电设备有限公司
	吴文基	怡锋工业设备（深圳）有限公司
	马景山	北京韩中停车设备有限公司
	郭振军	广州广日电梯工业有限公司
秘 书 长	明艳华	中国重型机械工业协会停车设备工作委员会

第三届理事会成员名单

理 事 长	明艳华	中国重型机械工业协会停车设备工作委员会
副理事长	陆大明	北京起重运输机械设计研究院
	周水妹	杭州西子石川岛停车设备有限公司
	郭守锦	山东莱钢泰达车库有限公司
	吴文基	深圳怡丰自动化科技有限公司
	苗庆华	许昌许继停车系统有限公司
	马景山	北京航天汇信科技有限公司
	洪伟泉	浙江艾耐特机械有限公司
	王牧轩	唐山通宝停车设备有限公司
理 事	陈向荣	杭州友佳精密机械有限公司
	王汝泉	上海万强机械车库制造有限公司
	虞锦昌	上海远东立体停车装备有限公司
	胥思勇	北京天宏恩机电科技有限公司
	张易宸	敬稳（北京）机电设备有限公司
	林 华	广州广日智能停车设备有限公司
	侯可斌	济南天辰机器集团有限公司
	于海莲	廊坊三联停车设备有限公司
	刘 举	北京金地汇通停车服务有限公司
	李祥啟	潍坊大洋自动泊车设备有限公司
	王纯云	上海天地岛川停车设备制造有限公司
	潘耀华	日立（中国）有限公司
	魏大椿	明椿电气机械股份有限公司
秘 书 长	龚建平	中国重型机械工业协会停车设备工作委员会
副秘书长	汤保卫	中国重型机械工业协会停车设备工作委员会

第四届理事会成员名单

理 事 长	明艳华	中国重型机械工业协会停车设备工作委员会
常务副理事长	唐 超	北京起重运输机械设计研究院有限公司
副理事长	周水妹	杭州西子智能停车股份有限公司
	周 卉	山东莱钢泰达车库有限公司
	吴文基	深圳怡丰自动化科技有限公司
	苗庆华	河南中继威尔停车系统股份有限公司
	陈兴国	北京航天汇信科技有限公司
	洪伟泉	浙江子华停车设备科技股份有限公司
	王忠利	唐山通宝停车设备有限公司
	李祥啟	大洋泊车股份有限公司
	侯玉鹏	山东天辰智能停车有限公司
	蒋玲华	上海赐宝停车设备制造有限公司
	孙书寨	北京鑫华源机械制造有限责任公司
	魏大椿	明椿电气机械股份有限公司
	陈向荣	杭州友佳精密机械有限公司
	王国明	江苏启良停车设备有限公司
	朱志慧	江苏金冠停车产业股份有限公司
	苏 农	广东三浦车库股份有限公司
	林伟通	深圳市伟创自动化设备有限公司
理 事	孙继平	上海万强自动化设备有限公司
	张丽娟	上海浦东新区远东立体停车装备有限公司
	胥思勇	北京天宏恩机电科技有限公司
	张易宸	敬稳（北京）机电设备有限公司
	董 川	广州广日智能停车设备有限公司
	陆 斌	上海天地岛川停车设备制造有限公司
	杨小平	杭州福瑞科技有限公司
	吴程浩	浙江镭蒙科技有限公司
	刘 宪	车立方（北京）新能源科技有限公司
	孙建成	江苏普腾停车设备有限公司
	何于江	江苏中泰停车产业有限公司
	王 健	青岛齐星车库有限公司

时佳顺	日立产机系统（中国）有限公司
蔡明义	苏州东力机电工业有限公司
郭健胜	苏州仲益电机设备有限公司
王震京	河南省盛茂永代机械制造有限责任公司
曹永年	杭州永利百合实业有限公司
周　庄	安徽马钢智能立体停车设备有限公司
包训权	安徽乐库智能停车设备有限公司
刘　伟	深圳中集天达空港设备有限公司
唐振宇	湖南地生工业设备有限公司
史和庆	江苏润邦智能车库股份有限公司
冯小隆	陕西隆翔停车设备集团有限公司
李子荣	上海剑峰停车设备工程有限公司
郑水龙	杭州大中泊奥科技股份有限公司
蔡明轩	苏州联发电机有限公司
黄伟达	苏州环球科技股份有限公司
汤宏辉	上海山电电机有限公司
车明群	青岛茂源停车设备制造有限公司
何　炯	上海禾通涌源停车设备有限公司
方祝花	安徽华星智能停车设备有限公司
王孙同	浙江东海减速机有限公司
刘㷭年	无锡许继富通达车库装备有限公司
王永红	山西东杰智能物流装备股份有限公司
王国华	天马华源停车设备（北京）有限公司
李　涛	江苏聚力智能机械股份有限公司
陈金水	山东九路泊车设备股份有限公司
夏健鸣	深圳市中科利亨车库设备股份有限公司
王　俊	深圳精智机器有限公司
韦　伟	合肥巍华智能停车设备有限公司

秘 书 长　龚建平（2012—2017 年）

　　　　　张　敏（2017 年至今）中国重型机械工业协会停车设备
　　　　　　　　　工作委员会

副秘书长　李仲军　中国重型机械工业协会停车设备工作委员会

历届专家委员会

第一届专家委员会专家名单

任伯淼	姜　勇	许万凌	万　力	张瑞锋	廖乐光	翟凯鸿
马景山	赵延林	付亨顺	朱先德	李　国	付井泉	刘　群
余　华	李日海	徐国新	彭勇明	徐卫军	秦圣祥	叶若平
王志武	乐俊德	程　琪	刘文贵	许明金	刘志彬	余秋英
吴　宾	朱红蔚	缪蔚时	宋朝义	王天奇	张庆强	徐正祁
王义彬	王　俊	薄晓鸣	王纪康	池续航	李祥启	张　军

第二届专家委员会专家名单

主　　任	姜　勇					
副 主 任	许万凌	李祥启				
常务委员	翟凯鸿	徐卫军	许明金	程　琪	秦圣祥	马景山
委　　员	任伯淼	明艳华	龚建平	汤保卫	张家驷	张瑞锋
	廖乐光	赵延林	付亨顺	朱先德	李　国	付井泉
	余　华	张　军	李日海	徐国新	彭勇明	叶若平
	王志武	乐俊德	钱惠君	周　洁	余秋英	王天奇
	张庆强	徐正祁	薄晓鸣	池续航	张志军	王忠利
	朱建华	史惠敏	夏健鸣	李友川	梁　博	杨文广
	张玉堂	刘　健	边祥勇	史春礼	陈有刚	李文波
	刘　宪	方青岭	吴青海	单　单	韩　旭	王灿明
	金　磊	李国平	江建国	洪开江	林伟通	李庚寅
	龚慧松	王鸿雁	李　欣	马明初	张　峰	陈四海
	魏大椿	杨小平	王国华	陆兴华	刘文贵	石艳来
	苗庆华	谭化杰	李　斌	陈　亮	陈满堂	俞天明
	林国良					

第三届专家委员会专家名单

主　　任	许万凌					
副 主 任	李祥啟	张瑞锋	徐卫军	马　罡	陶天华	
委　　员	任伯淼	明艳华	龚建平	汤保卫	张家驷	艾生卉	包训权
	薄晓鸣	蔡颖杰	曹　波	曹志杰	常永桥	陈飞飞	陈逢强
	陈　亮	陈满堂	陈四海	陈维波	陈旭东	陈有刚	池续航
	代永赞	单　单	段新锋	方青岭	方　旭	傅荣锋	傅一峰
	高承周	高建立	管大功	郭双龙	郭勇金	韩　旭	何永超
	何于江	洪开江	胡　浩	胡建龙	胡云高	黄　波	吉晓鹏
	江建国	蒋金泉	井忠福	黎嘉殷	李　斌	李发东	李庚寅
	李　国	李国平	李日海	李天童	李文波	李文杰	李　欣
	李友川	梁　虎	林国良	林伟通	刘　健	刘维勇	刘　宪
	刘欣勇	鲁鸿雁	陆兴华	陆　云	陆振华	马金华	马景山
	马邕勤	毛健民	苗庆华	齐金来	钱惠君	秦圣祥	邱荣贤
	邵海燕	沈鸿生	沈　坚	师好礼	石艳来	史春礼	史和庆
	史文涛	宋宝通	苏　农	孙继平	谭化杰	谭子康	唐忠明
	佟　岩	屠建成	王国华	王海波	王鸿雁	王竞雄	王　俊
	王双立	王　鑫	王永红	王志武	王忠利	魏大椿	吴　昊
	吴青海	吴增胜	夏健鸣	谢庆均	徐国新	徐志宇	许宏峰
	许明金	闫　智	杨文广	杨小平	姚　昕	音长青	应小东
	于华彬	余　华	余秋英	俞成虎	俞天明	喻元明	袁　博
	曾　超	翟　滨	翟凯鸿	詹楷纯	张　斌	张　峰	张浩庭
	张　军	张庆东	张玉堂	张志军	赵延林	周　洁	朱建华
	朱先德	周　庄	杨运武	高文权	张　春	王　健	陆　斌
	杨茂华	闫国栋	周正国	范丽平	吴　斌	朱红蔚	孟　如
	顾　峰	易春明	陈建华				

历届品质委员会

品质促进委员会第一届委员名单（2010—2011 年）

常 务 主 任 委 员	周水妹	杭州西子石川岛停车设备有限公司
常务副主任委员	张　军	深圳怡丰自动化科技有限公司
	李祥啟	潍坊大洋自动泊车设备有限公司

品质促进委员会第二届委员名单（2012 年至今）

常 务 主 任 委 员	张　军	深圳怡丰自动化科技有限公司
常务副主任委员	周水妹	杭州西子智能停车股份有限公司
	李祥啟	大洋泊车股份有限公司
	孙书寨	北京鑫华源机械制造有限公司

行业
重要成就

30

历年获奖企业名单
（排名不分先后）

2017 年度十佳企业

北京航天汇信科技有限公司

北京鑫华源机械制造有限责任公司

大洋泊车股份有限公司

杭州西子智能停车股份有限公司

杭州友佳精密机械有限公司

山东莱钢泰达车库有限公司

上海赐宝停车设备制造有限公司

深圳市伟创自动化设备有限公司

深圳怡丰自动化科技有限公司

唐山通宝停车设备有限公司

2017 年度优秀企业

安徽华星智能停车设备有限公司

广东三浦车库股份有限公司

杭州大中泊奥科技股份有限公司

河南省盛茂永代机械制造有限责任公司

江苏金冠停车产业股份有限公司

江苏普腾停车设备有限公司

江苏启良停车设备有限公司

江苏中泰停车产业有限公司

青岛茂源停车设备制造有限公司

青岛齐星车库有限公司

山东天辰智能停车有限公司

陕西隆翔停车设备集团有限公司

上海禾通涌源停车设备有限公司

深圳精智机器有限公司

无锡许继富通达车库装备有限公司

浙江子华停车设备科技股份有限公司

深圳市中科利亨车库设备股份有限公司

山西东杰智能物流装备股份有限公司

深圳中集天达空港设备有限公司

2017 年度优秀配套企业

杭州永利百合实业有限公司

明椿电气机械股份有限公司

上海山电电机有限公司

射阳县达金电气有限公司

施瑞克（北京）电气自动化技术有限公司

苏州东力机电工业有限公司

苏州环球集团科技股份有限公司

苏州联发电机有限公司

苏州仲益电机设备有限公司

无锡市三爱电器有限公司

浙江东海减速机有限公司

浙江恒久机械集团有限公司

浙江康明斯机械有限公司

郑州纬达自动化科技有限公司

2017 年度销售 30 强企业

安徽华星智能停车设备有限公司

安徽马钢智能立体停车设备有限公司

北京航天汇信科技有限公司

北京鑫华源机械制造有限责任公司

大洋泊车股份有限公司

杭州大中泊奥科技股份有限公司

杭州西子智能停车股份有限公司

杭州友佳精密机械有限公司

河南省盛茂永代机械制造有限责任公司

衡水奇佳停车设备有限公司

江苏金冠停车产业股份有限公司

江苏普腾停车设备有限公司

江苏启良停车设备有限公司

江苏润邦智能停车设备有限公司

江苏中泰停车产业有限公司

青岛茂源停车设备制造有限公司

青岛齐星车库有限公司

山东莱钢泰达车库有限公司

山东天辰智能停车有限公司

山西东杰智能物流装备股份有限公司

上海赐宝停车设备制造有限公司

上海禾通涌源停车设备有限公司

上海天地岛川停车设备制造有限公司

深圳精智机器有限公司

深圳市伟创自动化设备有限公司

深圳怡丰自动化科技有限公司

深圳中集天达空港设备有限公司

四川志泰立体车库有限公司

唐山通宝停车设备有限公司

浙江子华停车设备科技股份有限公司

2017 年度荣获海外市场拓展奖企业

江苏聚力智能机械股份有限公司

江苏中泰停车产业有限公司

山东九路泊车设备股份有限公司

深圳精智机器有限公司

深圳怡丰自动化科技有限公司

2017 年度最具成长性企业

安徽马钢智能立体停车设备有限公司

广东溢隆实业有限公司

广州广日智能停车设备有限公司

广州建德机电有限公司

上海赛迪停车设备有限公司

四川志泰立体车库有限公司

浙江巨人停车设备有限公司

2017 年度最佳进步企业

安徽鸿杰威尔停车设备有限公司　　　　　衡水奇佳停车设备有限公司

安徽鸿路钢结构（集团）股份有限公司　　上海畅悦自动化机械有限公司

安徽凯旋智能停车设备有限公司　　　　　浙江天马停车设备有限公司

广东明和智能设备有限公司　　　　　　　中建钢构有限公司

合肥巍华智能停车设备有限公司

2017 年度荣获共同促进奖企业

安徽乐库智能停车设备有限公司　　　　　上海剑峰停车设备工程有限公司

杭州福瑞科技有限公司　　　　　　　　　上海萨逸检测设备制造股份有限公司

湖南地生工业设备有限公司　　　　　　　上海腾库智能科技有限公司

兰州远达停车产业有限公司　　　　　　　苏州乔力以机械设备有限公司

南京特种电机厂有限公司　　　　　　　　天马华源停车设备（北京）有限公司

上海宝舟电器有限公司　　　　　　　　　浙江力璇链传动有限公司

2017 年度优秀个人

何于江	孙书赛	张　军	刘　伟	马金华	包训权	郑水龙	李发东	刘焮年
马景山	李祥启	苏　农	周水妹	邱荣贤	王海波	周　卉	侯玉鹏	蒋玲华
林伟通	洪伟泉	王牧轩	陈金水	戴水文	何　炯	孙建成	王震京	王　健
周　庄	史文涛	李　涛	李　欣	韦　伟	叶　明	李亚仁	陆振华	李子荣
朱良东	刘程泉	汤宏辉	蔡明义	郭健胜	成　洁	林一平	陈荣华	蔡楠宏
朱　林	汤玉鹏	杨小平	史和庆	王国华	车明群	唐振宇	刘维军	高　宇
王振波	董　川	郭永亮	毛健民	冯小隆	王国明	夏健鸣	王　俊	郭德才
王孙同	张玉堂	张　涛	李　俊	章钱根	喻慧丽	王永红		

2016 年度十佳企业

杭州西子石川岛停车设备有限公司 杭州友佳精密机械有限公司

大洋泊车股份有限公司 上海赐宝停车设备制造有限公司

深圳怡丰自动化科技有限公司 深圳市伟创自动化设备有限公司

唐山通宝停车设备有限公司 北京航天汇信科技有限公司

北京鑫华源机械制造有限责任公司 山东莱钢泰达车库有限公司

2016 年度优秀企业

广东三浦车库股份有限公司 江苏中泰停车产业有限公司

杭州大中泊奥科技有限公司 山东齐星铁塔科技股份有限公司

江苏金冠停车产业股份有限公司 山东天辰智能停车股份有限公司

江苏普腾停车设备有限公司 上海禾通涌源停车设备有限公司

江苏启良停车设备有限公司 浙江子华停车设备科技股份有限公司

2016 年度销售 20 强企业

北京大兆新元停车设备有限公司 江苏润邦智能停车设备有限公司

北京航天汇信科技有限公司 江苏中泰停车产业有限公司

北京鑫华源机械制造有限责任公司 山东莱钢泰达车库有限公司

大洋泊车股份有限公司 山东齐星铁塔科技股份有限公司

杭州大中泊奥科技有限公司 山东天辰智能停车股份有限公司

杭州西子石川岛停车设备有限公司 上海赐宝停车设备制造有限公司

杭州友佳精密机械有限公司 深圳精智机器有限公司

河南省盛茂永代机械制造有限责任公司 深圳市伟创自动化设备有限公司

江苏金冠停车产业股份有限公司 深圳怡丰自动化科技有限公司

江苏启良停车设备有限公司 唐山通宝停车设备有限公司

2016 年度荣获海外市场拓展奖企业

江苏中泰停车产业有限公司

上海禾通涌源停车设备有限公司

深圳精智机器有限公司

深圳市伟创自动化设备有限公司

深圳怡丰自动化科技有限公司

2016 年度优秀配套企业

北京亚博瑞思科技开发有限责任公司

杭州永利百合实业有限公司

明椿电气机械股份有限公司

上海山电电机有限公司

上海特国斯传动设备有限公司

射阳县达金电气有限公司

苏州东力机电工业有限公司

苏州环球集团科技股份有限公司

苏州仲益电机设备有限公司

无锡市三爱电器有限公司

浙江康明斯机械有限公司

苏州联发电机有限公司

2016 年度最具成长性企业

安徽乐库智能停车设备有限公司

安徽华星智能停车设备有限公司

杭州福瑞科技有限公司

河南省盛茂永代机械制造有限责任公司

湖南地生工业设备有限公司

江苏润邦智能停车设备有限公司

兰州远达停车产业有限公司

宁波邦达智能停车设备股份有限公司

青岛茂源停车设备制造有限公司

陕西吉亨自动化科技有限公司

上海剑峰停车设备工程有限公司

深圳精智机器有限公司

深圳中集天达空港设备有限公司

深圳市中科利亨车库设备有限公司

天马华源停车设备（北京）有限公司

无锡许继富通达车库装备有限公司

2016 年度最佳进步企业

安徽马钢智能立体停车设备有限公司

北京首钢城运控股有限公司

广东溢隆实业有限公司

广州建德机电有限公司

四川志泰立体车库有限公司

浙江巨人停车设备有限公司

上海赛迪停车设备有限公司

天津市中环富士智能设备有限公司

江苏冠宇机械设备制造有限公司

广州广日智能停车设备有限公司

陕西隆翔停车设备集团有限公司

2016 年度荣获展会最佳设计奖企业

浙江巨人停车设备有限公司　　　　　　宁波邦达智能停车设备股份有限公司

2016 年度荣获共同促进奖企业

北京航天汇信科技有限公司	上海宝舟电器有限公司
北京鑫华源机械制造有限责任公司	上海赐宝停车设备制造有限公司
大洋泊车股份有限公司	上海山电电机有限公司
杭州东毅链传动有限公司	深圳怡丰自动化科技有限公司
杭州西子石川岛停车设备有限公司	苏州联发电机有限公司
杭州永利百合实业有限公司	苏州仲益电机设备有限公司
杭州友佳精密机械有限公司	唐山通宝停车设备有限公司
江苏金冠停车产业股份有限公司	万鑫精工（湖南）有限公司
江苏启良停车设备有限公司	浙江康明斯机械有限公司
明椿电气机械股份有限公司	浙江力璇链传动有限公司
山东天辰智能停车股份有限公司	昆山翔固机械有限公司

2016 年度荣获特别贡献奖企业

深圳怡丰自动化科技有限公司

2016 年度优秀个人

何于江	孙书寨	张　军	刘　伟	马金华	包训权	郑水龙	杨　钊	李发东
刘焌年	马景山	李祥啟	苏　农	周水妹	邱荣贤	王海波	周　卉	侯玉鹏
蒋玲华	林伟通	王牧轩	洪伟泉	何　炯	孙建成	王震京	韩　旭	朱良东
刘程泉	汤宏辉	蔡明义	郭健胜	成　洁	林一平	陈荣华	王孙同	蔡南红
王　健	杨晓川	夏健鸣	王　俊	杨小平	史和庆	王国华	李子荣	车明群
唐振宇	朱建华	王　鹏	刘维军	高　宇	王振波	韩　疏	董　川	郭永亮
毛健民	黄玉根	冯小隆	王国明	张　涛	邱世才			

2015 年度荣获海外市场拓展奖企业

北京鑫华源机械制造有限责任公司   深圳怡丰自动化科技有限公司
江苏中泰停车产业有限公司

2015 年度荣获最佳进步企业

安徽华星智能停车设备有限公司   陕西吉亨自动化科技有限公司
安徽乐库智能停车设备有限公司   深圳中集天达空港设备有限公司
杭州大中泊奥科技有限公司   无锡许继富通达车库装备有限公司
兰州远达停车产业有限公司

2015 年度优秀企业

北京航天汇信科技有限公司   山东莱钢泰达车库有限公司
北京鑫华源机械制造有限责任公司   山东天辰智能停车设备有限公司
大洋泊车股份有限公司   上海赐宝停车设备制造有限公司
广东三浦重工有限公司   上海禾通涌源停车设备有限公司
杭州西子石川岛停车设备有限公司   深圳市伟创自动化设备有限公司
杭州友佳精密机械有限公司   深圳怡丰自动化科技有限公司
江苏金冠停车产业股份有限公司   唐山通宝停车设备有限公司
江苏普腾停车设备有限公司   浙江子华停车设备科技股份有限公司
江苏中泰停车产业有限公司

2015 年度销售 20 强企业

安徽华星智能停车设备有限公司   江苏金冠停车产业股份有限公司
北京大兆新元停车设备有限公司   江苏中泰停车产业有限公司
北京航天汇信科技有限公司   山东莱钢泰达车库有限公司
北京鑫华源机械制造有限责任公司   山东天辰智能停车设备有限公司
大洋泊车股份有限公司   上海赐宝停车设备制造有限公司
广东三浦重工有限公司   深圳市伟创自动化设备有限公司
杭州大中泊奥科技有限公司   深圳怡丰自动化科技有限公司
杭州西子石川岛停车设备有限公司   深圳中集天达空港设备有限公司
杭州友佳精密机械有限公司   唐山通宝停车设备有限公司
河南省盛茂永代机械制造有限责任公司 浙江子华停车设备科技股份有限公司

2015 年度优秀配套企业

北京亚博瑞思科技开发有限责任公司　　　苏州环球集团科技股份有限公司
杭州永利百合实业有限公司　　　　　　　苏州仲益电机设备有限公司
明椿电气机械股份有限公司　　　　　　　无锡市三爱电器有限公司
上海山电电机有限公司　　　　　　　　　浙江康明斯机械有限公司
上海特国斯传动设备有限公司　　　　　　中国船舶重工集团公司第 713 研究所海神电梯公司
苏州东力机电工业有限公司

2015 年度荣获展会最佳设计奖企业

1. 上海禾通涌源停车设备有限公司　　　　2. 安徽乐库智能停车设备有限公司

2015 年度荣获共同促进奖企业

北京航天汇信科技有限公司　　　　　　　明椿电气机械股份有限公司
北京鑫华源机械制造有限责任公司　　　　山东齐星铁塔科技股份有限公司
大洋泊车股份有限公司　　　　　　　　　山东天辰智能停车设备有限公司
杭州东毅链传动有限公司　　　　　　　　上海宝舟电器有限公司
杭州西子石川岛停车设备有限公司　　　　上海赐宝停车设备制造有限公司
杭州永利百合实业有限公司　　　　　　　深圳怡丰自动化科技有限公司
杭州友佳精密机械有限公司　　　　　　　苏州联发电机有限公司
江苏金冠停车产业股份有限公司　　　　　苏州仲益电机设备有限公司
江苏启良停车设备有限公司　　　　　　　唐山通宝停车设备有限公司
江苏中泰停车产业有限公司　　　　　　　浙江康明斯机械有限公司

2015 年度技术论坛优秀论文

1. 苗庆华　河南中继威尔停车系统股份有限公司　　　3. 薄晓鸣　山西华博科技有限公司
2. 何于江　江苏中泰停车产业有限公司

2015 年优秀个人

何于江	孙书寨	张 军	黄耀雄	马金华	包训权	郑水龙	杨 钊
李发东	刘焕年	马景山	苗庆华	李祥启	苏 农	周水妹	邱荣贤
王海波	周 卉	侯玉鹏	蒋玲华	林伟通	王牧轩	洪伟泉	何 炯
孙建成	王震京	韩 旭	朱良东	刘程泉	汤宏辉	蔡明义	郭健胜
成 洁	林一平	张玉堂	陈荣华	王孙同			

2014 年度销售 20 强企业

安徽鸿路钢结构（集团）股份有限公司	江苏启良停车设备有限公司
北京大兆新元停车设备有限公司	江苏中泰停车产业有限公司
北京航天汇信科技有限公司	山东莱钢泰达车库有限公司
北京鑫华源机械制造有限责任公司	山东天辰智能停车设备有限公司
大洋泊车股份有限公司	上海赐宝停车设备制造有限公司
广东三浦车库股份有限公司	上海禾通涌源停车设备有限公司
杭州西子石川岛停车设备有限公司	深圳市伟创自动化设备有限公司
杭州友佳精密机械有限公司	深圳怡丰自动化科技有限公司
河南中继威尔停车系统股份有限公司	唐山通宝停车设备有限公司
江苏金冠立体停车系统工程有限公司	浙江子华停车设备有限公司

2014 年度优秀配套企业

北京亚博瑞思科技开发有限责任公司	苏州东力机电工业有限公司
杭州东华链条集团有限公司	苏州仲益电机设备有限公司
杭州永利百合实业有限公司	无锡市三爱电器有限公司
明椿电气机械股份有限公司	浙江康明斯机械有限公司
上海山电电机有限公司	中国船舶重工集团公司第 713 研究所海神电梯公司

2014 年度技术论坛优秀论文奖

翟凯鸿　北京鑫华源机械制造有限责任公司　　喻元明　杭州友佳精密机械有限公司

2014 年优秀个人

蔡明义	成　洁	郭健胜	韩　旭	何于江	洪伟泉	侯秀峰	蒋玲华	金景善
李祥啟	林伟通	林一平	刘程泉	马景山	苗庆华	邱荣贤	苏　农	孙建成
孙书寨	孙养杰	孙　伟	汤宏辉	王国华	王海波	王　俊	王牧轩	吴功猛
夏健鸣	张　军	张玉堂	周　卉	周水妹	朱建华	李子荣	赵　阳	

2014 年度海外市场拓展奖企业

江苏中泰停车产业有限公司　　　　　　　　深圳怡丰自动化科技有限公司
青岛金华工业集团有限公司

2014 年度荣获最佳进步企业

江苏普腾停车设备有限公司　　　　　　　　青岛昊悦机械有限公司
山东齐星铁塔科技股份有限公司　　　　　　上海剑峰停车设备工程有限公司
深圳精智机器有限公司　　　　　　　　　　天马华源停车设备（北京）有限公司
深圳市中科利亨车库设备有限公司

2014 年度优秀企业

北京航天汇信科技有限公司

北京鑫华源机械制造有限责任公司

大洋泊车股份有限公司

广东三浦车库股份有限公司

杭州西子石川岛停车设备有限公司

杭州友佳精密机械有限公司

江苏金冠立体停车系统工程有限公司

江苏中泰停车产业有限公司

青岛金华工业集团有限公司

山东莱钢泰达车库有限公司

山东天辰智能停车设备有限公司

上海赐宝停车设备制造有限公司

深圳市伟创自动化设备有限公司

深圳怡丰自动化科技有限公司

唐山通宝停车设备有限公司

浙江子华停车设备有限公司

2013 年度优秀企业

北京航天汇信科技有限公司

北京鑫华源机械制造有限责任公司

广东三浦重工有限公司

杭州西子石川岛停车设备有限公司

杭州友佳精密机械有限公司

江苏金冠立体停车系统工程有限公司

江苏启良停车设备有限公司

青岛金华工业集团有限公司

山东莱钢泰达车库有限公司

山东天辰智能停车设备有限公司

上海赐宝停车设备制造有限公司

深圳市伟创自动化设备有限公司

深圳怡丰自动化科技有限公司

唐山通宝停车设备有限公司

潍坊大洋自动泊车设备有限公司

许昌许继停车系统有限公司

浙江子华停车设备有限公司

2013 年度荣获海外市场拓展奖企业

青岛金华工业集团有限公司

深圳怡丰自动化科技有限公司

山东天辰智能停车设备有限公司

2013 年度荣获最佳进步奖企业

安徽鸿路钢结构（集团）股份有限公司　　　　江苏中泰停车产业有限公司

北京天宏恩机电科技有限公司　　　　　　　　敬稳（北京）机电设备有限公司

河南省盛茂永代机械制造有限责任公司　　　　宁波邦达智能停车设备股份有限公司

江苏润邦智能停车设备有限公司　　　　　　　上海禾通涌源停车设备有限公司

2013 年度销售 10 强企业

北京航天汇信科技有限公司　　　　　　　　　深圳市伟创自动化设备有限公司

杭州西子石川岛停车设备有限公司　　　　　　深圳怡丰自动化科技有限公司

杭州友佳精密机械有限公司　　　　　　　　　唐山通宝停车设备有限公司

山东莱钢泰达车库有限公司　　　　　　　　　潍坊大洋自动泊车设备有限公司

上海赐宝停车设备制造有限公司　　　　　　　许昌许继停车系统有限公司

2013 年度优秀配套企业

北京亚博瑞思科技开发有限责任公司　　　　　台湾东力电机股份有限公司

杭州东华链条集团有限公司　　　　　　　　　无锡市三爱电器有限公司

明椿电气机械股份有限公司　　　　　　　　　浙江澳琪同济停车配件制造有限公司

上海山电电机有限公司　　　　　　　　　　　中国船舶重工集团公司第 713 研究所海神电梯公司

2013 年度技术论坛优秀论文

许明金　安徽鸿路钢结构（集团）股份有限公司

2013 年优秀个人

蔡明义　戴振飞　韩　旭　何　炯　洪伟泉　侯秀峰　蒋玲华　金景善
李祥启　林伟通　刘程泉　马景山　苗庆华　邱荣显　苏　农　孙建成
孙书赛　王国明　王牧轩　胥思勇　张　军　周　卉　周水妹　朱建华

2012 年度销售前 3 名的企业

升降横移类
1. 唐山通宝停车设备有限公司
2. 杭州西子石川岛停车设备有限公司
3. 潍坊大洋自动泊车设备有限公司

巷道堆垛类
1. 深圳怡丰自动化科技有限公司
2. 许昌许继停车系统有限公司
3. 深圳中集天达空港设备有限公司

平面移动类
1. 深圳怡丰自动化科技有限公司

2. 山东莱钢泰达车库有限公司
3. 北京航天汇信科技有限公司

垂直升降类
1. 深圳怡丰自动化科技有限公司
2. 杭州西子石川岛停车设备有限公司
3. 广州广日智能停车设备有限公司

简易升降类
1. 潍坊大洋自动泊车设备有限公司
2. 深圳市伟创自动化设备有限公司
3. 宁波云环立体车库有限公司

2012 年度销售 10 强企业

杭州西子石川岛停车设备有限公司
深圳怡丰自动化科技有限公司
潍坊大洋自动泊车设备有限公司
唐山通宝停车设备有限公司
北京航天汇信科技有限公司

深圳市伟创自动化设备有限公司
山东莱钢泰达车库有限公司
许昌许继停车系统有限公司
山东天辰智能停车设备有限公司
上海赐宝停车设备制造有限公司

2012 年度荣获海外市场拓展奖企业

山东莱钢泰达车库有限公司　　　　　　青岛金华工业集团有限公司
浙江镭蒙机械设备有限公司

2012 年度荣获最佳进步企业

江苏普腾停车设备有限公司　　　　　　山东齐星铁塔科技股份有限公司
佛山市三浦重工钢构有限公司　　　　　青岛金华工业集团有限公司
江苏金冠立体停车系统工程有限公司

2012 年度优秀企业

杭州西子石川岛停车设备有限公司　　　山东天辰智能停车设备有限公司
深圳怡丰自动化科技有限公司　　　　　上海赐宝停车设备制造有限公司
潍坊大洋自动泊车设备有限公司　　　　杭州友佳精密机械有限公司
唐山通宝停车设备有限公司　　　　　　江苏启良停车设备有限公司
北京航天汇信科技有限公司　　　　　　浙江子华停车设备有限公司
深圳市伟创自动化设备有限公司　　　　上海天地岛川停车设备制造有限公司
山东莱钢泰达车库有限公司　　　　　　北京鑫华源机械制造有限责任公司
许昌许继停车系统有限公司　　　　　　宁波云环立体车库有限公司

2012 年度荣获科技创新奖企业

宁波邦达智能停车设备股份有限公司

2012 年度优秀配套企业

明椿电气机械股份有限公司　　　　　无锡市三爱电器有限公司

台湾东力电机股份有限公司　　　　　杭州东华链条集团有限公司

苏州联发电机有限公司　　　　　　　苏州环球集团链传动有限公司

北京亚博瑞思科技开发有限责任公司　浙江澳琪同济停车配件制造有限公司

上海山电电机有限公司

2012 年度技术论坛优秀论文

辛海平　　北京航天汇信科技有限公司　　　　金　磊　青岛金华工业集团有限公司

2011 年度优秀企业

杭州西子石川岛停车设备有限公司　　浙江新艾耐特停车设备有限公司

深圳怡丰自动化科技有限公司　　　　上海赐宝停车设备制造有限公司

唐山通宝停车设备有限公司　　　　　上海天地岛川停车设备制造有限公司

山东莱钢泰达车库有限公司　　　　　杭州友佳精密机械有限公司

潍坊大洋自动泊车设备有限公司　　　北京鑫华源机械制造有限责任公司

北京航天汇信科技有限公司　　　　　明椿电气机械股份有限公司

许昌许继停车系统有限公司　　　　　山东天辰智能停车设备有限公司

2011 年度荣获海外市场拓展奖企业

浙江镭蒙机械设备有限公司　　　　　青岛金华工业集团有限公司

2011 年度销售前 3 名的企业

升降横移类

唐山通宝停车设备有限公司

杭州西子石川岛停车设备有限公司

潍坊大洋自动泊车设备有限公司

巷道堆垛类

深圳怡丰自动化科技有限公司

杭州友佳精密机械有限公司

杭州福瑞科技有限公司

平面移动类

深圳怡丰自动化科技有限公司

北京航天汇信科技有限公司

山东莱钢泰达车库有限公司

垂直升降类

深圳怡丰自动化科技有限公司

杭州西子石川岛停车设备有限公司

深圳市中科利亨车库设备有限公司

简易升降类

潍坊大洋自动泊车设备有限公司

唐山通宝停车设备有限公司

山东莱钢泰达车库有限公司

2011 年度荣获最佳进步奖企业

深圳市伟创自动化设备有限公司

山东天辰智能停车设备有限公司

上海赐宝停车设备制造有限公司

上海剑峰停车设备工程有限公司

宁波云环立体车库有限公司

江苏启良停车设备有限公司

2011 年度优秀企业家

吴文基　　李祥啟　　周水妹　　胥思勇　　林伟通　　吴国法　　陈兴国　　王忠利

苗庆华　　蒋玲华　　侯秀峰　　洪伟泉　　魏大椿　　刘燉年　　杨小平　　夏健鸣

金景善　　张必民

2011 年度荣获突出贡献奖个人

周水妹　　张　军　　李天童　　侯可斌　　马景山　　王牧轩　　翟凯鸿

2011 年度终身成就奖

姜 勇　任伯淼　许万凌

2010 年度优秀企业

杭州西子石川岛停车设备有限公司　　　　浙江新艾耐特停车设备有限公司

深圳怡丰自动化科技有限公司　　　　　　上海赐宝停车设备制造有限公司

唐山通宝停车设备有限公司　　　　　　　上海天地岛川停车设备制造有限公司

山东莱钢泰达车库有限公司　　　　　　　杭州友佳精密机械有限公司

潍坊大洋自动泊车设备有限公司　　　　　北京鑫华源机械制造有限责任公司

北京航天汇信科技有限公司　　　　　　　明椿电气机械股份有限公司

许昌许继停车系统有限公司

2010 年度销售前 3 名的企业

升降横移类

唐山通宝停车设备有限公司

杭州西子石川岛停车设备有限公司

潍坊大洋自动泊车设备有限公司

垂直升降类

杭州西子石川岛停车设备有限公司

深圳怡丰自动化科技有限公司

深圳中科利亨车库设备有限公司

平面移动类

深圳怡丰自动化科技有限公司

山东莱钢泰达车库有限公司

深圳中集天达空港设备有限公司

巷道堆垛类

深圳怡丰自动化科技有限公司

杭州福瑞科技有限公司

山东莱钢泰达车库有限公司

2010 年突出贡献奖

张 军　深圳怡丰自动化科技有限公司　　　　李祥啟　潍坊大洋自动泊车设备有限公司

2010 年维权贡献奖

马邕勤　广西景和停车设备有限责任公司

2009 年度优秀企业

杭州西子石川岛停车设备有限公司　　　　北京航天汇信科技有限公司

深圳怡丰自动化科技有限公司　　　　　　上海天地岛川停车设备制造有限公司

唐山通宝停车设备有限公司　　　　　　　潍坊大洋自动泊车设备有限公司

山东莱钢泰达车库有限公司　　　　　　　明椿电气机械股份有限公司

2009 年度销售前 3 名的企业

巷道堆垛类

1. 深圳怡丰自动化科技有限公司
2. 北京航天汇信科技有限公司
3. 深圳中集天达空港设备有限公司

升降横移类

1. 唐山通宝停车设备有限公司
2. 杭州西子石川岛停车设备有限公司
3. 山东莱钢泰达车库有限公司

平面移动类

1. 深圳怡丰自动化科技有限公司
2. 山东莱钢泰达车库有限公司
3. 江苏双良停车设备有限公司

垂直升降类

1. 杭州西子石川岛停车设备有限公司
2. 深圳怡丰自动化科技有限公司
3. 杭州友佳精密机械有限公司

2008 年度优秀企业

杭州西子石川岛停车设备有限公司　　　　北京航天汇信科技有限公司

江苏双良停车设备有限公司　　　　　　　唐山通宝停车设备有限公司

山东莱钢泰达车库有限公司　　　　　　　明椿电气机械股份有限公司

深圳怡丰自动化科技有限公司　　　　　　日立（中国）有限公司

荣获 2009 年"中国企业新纪录"奖的企业

杭州西子石川岛停车设备有限公司　　　　潍坊大洋自动泊车设备有限公司

获得 2017 年"中国机械工业名牌产品"的企业有（排名不分先后）

北京鑫华源机械制造有限责任公司　　　　江苏金冠停车产业股份有限公司
大洋泊车股份有限公司　　　　　　　　　江苏启良停车设备有限公司
杭州大中泊奥科技有限公司　　　　　　　上海赐宝停车设备制造有限公司
杭州西子石川岛停车设备有限公司　　　　深圳怡丰自动化科技有限公司
杭州友佳精密机械有限公司

获得中国机械工业科学技术奖的企业

1. 大洋泊车股份有限公司　　　　　　　　二等奖（2011 年度）
2. 深圳怡丰自动化科技有限公司　　　　　三等奖（2010 年度）
3. 山东莱钢泰达车库有限公司　　　　　　三等奖（2009 年度）

荣获中国机械式停车设备行业 20 周年贡献奖的人员

任伯淼	姜　勇	许万凌	明艳华	龚建平	杨京京	苏元文	张家驷	张　军
周水妹	王忠利	马景山	蒋玲华	喻元明	杨小平	何于江	周　庄	李祥啟
洪伟泉	张易宸	孙继平	胥思勇	李子荣	朱　林	侯秀峰	王　英	马　罡
张德龙	陈荣华	华　京	吴功猛	陈廷才	魏大椿	薄晓鸣	刘焮年	王　俊
张庆东	李发东	王洪艳	李天童	吴文基	高文权	刘来顺	翟　滨	

获得的专利情况

以下是中国重型机械工业协会停车设备工作委员会副理事长单位和理事单位主机企业的专利信息（专利当前法律状态为专利权利终止、放弃、撤回、转让和驳回的不在此数据中）。此数据截止日期是 2018 年 4 月 29 日。

名词解释：

1. 当前专利权人是指此专利当前时间专利权的所有人。专利权人享有此专利的独占权（专有权）、许可实施权（许可使用权）、转让权、标记权、放弃权、诉请保护权等。

2. 专利标题是指专利的标题名称，包含中文、英文和其他申请者语言。

3. 专利申请号是指此专利的申请号，一般由两位国家代码和数字构成。

4. 专利申请日是指国务院专利行政部门收到专利申请文件之日。

5. 专利类型分为发明申请（申请人提交发明专利申请，专利状态处于审查中）、发明授权、实用新型、外观设计。

专利申请人：安徽华星智能停车设备有限公司

序号	专利标题	专利申请号	专利申请日	专利类型
1	基于物联网无人值守智能机械车库系统	CN201621247746.3	2016/11/22	实用新型
2	机械车库电动车充电装置	CN201621247740.6	2016/11/22	实用新型
3	基于光电传感器的智能多层停车库语音辅助停车系统	CN201621247580.5	2016/11/22	实用新型
4	泊位无动力垂直升降停车设备	CN201621247856.X	2016/11/22	实用新型
5	断链保护装置	CN201621247808.0	2016/11/22	实用新型
6	泊位无动力垂直升降停车设备	CN201611026299.3	2016/11/22	发明申请
7	断链保护装置	CN201611026386.9	2016/11/22	发明申请
8	垂直循环停车设备的缓冲装置	CN201611237736.6	2016/12/28	发明申请
9	基于物联网无人值守智能机械车库系统	CN201611026263.5	2016/11/22	发明申请
10	垂直升降平面移动停车库	CN201310602827.5	2013/11/22	发明授权
11	智能车位限位结构	CN201520794344.4	2015/10/12	实用新型
12	实时防断链安全锁	CN201511022247.4	2015/12/30	发明申请
13	动态基准点数控加工设备	CN201520695129.9	2015/9/9	实用新型
14	悬臂门式无避让停车设备	CN201520789817.1	2015/10/10	实用新型
15	用于检测升降横移类停车设备上的车辆是否超重结构	CN201520789828.X	2015/10/10	实用新型
16	升降横移类停车设备的自动阻车器	CN201520789922.5	2015/10/10	实用新型
17	悬臂门式无避让停车设备	CN201510658620.9	2015/10/10	发明申请
18	压链装置	CN201520694552.7	2015/9/9	实用新型
19	立体停车设备的限位装置	CN201520694955.1	2015/9/9	实用新型
20	立体停车设备的防晃装置	CN201520694741.4	2015/9/9	实用新型
21	两层升降横移装置	CN201520694745.2	2015/9/9	实用新型
22	立体停车设备的防脱轨轮	CN201520694726.X	2015/9/9	实用新型
23	立体停车设备的安全装置	CN201520694727.4	2015/9/9	实用新型
24	车库限位装置	CN201520694986.7	2015/9/9	实用新型
25	机械式停车设备的开关安装支架结构	CN201520695006.5	2015/9/9	实用新型

（续）

序号	专利标题	专利申请号	专利申请日	专利类型
26	智能车库刷卡系统	CN201520694562.0	2015/9/9	实用新型
27	链条防松装置	CN201520694730.6	2015/9/9	实用新型
28	立体停车设备的滑轮座	CN201520694970.6	2015/9/9	实用新型
29	智能车位限位结构	CN201510662634.8	2015/10/12	发明申请
30	用于检测升降横移类停车设备上的车辆是否超重结构	CN201510658633.6	2015/10/10	发明申请
31	升降横移类停车设备的自动阻车器	CN201510658641.0	2015/10/10	发明申请
32	链条防松装置	CN201510569552.9	2015/9/9	发明申请
33	压链装置	CN201510569531.7	2015/9/9	发明申请
34	两层升降横移装置	CN201510569514.3	2015/9/9	发明申请
35	立体停车设备的安全装置	CN201510570197.7	2015/9/9	发明申请
36	动态基准点数控加工设备	CN201510569846.1	2015/9/9	发明申请
37	机械停车库的主传动系统	CN201310134730.6	2013/4/17	发明授权
38	立体停车设备升降横移机型横移车台主动轮固定架	CN201420478111.9	2014/8/22	实用新型
39	机械式立体停车设备升降横移机型升降车台吊耳	CN201420478115.7	2014/8/22	实用新型
40	立体停车设备横移车台从动轮支架	CN201420477984.8	2014/8/22	实用新型
41	升降横移机提升传动系统链条三角接头	CN201420477951.3	2014/8/22	实用新型
42	交换台板塔库安全锁	CN201420038499.0	2014/1/21	实用新型
43	汽车立体停车架左、右纵梁的轴装置	CN201320008799.X	2013/1/8	实用新型
44	一种立体停车设备的电机边梁结构	CN201320008756.1	2013/1/8	实用新型
45	汽车立体停车架钢架的纵梁结构	CN201320008880.8	2013/1/8	实用新型
46	一种立体停车设备链条防松装置	CN201320008876.1	2013/1/8	实用新型
47	一种立体停车设备后横梁穿线板结构	CN201320008718.6	2013/1/8	实用新型
48	一种机械车库载车板边梁的防水结构	CN201320008716.7	2013/1/8	实用新型
49	一种车边梁结构	CN201320008719.0	2013/1/8	实用新型
50	停车架用固定斜坡	CN201220520208.2	2012/10/11	实用新型
51	停车架纵梁的链条托架装置	CN201220520330.X	2012/10/11	实用新型
52	汽车立体停车架的钢架	CN201220520590.7	2012/10/11	实用新型
53	一种停车设备失速保护装置	CN201110003958.2	2011/1/11	发明授权
54	机械式停车设备运行保护装置	CN201110003978.X	2011/1/11	发明授权
55	一种停车设备提升传动机构	CN201010203957.8	2010/6/17	发明授权
56	一种停车设备失速保护装置	CN201120005774.5	2011/1/11	实用新型
57	链轮提升防护式停车设备	CN201120005739.3	2011/1/11	实用新型
58	卷筒提升防护式停车设备	CN201120005794.2	2011/1/11	实用新型
59	一种机械升降横移式停车设备	CN200910117062.X	2009/6/12	发明申请

当前专利人：安徽乐库智能停车设备有限公司

序号	专利标题	专利申请号	专利申请日	专利类型
1	一种三车位立体车库结构	CN201711233441.6	2017/11/30	发明申请
2	一种立体停车库	CN201711233679.9	2017/11/30	发明申请
3	一种旋转式子母立体车库	CN201711233419.1	2017/11/30	发明申请
4	一种无避让式立体车库	CN201711233420.4	2017/11/30	发明申请

（续）

序号	专利标题	专利申请号	专利申请日	专利类型
5	一种立体式子母立体车库	CN201711233444.X	2017/11/30	发明申请
6	一种旋转式地下车库	CN201711233442.0	2017/11/30	发明申请
7	一种转动式立体车库	CN201711233712.8	2017/11/30	发明申请
8	一种车库用车辆移动机构	CN201711233688.8	2017/11/30	发明申请
9	一种升降横移式立体车库的防坠落装置	CN201711233365.9	2017/11/30	发明申请
10	一种可左右限位的停车板结构	CN201711233686.9	2017/11/30	发明申请
11	一种载车板表面喷塑方法	CN201711233339.6	2017/11/30	发明申请
12	一种车库用汽车旋转平移机构	CN201711233466.6	2017/11/30	发明申请
13	一种立体车库停车板的轮胎限位装置	CN201711233687.3	2017/11/30	发明申请
14	一种家用纵向双层车库	CN201711233445.4	2017/11/30	发明申请
15	一种双层两车位立体停车装置	CN201711233676.5	2017/11/30	发明申请
16	一种自提式无避让停车设备	CN201410636112.6	2014/11/13	发明授权
17	一种支撑式无避让停车设备	CN201410723997.3	2014/12/4	发明授权
18	停车宝（2）	CN201630646732.8	2016/12/26	外观设计
19	停车宝（1）	CN201630646733.2	2016/12/26	外观设计
20	一种液压油缸驱动起升的停车装置	CN201410636140.8	2014/11/13	发明授权
21	一种避免承受扭转力的移动机构	CN201410636124.9	2014/11/13	发明授权
22	一种三节起升样式的起升装置	CN201410636138.0	2014/11/13	发明授权
23	一种安全、稳定的液压控制系统	CN201410724000.6	2014/12/4	发明授权
24	一种地下驱动的立体车库	CN201610889142.7	2016/10/11	发明申请
25	一种垂直提升装置	CN201610921962.X	2016/10/21	发明申请
26	一种地上立体车库	CN201610941983.8	2016/10/31	发明申请
27	一种立体车库载车机构	CN201610942031.8	2016/10/31	发明申请
28	一种立体车库	CN201610921965.3	2016/10/21	发明申请
29	一种立体车库停车系统	CN201610921976.1	2016/10/21	发明申请
30	一种智能立体车库	CN201610889144.6	2016/10/11	发明申请
31	一种双层车库	CN201610921903.2	2016/10/21	发明申请
32	一种新型立体车库	CN201610889047.7	2016/10/11	发明申请
33	一种移动车库	CN201610921886.2	2016/10/21	发明申请
34	一种立体车库	CN201610921984.6	2016/10/21	发明申请
35	一种停车系统	CN201610921932.9	2016/10/21	发明申请
36	一种停车系统	CN201610921982.7	2016/10/21	发明申请
37	一种太阳能储电车库	CN201610921905.1	2016/10/21	发明申请
38	一种停车系统	CN201610921967.2	2016/10/21	发明申请
39	一种立体车库	CN201610921985.0	2016/10/21	发明申请
40	一种地上巷道式立体车库	CN201610889035.4	2016/10/11	发明申请
41	一种立体车库的驱动装置	CN201610889141.2	2016/10/11	发明申请
42	一种立体车库运输机构	CN201610921862.7	2016/10/21	发明申请
43	一种立体车库驱动装置的链条防卡死机构	CN201610889130.4	2016/10/11	发明申请
44	一种家用车库	CN201610921979.5	2016/10/21	发明申请

（续）

序号	专利标题	专利申请号	专利申请日	专利类型
45	一种立体车库运输机构	CN201610921900.9	2016/10/21	发明申请
46	一种立体车库载车机构	CN201610889127.2	2016/10/11	发明申请
47	一种用于立体车库的智能检测系统	CN201610921934.8	2016/10/21	发明申请
48	一种立体车库	CN201610921981.2	2016/10/21	发明申请
49	一种立体车库停车出入口装置	CN201610889143.1	2016/10/11	发明申请
50	一种地上圆筒式立体车库	CN201610889129.1	2016/10/11	发明申请
51	一种立体车库的高效驱动装置	CN201610889034.X	2016/10/11	发明申请
52	一种停车系统	CN201610921969.1	2016/10/21	发明申请
53	一种立体车库防坠落报警系统	CN201610921994.X	2016/10/21	发明申请
54	全自动立体停车设备安全升降栏杆	CN201520877047.6	2015/11/6	实用新型
55	立体车库的载车板组装装置	CN201520878902.5	2015/11/9	实用新型
56	一种立体车库主轴自动装配装置	CN201520877048.0	2015/11/6	实用新型
57	一种用于升降横移式停车设备的提升装置	CN201520069653.5	2015/2/2	实用新型
58	一种用于升降横移式停车设备的升降传动装置	CN201520069643.1	2015/2/2	实用新型
59	一种停车迅速平稳的双层停车位	CN201420759519.3	2014/12/8	实用新型
60	一种运转平稳结构稳定的双层立体停车位	CN201420759526.3	2014/12/8	实用新型
61	一种全自动双层停车设备	CN201520073476.8	2015/2/3	实用新型
62	一种结构稳定的安全型自动停车装置	CN201520073465.X	2015/2/3	实用新型
63	一种升降横移式停车设备	CN201520069645.0	2015/2/2	实用新型
64	一种用于升降横移式停车设备的升降横移装置	CN201520073480.4	2015/2/3	实用新型
65	一种用于升降横移式停车设备的传动框架	CN201520069655.4	2015/2/2	实用新型
66	一种用于升降横移式停车设备的防卷防脱装置	CN201520069665.8	2015/2/2	实用新型
67	一种用于升降横移式停车设备的立柱	CN201520073481.9	2015/2/3	实用新型
68	一种防抖动的机械缓冲装置	CN201410723999.2	2014/12/4	发明申请
69	一种坚实耐用的自动停车装置	CN201420653042.0	2014/11/5	实用新型
70	一种升降传动总成	CN201510056700.7	2015/2/4	发明申请
71	一种升降横移式停车设备	CN201510056718.7	2015/2/4	发明申请
72	一种结构稳定的自动停车设备	CN201420653024.2	2014/11/5	实用新型
73	一种自动停车系统	CN201420697591.8	2014/11/20	实用新型
74	一种新型自动停车装置	CN201420697592.2	2014/11/20	实用新型
75	一种高稳定性自动停车器	CN201420697594.1	2014/11/20	实用新型
76	一种双层自动停车器	CN201420697595.6	2014/11/20	实用新型
77	一种转动平稳的低成本双层停车位	CN201420753441.4	2014/12/5	实用新型
78	一种安装方便结构稳定的双层停车位	CN201420753442.9	2014/12/5	实用新型
79	一种低成本结构稳定的停车位	CN201420753443.3	2014/12/5	实用新型
80	一种结构稳定的双层停车位	CN201420753444.8	2014/12/5	实用新型
81	一种停车平稳的双层立体停车位	CN201420759528.2	2014/12/8	实用新型
82	一种停车快速结构稳定双层停车位	CN201420759529.7	2014/12/8	实用新型
83	一种运转稳定快速的双层停车位	CN201420778280.4	2014/12/12	实用新型

（续）

序号	专利标题	专利申请号	专利申请日	专利类型
84	一种提升稳定的双层立体停车位	CN201420753445.2	2014/12/5	实用新型
85	一种自提式无避让停车设备	CN201420778274.9	2014/12/12	实用新型
86	一种停车场用自动停车设备	CN201420697593.7	2014/11/20	实用新型
87	一种稳定方便的支撑总成	CN201410723998.8	2014/12/4	发明申请
88	一种提升总成	CN201510056717.2	2015/2/4	发明申请
89	一种用于自动停车设备的上层停车系统	CN201420653037.X	2014/11/5	实用新型
90	一种自动双层停车装置	CN201420656265.2	2014/11/6	实用新型
91	一种实用性强的停车设备	CN201420656462.4	2014/11/6	实用新型
92	一种用于自动停车器的起升旋转装置	CN201420656461.X	2014/11/6	实用新型
93	一种安全性高的自动停车装置	CN201420652980.9	2014/11/5	实用新型
94	一种安全可靠的自动停车机构	CN201420653040.1	2014/11/5	实用新型
95	一种安全耐磨的起升装置供油系统	CN201410636089.0	2014/11/13	发明申请

当前专利权人：安徽马钢智能立体停车设备有限公司

序号	专利标题	专利申请号	专利申请日	专利类型
1	一种轿厢提升装置	CN201621480550.9	2016/12/30	实用新型
2	一种任意形状孔的钻头装置	CN201621477443.0	2016/12/30	实用新型
3	一种简易升降车库	CN201621480582.9	2016/12/30	实用新型
4	一种两层停车设备	CN201621322863.1	2016/12/5	实用新型
5	一种升降横移式无线充电立体停车系统	CN201621322864.6	2016/12/5	实用新型
6	一种车库充电电缆固定装置及立体车库	CN201621322830.7	2016/12/5	实用新型
7	一种任意形状孔的钻头装置及其钻孔方法	CN201611256582.5	2016/12/30	发明申请
8	一种塔式立体车库	CN201710038219.4	2016/5/12	发明申请
9	一种基于离合式履带传送机构的塔式立体车库停车方法	CN201710038218.X	2016/5/12	发明申请
10	一种工件飞边毛刺互打磨机	CN201621169327.2	2016/11/2	实用新型
11	一种离合式履带传送机构和基于该机构的塔式立体车库	CN201610319840.3	2016/5/12	发明授权
12	一种工件飞边毛刺互打磨机及其打磨工艺	CN201610945017.3	2016/11/2	发明申请
13	一种离合式履带传送机构和基于该机构的塔式立体车库	CN201620438730.4	2016/5/12	实用新型
14	一种多吊点提升机构	CN201620268543.6	2016/3/31	实用新型
15	机械立体车库链条防坠落装置	CN201120008897.4	2011/1/13	实用新型
16	机械立体车库断链检测装置	CN201120008884.7	2011/1/13	实用新型
17	提升机稳定装置	CN201120009072.4	2011/1/13	实用新型
18	塔库自动门	CN201120009053.1	2011/1/13	实用新型
19	搬运器行走机构	CN201120008912.5	2011/1/13	实用新型
20	机械立体车库载车板安全挡钩系统	CN201120009073.9	2011/1/13	实用新型
21	汽车回转台驱动器	CN201120009081.3	2011/1/13	实用新型
22	重心盘结构	CN201120009054.6	2011/1/13	实用新型

当前专利权人：北京航天汇信科技有限公司

序号	专利标题	专利申请号	专利申请日	专利类型
1	仓储式机械式停车设备控制系统	CN201420873417.4	2014/12/24	实用新型
2	一种双驱动翻板式阻车定位装置	CN201420873419.3	2014/12/24	实用新型
3	仓储式机械式停车设备车辆管理系统	CN201420873410.2	2014/12/24	实用新型
4	六层浅巷道巷道堆垛类机械停车设备	CN201320896359.2	2013/12/31	实用新型
5	整体旋转升降机	CN201320896356.9	2013/12/31	实用新型
6	升降机轿厢防滑装置	CN201320896371.3	2013/12/31	实用新型
7	仓储类机械停车设备	CN201210469478.X	2012/11/11	发明申请
8	汽车底盘感应装置	CN201110040355.X	2011/2/18	发明授权
9	一种悬吊式传动机构全封闭型垂直循环车库	CN201320118458.8	2013/3/9	实用新型
10	仓储类机械停车设备	CN201220616549.X	2012/11/11	实用新型
11	多层巷道堆垛机	CN201220616521.6	2012/11/11	实用新型
12	四立柱升降机	CN201220616524.X	2012/11/11	实用新型
13	旋转升降机	CN201220616539.6	2012/11/11	实用新型
14	立体仓库长大物料存储重型可调节货架	CN201220445819.5	2012/8/26	实用新型
15	升降机平台对中装置	CN201220302714.4	2012/6/20	实用新型
16	机器人抱夹搬运器	CN201010152069.8	2010/4/21	发明授权
17	旋转搬运台车	CN201120041338.3	2011/2/18	实用新型
18	巷道搬运台车	CN201120041340.0	2011/2/18	实用新型
19	升降机定位装置	CN200920266065.5	2009/11/4	实用新型
20	无电源停车设备	CN200720151996.1	2007/6/21	实用新型
21	悬臂式机械停车设备	CN200720151995.7	2007/6/21	实用新型

当前专利权人：北京天宏恩机电科技有限公司

序号	专利标题	专利申请号	专利申请日	专利类型
1	一种用于机械车库的显示装置	CN201720806638.3	2017/7/5	实用新型
2	一种用于汽车的搬运器及其车库	CN201410822528.7	2014/12/24	发明授权
3	一种用于汽车传送的滚道装置	CN201410818550.4	2014/12/24	发明申请
4	一种用于汽车传送的滚道装置	CN201420838209.0	2014/12/24	实用新型
5	仓储类停车设备	CN201420419845.X	2014/7/28	实用新型
6	交错滚轮交换汽车搬运器	CN201420099032.7	2014/3/6	实用新型
7	使用滚轮交换的仓储机械停车库	CN201420099031.2	2014/3/6	实用新型
8	汽车垂直循环展览装置	CN201020654337.1	2010/12/10	实用新型

当前专利权人：北京鑫华源机械制造有限责任公司

序号	专利标题	专利申请号	申请日	专利类型
1	一种垂直升降立体车库的新型提升系统	CN201711296075.9	2017/12/8	发明申请
2	一种巷道堆垛机	CN201410555585.3	2014/10/17	发明授权
3	一种立体车库及其停取车方法	CN201610045798.0	2016/1/22	发明申请
4	充电桩控制方法及控制系统、充电式立体车库	CN201510792490.8	2015/11/17	发明申请
5	一种负一正二类升降横移设备	CN201621034227.9	2016/8/31	实用新型
6	一种垂直升降类立体车库的智能控制系统	CN201611108799.1	2016/12/6	发明申请

（续）

序号	专利标题	专利申请号	申请日	专利类型
7	一种带底坑负一正一类机械式停车设备	CN201621034213.7	2016/8/31	实用新型
8	一种平面移动类立体车库的智能控制系统	CN201620810311.9	2016/7/28	实用新型
9	一种平面移动类立体车库的智能控制系统	CN201610609637.X	2016/7/28	发明申请
10	一种升降系统及立体车库	CN201620066142.2	2016/1/22	实用新型
11	一种横移系统及立体车库	CN201620065158.1	2016/1/22	实用新型
12	立体停车设备	CN201410515937.2	2014/9/29	发明申请
13	一种立体车库	CN201520754756.5	2015/9/25	实用新型
14	新型高层停车设备	CN201110391900.X	2011/11/30	发明授权
15	组合悬移液压支架导杆型托梁	CN201520073336.0	2015/2/2	实用新型
16	立体停车设备	CN201420569323.8	2014/9/29	实用新型
17	一种汽车纵向智能搬运装置	CN201210424823.8	2012/10/30	发明授权
18	一种巷道堆垛机	CN201420604239.5	2014/10/17	实用新型
19	立体停车设备	CN201420570387.X	2014/9/29	实用新型
20	巷道支架	CN201420508989.2	2014/9/4	实用新型
21	一种自动式纵向汽车搬运器	CN201210424956.5	2012/10/30	发明授权
22	双向纵移汽车搬运装置	CN200810222741.9	2008/9/23	发明授权
23	侧置式立体停车设备	CN201010227344.8	2010/7/8	发明申请
24	组合支架	CN200810223051.5	2008/9/26	发明授权
25	汽车横向搬运装置	CN200710193712.X	2007/11/23	发明授权
26	二层升降横移停车设备	CN200820122586.9	2008/9/23	实用新型
27	多层升降横移停车设备	CN200820122596.2	2008/9/24	实用新型
28	电源线架设装置及具有该装置的立体停车设备	CN200820122595.8	2008/9/24	实用新型
29	组合支架	CN200820122688.0	2008/9/26	实用新型

当前专利权人：大洋泊车股份有限公司

序号	专利标题	专利申请号	专利申请日	专利类型
1	一种双层梳齿横移式立体停车设备	CN201721146202.2	2017/9/8	实用新型
2	一种梳齿交换式立体停车设备	CN201721146203.7	2017/9/8	实用新型
3	一种客车立体停车设备	CN201721146204.1	2017/9/8	实用新型
4	一种双层立体停车设备	CN201721146216.4	2017/9/8	实用新型
5	立体车库用出入口梳齿架梳齿间隙补偿装置	CN201721146217.9	2017/9/8	实用新型
6	一种立体停车设备	CN201721146238.0	2017/9/8	实用新型
7	一种放射状立体停车设备	CN201721146240.8	2017/9/8	实用新型
8	一种全地下放射状立体停车设备	CN201721146766.6	2017/9/8	实用新型
9	一种立体车库用出入口梳齿架梳齿间隙补偿装置	CN201721146770.2	2017/9/8	实用新型
10	一种立体停车设备	CN201721146734.6	2017/9/8	实用新型
11	一种立体车库用平层定位机构	CN201721146666.3	2017/9/8	实用新型
12	一种放射状立体车库用平层定位机构	CN201721146940.7	2017/9/8	实用新型
13	负X正N梳齿升降横移立体车库	CN201610045303.4	2016/1/22	发明授权
14	一种立体车库用搬运机器人	CN201710802833.3	2017/9/8	发明申请
15	立体车库用搬运机器人	CN201710802879.5	2017/9/8	发明申请
16	一种立体停车设备	CN201710802840.3	2017/9/8	发明申请

（续）

序号	专利标题	专利申请号	专利申请日	专利类型
17	一种放射状立体停车设备	CN201710802856.4	2017/9/8	发明申请
18	一种双层梳齿横移式立体停车设备	CN201710802850.7	2017/9/8	发明申请
19	一种充电接插头及充电车库	CN201510424717.3	2015/7/18	发明授权
20	一种用于汽车升降机的液压提升机构	CN201720138793.2	2017/2/16	实用新型
21	一种双层立体停车设备	CN201720138795.1	2017/2/16	实用新型
22	升降横移式停车设备	CN201510127958.1	2015/3/23	发明授权
23	载车板存放装置及立体停车设备	CN201510654550.X	2015/10/12	发明授权
24	具有充电功能的梳齿交换式立体车库	CN201621380257.5	2016/12/15	实用新型
25	一种分体式横移梳齿架及立体车库	CN201621380308.4	2016/12/15	实用新型
26	一种基于CAN总线的分布式立体车库控制系统	CN201621339415.2	2016/12/8	实用新型
27	多层升降横移式停车设备	CN201510128138.4	2015/3/23	发明授权
28	载车板边梁堵头	CN201630618261.X	2016/12/15	外观设计
29	梳齿升降横移式立体停车设备	CN201510654403.2	2015/10/12	发明授权
30	横移梳齿架输送电装置及梳齿横移式立体车库	CN201510655017.5	2015/10/12	发明授权
31	具有充电功能的梳齿交换式立体车库及其充电方法	CN201611156597.4	2016/12/15	发明申请
32	一种分体式横移梳齿架及立体车库	CN201620887107.7	2016/8/15	实用新型
33	一种垂吊纵移式巷道堆垛立体车库	CN201620884977.9	2016/8/15	实用新型
34	一种垂吊横移式巷道堆垛立体车库	CN201620876681.2	2016/8/15	实用新型
35	一种简易升降立体停车设备	CN201621078843.4	2016/9/26	实用新型
36	一种分体式横移梳齿架及立体车库	CN201621078851.9	2016/9/26	实用新型
37	载车板升降横移式立体停车设备	CN201510655056.5	2015/10/12	发明授权
38	一种纵移式轿厢及立体车库	CN201620884872.3	2016/8/15	实用新型
39	一种横移梳齿架及立体车库	CN201620883480.5	2016/8/15	实用新型
40	一种梳齿式立体车库	CN201620884914.3	2016/8/15	实用新型
41	一种轿厢提升系统及垂吊式巷道堆垛立体车库	CN201620887072.7	2016/8/15	实用新型
42	一种横移式轿厢及立体车库	CN201620883254.7	2016/8/15	实用新型
43	一种内置传动的横移梳齿架及立体车库	CN201620884922.8	2016/8/15	实用新型
44	一种轿厢移动稳定装置及垂吊式巷道堆垛立体车库	CN201620875365.3	2016/8/15	实用新型
45	载车板	CN201630493728.2	2016/10/8	外观设计
46	一种梳齿式立体车库车辆存取方法	CN201610673400.8	2016/8/15	发明申请
47	一种梳齿式立体车库的车辆存取方法	CN201610670146.6	2016/8/15	发明申请
48	一种垂吊纵移式巷道堆垛立体车库	CN201610671664.X	2016/8/15	发明申请
49	一种垂吊横移式巷道堆垛立体车库	CN201610673468.6	2016/8/15	发明申请
50	一种载车板及立体车库	CN201620184979.7	2016/3/11	实用新型
51	复合型平面布局的横移回转搬运梳齿交换立体车库组合	CN201620065046.6	2016/1/22	实用新型
52	T形平面布局的横移回转搬运梳齿交换立体车库组合	CN201620066850.6	2016/1/22	实用新型
53	一种地坑式电机链条提升装置	CN201620147561.9	2016/2/28	实用新型
54	Π形平面布局的横移回转搬运梳齿交换立体车库组合	CN201620065121.9	2016/1/22	实用新型
55	一种电机链条提升装置	CN201620147993.X	2016/2/28	实用新型
56	一种电机链条驱动的地坑式立体车库	CN201620147572.7	2016/2/28	实用新型
57	一种电机卷筒提升装置	CN201620147565.7	2016/2/28	实用新型
58	一种电机卷筒立体车库	CN201620147979.X	2016/2/28	实用新型

（续）

序号	专利标题	专利申请号	专利申请日	专利类型
59	一种地坑式电机卷筒提升装置	CN201620148204.4	2016/2/28	实用新型
60	一种组合传动升降横移立体车库	CN201620148216.7	2016/2/28	实用新型
61	一种电机链条立体车库	CN201620148213.3	2016/2/28	实用新型
62	一种可手机遥控立体车库的操作器	CN201620185954.9	2016/3/11	实用新型
63	一种立体车库用操作器	CN201620184977.8	2016/3/11	实用新型
64	L形平面布局的横移回转搬运梳齿交换立体车库组合	CN201620066878.X	2016/1/22	实用新型
65	载车板	CN201630044995.1	2016/2/16	外观设计
66	负X正N横移回转搬运梳齿交换立体车库	CN201620065786.X	2016/1/22	实用新型
67	一种横移回转搬运器及立体车库	CN201620066000.6	2016/1/22	实用新型
68	一种支撑结构及立体车库	CN201620066004.4	2016/1/22	实用新型
69	一种横移梳齿架输送电装置及梳齿式立体车库	CN201620066905.3	2016/1/22	实用新型
70	Z形平面布局的横移回转搬运梳齿交换立体车库组合	CN201620065086.0	2016/1/22	实用新型
71	一种立体车库用横移梳齿架	CN201620065790.6	2016/1/22	实用新型
72	II形平面布局的横移回转搬运梳齿交换立体车库组合	CN201620065998.8	2016/1/22	实用新型
73	平行错位平面布局的横移回转搬运梳齿交换立体车库组合	CN201620066005.9	2016/1/22	实用新型
74	梳齿回转装置及立体车库	CN201620122096.3	2016/2/16	实用新型
75	夹轮回转装置及立体车库	CN201620122941.7	2016/2/16	实用新型
76	负X正N梳齿升降横移立体车库	CN201620065773.2	2016/1/22	实用新型
77	I形平面布局的横移回转搬运梳齿交换立体车库组合	CN201620065798.2	2016/1/22	实用新型
78	夹轮回转装置及立体车库	CN201610086792.8	2016/2/16	发明申请
79	负X正N横移回转搬运梳齿交换立体车库	CN201610045965.1	2016/1/22	发明申请
80	一种横移回转搬运器及立体车库	CN201610044578.6	2016/1/22	发明申请
81	一缸多板升降横式停车设备	CN201410239637.6	2014/5/31	发明授权
82	平面移动立体车库（001）	CN201530343621.5	2015/9/8	外观设计
83	液压式立体停车设备	CN201520785143.8	2015/10/12	实用新型
84	梳齿架提升导向装置	CN201520785173.9	2015/10/12	实用新型
85	立体停车设备用钢丝绳绳轮	CN201520785854.5	2015/10/12	实用新型
86	组合式升降横移立体车库	CN201520785852.6	2015/10/12	实用新型
87	一种载车板升降横移立体车库	CN201520784569.1	2015/10/12	实用新型
88	一种立体停车设备	CN201520784730.5	2015/10/12	实用新型
89	梳齿升降横式立体停车设备	CN201520784893.3	2015/10/12	实用新型
90	升降横移式立体停车设备	CN201520785172.4	2015/10/12	实用新型
91	横移梳齿架输送电装置及梳齿横移式立体车库	CN201520785878.0	2015/10/12	实用新型
92	梳齿交换式立体车库	CN201520784772.9	2015/10/12	实用新型
93	立体车库用横移梳齿架	CN201520786318.7	2015/10/12	实用新型
94	液压式立体车库液控系统	CN201520785109.0	2015/10/12	实用新型
95	载车板存放装置及立体停车设备	CN201520786316.8	2015/10/12	实用新型
96	载车板升降横移式立体停车设备	CN201520785891.6	2015/10/12	实用新型
97	内置式电泵一体液压站	CN201310495941.2	2013/10/21	发明授权
98	立体停车设备用四自由度车辆搬运器	CN201310293877.X	2013/7/13	发明授权
99	一种一缸多板升降横移式停车设备	CN201410320503.7	2014/7/7	发明授权
100	一机多板横移传动系统及升降横移式停车设备	CN201410172902.3	2014/4/25	发明授权

（续）

序号	专利标题	专利申请号	专利申请日	专利类型
101	一种社区汽车加油系统	CN201310412899.3	2013/9/11	发明授权
102	升降横移式停车设备车辆超长检测装置	CN201520402689.0	2015/6/11	实用新型
103	立体车库（车得宝006）	CN201530342684.9	2015/9/8	外观设计
104	立体车库（车得宝005）	CN201530342691.9	2015/9/8	外观设计
105	立体车库（车得宝004）	CN201530342693.8	2015/9/8	外观设计
106	立体车库（车得宝003）	CN201530342695.7	2015/9/8	外观设计
107	梳齿交换立体车库（013）	CN201530343208.9	2015/9/8	外观设计
108	升降横移立体车库（024）	CN201530343216.3	2015/9/8	外观设计
109	梳齿交换立体车库（003）	CN201530343217.8	2015/9/8	外观设计
110	梳齿交换立体车库（002）	CN201530343218.2	2015/9/8	外观设计
111	梳齿交换立体车库（004）	CN201530343219.7	2015/9/8	外观设计
112	升降横移立体车库（025）	CN201530343221.4	2015/9/8	外观设计
113	梳齿交换立体车库（007）	CN201530343222.9	2015/9/8	外观设计
114	升降横移立体车库（023）	CN201530343223.3	2015/9/8	外观设计
115	升降横移立体车库（022）	CN201530343225.2	2015/9/8	外观设计
116	升降横移立体车库（018）	CN201530343236.0	2015/9/8	外观设计
117	升降横移立体车库（021）	CN201530343242.6	2015/9/8	外观设计
118	升降横移立体车库（014）	CN201530343245.X	2015/9/8	外观设计
119	升降横移立体车库（002）	CN201530343255.3	2015/9/8	外观设计
120	升降横移立体车库（013）	CN201530343259.1	2015/9/8	外观设计
121	升降横移立体车库（003）	CN201530343260.4	2015/9/8	外观设计
122	升降横移立体车库（009）	CN201530343272.7	2015/9/8	外观设计
123	升降横移立体车库（005）	CN201530343273.1	2015/9/8	外观设计
124	升降横移立体车库（012）	CN201530343275.0	2015/9/8	外观设计
125	升降横移立体车库（011）	CN201530343278.4	2015/9/8	外观设计
126	升降横移立体车库（010）	CN201530343280.1	2015/9/8	外观设计
127	升降横移立体车库（026）	CN201530343287.3	2015/9/8	外观设计
128	梳齿交换立体车库（012）	CN201530343293.9	2015/9/8	外观设计
129	升降横移立体车库（016）	CN201530343317.0	2015/9/8	外观设计
130	梳齿交换立体车库（006）	CN201530343403.1	2015/9/8	外观设计
131	梳齿交换立体车库（005）	CN201530343404.6	2015/9/8	外观设计
132	梳齿交换立体车库（011）	CN201530343407.X	2015/9/8	外观设计
133	梳齿交换立体车库（008）	CN201530343412.0	2015/9/8	外观设计
134	梳齿交换立体车库（009）	CN201530343416.9	2015/9/8	外观设计
135	升降横移立体车库（019）	CN201530343420.5	2015/9/8	外观设计
136	梳齿交换立体车库（001）	CN201530343428.1	2015/9/8	外观设计
137	升降横移立体车库（015）	CN201530343443.6	2015/9/8	外观设计
138	升降横移立体车库（008）	CN201530343469.0	2015/9/8	外观设计
139	升降横移立体车库（007）	CN201530343472.2	2015/9/8	外观设计
140	升降立体车库（简易004）	CN201530343481.1	2015/9/8	外观设计
141	升降横移立体车库（004）	CN201530343519.5	2015/9/8	外观设计
142	平面移动立体车库（010）	CN201530343539.2	2015/9/8	外观设计

（续）

序号	专利标题	专利申请号	专利申请日	专利类型
143	平面移动立体车库（007）	CN201530343540.5	2015/9/8	外观设计
144	平面移动立体车库（002）	CN201530343573.X	2015/9/8	外观设计
145	简易升降立体车库（007）	CN201530343676.6	2015/9/8	外观设计
146	简易升降立体车库（005）	CN201530343677.0	2015/9/8	外观设计
147	升降横移立体车库（020）	CN201530343717.1	2015/9/8	外观设计
148	梳齿交换立体车库（010）	CN201530343748.7	2015/9/8	外观设计
149	简易升降立体车库（009）	CN201530343794.7	2015/9/8	外观设计
150	简易升降立体车库（006）	CN201530343795.1	2015/9/8	外观设计
151	简易升降立体车库（008）	CN201530343807.0	2015/9/8	外观设计
152	平面移动立体车库（009）	CN201530343826.3	2015/9/8	外观设计
153	平面移动立体车库（006）	CN201530343827.8	2015/9/8	外观设计
154	平面移动立体车库（005）	CN201530343898.8	2015/9/8	外观设计
155	平面移动立体车库（004）	CN201530343902.0	2015/9/8	外观设计
156	平面移动立体车库（003）	CN201530343903.5	2015/9/8	外观设计
157	升降横移立体车库（006）	CN201530343935.5	2015/9/8	外观设计
158	简易升降立体车库（001）	CN201530343989.1	2015/9/8	外观设计
159	简易升降立体车库（002）	CN201530344002.8	2015/9/8	外观设计
160	升降横移立体车库（001）	CN201530344006.6	2015/9/8	外观设计
161	平面移动立体车库（008）	CN201530344056.4	2015/9/8	外观设计
162	简易升降立体车库（003）	CN201530344078.0	2015/9/8	外观设计
163	升降横移立体车库（017）	CN201530344094.X	2015/9/8	外观设计
164	车得宝立体车库（001）	CN201530378336.7	2015/9/28	外观设计
165	车得宝立体车库（002）	CN201530378375.7	2015/9/28	外观设计
166	提升架防坠落装置及立体停车设备	CN201520749037.4	2015/9/24	实用新型
167	一种载车板升降横移立体车库	CN201510655026.4	2015/10/12	发明申请
168	立体车库固定斜坡	CN201530253914.4	2015/7/15	外观设计
169	载车板组合斜坡	CN201530253939.4	2015/7/15	外观设计
170	一种充电接插头及充电车库	CN201520524249.2	2015/7/18	实用新型
171	载车板（简易升降）	CN201530253924.8	2015/7/15	外观设计
172	立体停车设备用纵移存取机构	CN201310296423.8	2013/7/13	发明授权
173	一种升降系统及升降横移停车设备	CN201520510096.6	2015/7/15	实用新型
174	立体车库组合动力单元式单作用油缸液压控制系统	CN201520364901.9	2015/5/29	实用新型
175	家用双层立体车库	CN201310653269.5	2013/12/5	发明授权
176	一种智能无人看守立体车库	CN201310177770.9	2013/5/14	发明授权
177	负一正二升降横移式立体停车设备	CN201310425757.0	2013/9/17	发明授权
178	用于立体停车设备的开放式防坠落装置	CN201310425759.X	2013/9/17	发明授权
179	集传动两层升降横移式立体停车设备	CN201520246881.5	2015/4/22	实用新型
180	集传动升降横移式立体停车设备	CN201520246823.2	2015/4/22	实用新型
181	停车设备的升降传动系统及正二负一升降横移式停车设备	CN201310172855.8	2013/5/10	发明授权
182	液压驱动汽车回转盘	CN201520137929.9	2015/3/11	实用新型
183	两层升降横移式立体车库	CN201520164939.1	2015/3/23	实用新型
184	升降横移式停车设备	CN201520164963.5	2015/3/23	实用新型

（续）

序号	专利标题	专利申请号	专利申请日	专利类型
185	多层升降横移式停车设备	CN201520164335.7	2015/3/23	实用新型
186	两层升降横移式停车设备	CN201520164510.2	2015/3/23	实用新型
187	立体车库用汽车回转盘	CN201520138016.9	2015/3/11	实用新型
188	一机一板后悬臂立体车库	CN201520006796.1	2015/1/6	实用新型
189	一机多板后悬臂立体车库	CN201520006797.6	2015/1/6	实用新型
190	一缸多板后悬臂立体车库	CN201520006798.0	2015/1/6	实用新型
191	立体停车设备用升降传动机构	CN201310295479.1	2013/7/13	发明授权
192	立体停车设备用抓取回转机构	CN201310296510.3	2013/7/13	发明授权
193	升降纵移式立体停车设备	CN201310296846.X	2013/7/13	发明授权
194	停车设备的升降传动系统及升降横移式停车设备	CN201310099990.4	2013/3/26	发明授权
195	用于立体停车设备的侧推式传动系统	CN201420712321.X	2014/11/24	实用新型
196	用于立体停车设备的直推式传动系统	CN201420712431.6	2014/11/24	实用新型
197	新型两层升降横移式停车设备	CN201420713107.6	2014/11/24	实用新型
198	多层地坑式液压驱动的立体车库	CN201210547253.1	2012/12/17	发明授权
199	一种一缸多板升降横移式停车设备	CN201420372224.0	2014/7/7	实用新型
200	用于后悬臂立体停车设备的拉杆装置	CN201420416482.4	2014/7/25	实用新型
201	液压后悬臂立体停车设备	CN201420416518.9	2014/7/25	实用新型
202	用于负一正二升降横移式立体停车设备的升降传动系统	CN201420415461.0	2014/7/25	实用新型
203	一缸多板两层升降横移式停车设备	CN201420371597.6	2014/7/7	实用新型
204	用于立体停车设备的钢丝绳吊耳装置	CN201420343789.6	2014/6/25	实用新型
205	用于立体停车设备的防坠落架装置	CN201420343805.1	2014/6/25	实用新型
206	立体停车设备用四自由度车辆搬运器	CN201310293877.X	2013/7/13	发明申请

当前专利权人：广东三浦车库股份有限公司

序号	专利标题	专利申请号	专利申请日	专利类型
1	一种循环回转车库	CN201721086884.2	2017/8/28	实用新型
2	一种升降车库	CN201721093584.7	2017/8/28	实用新型
3	一种立体车库	CN201721088651.6	2017/8/28	实用新型
4	回转式车库	CN201721088553.2	2017/8/28	实用新型
5	一种立体车库	CN201721088653.5	2017/8/28	实用新型
6	一种立体车库	CN201710750862.X	2017/8/28	发明申请
7	一种升降车库	CN201710751641.4	2017/8/28	发明申请
8	回转式车库	CN201710750802.8	2017/8/28	发明申请
9	一种循环回转车库	CN201710752456.7	2017/8/28	发明申请
10	一种立体车库	CN201710751644.8	2017/8/28	发明申请
11	一种地下磁悬浮式平面移动立体车库	CN201710751652.2	2017/8/28	发明申请
12	机械式立体车库吊点螺杆定位焊接的钢结构生产装置	CN201620740441.X	2016/7/12	实用新型
13	机械式立体车库吊点螺杆与钢板焊接定位的工装夹具	CN201620743658.6	2016/7/13	实用新型
14	一种GRC钢结构支撑系统	CN201620761518.1	2016/7/18	实用新型
15	一种立体车库的充电接头装置	CN201620507616.2	2016/5/27	实用新型
16	车库全环境巡航检测系统及方法	CN201610371161.0	2016/5/27	发明申请

（续）

序号	专利标题	专利申请号	专利申请日	专利类型
17	一种立体车库焊接式横移小车框架	CN201620061066.6	2016/1/21	实用新型
18	充电车位及充电式立体车库	CN201620302601.2	2016/4/11	实用新型
19	一种具有防脱轴结构的立体车库主传动装置	CN201620061072.1	2016/1/21	实用新型
20	一种具有车门安全检测装置的立体车库	CN201620060865.1	2016/1/21	实用新型
21	一种具有拦截超高检测装置的立体车库	CN201620061071.7	2016/1/21	实用新型
22	充电车位及充电式立体车库	CN201610225155.4	2016/4/11	发明申请
23	一种设置在十字路口的塔式立体车库	CN201410322502.6	2014/7/5	发明授权
24	一种半地下多重列式升降横移立体车库	CN201521069093.X	2015/12/18	实用新型
25	一种半地下多重列式升降横移立体车库	CN201510961627.8	2015/12/18	发明申请
26	一种具有防刮车轮功能的载车板边梁	CN201320609362.1	2013/9/27	实用新型
27	一种具有排水功能的载车板边梁	CN201320609394.1	2013/9/27	实用新型
28	一种带有梯形口的缓冲垫	CN201320609350.9	2013/9/27	实用新型
29	一种立体车库的钢丝绳后吊点防松断装置	CN201320609411.1	2013/9/27	实用新型
30	一种立体车库的链条防松断装置	CN201320609422.X	2013/9/27	实用新型

当前专利权人：广州广日智能停车设备有限公司

序号	专利标题	专利申请号	专利申请日	专利类型
1	一种垂直升降立体车库的载车板存取装置	CN201720673271.2	2017/6/9	实用新型
2	一种立体车库的载车板存取装置	CN201710437392.1	2017/6/9	发明申请
3	一种立体车库结构	CN201720248487.4	2017/3/14	实用新型
4	一种塔式立体停车库充电系统	CN201621417636.7	2016/12/22	实用新型
5	一种立体车库智能停车充电系统	CN201621416981.9	2016/12/22	实用新型
6	一种立体车库防坠落锁紧系统	CN201710150503.0	2017/3/14	发明申请
7	一种自动化储物仓库设备	CN201620763082.X	2016/7/18	实用新型
8	一种自动储物仓储的存取装置	CN201620763137.7	2016/7/18	实用新型
9	一种垂直升降式立体停车设备	CN201620545149.2	2016/6/6	实用新型
10	一种超高层停车塔快速取车系统	CN201620203822.4	2016/3/16	实用新型
11	一种自动化储物仓库设备	CN201610570818.6	2016/7/18	发明申请
12	一种仓储式车库的平台停车装置	CN201520611441.5	2015/8/13	实用新型
13	一种仓储式车库的滑轮式电缆收放装置	CN201520611442.X	2015/8/13	实用新型
14	一种塔库式停车的监控系统	CN201420072777.4	2014/2/19	实用新型
15	一种具有双出入口的垂直升降式停车库	CN201420070304.0	2014/2/18	实用新型
16	一种四点双轮车库横移穿梭车	CN201420070315.9	2014/2/18	实用新型
17	一种垂直升降塔式停车设备的远程监控系统	CN201320210805.X	2013/4/23	实用新型
18	一种仓储式车库的出入口停车装置	CN201120368736.6	2011/9/29	实用新型
19	一种升降横移类停车设备	CN201120373756.2	2011/9/30	实用新型
20	一种升降横移停车设备的随机车位存取车管理装置及系统	CN201120020188.8	2011/1/21	实用新型
21	防坠落装置	CN201120020180.1	2011/1/21	实用新型
22	一种无轴式升降横移停车设备	CN201120020197.7	2011/1/21	实用新型
23	一种新型垂直升降式随机停车系统	CN201020284768.3	2010/8/6	实用新型
24	平衡链式升降横移类停车设备	CN201020273482.5	2010/7/27	实用新型

（续）

25	多层升降横移式停车设备无动力机械防坠装置	CN201020216688.4	2010/6/1	实用新型
26	具有防坠功能的垂直升降式停车设备	CN201020216692.0	2010/6/1	实用新型
27	一种立体车库用同步齿形带式升降机	CN200920194978.0	2009/9/17	实用新型
28	一种车库升降机用四点防坠平层锁定装置	CN200920194977.6	2009/9/17	实用新型
29	机械式立体车库智能识别系统	CN200920061634.2	2009/7/31	实用新型

当前专利权人：杭州大中泊奥科技股份有限公司

序号	专利标题	专利申请号	专利申请日	专利类型
1	停车设备（双层简易升降式）	CN201730141645.1	2017/4/21	外观设计
2	带后松绳检测装置的停车库	CN201710055625.1	2017/1/20	发明申请
3	一种垂直循环机械停车库	CN201620596424.3	2016/6/14	实用新型
4	一种节能型链板式汽车输送机构	CN201620596449.3	2016/6/14	实用新型
5	一种垂直升降类机械停车平层定位机构	CN201620596573.X	2016/6/14	实用新型
6	一种伸缩式无冲击载车板平移机构	CN201620596410.1	2016/6/14	实用新型
7	一种偏心对重曳引机	CN201620596538.8	2016/6/14	实用新型
8	梳齿高速升降横移机械式停车设备	CN201520788225.8	2015/10/12	实用新型
9	一带多的高速升降机械式停车设备	CN201310309255.1	2013/7/23	发明授权
10	地坑停车库的升降系统	CN201210386482.X	2012/10/13	发明授权
11	升降横移立体车库的横移直接驱动结构	CN201420005494.8	2014/1/1	实用新型
12	升降横移立体车库集线控制系统	CN201420005504.8	2014/1/1	实用新型
13	九宫格型高速升降机械式停车设备	CN201320437728.1	2013/7/23	实用新型
14	一带多的高速升降机械式停车设备	CN201310309255.1	2013/7/23	发明申请
15	一种电动推杆驱动的快速二层升降横移类立体车库	CN201220522731.9	2012/10/13	实用新型
16	电动推杆带钢丝绳的高速升降系统	CN201220522735.7	2012/10/13	实用新型
17	地坑停车库的升降系统	CN201210386482.X	2012/10/13	发明申请

当前专利权人：杭州福瑞科技有限公司

序号	专利标题	专利申请号	专利申请日	专利类型
1	停车设备多向输送平台	CN201310472570.6	2013/10/11	发明授权
2	一种交换式大型客车机械停车设备	CN201621187403.2	2016/11/4	实用新型
3	一种用于机械停车设备大型车辆交换器	CN201621184952.4	2016/11/4	实用新型
4	机械停车设备滚筒式高效汽车交换器	CN201620764145.3	2016/7/20	实用新型
5	机械停车设备用汽车交换搬运器	CN201520567481.4	2015/7/31	实用新型
6	机械停车设备用汽车交换搬运器	CN201510461843.6	2015/7/31	发明申请
7	一种可折叠式L型提升机	CN201520127456.4	2015/3/5	实用新型
8	一种单边悬挂提升机的仓储式停车设备	CN201520127493.5	2015/3/5	实用新型
9	一种单台车多层平面移动式停车库	CN201520127457.9	2015/3/5	实用新型
10	一种停车设备用仓储框架	CN201520127476.1	2015/3/5	实用新型
11	一种能瞬间防坠落的机械式防坠装置	CN201520127474.2	2015/3/5	实用新型
12	停车设备横移输送台	CN201320626349.7	2013/10/11	实用新型
13	停车设备多向输送平台	CN201310472570.6	2013/10/11	发明申请

当前专利权人：杭州西子石川岛停车设备有限公司

序号	标题	申请号	申请日	专利类型
1	感应指示灯	CN201630566326.0	2016/11/22	外观设计
2	光幕传感器（落地式）	CN201630566202.2	2016/11/22	外观设计
3	光幕传感器（壁挂式）	CN201630566310.X	2016/11/22	外观设计
4	触摸式液晶操作盒	CN201630429103.X	2016/8/26	外观设计
5	一种立体车库的载车板装置	CN201620818386.1	2016/7/29	实用新型
6	一种立体车库的平层定位机构	CN201410734720.0	2014/12/5	发明授权
7	一种自带导水功能的载车板	CN201620712236.2	2016/6/30	实用新型
8	一种翻转踏板装置	CN201620501622.7	2016/5/27	实用新型
9	一种立体停车设备的车宽限制装置	CN201620561315.8	2016/6/8	实用新型
10	摆动式摩擦轮驱动机构及装有该驱动机构的立体停车设备	CN201410350678.2	2014/7/22	发明授权
11	一种测车辆后视镜的光幕检测装置	CN201521004767.8	2015/12/7	实用新型
12	一种浮动式机械手存取车装置	CN201521004770.X	2015/12/7	实用新型
13	一种用于存取车辆的四臂联动式机械手	CN201521005340.X	2015/12/7	实用新型
14	一种机械手存取车搬运设备	CN201410255667.6	2014/6/10	发明授权
15	一种用于立体车库的旋转升降机	CN201310574180.X	2013/11/15	发明授权
16	一种用于立体车库的同步对中机构	CN201520628153.0	2015/8/20	实用新型
17	一种用于升降横移立体车库的载车板定位装置	CN201520498269.7	2015/7/8	实用新型
18	一种便于转移车辆的巷道搬运器	CN201520494063.7	2015/7/7	实用新型
19	一种用于载车板的吊链机构	CN201520494197.9	2015/7/7	实用新型
20	一种防晃型的升降横移立体车库	CN201520499542.8	2015/7/8	实用新型
21	一种立体车库及用于该立体车库的车辆对中装置	CN201520498177.9	2015/7/8	实用新型
22	一种用于立体车库的同步对中机构	CN201510512060.6	2015/8/20	发明申请
23	外壳	CN201530201075.1	2015/6/17	外观设计
24	一种可调整的栅栏门	CN201520343504.3	2015/5/26	实用新型
25	一种用于升降横移立体车库的载车板防晃装置	CN201520498190.4	2015/7/8	实用新型
26	一种用于立体车库的载车板定位装置	CN201520278898.9	2015/4/30	实用新型
27	一种用于平面移动式立体车库的车位防重叠装置	CN201520276699.4	2015/4/30	实用新型
28	一种用于平面移动式立体车库的可调平车位架	CN201520346005.X	2015/5/26	实用新型
29	一种立体车库	CN201520344352.9	2015/5/26	实用新型
30	一种车板横移机构	CN201420820928.X	2014/12/22	实用新型
31	汽车升降机	CN201210249134.8	2012/7/17	发明授权
32	光电警示灯	CN201430361136.6	2014/9/26	外观设计
33	搬运车	CN201430205730.6	2014/6/26	外观设计
34	一种用于立体车库的车板升降机构	CN201420673371.1	2014/11/12	实用新型
35	一种用于立体车库的扫描检测装置	CN201420752015.9	2014/12/3	实用新型
36	一种立体车库的平层定位机构	CN201410734720.0	2014/12/5	发明申请
37	立体车库用轿厢装置	CN201210435206.8	2012/11/5	发明授权
38	一种双驱动升降机构	CN201420484156.7	2014/8/26	实用新型
39	控制箱	CN201430271749.0	2014/8/4	外观设计
40	摆动式摩擦轮驱动机构及装有该驱动机构的立体停车设备	CN201420406049.2	2014/7/22	实用新型
41	一种壁挂式焊机摆臂	CN201420439027.6	2014/8/6	实用新型
42	摆动式摩擦轮驱动机构及装有该驱动机构的立体停车设备	CN201410350678.2	2014/7/22	发明申请

（续）

序号	标题	申请号	申请日	专利类型
43	一种升降立体车库	CN201420195676.6	2014/4/22	实用新型
44	一种用于立体车库的电池式搬车设备	CN201420200309.0	2014/4/22	实用新型
45	一种机械手存取车搬运设备	CN201410255667.6	2014/6/10	发明申请
46	载车板	CN201430012978.0	2014/1/17	外观设计
47	一种立体车库的平层定位机构	CN201320848711.5	2013/12/20	实用新型
48	一种用于立体车库的车辆对中机构以及立体车库	CN201320772196.7	2013/11/28	实用新型
49	用于立体车库的载车板存取装置及带有该装置的立体车库	CN201320747275.2	2013/11/22	实用新型
50	一种用于立体车库的旋转升降机	CN201320724275.0	2013/11/15	实用新型
51	机械臂	CN201330521685.0	2013/11/1	外观设计
52	封头	CN201330437351.5	2013/9/11	外观设计
53	搬运台车防坠落装置以及立体停车库	CN201110426354.9	2011/12/19	发明授权
54	一种立体车库的钢结构框架	CN201320602283.8	2013/9/27	实用新型
55	一种可缓冲定位的载车板以及带有该载车板的立体车库	CN201320602399.1	2013/9/27	实用新型
56	一种用于立体车库中控制载车板升降的限位机构	CN201320602364.8	2013/9/27	实用新型
57	一种用于立体车库的旋转升降机	CN201310574180.X	2013/11/15	发明申请
58	一种立体车库中用于锁定载车板的自锁式挂钩	CN201320468820.4	2013/8/1	实用新型
59	一种具有充电功能的立体车库	CN201320523420.9	2013/8/27	实用新型
60	一种平衡链式两层升降横移立体车库	CN201320482190.6	2013/8/8	实用新型
61	一种用于立体车库的载车板升降驱动装置	CN201320482189.3	2013/8/8	实用新型
62	立体车库用防坠落装置以及使用该装置的立体车库	CN201110268656.8	2011/9/8	发明授权
63	一种用于立体车库的曳引机房装置	CN201320373656.9	2013/6/26	实用新型
64	一种可感知停车位中载车板的立体车库	CN201320373660.5	2013/6/26	实用新型
65	一种立体车库用的立柱柱脚预调平机构	CN201320372761.0	2013/6/26	实用新型
66	一种立体车库的出入库装置	CN201320311522.4	2013/5/31	实用新型
67	用于立体车库的无动力活动踏板机构	CN201320310969.X	2013/5/31	实用新型
68	一种用于立体车库的横移电缆装置	CN201320311506.5	2013/5/31	实用新型
69	一种用于导车的限位保护装置	CN201320312714.7	2013/5/31	实用新型
70	一种用于立体车库的车板滑动检测装置	CN201320312745.2	2013/5/31	实用新型
71	一种基于二层车库的载车板升降装置	CN201320293670.8	2013/5/24	实用新型
72	一种用于立体车库中升降载车板的驱动装置	CN201320292980.8	2013/5/24	实用新型
73	立体车库用升降踏板	CN201320231503.0	2013/4/28	实用新型
74	一种带有通用型的挡车梁的载车板	CN201320302626.9	2013/5/29	实用新型
75	车辆底盘高度检测装置	CN201210006998.7	2012/1/11	发明授权
76	悬挑式立体车库用支撑架	CN201220725865.0	2012/12/25	实用新型
77	立体车库载车板装置以及采用该装置的立体车库	CN201320002861.4	2013/1/4	实用新型
78	立体车库用松链检测装置	CN201320003961.9	2013/1/4	实用新型
79	塔式立体车库踏板支架装置	CN201220629129.5	2012/11/23	实用新型
80	立体车库用轿厢装置	CN201220575892.4	2012/11/5	实用新型
81	重列塔式立体车库	CN201220503157.2	2012/9/27	实用新型
82	链条张紧装置	CN201220531558.9	2012/10/17	实用新型
83	立体车库用回转盘升降平台	CN201220387535.5	2012/8/7	实用新型

（续）

序号	标题	申请号	申请日	专利类型
84	立体车库的松链检测机构	CN201230448037.2	2012/9/19	外观设计
85	用于简易升降仰俯式迷你车库的操作盒支架	CN201220402827.1	2012/8/15	实用新型
86	用于立体停车设备的松链检测装置	CN201220344957.4	2012/7/17	实用新型
87	立体车库用轿厢装置	CN201210435206.8	2012/11/5	发明申请
88	载车板引导装置以及采用该装置的立体停车设备	CN201220195214.5	2012/5/2	实用新型
89	汽车升降机	CN201210249134.8	2012/7/17	发明申请
90	平层定位装置及立体停车库	CN201220032079.2	2012/2/1	实用新型
91	电缆随行导向装置	CN201120560260.6	2011/12/29	实用新型
92	钢丝绳断绳检测装置及应用该装置的停车设备	CN201120542489.7	2011/12/22	实用新型
93	轨道翻转装置	CN201220005700.6	2012/1/6	实用新型
94	超薄型全浮动式机械手存取车装置	CN200810162661.9	2008/12/8	发明授权
95	车辆底盘高度检测装置	CN201210006998.7	2012/1/11	发明申请
96	钢丝绳松绳检测装置及应用该装置的停车设备	CN201120367662.4	2011/10/1	实用新型
97	塔式立体停车库	CN201120389759.5	2011/10/14	实用新型
98	搬运台车防坠落装置以及立体停车库	CN201110426354.9	2011/12/19	发明申请
99	立体车库用对重翻板装置	CN201120360162.8	2011/9/23	实用新型
100	车辆搬运器	CN201120343024.9	2011/9/8	实用新型
101	立体车库用防坠落装置以及使用该装置的立体车库	CN201110268656.8	2011/9/8	发明申请
102	机械手	CN201130171082.3	2011/6/13	外观设计
103	一种升降横移式立体停车库	CN201120116011.8	2011/4/13	实用新型
104	旋转梳齿台车	CN201120075745.6	2011/3/17	实用新型
105	车板定位机构	CN201120014629.3	2011/1/17	实用新型
106	弧线移车设备	CN200920295512.X	2009/12/30	实用新型
107	迷你液压车库	CN200910155473.8	2009/12/15	发明授权
108	高层高速塔式立体车库	CN201020188116.X	2010/5/13	实用新型
109	自动对中回转盘	CN201020151554.9	2010/4/6	实用新型
110	立体车库用平层防坠落机构	CN200920192123.4	2009/8/31	实用新型
111	小车阻车装置	CN200810060397.8	2008/4/22	发明授权
112	迷你液压车库	CN200910155473.8	2009/12/15	发明申请
113	ULTRA THIN CAR PARKING DEVICE WITH FULL-FLOATING MANIPULATORS	WOCN09001392	2009/12/8	发明申请
114	简易链条升降式立体车库	CN200810122266.8	2008/11/17	发明授权
115	回转盘升降立体车库	CN200810062505.5	2008/6/19	发明授权
116	车库升降平台装置	CN200920189620.9	2009/7/23	实用新型
117	小车阻车装置	CN200920118409.8	2009/4/23	实用新型
118	基于射频识别技术的停车场自动收费系统	CN200920118226.6	2009/4/17	实用新型
119	双活塞杆等行程等速油缸液压驱动横移车板装置	CN200920114335.0	2009/2/23	实用新型
120	车库液晶操作器	CN200930138054.4	2009/4/30	外观设计
121	立体车库引导系统	CN200920119124.6	2009/5/4	实用新型
122	立体车库光电盒	CN200930135713.9	2009/4/9	外观设计
123	立体车库用翻板踏板	CN200820164244.3	2008/9/12	实用新型
124	车板导向装置	CN200920112181.1	2009/1/8	实用新型

（续）

序号	标题	申请号	申请日	专利类型
125	四向传输机构	CN200710068871.7	2007/5/25	发明授权
126	立体车库用车板机械锁	CN200820164596.9	2008/9/22	实用新型
127	超薄型全浮动式机械手存取车装置	CN200810162661.9	2008/12/8	发明申请
128	立体车库的防坠落装置	CN200830099244.5	2008/5/21	外观设计
129	简易链条升降式立体车库	CN200810122266.8	2008/11/17	发明申请
130	升降式自动门	CN200820087418.0	2008/5/21	实用新型
131	小车阻车装置	CN200810060397.8	2008/4/22	发明申请
132	回转盘升降立体车库	CN200810062505.5	2008/6/19	发明申请
133	四向传输机构	CN200710068871.7	2007/5/25	发明申请

当前专利权人：杭州西子智能停车股份有限公司

序号	专利标题	专利申请号	专利申请日	专利类型
1	一种分体式机械手及利用该分体式机械手搬运车辆的方法	CN201711206967.5	2017/11/27	发明申请
2	一种圆形塔库	CN201720787664.6	2017/6/30	实用新型
3	一种用于立体车库的多车位轿厢	CN201720787434.X	2017/6/30	实用新型
4	一种过渡车位架以及设置有该过渡车位架的立体车库	CN201720759335.0	2017/6/27	实用新型
5	一种用于立体车库的自动纠偏式轿厢	CN201720787716.X	2017/6/30	实用新型
6	一种平面移动式立体车库的巷道台车导向装置	CN201720713999.3	2017/6/19	实用新型
7	AGV小车（一体式）	CN201730267612.1	2017/6/20	外观设计
8	AGV小车（分体式）	CN201730267620.6	2017/6/20	外观设计
9	一种用于平面移动式立体车库的车位架	CN201720525154.1	2017/5/11	实用新型
10	一种平面移动式立体车库的井道钢结构	CN201720695856.4	2017/6/15	实用新型
11	一种平面移动式立体车库的车位架	CN201720574168.2	2017/5/22	实用新型
12	一种机械式轿厢防坠落装置	CN201720737049.4	2017/6/23	实用新型
13	一种用于立体车库的同步对中机构	CN201510512060.6	2015/8/20	发明授权
14	一种用于车库的地掩式栅栏机	CN201720401637.0	2017/4/17	实用新型
15	AGV运输车（一体式）	CN201730267619.3	2017/6/20	外观设计
16	AGV运输车（分体式）	CN201730267706.9	2017/6/20	外观设计
17	引导镜	CN201630623854.5	2016/12/16	外观设计
18	一种立体车库引导车辆停车的辅助设备	CN201621255719.0	2016/11/22	实用新型
19	一种机械式轿厢防坠落装置	CN201710483276.3	2017/6/23	发明申请
20	刷卡器	CN201630566201.8	2016/11/22	外观设计
21	一种立体车库汽车搬运系统	CN201720084936.6	2017/1/20	实用新型
22	一种过渡车位架以及设置有该过渡车位架的立体车库	CN201710499755.4	2017/6/27	发明申请
23	一种AGV搬运机器人	CN201621446472.0	2016/12/27	实用新型
24	一种全程防坠立体车库	CN201621449405.4	2016/12/27	实用新型
25	一种立体车库的车辆搬运装置	CN201621469347.1	2016/12/29	实用新型
26	一种AGV汽车搬运机器人	CN201621360119.0	2016/12/12	实用新型
27	一种可充电的立体车库	CN201621451693.7	2016/12/27	实用新型
28	轿厢	CN201630655121.X	2016/12/29	外观设计

当前专利权人：杭州友佳精密机械有限公司

序号	专利标题	专利申请号	专利申请日	专利类型
1	一种应用于立体停车库的存取车系统	CN201720943199.0	2017/7/31	实用新型
2	机械式强制平层装置	CN201721034252.1	2017/8/17	实用新型
3	一种双升降机式梳齿交换塔库	CN201720157378.1	2017/2/21	实用新型
4	一种机械式强制平层装置	CN201710709302.X	2017/8/17	发明申请
5	一种应用于立体停车库的存取车系统及方法	CN201710643961.8	2017/7/31	发明申请
6	梳齿式垂直升降塔库的升降搬运装置	CN201720157532.5	2017/2/21	实用新型
7	梳齿式塔库的出入口回转装置	CN201720157750.9	2017/2/21	实用新型
8	双升降机式梳齿交换停车塔	CN201710094042.X	2017/2/21	发明申请
9	一种水平传送方向切换装置	CN201620589574.1	2016/6/16	实用新型
10	一种旋转摆臂垂直升降式的立体车库架构	CN201620600168.0	2016/6/16	实用新型
11	一种自动矫正汽车停车位置装置	CN201620599210.1	2016/6/16	实用新型
12	两轮车辆车轮锁止机构	CN201310399182.X	2013/9/5	发明授权
13	两轮车辆的无避让双层机械式停车设备	CN201310401506.9	2013/9/6	发明授权
14	主轴滑座稳定滑动装置	CN201320514535.1	2013/8/22	实用新型
15	采用齿轮抬升装置的无轨梳体小车	CN201210023371.2	2012/2/2	发明授权
16	鞍座侧向减震装置	CN201320514751.6	2013/8/22	实用新型
17	采用齿轮式夹持机构的汽车搬运机械手	CN201010611344.8	2010/12/29	发明授权
18	一种用于立体停车设备的电动汽车充电收费系统	CN201120039747.X	2011/2/16	实用新型
19	采用无轨梳体小车完成汽车交换程序的仓储式停车设备	CN200910181342.7	2009/7/1	发明授权
20	三点快速定位底座	CN201020200724.8	2010/5/24	实用新型
21	双向拆换的主轴装置	CN201020200703.6	2010/5/24	实用新型
22	采用梳体交换机构的塔式停车设备	CN200810196676.7	2008/9/16	发明授权
23	使用于仓储类自动停车库的超大型有轨巷道堆垛机	CN200810020737.4	2008/2/25	发明授权
24	用于机械立体停车设备上的无动力安全挂钩	CN200810099364.4	2008/5/5	发明授权
25	双传动的立柱装置	CN200920302991.3	2009/5/11	实用新型
26	带拘束槽的缓冲吸震机构	CN200920302990.9	2009/5/11	实用新型
27	采用链板输送器的塔式或仓储式停车设备	CN200810020738.9	2008/2/25	发明授权
28	具有独立夹持和抬升机构的搬运汽车的机械手	CN200710131801.1	2007/9/3	发明授权
29	纵向搬运汽车的工业机器人	CN03132001.5	2003/7/7	发明授权

当前专利权人：合肥巍华智能停车设备有限公司

序号	专利标题	专利申请号	专利申请日	专利类型
1	一种基于物联网的停车场系统	CN201721058998.6	2017/8/23	实用新型
2	一种基于物联网的防盗防占位停车场系统	CN201721058997.1	2017/8/23	实用新型
3	一种智能停车场物联网系统	CN201721058689.9	2017/8/23	实用新型
4	一种防滑落的可调式载车装置	CN201720941779.6	2017/7/31	实用新型
5	一种空中楼层停车场	CN201721058779.8	2017/8/23	实用新型
6	一种具有摩天轮式升降机构的立体停车场	CN201721058780.0	2017/8/23	实用新型
7	一种立体停车场	CN201721058961.3	2017/8/23	实用新型
8	一种具有多功能的载车装置	CN201720940307.9	2017/7/31	实用新型
9	升降横移式停车设备的提升传动机构	CN201721058679.5	2017/8/23	实用新型

（续）

序号	专利标题	专利申请号	专利申请日	专利类型
10	一种摩天轮式升降载车装置	CN201720941751.2	2017/7/31	实用新型
11	一种平移延伸载车装置	CN201720941014.2	2017/7/31	实用新型
12	一种平移延伸载车装置	CN201720941044.3	2017/7/31	实用新型
13	一种停车场	CN201720940296.4	2017/7/31	实用新型
14	一种立体停车库车辆平衡停放系统	CN201720941759.9	2017/7/31	实用新型
15	一种具有车位锁的停车位	CN201710886385.X	2017/9/27	发明申请
16	一种升降载车装置	CN201710723497.3	2017/8/22	发明申请
17	一种矫正停放位置的载车装置	CN201710723524.7	2017/8/22	发明申请
18	一种转盘式升降空中停车场	CN201710728993.8	2017/8/23	发明申请
19	一种具有摩天轮式升降机构的立体停车场	CN201710729127.0	2017/8/23	发明申请
20	一种空中停车场	CN201710728904.X	2017/8/23	发明申请
21	一种滑动位移载车装置	CN201710724335.1	2017/8/22	发明申请
22	一种摩天轮式载车装置	CN201710724351.0	2017/8/22	发明申请
23	一种便于矫正停车位置的防滑落载车装置	CN201710723538.9	2017/8/22	发明申请
24	一种多功能载车平台	CN201710723866.9	2017/8/22	发明申请
25	一种双层智能停车位	CN201710886502.2	2017/9/27	发明申请
26	一种便于移动的载车装置	CN201710723537.4	2017/8/22	发明申请
27	一种单列工停车场	CN201710728995.7	2017/8/23	发明申请
28	一种可调整车位且防倾斜滑落的载车装置	CN201710723521.3	2017/8/22	发明申请
29	一种空中停车场系统	CN201710728970.7	2017/8/23	发明申请
30	一种基于物联网的防盗防占位停车场系统	CN201710729006.6	2017/8/23	发明申请
31	一种智能停车场物联网系统	CN201710729125.1	2017/8/23	发明申请
32	一种基于物联网的停车场系统	CN201710728992.3	2017/8/23	发明申请
33	一种停车场用汽车载车装置	CN201710724398.7	2017/8/22	发明申请
34	升降横移式停车设备的提升传动机构	CN201710728903.5	2017/8/23	发明申请
35	一种立体停车场	CN201710729100.1	2017/8/23	发明申请
36	一种空中楼层停车场	CN201710729126.6	2017/8/23	发明申请
37	一种模块式载车装置	CN201710724399.1	2017/8/22	发明申请
38	一种信息化多层停车位	CN201710729123.2	2017/8/23	发明申请
39	一种智能停车场防倾斜滑落载车板	CN201710723485.0	2017/8/22	发明申请
40	一种具有多功能的载车装置	CN201710640376.2	2017/7/31	发明申请
41	一种平移延伸载车装置	CN201710640304.8	2017/7/31	发明申请
42	一种摩天轮式升降载车装置	CN201710638771.7	2017/7/31	发明申请
43	一种安全防倾斜滑落的载车装置	CN201710638804.8	2017/7/31	发明申请
44	一种平移延伸载车装置	CN201710638794.8	2017/7/31	发明申请
45	一种立体停车库车辆平衡停放系统	CN201710639483.3	2017/7/31	发明申请
46	一种防滑落的可调式载车装置	CN201710638803.3	2017/7/31	发明申请
47	一种停车场	CN201710639463.6	2017/7/31	发明申请
48	负二正二升降横移停车设备	CN201620644523.4	2016/6/23	实用新型
49	无立柱式升降横移停车设备	CN201620644264.5	2016/6/23	实用新型
50	汽车旋转盘	CN201620641016.5	2016/6/23	实用新型
51	无立柱式升降横移停车设备	CN201610475523.0	2016/6/23	发明申请

（续）

序号	专利标题	专利申请号	专利申请日	专利类型
52	升降横移停车设备台板边梁连接结构	CN201610475584.7	2016/6/23	发明申请
53	一种高强度钢板	CN201610473254.4	2016/6/23	发明申请
54	一种硼化钛晶须－纳米铜改性金属陶瓷密封环及其制备方法	CN201610473252.5	2016/6/23	发明申请
55	一种高性能合金钢材料	CN201610473201.2	2016/6/23	发明申请
56	单侧简易升降停车设备	CN201620644654.2	2016/6/23	实用新型
57	单侧简易升降横移停车设备	CN201620644742.2	2016/6/23	实用新型
58	二层升降横移停车设备充电装置	CN201620644566.2	2016/6/23	实用新型
59	单边堆垛停车设备	CN201620644793.5	2016/6/23	实用新型
60	单侧简易横移停车设备载车板横移机构	CN201620644791.6	2016/6/23	实用新型
61	负一正一升降横移停车设备	CN201620644472.5	2016/6/23	实用新型
62	升降横移停车设备台板边梁连接结构	CN201620644331.3	2016/6/23	实用新型
63	一种氮化钒铁—钛酸锂改性密封环及其制备方法	CN201610473221.X	2016/6/23	发明申请
64	机械车库载车板边梁结构	CN201610476137.3	2016/6/23	发明申请
65	混凝土结构机械式停车设备	CN201610476029.6	2016/6/23	发明申请
66	一种降噪吸声效果好的汽车用零部件	CN201610473251.0	2016/6/23	发明申请
67	直线式汽车搬运器	CN201610475989.0	2016/6/23	发明申请
68	升降停车设备充电装置	CN201610472960.7	2016/6/23	发明申请
69	单柱立体停车设备	CN201610476027.7	2016/6/23	发明申请
70	机械式停车设备失速保护装置	CN201610476026.2	2016/6/23	发明申请
71	一种氮化铝钛－二硫化钼改性金属陶瓷密封环及其制备方法	CN201610473253.X	2016/6/23	发明申请
72	单侧简易升降横移停车设备	CN201610475877.5	2016/6/23	发明申请
73	单侧简易横移停车设备载车板横移机构	CN201610475907.2	2016/6/23	发明申请
74	二层升降横移停车设备充电装置	CN201610472956.0	2016/6/23	发明申请
75	负二正二升降横移停车设备	CN201610475709.6	2016/6/23	发明申请
76	堆垛机	CN201610475772.X	2016/6/23	发明申请
77	单边堆垛停车设备	CN201610475930.1	2016/6/23	发明申请
78	汽车旋转盘安装结构	CN201610472942.9	2016/6/23	发明申请
79	单侧简易升降停车设备载车板安装结构	CN201610475803.1	2016/6/23	发明申请
80	无立柱式升降停车设备	CN201610475434.6	2016/6/23	发明申请
81	单侧简易升降停车设备	CN201610475819.2	2016/6/23	发明申请
82	子母式机械停车设备的载车板平衡装置	CN201610475954.7	2016/6/23	发明申请
83	子母式机械停车设备	CN201610475986.7	2016/6/23	发明申请
84	堆垛机安装结构	CN201610475734.4	2016/6/23	发明申请
85	负一正一升降横移停车设备	CN201610475653.4	2016/6/23	发明申请
86	汽车旋转盘	CN201610475610.6	2016/6/23	发明申请
87	无导轨式汽车旋转盘	CN201610476008.4	2016/6/23	发明申请
88	纵梁转向链轮柔性安装结构	CN201420500518.7	2014/9/1	实用新型
89	车库链条涨紧调节杆	CN201420500529.5	2014/9/1	实用新型
90	二层停车设备链条连接结构	CN201420500501.1	2014/9/1	实用新型
91	停车设备的横移停车台	CN201420500505.X	2014/9/1	实用新型

（续）

序号	专利标题	专利申请号	专利申请日	专利类型
92	一种停车设备用横移轮加强板座	CN201420500528.0	2014/9/1	实用新型
93	松链检测装置	CN201420500383.4	2014/9/1	实用新型
94	松链检测装置用触发机构	CN201420500470.X	2014/9/1	实用新型
95	立体车库链条松紧装置	CN201420500516.8	2014/9/1	实用新型

当前专利权人：河南省盛茂永代机械制造有限责任公司

序号	专利标题	专利申请号	专利申请日	专利类型
1	一种新型两车位无避让机械式立体停车设备	CN201621225643.7	2016/11/15	实用新型
2	一种立体车库无线操作控制系统及控制方法	CN201510142985.6	2015/3/30	发明申请
3	一种立体车库辅助泊车语音装置	CN201520183115.9	2015/3/30	实用新型
4	一种垂直升降停车设备搬运装置	CN201420035635.0	2014/1/21	实用新型
5	一种地面三层的简易升降立体车库	CN201420035960.7	2014/1/21	实用新型
6	一种新型智能搬运器	CN201420035820.X	2014/1/21	实用新型
7	一种智能搬运器	CN201420036071.2	2014/1/21	实用新型
8	一种链条式防坠器	CN201210010356.4	2012/1/13	发明授权
9	吊钩防坠器	CN201230010248.8	2012/1/13	外观设计
10	松链、断链保护器	CN201220015245.8	2012/1/13	实用新型
11	防坠器	CN201230010242.0	2012/1/13	外观设计
12	松链保护器	CN201230010211.5	2012/1/13	外观设计
13	电动车立体停车装置	CN201120055603.3	2011/3/4	实用新型
14	一种智能搬运小车	CN201120113949.4	2011/4/18	实用新型
15	双向超行程伸缩装置	CN201120113951.1	2011/4/18	实用新型

当前专利权人：河南中继威尔停车系统股份有限公司

序号	专利标题	专利申请号	专利申请日	专利类型
1	安全挂钩检测装置	CN201720519283.X	2017/5/11	实用新型
2	安全挂钩检测装置	CN201710328839.1	2017/5/11	发明申请
3	智能车库管理系统	CN201310663218.0	2013/12/10	发明授权
4	用于立体车库的电机式防坠落装置	CN201520562935.9	2015/7/30	实用新型
5	用于立体车库的电机式防坠落装置	CN201510458051.3	2015/7/30	发明申请
6	车盘机械锁装置	CN201420606533.X	2014/10/21	实用新型
7	电容式拉力传感器过载装置	CN201520048372.1	2015/1/24	实用新型
8	立体车库	CN201520048354.3	2015/1/24	实用新型
9	桥式立体车库	CN201520048355.8	2015/1/24	实用新型
10	一种停车场进出通道智能止挡安全系统	CN201520048360.9	2015/1/24	实用新型
11	一种立体停车设备远程管理系统	CN201520048371.7	2015/1/24	实用新型
12	立体车库的横移系统导引定位装置	CN201420606537.8	2014/10/21	实用新型
13	液压式锁紧机构	CN201420606808.X	2014/10/21	实用新型
14	车辆定位装置	CN201420607081.7	2014/10/21	实用新型
15	横移车盘布线结构	CN201420606846.5	2014/10/21	实用新型
16	车盘导向机构	CN201320806268.5	2013/12/10	实用新型

当前专利权人：湖南地生工业设备有限公司

序号	专利标题	专利申请号	专利申请日	专利类型
1	一种空间节省式立体车库	CN201720045327.X	2017/1/16	实用新型
2	一种可移动式户外垂直立体循环车库	CN201720032629.3	2017/1/12	实用新型
3	一种垂直循环车库	CN201720032642.9	2017/1/12	实用新型
4	一种垂直循环式立体车库的新型轿厢	CN201720032646.7	2017/1/12	实用新型
5	一种用于立体车库的抱持电机安装座	CN201720032648.6	2017/1/12	实用新型
6	一种带有回转机构的垂直立体循环车库	CN201720032630.6	2017/1/12	实用新型
7	一种车库搬运器的推板夹杆机构	CN201720203365.3	2017/3/3	实用新型
8	一种改进型用于抱持式搬运器的抱持装置	CN201621197460.9	2016/11/7	实用新型
9	一种用于立体停车库搬运器中的防扭机构	CN201720082118.2	2017/1/20	实用新型
10	一种用于立体停车库的行走轮结构	CN201720085267.4	2017/1/20	实用新型
11	一种立体车库搬运装置固定用法兰底座	CN201621197720.2	2016/11/7	实用新型
12	一种立体车库搬运器的从动行走轮	CN201621197459.6	2016/11/7	实用新型
13	一种用于立体车库的行走动力组	CN201621197719.X	2016/11/7	实用新型
14	一种智能立体停车库的入口框架	CN201621297697.4	2016/11/30	实用新型
15	一种智能立体停车库的入口框架装置	CN201621297815.1	2016/11/30	实用新型
16	一种智能立体停车库的入口框架设备	CN201621297832.5	2016/11/30	实用新型
17	一种智能立体停车库的易安装滚轮装置	CN201621304145.1	2016/11/30	实用新型
18	一种智能立体停车库的入口主体框架	CN201621297831.0	2016/11/30	实用新型
19	一种智能立体停车库的滚轮设备	CN201621297721.4	2016/11/30	实用新型
20	一种档杆封板	CN201621163645.8	2016/10/31	实用新型
21	一种对中感应装置	CN201621163903.2	2016/10/31	实用新型
22	一种对中感应组件	CN201621164817.3	2016/10/31	实用新型
23	一种对中感应系统	CN201621164819.2	2016/10/31	实用新型
24	一种智能立体停车库的弯折杆	CN201621172168.1	2016/11/2	实用新型
25	一种挡车杆组件	CN201621208205.X	2016/10/31	实用新型
26	一种车库搬运器的推板夹杆机构	CN201710124021.8	2017/3/3	发明申请
27	新型垂直升降立体停车设备	CN201620723835.4	2016/7/11	实用新型
28	全自动巷道堆垛式停车设备	CN201620723837.3	2016/7/11	实用新型
29	一种自复位机械式车库安全挂钩	CN201620723841.X	2016/7/11	实用新型
30	一种立体车库用升降装置	CN201620724024.6	2016/7/11	实用新型
31	一种用于垂直升降立体停车库的防冲底装置	CN201620673269.0	2016/6/30	实用新型
32	一种用于立体停车库的导向轮装置	CN201620674048.5	2016/6/30	实用新型
33	一种用于立体停车库的轮轴装置	CN201620673245.5	2016/6/30	实用新型
34	动态旋转式智能搬运器	CN201310539295.5	2013/10/18	发明授权
35	垂直升降类平移旋转仓储式立体停车库	CN201410048457.X	2014/2/12	发明授权
36	立体车库智能升降搬运器	CN201310450145.7	2013/9/29	发明授权
37	垂直升降类平移旋转仓储式立体停车库	CN201420063367.3	2014/2/12	实用新型

当前专利权人：江苏金冠停车产业股份有限公司

序号	专利标题	专利申请号	专利申请日	专利类型
1	冲顶防坠器	CN201721157598.0	2017/9/11	实用新型
2	方管类加工治具	CN201721158509.4	2017/9/11	实用新型

（续）

序号	专利标题	专利申请号	专利申请日	专利类型
3	横移电机保护装置	CN201721156945.8	2017/9/11	实用新型
4	一种车库循环链连接调节装置	CN201721157600.4	2017/9/11	实用新型
5	新型梳齿横移载车板	CN201721158508.X	2017/9/11	实用新型
6	弹簧挡车装置	CN201721158490.3	2017/9/11	实用新型
7	车板式机械车位接触式充电桩	CN201721158497.5	2017/9/11	实用新型
8	车板式机械车位充电桩	CN201721158507.5	2017/9/11	实用新型
9	一种两层升降横移升降车板的导向装置	CN201721158489.0	2017/9/11	实用新型
10	两层升降横移升降车板的导向机构	CN201721158510.7	2017/9/11	实用新型
11	配备充电功能的移动车位充电控制系统	CN201711192928.4	2017/11/24	发明申请
12	太阳能充电应急运行控制系统	CN201711026866.X	2017/10/27	发明申请
13	能量回馈充电节能运行与应急运行控制系统	CN201711022647.4	2017/10/27	发明申请
14	横移电机保护装置	CN201710812875.5	2017/9/11	发明申请
15	带制动器监测的立体车库变频调速控制系统	CN201510961165.X	2015/12/21	发明授权
16	一种齿轮箱安装用辅助工件	CN201621025584.9	2016/8/31	实用新型
17	一种可移动式货柜式双层停车库	CN201621025656.X	2016/8/31	实用新型
18	一种立体车库用换挡机构	CN201621034915.5	2016/8/31	实用新型
19	一种梳齿式旋转盘	CN201621020165.6	2016/8/31	实用新型
20	一种立体车库用车辆锁止装置	CN201621015482.9	2016/8/31	实用新型
21	一种立体车库用载车板	CN201621020164.1	2016/8/31	实用新型
22	一种立体车库用外封装	CN201621012112.X	2016/8/31	实用新型
23	立体车库框架结构变形监控预警系统及其工作原理	CN201310732041.5	2013/12/27	发明授权
24	一种立体车库操作器的防雨遮阳罩	CN201621005399.3	2016/8/31	实用新型
25	一种车库用智能门禁系统	CN201610799526.X	2016/8/31	发明申请
26	一种立体车库用出入库设备	CN201610789583.X	2016/8/31	发明申请
27	一种立体车库	CN201610781699.9	2016/8/31	发明申请
28	升降横移类立体停车设备牵引提升传动机构	CN201410749021.3	2014/12/10	发明授权
29	横移举撑机	CN201521068430.3	2015/12/21	实用新型
30	外部存取车多层立体车库	CN201521068711.9	2015/12/21	实用新型
31	横移举撑机	CN201510961063.8	2015/12/21	发明申请
32	外部存取车多层立体车库	CN201510960958.X	2015/12/21	发明申请
33	一种梳齿式旋转盘	CN201510961161.1	2015/12/21	发明申请
34	光电检测高度调节机构	CN201521068608.4	2015/12/21	实用新型
35	一种侧滑式停车设备	CN201521068812.6	2015/12/21	实用新型
36	前后贯穿式立体车库	CN201521068468.0	2015/12/21	实用新型
37	一种安全卡扣防坠落装置	CN201521068674.1	2015/12/21	实用新型
38	一种梳齿式旋转盘	CN201521068671.8	2015/12/21	实用新型
39	带有车板晃动检测装置的多层升降横移类停车设备	CN201521068606.5	2015/12/21	实用新型
40	一种停车位有无车及车轮定位检测装置	CN201521068672.2	2015/12/21	实用新型
41	前后贯穿式立体车库	CN201510961164.5	2015/12/21	发明申请
42	升降横移类立体停车设备牵引提升传动机构	CN201420771588.6	2014/12/10	实用新型
43	侧面牵引提升机构立体停车设备	CN201420771590.3	2014/12/10	实用新型
44	八轮驱动横移载车板	CN201420771589.0	2014/12/10	实用新型

（续）

序号	专利标题	专利申请号	专利申请日	专利类型
45	塔式升降横移立体车库无回弹下限位触发装置	CN201420771051.X	2014/12/10	实用新型
46	立体停车设备地震侦测器	CN201110367326.4	2011/11/18	发明授权
47	立体车库操作盒	CN201430110362.7	2014/4/29	外观设计
48	前后贯穿式自动周转搬运器	CN201320869346.6	2013/12/27	实用新型
49	发送报文的方法、装置和系统	CN201180002491.8	2011/11/28	发明授权
50	显示图片的方法、装置和系统	CN201180001391.3	2011/7/5	发明授权
51	一种点胶机的改进型结构	CN201210036589.1	2012/2/19	发明授权
52	梳齿式垂直升降类智能车库	CN201010212137.5	2010/6/29	发明授权
53	智能跑车车板牵引系统	CN201010212118.2	2010/6/29	发明授权
54	转向台	CN201220642188.6	2012/11/29	实用新型
55	平面移动类车板定位自锁装置	CN201010212111.0	2010/6/29	发明授权
56	汽车防盗锁	CN201110063562.7	2011/3/9	发明授权
57	摩托车、电瓶车防盗锁	CN201110063545.3	2011/3/9	发明授权
58	一机多板停车设备的链条检测机构	CN201120459512.6	2011/11/18	实用新型
59	汽车升降称重机构	CN201120459511.1	2011/11/18	实用新型
60	一种智能载运装置	CN201120459530.4	2011/11/18	实用新型
61	一种塔式升降横移停车设备	CN201120459510.7	2011/11/18	实用新型
62	塔式升降横移无动力载运车	CN201120153994.2	2011/5/16	实用新型
63	立体车库移动式吊桥	CN201120100836.0	2011/4/8	实用新型

当前专利权人：江苏聚力智能机械股份有限公司

序号	专利标题	专利申请号	专利申请日	专利类型
1	一种驱动总成安装半自动化流水线	CN201711439485.4	2017/12/27	发明申请
2	一种驱动总成3D焊接装置	CN201720470908.8	2017/5/2	实用新型
3	一种驱动主轴机器人焊接装置	CN201720471790.0	2017/5/2	实用新型
4	一种人行道驱动总成	CN201720470907.3	2017/5/2	实用新型
5	一种自动扶梯扶手系统关键部件	CN201720470961.8	2017/5/2	实用新型
6	一种多层升降纵移停车设备	CN201621421630.7	2016/12/23	实用新型
7	一种多层升降纵横移停车设备	CN201621421636.4	2016/12/23	实用新型
8	一种后吊点断绳检知装置	CN201621421363.3	2016/12/23	实用新型
9	一种前吊点断绳检知装置	CN201621421554.X	2016/12/23	实用新型
10	一种电梯门板加工流水线	CN201620987997.9	2016/8/31	实用新型
11	一种公共交通型自动扶梯	CN201620994868.2	2016/8/31	实用新型
12	一种无铆钉铆接钢踏板	CN201620987999.8	2016/8/31	实用新型

当前专利权人：江苏普腾停车设备有限公司

序号	专利标题	专利申请号	专利申请日	专利类型
1	一种新型垂直升降车库	CN201711137870.3	2017/11/16	发明申请
2	提供可升降无障碍双向出车通道的垂直循环式立体车库	CN201711137815.4	2017/11/16	发明申请
3	一种停车设备用梳齿式90°旋转智能装置	CN201710981747.3	2017/10/20	发明申请
4	平面移动类停车设备带动力载车板供电机构	CN201710981676.7	2017/10/20	发明申请

序号	专利标题	专利申请号	专利申请日	专利类型
5	太阳能光伏板安装提升仰摆架的电气控制系统	CN201710572796.1	2017/7/14	发明申请
6	垂直循环立体车库的吊篮载车板联动定位锁定装置	CN201720690286.X	2017/6/14	实用新型
7	一种新型智能车库用安全装置	CN201720690287.4	2017/6/14	实用新型
8	一种新型平面移动车库	CN201710447314.X	2017/6/14	发明申请
9	太阳能光伏板安装提升仰摆架	CN201710447599.7	2017/6/14	发明申请
10	一种塔库专用的升降回转平台	CN201710447619.0	2017/6/14	发明申请
11	梳齿式停车设备的旋转装置	CN201610075228.6	2016/2/3	发明授权
12	一种垂直升降车库同步驱动横移泊位系统	CN201510048224.4	2015/1/30	发明授权
13	一种新型分体式垂直升降用超重检测装置	CN201710447618.6	2017/6/14	发明申请
14	升降横移钢丝绳式提升系统防脱槽检测装置	CN201621215852.3	2016/11/11	实用新型
15	一种立体车库车牌信息采集器	CN201710104296.5	2017/2/24	发明申请
16	一种简易单跨钢结构停车设备	CN201621323215.8	2016/12/5	实用新型
17	带充电式垂直升降立体车库	CN201621215814.8	2016/11/11	实用新型
18	一种用于升降横移式停车设备的载车板导向到位装置	CN201621216274.5	2016/11/11	实用新型
19	用于升降横移式停车设备的底层载车板	CN201621121275.1	2016/10/14	实用新型
20	一种停车设备车辆超高无盲区检测系统	CN201610994795.1	2016/11/11	发明申请
21	一种泊位无动力的高速垂直升降车库	CN201510048305.4	2015/1/30	发明授权
22	后悬臂式电机提升立体停车设备	CN201410035404.4	2014/1/24	发明授权
23	一种落地梳齿架式后悬臂立体停车设备	CN201410035622.8	2014/1/24	发明授权
24	快速变频式升降横移停车设备	CN201620002628.X	2016/1/5	实用新型
25	一种快速变频式升降横移停车设备的控制系统	CN201610075334.4	2016/2/3	发明申请
26	一种垂直升降系统	CN201521090449.8	2015/12/24	实用新型
27	新型高效节能型垂直升降式塔库	CN201521072831.6	2015/12/22	实用新型
28	一种垂直升降用存取板装置	CN201521072820.8	2015/12/22	实用新型
29	一种用于垂直升降式设备的定位防坠装置	CN201521090430.3	2015/12/24	实用新型
30	一种基于车辆搬运机器人的并行式停车设备	CN201410035621.3	2014/1/24	发明授权
31	用于车辆横移的滚轮式输送装置	CN201410035425.6	2014/1/24	发明授权
32	一种垂直升降系统	CN201510983746.3	2015/12/24	发明申请
33	新型高效节能型垂直升降式塔库	CN201510965831.7	2015/12/22	发明申请
34	一种后悬臂动力内置式停车设备	CN201410035182.6	2014/1/24	发明授权
35	搬运器自动校正装置	CN201520653082.X	2015/8/27	实用新型
36	一种旋转阻车装置	CN201520651231.9	2015/8/27	实用新型
37	一种新型的存取车机构	CN201520413661.7	2015/6/16	实用新型
38	一种塔式停车设备智能寻位控制系统	CN201510051272.9	2015/1/30	发明申请
39	一种快速变频升降横移车库的侧置式动力系统	CN201510048576.X	2015/1/30	发明申请
40	同轴异步全自动横移装置	CN201420428084.4	2014/7/31	实用新型
41	一种智能简易液压停车设备的工作方法	CN201210181472.2	2012/6/5	发明授权
42	基坑通透式机械式停车设备	CN201420242307.8	2014/5/13	实用新型
43	高抗风型门架式升降横移停车设备	CN201420242296.3	2014/5/13	实用新型
44	前后排升降横移停车设备	CN201210181457.8	2012/6/5	发明授权
45	一机多板停车设备	CN201210181460.X	2012/6/5	发明授权
46	一种桁架式侧悬臂立体停车设备	CN201410035623.2	2014/1/24	发明申请

（续）

序号	专利标题	专利申请号	专利申请日	专利类型
47	新型地坑式停车设备	CN201110135011.7	2011/5/24	发明授权
48	仓储类输送带式机械车库	CN201220260479.9	2012/6/5	实用新型
49	一种梳齿式载车板设四轮驱动横移结构	CN201220260464.2	2012/6/5	实用新型
50	地坑式停车设备	CN201220260449.8	2012/6/5	实用新型
51	一种C型梁装配焊接工装	CN201220260461.9	2012/6/5	实用新型
52	外涨式安全钳	CN201220260481.6	2012/6/5	实用新型
53	圆塔式停车设备	CN201220260450.0	2012/6/5	实用新型
54	行车搬运器梳齿交换升降横移停车设备	CN201220260462.3	2012/6/5	实用新型
55	塔库用动态防坠落机构	CN201220260468.0	2012/6/5	实用新型
56	一种横向无避让立体车库	CN201220260470.8	2012/6/5	实用新型
57	后悬臂式机械车库	CN201220260476.5	2012/6/5	实用新型
58	一种智能简易液压停车设备	CN201220260477.X	2012/6/5	实用新型
59	简易升降类立体停车设备	CN201220260480.1	2012/6/5	实用新型
60	梳齿式立体车库	CN201220260467.6	2012/6/5	实用新型
61	一种立体车库调试仪及其调试方法	CN201010223732.9	2010/7/12	发明授权
62	一种立体车库控制器扩展单元	CN201010223722.5	2010/7/12	发明授权
63	一种两层升降横移停车设备控制系统及其控制方法	CN201010223736.7	2010/7/12	发明授权

当前专利权人：江苏启良停车设备有限公司

序号	专利标题	专利申请号	专利申请日	专利类型
1	四立柱平衡链式升降机构	CN201720480514.0	2017/5/3	实用新型
2	升降式车库用防坠装置	CN201621250365.0	2016/11/22	实用新型
3	升降式车库用防坠装置	CN201611028726.1	2016/11/22	发明申请
4	一种简易升降停车设备	CN201310626495.4	2013/11/28	发明授权
5	一种多层自动横移升降式立体车库	CN201310624974.2	2013/11/28	发明授权
6	一种用于立体车库上的安全机构	CN201310624770.9	2013/11/28	发明授权
7	一种多层动力外置升降横移停车设备	CN201310442489.3	2013/9/25	发明授权
8	一种动力外置横移升降式立体车库	CN201310624685.2	2013/11/28	发明授权
9	一种立体车库	CN201410193899.3	2014/5/8	发明授权
10	一种地坑内车辆升降系统	CN201310624792.5	2013/11/28	发明授权
11	一种自动横移升降式立体车库	CN201310624875.4	2013/11/28	发明授权
12	一种停车库升降机	CN201310626523.2	2013/11/28	发明授权
13	立体车库升降平台	CN201520941862.4	2015/11/24	实用新型
14	一种二层循环停车设备	CN201410193879.6	2014/5/8	发明授权
15	一种防跳绳或掉链的升降机构	CN201310431815.0	2013/9/22	发明授权
16	一种三层立体车库	CN201310624673.X	2013/11/28	发明授权
17	一种侧悬臂式停车设备	CN201310624865.0	2013/11/28	发明授权
18	一种用于立体车库的动力内置台板	CN201310624743.1	2013/11/28	发明授权
19	一种多层立体停车库	CN201310624767.7	2013/11/28	发明授权
20	一种地下多层升降机侧置式停车设备	CN201310625748.6	2013/11/28	发明授权
21	一种后悬臂式升降横移停车设备	CN201310585735.0	2013/11/20	发明授权

（续）

序号	专利标题	专利申请号	专利申请日	专利类型
22	一种与车辆升降机配合的回转盘	CN201310626261.X	2013/11/28	发明授权
23	一种多层升降机侧置纵向平移立体车库	CN201310626478.0	2013/11/28	发明授权
24	一种双层停车设备	CN201310438389.3	2013/9/24	发明授权
25	攀爬机	CN201210077335.4	2012/3/22	发明授权
26	一种书架式车库	CN201310079410.5	2013/3/13	发明授权
27	泊位无源梳齿垂直升降停车设备	CN201210435748.5	2012/11/6	发明授权
28	一种立体车库	CN201420235626.6	2014/5/8	实用新型
29	一种二层循环停车设备	CN201410193879.6	2014/5/8	发明申请
30	一种侧悬臂式停车设备	CN201320772173.6	2013/11/28	实用新型
31	一种简易升降停车设备	CN201320772358.7	2013/11/28	实用新型
32	一种用于立体车库的动力内置台板	CN201320773557.X	2013/11/28	实用新型
33	一种多层自动横移升降式立体车库	CN201320776145.1	2013/11/28	实用新型
34	一种动力外置横移升降式立体车库	CN201320772612.3	2013/11/28	实用新型
35	一种自动横移升降式立体车库	CN201320776144.7	2013/11/28	实用新型
36	一种多层动力外置升降横移停车设备	CN201320592635.6	2013/9/25	实用新型
37	一种俯仰式二层升降停车设备	CN201320592117.4	2013/9/24	实用新型
38	一种带微动开关的升降机构	CN201320584679.4	2013/9/22	实用新型
39	梳齿中置式横向平面移动车库	CN201210064335.0	2012/3/13	发明授权
40	一种立体车库内用于移动车辆的泊位梳齿架	CN201320113936.6	2013/3/13	实用新型
41	一种书架式车库	CN201320113962.9	2013/3/13	实用新型
42	一种立体车库内升降装置	CN201320114434.5	2013/3/13	实用新型
43	一种利用磁悬浮装置存取车辆的立体车库	CN201220199728.8	2012/5/7	实用新型
44	草坪停车设备	CN201220052564.6	2012/2/18	实用新型
45	楼道停车设备	CN201220058836.3	2012/2/23	实用新型
46	攀爬机	CN201220110272.3	2012/3/22	实用新型
47	停车设备专用远程 I/O 控制系统	CN201220076047.2	2012/3/3	实用新型
48	下台板一机多板升降横移型车库	CN201120039668.9	2011/2/16	实用新型
49	下台板后移型升降横移子母型车库	CN201120040218.1	2011/2/16	实用新型
50	上车位前移型升降横移子母型车库	CN201120039979.5	2011/2/16	实用新型

当前专利权人：江苏润邦智能停车设备有限公司

序号	专利标题	专利申请号	专利申请日	专利类型
1	一种高速升降的联动存车设备	CN201720194091.6	2017/3/2	实用新型
2	一种停车设备高速曳引提升传动机构	CN201710794589.0	2017/9/6	发明申请
3	一种机械式停车设备的拉力器装置	CN201720218405.1	2017/3/8	实用新型
4	一种有松链检测功能的导向立柱补强装置	CN201720218431.4	2017/3/8	实用新型
5	一种机器手焊接工装	CN201720194144.4	2017/3/2	实用新型
6	一种智能库链条防松装置	CN201720196290.0	2017/3/2	实用新型
7	一种梳齿式联动塔库新型提升臂	CN201720194090.1	2017/3/2	实用新型
8	一种高速升降的联动存车设备	CN201710118901.4	2017/3/2	发明申请
9	一种机械式停车设备充电桩的供电结构	CN201620356259.4	2016/4/25	实用新型
10	一种链条松链检测装置	CN201620356122.9	2016/4/25	实用新型

(续)

序号	专利标题	专利申请号	专利申请日	专利类型
11	一种机械式停车设备的悬梁结构	CN201620356161.9	2016/4/25	实用新型
12	一种机械式停车设备链条防脱装置	CN201620351673.6	2016/4/25	实用新型
13	一种可移动载车装置	CN201410266229.X	2014/6/13	发明授权
14	一种停车设备紧凑型平移传动机构	CN201520708163.5	2015/9/14	实用新型
15	一种停车设备立式电机提升动力箱	CN201520697582.3	2015/9/9	实用新型
16	一种停车设备卧式电机提升动力箱	CN201520696480.X	2015/9/9	实用新型
17	一种升降联动的升降横移停车设备	CN201520706094.4	2015/9/11	实用新型
18	一种基于符号特征获取事件大数据信息的算法	CN201510553189.1	2015/9/1	发明申请
19	一种含噪变频振荡衰减信号极值群的往复搜索定迹法	CN201310228308.7	2013/6/7	发明授权
20	一种结构紧凑轻量型双层停车升降设备	CN201420543881.7	2014/9/22	实用新型
21	一种停车设备可伸缩防摆杆	CN201420544136.4	2014/9/22	实用新型
22	一种停车设备松绳保护装置	CN201420318217.2	2014/6/13	实用新型
23	一种机械停车设备多层缠绕卷筒提升传动机构	CN201220332765.1	2012/7/11	实用新型
24	多机联动垂直升降立体车库	CN201120372490.X	2011/10/8	实用新型
25	流水循环立体车库	CN201020163983.8	2010/4/20	实用新型

当前专利权人：江苏中泰停车产业有限公司

序号	专利标题	专利申请号	专利申请日	专利类型
1	一种无梳齿顶部开合转盘升降机及其搬运方法	CN201610408532.8	2016/6/12	发明授权
2	一种组合式双向运动的智能车库搬运机器人	CN201610390898.7	2016/6/3	发明申请
3	一种浮动式叉齿车库搬运器及其搬运方法	CN201610328035.7	2016/5/17	发明授权
4	一种车库智能无线充电机器人系统	CN201610328111.4	2016/5/17	发明授权
5	一种车库智能无线充电机器人系统	CN201620450460.9	2016/5/17	实用新型
6	一种浮动式叉齿车库搬运器	CN201620450304.2	2016/5/17	实用新型
7	一种无梳齿顶部开合转盘升降机	CN201620558544.4	2016/6/12	实用新型
8	一种组合式双向运动的智能车库搬运机器人	CN201620538822.X	2016/6/3	实用新型
9	顶部带开合转盘的立体车库升降机	CN201210419727.4	2012/10/29	发明授权
10	一种新型浮动式自适应非折叠臂车辆搬运器	CN201420445418.9	2014/8/7	实用新型
11	一种梳齿交换式立体车库出入口进出车交换装置	CN201420445596.1	2014/8/7	实用新型
12	一种在出入口层旋转掉头的全地下立体车库车辆交换装置	CN201420445353.8	2014/8/7	实用新型
13	在负一层旋转掉头的全地下立体车库的进出车交换装置	CN201420445515.8	2014/8/7	实用新型
14	一种在出入口层旋转掉头的出入口车辆交换装置	CN201420445493.5	2014/8/7	实用新型
15	立体车库中动态过渡衔接用横移轨道机构	CN201220562028.0	2012/10/29	实用新型
16	立体车库中的升降、旋转、横移三合一机构	CN201220561254.7	2012/10/29	实用新型
17	平面移动梳齿交换立体车库	CN201220560836.3	2012/10/29	实用新型
18	立体车库出入口整体旋转升降机	CN201220559797.5	2012/10/29	实用新型
19	齿轮齿条传动地坑式立体车库	CN201220559979.2	2012/10/29	实用新型
20	一种可旋转的立体车库横向搬运器	CN201220560237.1	2012/10/29	实用新型

当前专利权人：青岛茂源停车设备制造有限公司

序号	专利标题	专利申请号	专利申请日	专利类型
1	一种带有升降导向装置的立体车库	CN201720277506.6	2017/3/21	实用新型
2	一种具有凸轮式换轨机构的停车设备	CN201720170728.8	2017/2/23	实用新型
3	一种停车设备用液压式连杆机械手搬运装置	CN201720277493.2	2017/3/21	实用新型
4	一种具有连杆式载车板的立体停车设备	CN201720280901.X	2017/3/21	实用新型
5	一种带有紧急取车装置的立体车库	CN201720280904.3	2017/3/21	实用新型
6	一种电动推杆式机械手搬运装置	CN201720276699.3	2017/3/21	实用新型
7	一种停车设备用梳齿式搬运装置	CN201720277961.6	2017/3/21	实用新型
8	一种防倾斜的升降车盘装置	CN201720191547.3	2017/3/1	实用新型
9	一种用于横移主动轴上的带座轴承	CN201720197290.2	2017/3/2	实用新型
10	一种可调式链条托板支架	CN201720166650.2	2017/2/23	实用新型
11	一种横移传动系统	CN201720140136.1	2017/2/16	实用新型
12	一种带有尾线管加强座的横移车盘	CN201720166315.2	2017/2/23	实用新型
13	一种适用于多层升降横移车库的超高检测装置	CN201720140123.4	2017/2/16	实用新型
14	一种新型的简易升降车盘导向装置	CN201720152764.1	2017/2/20	实用新型
15	一种带有轨道清障装置的横移车盘	CN201720166001.2	2017/2/23	实用新型
16	一种具有齿轮齿条式换轨机构的停车设备	CN201720165212.4	2017/2/23	实用新型
17	一种用于车库提升电机罩的快速固定装置	CN201720171798.5	2017/2/24	实用新型
18	一种具有车盘定位装置的穿越式地坑车库	CN201720146986.2	2017/2/17	实用新型
19	一种具有防冲顶装置的梳齿式塔库停车设备	CN201720150161.8	2017/2/17	实用新型
20	一种车辆横移系统	CN201510346245.4	2015/6/19	发明授权
21	一种传动防坠系统	CN201510347246.0	2015/6/19	发明授权
22	梳齿塔库用回转盘装置	CN201620800984.6	2016/7/27	实用新型
23	泊位载车架横移导轨及横移系统	CN201620775149.1	2016/7/21	实用新型
24	一种侧悬式巷道堆垛机	CN201620688021.1	2016/7/1	实用新型
25	上车盘防超高装置	CN201620651785.3	2016/6/27	实用新型
26	一种高密度停车设备	CN201620412005.X	2016/5/6	实用新型
27	一种应用于路边的立体停车设备	CN201620460383.5	2016/5/19	实用新型
28	一种智能搬运器行走装置	CN201620477916.0	2016/5/23	实用新型
29	一种一机两板简易升降立体车库	CN201620394319.1	2016/5/4	实用新型
30	一种搬运机器人用连接杆	CN201620450195.4	2016/5/17	实用新型
31	带尾线保护结构的横移车盘及立体车库	CN201620453996.6	2016/5/17	实用新型
32	智能库平层定位装置	CN201620443594.8	2016/5/13	实用新型
33	一种多层链条简易升降横移设备	CN201620411896.7	2016/5/6	实用新型
34	梳齿式载车架齿梁防护装置	CN201620395279.2	2016/5/4	实用新型

当前专利权人：山东九路泊车设备股份有限公司

序号	专利标题	专利申请号	专利申请日	专利类型
1	一种组合式垂直循环立体车库链条换向导轨及其制备方法	CN201711377690.2	2017/12/19	发明申请
2	一种宽度可调的垂直循环立体车库	CN201610199642.8	2016/4/4	发明授权
3	一种便于车辆出入立体车库的地下液压式旋转台	CN201720953129.3	2017/8/2	实用新型
4	一种可防止导线缠绕的垂直循环立体车库充电系统	CN201721000039.9	2017/8/11	实用新型
5	一种垂直循环立体车库载车吊架高位稳定装置	CN201711308114.2	2017/12/11	发明申请

（续）

序号	专利标题	专利申请号	专利申请日	专利类型
6	一种立体车库的全自动防摆控制系统	CN201610235379.3	2016/4/18	发明授权
7	一种垂直循环立体车库应急释放系统	CN201720822090.1	2017/7/9	实用新型
8	一种垂直循环立体车库连续安全充电系统	CN201720821758.0	2017/7/8	实用新型
9	一种用于垂直循环立体车库的传动链条	CN201720667875.6	2017/6/9	实用新型
10	轮体及采用该轮体的滚轮、立体车库用链条	CN201720669487.1	2017/6/9	实用新型
11	一种垂直循环立体车库充电装置取电用环状滑触线装置	CN201720821762.7	2017/7/8	实用新型
12	一种可防止导线缠绕的垂直循环立体车库充电系统	CN201710683391.5	2017/8/11	发明申请
13	一种用于垂直循环立体车库中的护栏装置	CN201720140725.X	2017/2/16	实用新型
14	一种便于车辆出入立体车库的地下液压式旋转台	CN201710649593.8	2017/8/2	发明申请
15	一种垂直循环立体车库连续安全充电系统	CN201710553780.6	2017/7/8	发明申请
16	一种垂直循环立体车库充电装置取电用环状滑触线装置	CN201710553797.1	2017/7/8	发明申请
17	一种垂直循环立体车库的安全防护系统	CN201720140723.0	2017/2/16	实用新型
18	一种用于垂直循环立体车库的传动链条及其制造方法	CN201710432630.X	2017/6/9	发明申请
19	轮体及其制造方法、采用该轮体的滚轮、立体车库用链条	CN201710434492.9	2017/6/9	发明申请
20	一种垂直循环立体车库应急释放系统	CN201710554002.9	2017/7/9	发明申请
21	立体车库	CN201730041470.7	2017/2/16	外观设计
22	垂直循环立体车库架体架片的架片模块的连接装置	CN201621395253.4	2016/12/19	实用新型
23	一种可模块化组装的垂直循环立体车库架体	CN201621394021.7	2016/12/19	实用新型
24	垂直循环立体车库架体架片的架片模块的连接装置	CN201611177896.6	2016/12/19	发明申请
25	一种立体车库变频智能控制系统	CN201620899519.2	2016/8/18	实用新型
26	一种可模块化组装的垂直循环立体车库架体	CN201611176966.6	2016/12/19	发明申请
27	一种高安全性的立体车库变频智能控制系统	CN201620899520.5	2016/8/18	实用新型
28	一种高安全性的立体车库变频智能控制系统	CN201610684480.7	2016/8/18	发明申请
29	一种立体车库配件焊接工装	CN201620532973.4	2016/6/6	实用新型
30	一种立体车库配件定位、装配、焊接用工装	CN201620532974.9	2016/6/6	实用新型
31	一种新型垂直循环立体车库	CN201620266445.9	2016/4/4	实用新型
32	一种立体车库的防摆控制系统	CN201620318255.7	2016/4/18	实用新型
33	一种垂直循环立体车库的载车机构总成	CN201620266443.X	2016/4/4	实用新型
34	立体车库	CN201630106670.1	2016/4/4	外观设计
35	一种垂直循环立体车库的安全防护系统	CN201620266441.0	2016/4/4	实用新型
36	一种垂直循环立体车库的架体总成	CN201620266440.6	2016/4/4	实用新型
37	一种垂直循环立体车库的大链节传动链条	CN201620266442.5	2016/4/4	实用新型
38	一种垂直循环立体车库的传动系统总成	CN201620266439.3	2016/4/4	实用新型
39	一种垂直循环立体车库	CN201610199641.3	2016/4/4	发明申请

当前专利权人：山东莱钢泰达车库有限公司

序号	专利标题	专利申请号	专利申请日	专利类型
1	一种多驱动回转系统	CN201720478210.0	2017/5/3	实用新型
2	一种安全销定位装置	CN201611039977.X	2016/11/22	发明授权
3	停车设备	CN201730037618.X	2017/2/13	外观设计
4	停车设备	CN201730037613.7	2017/2/13	外观设计
5	一种多驱动回转系统	CN201710303552.3	2017/5/3	发明申请

（续）

序号	专利标题	专利申请号	专利申请日	专利类型
6	一种地上多层式停车设备	CN201621261052.5	2016/11/22	实用新型
7	一种地下多层式停车设备	CN201621265802.6	2016/11/22	实用新型
8	一种仓储式智能车库控制管理系统	CN201611039984.X	2016/11/22	发明申请
9	一种地上地下多层式停车设备	CN201621267195.7	2016/11/22	实用新型
10	一种停车平台阻车装置	CN201621261020.5	2016/11/22	实用新型
11	一种地上多层式停车设备	CN201611039981.6	2016/11/22	发明申请
12	一种地上地下多层式停车设备	CN201611039982.0	2016/11/22	发明申请
13	一种可旋转的单杆升降式停车设备	CN201611116376.4	2016/12/7	发明申请
14	一种地下多层式停车设备	CN201611039948.3	2016/11/22	发明申请
15	一种停车平台阻车装置	CN201611039946.4	2016/11/22	发明申请
16	停车专用梳齿架	CN201630338729.X	2016/7/22	外观设计
17	一种升降横移停车设备	CN201620773384.5	2016/7/21	实用新型
18	平面移动类停车设备的防撞装置	CN201520944929.X	2015/11/24	实用新型
19	框架倾斜式两层升降横式停车设备	CN201520943693.8	2015/11/24	实用新型
20	两层无阻碍伸缩式停车设备	CN201520945564.2	2015/11/24	实用新型
21	两层无阻碍伸缩式停车设备	CN201510824345.3	2015/11/24	发明申请
22	一种与立体车库配套使用的带有对中装置的升降机	CN201420802075.7	2014/12/18	实用新型
23	一种与立体车库配合使用的带有车辆旋转装置的升降机	CN201420801769.9	2014/12/18	实用新型
24	具有新型梳齿型搬运器的停车库	CN201220195218.3	2012/5/3	实用新型
25	具有无对重堆垛机的巷道堆垛类停车库	CN201220195224.9	2012/5/3	实用新型
26	无对重结构的巷道堆垛机	CN201220195681.8	2012/5/3	实用新型
27	新型梳齿型搬运器	CN201220196134.1	2012/5/3	实用新型
28	后旋转式液压动力汽车升降机	CN201120369319.3	2011/9/30	实用新型
29	提升系统电机前置式二层机械立体停车设备	CN201120374547.X	2011/9/30	实用新型
30	松断链检测装置	CN201120210198.8	2011/6/21	实用新型
31	可折叠挡轮装置	CN201120210232.1	2011/6/21	实用新型
32	机械安全防落装置	CN201120210226.6	2011/6/21	实用新型

当前专利权人：青岛齐星车库有限公司

序号	专利标题	专利申请号	专利申请日	专利类型
1	一种高塔式立体车库	CN201310558480.9	2013/11/12	发明授权
2	一种梳齿交换式立体车库	CN201310540253.3	2013/11/5	发明授权
3	一种用于地下停车场的双层立体车库	CN201520206561.7	2015/4/8	实用新型
4	一种带充电装置的立体车库	CN201420680073.5	2014/11/14	实用新型
5	一种防坠装置	CN201420612476.6	2014/10/22	实用新型
6	一种机械式立体车库的无线充电装置	CN201420452571.4	2014/8/12	实用新型
7	一种链条钩拉式存取车装置	CN201320709976.7	2013/11/12	实用新型
8	一种车库用车辆夹持装置	CN201220745283.9	2012/12/31	实用新型
9	一种立体车库的载车升降装置	CN201220200071.2	2012/5/7	实用新型
10	一种立体车库的载车横移装置	CN201220200061.9	2012/5/7	实用新型
11	一种具有激光测距装置的横移台车	CN201120563984.6	2011/12/30	实用新型
12	用于立体车库的横移台车	CN201120556380.9	2011/12/28	实用新型

（续）

序号	专利标题	专利申请号	专利申请日	专利类型
13	一种用于立体停车库的无线通讯装置	CN201120563961.5	2011/12/30	实用新型
14	一种仓储式立体停车库	CN201120493287.8	2011/12/2	实用新型
15	带有油压定位装置的升降机	CN201120496309.6	2011/12/4	实用新型
16	带有自锁装置的立体单元车库	CN201120496308.1	2011/12/4	实用新型
17	一种立体车库	CN201110038949.7	2011/2/16	发明授权
18	一种立体车库升降车板	CN201120039707.5	2011/2/16	实用新型
19	一种高层多排停车设备	CN201120074899.3	2011/3/21	实用新型
20	一种悬臂式双层停车设备	CN201120074893.6	2011/3/21	实用新型
21	一种立体车库升降导轨	CN201120039695.6	2011/2/16	实用新型
22	一种立体存车库	CN200710016752.7	2007/8/3	发明授权

当前专利权人：山东天辰智能停车股份有限公司

序号	专利标题	专利申请号	专利申请日	专利类型
1	一种梳齿式横向存放智能停车设备	CN201711060345.6	2017/11/2	发明申请
2	梳齿升降伸缩式智能搬运器	CN201711294366.4	2017/12/8	发明申请
3	一种梳齿式汽车横向智能搬运器	CN201711060369.1	2017/11/2	发明申请
4	双向平行推升式汽车智能搬运器	CN201610050318.X	2016/1/26	发明授权
5	滑板式平行抱夹汽车轮胎搬运器	CN201510702321.0	2015/10/27	发明授权
6	左右平行推升式汽车横向智能搬运器	CN201610075477.5	2016/2/3	发明授权
7	抱夹及推升轮胎整体式汽车智能搬运器	CN201610042484.5	2016/1/22	发明授权
8	一种机械式立体停车设备提升传动轴总成	CN201620975926.7	2016/8/30	实用新型
9	机械式立体停车设备防坠钩的动力装置	CN201510720596.7	2015/10/30	发明授权
10	液压传动抱夹及推升轮胎整体式汽车智能搬运器	CN201610213015.5	2016/4/8	发明申请
11	电缆恒力矩自动收放器	CN201620895197.4	2016/8/18	实用新型
12	自定位整体式双抱夹汽车轮胎智能搬运器	CN201620675834.7	2016/7/1	实用新型
13	一种机械式立体停车设备提升传动轴总成	CN201610754643.4	2016/8/30	发明申请
14	电缆恒力矩自动收放器	CN201610680848.2	2016/8/18	发明申请
15	机械式停车设备过桥板传动装置	CN201620481719.6	2016/5/25	实用新型
16	自定位整体式双抱夹汽车轮胎智能搬运器	CN201610503020.X	2016/7/1	发明申请
17	双向平行推升式汽车智能搬运器	CN201620073034.8	2016/1/26	实用新型
18	抱夹及推升轮胎整体式汽车智能搬运器	CN201620062424.5	2016/1/22	实用新型
19	机械式立体停车设备用链条导向及链条松断检测装置	CN201410194158.7	2014/5/9	发明授权
20	机械式停车设备过桥板传动装置	CN201610350667.3	2016/5/25	发明申请
21	一种链条传动旋转中置升降机的板式纵列机械式停车设备	CN201310747478.6	2013/12/31	发明授权
22	梳齿型四点举升式汽车搬运器	CN201520988850.7	2015/12/3	实用新型
23	梳齿型四点举升式汽车搬运器	CN201510875016.1	2015/12/3	发明申请
24	梳齿升降式汽车搬运器	CN201520766666.8	2015/9/30	实用新型
25	梳齿升降式汽车搬运器	CN201510635937.0	2015/9/30	发明申请
26	升降横移类机械式立体停车设备用钢丝绳导向防松装置	CN201310499300.4	2013/10/23	发明授权
27	一种夹持轮胎式立体车库汽车搬运器	CN201310626346.8	2013/12/2	发明授权
28	夹持轮胎式立体车库汽车搬运器	CN201310635926.3	2013/12/3	发明授权
29	操作盒	CN201430560353.8	2014/12/30	外观设计

（续）

序号	专利标题	专利申请号	专利申请日	专利类型
30	一种自动化停车设备专用安全门	CN201420861974.4	2014/12/31	实用新型
31	一种载车板导向定位装置	CN201420854480.3	2014/12/30	实用新型
32	一种载车板导向定位装置	CN201410838820.8	2014/12/30	发明申请
33	机械式立体停车设备用链条导向及链条松断检测装置	CN201410194158.7	2014/5/9	发明申请
34	机械式立体停车设备用限位极限位开关安装座	CN201320885123.9	2013/12/31	实用新型
35	一种链条传动旋转中置升降机的板式纵列机械式停车设备	CN201320885646.3	2013/12/31	实用新型
36	地坑简易升降式停车设备	CN201220124260.6	2012/3/29	实利新型
37	地坑升降式停车设备	CN201220124267.8	2012/3/29	实用新型
38	立体车库机械式防坠器	CN201120211660.6	2011/6/22	实用新型
39	立体车库横移车位供电装置	CN201120211637.7	2011/6/22	实用新型
40	立体车库机械式组合防坠器	CN201120211640.9	2011/6/22	实用新型
41	一种齿轮副放大机构的液压传动式立体停车库	CN201120180774.9	2011/6/1	实用新型
42	一种链条放大机构的液压传动式立体停车库	CN201120180806.5	2011/6/1	实用新型
43	立体车库钢丝绳升降传动系统	CN201020638192.6	2010/12/2	实用新型
44	立体车库链式升降传动系统	CN201020638182.2	2010/12/2	实用新型
45	立体车库机械式防坠器	CN201020638168.2	2010/12/2	实用新型
46	液压平层防坠器	CN201020257652.0	2010/7/14	实用新型
47	升降横移类机械式立体停车设备控制系统	CN201020163252.3	2010/4/20	实用新型
48	平面移动类机械式立体停车设备控制系统	CN201020197124.0	2010/5/20	实用新型
49	三折垂直升降自动门	CN201020174372.3	2010/4/29	实用新型
50	二折垂直升降自动门	CN201020174377.6	2010/4/29	实用新型
51	平面移动类立体车库专用搬运器	CN201020218494.8	2010/6/8	实用新型
52	垂直升降类立体车库专用回转台	CN201020163233.0	2010/4/20	实用新型
53	立体车库机械式防坠器	CN201020163210.X	2010/4/20	实用新型
54	链传动超长载车板	CN201020170682.8	2010/4/27	实用新型
55	松绳检测装置	CN201020170675.8	2010/4/27	实用新型
56	松链检测装置	CN201020163234.5	2010/4/20	实用新型
57	防坠器	CN200610069153.7	2006/10/16	发明授权

当前专利权人：山西东杰智能物流装备股份有限公司

序号	专利标题	专利申请号	专利申请日	专利类型
1	智能停车车库中电动汽车泊车充电接通装置及接通方法	CN201711310484.X	2017/12/11	发明申请
2	一种智能泊车摆渡机器人	CN201711308015.4	2017/12/11	发明申请
3	仓储式立体车库中的车辆定位系统	CN201610097941.0	2016/2/23	发明授权
4	钢结构立体车库搭挂式载车平台	CN201720210942.1	2017/3/6	实用新型
5	钢结构立体车库中横梁与立柱的连接结构	CN201720210941.7	2017/3/6	实用新型
6	一种钢结构立体车库	CN201720210925.8	2017/3/6	实用新型
7	可防止载车板晃动的钢结构垂直循环式立体车库	CN201720210924.3	2017/3/6	实用新型
8	带充电桩的钢结构垂直循环式立体车库	CN201720211194.9	2017/3/6	实用新型
9	一种可缩短入出库等待时间的圆形井坑式立体车库	CN201720211193.4	2017/3/6	实用新型
10	一种钢结构立体车库	CN201710129255.1	2017/3/6	发明申请
11	带充电桩的钢结构垂直循环式立体车库	CN201710129476.9	2017/3/6	发明申请

（续）

序号	专利标题	专利申请号	专利申请日	专利类型
12	可防止载车板晃动的钢结构垂直循环式立体车库	CN201710129253.2	2017/3/6	发明申请
13	带平衡轨的摩擦式输送线导轨道岔	CN201210372897.1	2012/9/29	发明授权
14	滑橇吊具上的车身定位锁紧机构	CN201620134718.4	2016/2/23	实用新型
15	立体车库中的智能车辆搬运器	CN201620134720.1	2016/2/23	实用新型
16	特重型汽车底盘翻转装置	CN201620134712.7	2016/2/23	实用新型
17	汽车生产线上料车的举升旋转移行车	CN201620134714.6	2016/2/23	实用新型
18	自动导引车用双轮差速驱动装置	CN201620134709.5	2016/2/23	实用新型
19	车体吊具的不同车型定位销转换装置	CN201410254666.X	2014/6/10	发明授权
20	车体吊具的车体四锁紧杆的两侧水平送进拨转装置	CN201410254665.5	2014/6/10	发明授权
21	立体车库台车旋转定位装置	CN201310555099.7	2013/11/10	发明授权
22	可跨越大间隙的八轮式穿梭车	CN201310203548.1	2013/5/28	发明授权
23	通过式托盘拆分整理机	CN201310555369.4	2013/11/10	发明授权
24	高密度仓储堆垛机挡板与货架挡板同步开闭装置	CN201310203472.2	2013/5/28	发明授权
25	悬挂输送机车组分离组合挂钩装置	CN201420306004.8	2014/6/10	实用新型
26	积放带式滑橇输送机	CN201420306026.4	2014/6/10	实用新型
27	积放式悬挂链式输送机中的旋转轨道	CN201420306025.X	2014/6/10	实用新型
28	车体吊具的不同车型定位销转换装置	CN201420305950.0	2014/6/10	实用新型
29	小行程升降积放小车轨道	CN201420305993.9	2014/6/10	实用新型
30	滑橇180度调头用离心旋转台	CN201420305841.9	2014/6/10	实用新型
31	可调式车门吊具锁紧装置	CN201320702890.1	2013/11/9	实用新型
32	立体车库台车旋转定位装置	CN201320706795.9	2013/11/10	实用新型
33	带有先导机构的舌板合流道岔	CN201320702887.X	2013/11/9	实用新型
34	柔性自动生产线用台车夹紧定位装置	CN201320702892.0	2013/11/9	实用新型
35	适用两种宽度橇体的转接滚床	CN201320702891.6	2013/11/9	实用新型
36	在线可控式转向装置	CN201210145784.8	2012/5/12	发明授权
37	车身前处理防橇体漂浮装置	CN201320298283.3	2013/5/28	实用新型
38	悬挂输送系统在线称重装置	CN201320305605.2	2013/5/30	实用新型
39	悬挂输送用二级载荷梁系统	CN201320298268.9	2013/5/28	实用新型
40	隐藏式输送线转接推送装置	CN201320298282.9	2013/5/28	实用新型
41	立体仓库用轨道穿梭移载小车	CN201210012568.6	2012/1/16	发明授权
42	可自动组挂和分离的输送线牵引小车	CN201220507314.7	2012/9/29	实用新型
43	多支点旋转打开车体吊具	CN201220507378.7	2012/9/29	实用新型
44	齿轮齿条垂直提升装置	CN201220507387.6	2012/9/29	实用新型
45	多车型高精度伺服自动纠偏装置	CN201110267579.4	2011/9/10	发明授权
46	带有翻板机构的穿梭板式堆垛机	CN201220219867.2	2012/5/16	实用新型
47	具有同步随行功能的提升机	CN201220018330.X	2012/1/16	实用新型
48	浅拖积放式传输机构	CN201220018331.4	2012/1/16	实用新型
49	带式程控桁车	CN201120338966.8	2011/9/10	实用新型
50	两侧同步移动及升降的转接装置	CN201120338963.4	2011/9/10	实用新型
51	防止车身脱落的销孔锁紧装置	CN201120338972.3	2011/9/10	实用新型
52	摩擦和链条共线驱动的输送车组	CN201120338965.3	2011/9/10	实用新型
53	车架翻转机构	CN201120338971.9	2011/9/10	实用新型

当前专利权人：陕西隆翔停车设备集团有限公司

序号	专利标题	专利申请号	专利申请日	专利类型
1	一种快拆定位夹紧销	CN201721031453.6	2017/8/17	实用新型
2	一种导向轮组件及导轨式移动设备	CN201720712679.6	2017/6/19	实用新型
3	一种异型管冲孔模具	CN201721208766.4	2017/9/20	实用新型
4	一种AGV搬运车的举升装置	CN201721034258.9	2017/8/17	实用新型
5	一种具有无线充电装置的立体车库	CN201721124668.2	2017/9/4	实用新型
6	一种立体车库用车辆调头装置	CN201721124669.7	2017/9/4	实用新型
7	一种载车板手动解锁装置	CN201721032817.2	2017/8/17	实用新型
8	一种梳齿型可旋转中跑车	CN201711183769.1	2017/11/23	发明申请
9	一种AGV小车无线充电系统	CN201721031937.0	2017/8/17	实用新型
10	一种AGV小车	CN201721207331.8	2017/9/20	实用新型
11	一种轮状物品摆放架	CN201721208884.5	2017/9/20	实用新型
12	一种车轮检测装置	CN201721208924.6	2017/9/20	实用新型
13	一种实现连续切割的数控等离子编程方法	CN201710852671.4	2017/9/20	发明申请
14	一种应用于智能搬运小车的顶升装置	CN201711091963.7	2017/11/8	发明申请
15	一种配电柜置物托盘	CN201721031454.0	2017/8/17	实用新型
16	一种配电柜	CN201721032810.0	2017/8/17	实用新型
17	用于机械立体停车设备的智能停车控制系统	CN201721034259.3	2017/8/17	实用新型
18	桥式传动器	CN201720906970.7	2017/7/25	实用新型
19	一种用于机械立体停车设备的电气控制柜	CN201720965417.0	2017/8/3	实用新型
20	一种平面移动立体车库	CN201720625840.6	2017/6/1	实用新型
21	一种升降装置	CN201720909499.7	2017/7/25	实用新型
22	一种基于导轨运行的搬运设备	CN201720820149.3	2017/7/7	实用新型
23	一种立体车库存取车交换装置	CN201720906966.0	2017/7/25	实用新型
24	一种回转式梳齿升降搬运器及机械立体停车设备	CN201720846952.4	2017/7/11	实用新型
25	一种立体车库的防坠落装置	CN201720818988.1	2017/7/7	实用新型
26	一种机械式可变速回转升降装置	CN201720909498.2	2017/7/25	实用新型
27	一种机械式可变速回转机构	CN201720910087.5	2017/7/25	实用新型
28	一种快速提升库门	CN201720950565.5	2017/8/1	实用新型
29	一种立体车库用车辆调头装置	CN201710786293.4	2017/9/4	发明申请
30	一种载车板抗震防坠落装置	CN201720824008.9	2017/7/7	实用新型
31	一种平移车定位机构	CN201720824009.3	2017/7/7	实用新型
32	一种防倾斜防坠落锁止装置及立体车库	CN201720712680.9	2017/6/19	实用新型
33	一种直连联轴器	CN201720712687.0	2017/6/19	实用新型
34	一种液压校直装置	CN201720718709.4	2017/6/20	实用新型
35	具有自动校正及仿真投影功能的等离子切割机	CN201720711569.8	2017/6/19	实用新型
36	停车机器人	CN201730223736.X	2017/6/5	外观设计
37	一种AGV小车	CN201710853266.4	2017/9/20	发明申请
38	一种用数控等离子切割机在型钢上切割加工的方法	CN201710867604.X	2017/9/22	发明申请
39	一种立体车库存取车交换装置	CN201710855045.0	2017/9/20	发明申请
40	一种用于流水线的上下料设备	CN201720608332.7	2017/5/27	实用新型
41	一种平面移动立体车库横移搬运器	CN201720626062.2	2017/6/1	实用新型
42	一种用于垂直升降停车设备的平层防坠定位机构	CN201720609767.3	2017/5/27	实用新型

（续）

序号	专利标题	专利申请号	专利申请日	专利类型
43	一种立体车库车辆找正系统	CN201720626091.9	2017/6/1	实用新型
44	一种车库引导系统及引导方法	CN201710785856.8	2017/9/4	发明申请
45	一种立体停车设备横移输送器	CN201720197354.9	2017/3/2	实用新型
46	一种 AGV 车库载车板收集装置	CN201720326597.8	2017/3/30	实用新型
47	回转式梳齿升降搬运器、立体停车设备及存取车辆方法	CN201710560989.5	2017/7/11	发明申请
48	一种 AGV 小车无线充电系统及其充电方法	CN201710706739.8	2017/8/17	发明申请
49	一种载车板抗震防坠落装置	CN201710551928.2	2017/7/7	发明申请
50	桥式传动器	CN201710611834.X	2017/7/25	发明申请
51	一种立体车库存取车交换装置	CN201710612495.7	2017/7/25	发明申请
52	一种机械式可变速回转升降装置	CN201710613120.2	2017/7/25	发明申请
53	立体停车设备载车车位装置	CN201720197741.2	2017/3/2	实用新型
54	一种悬挂式堆垛停车设备	CN201720198134.8	2017/3/2	实用新型
55	一种快速提升库门	CN201710647686.7	2017/8/1	发明申请
56	一种用于垂直升降停车设备的平层防坠定位机构	CN201710391226.2	2017/5/27	发明申请
57	一种基于导轨运行的搬运设备	CN201710551939.0	2017/7/7	发明申请
58	具有自动校正及仿真投影功能的等离子切割机及切割方法	CN201710464862.3	2017/6/19	发明申请
59	一种防倾斜防坠落锁止装置及立体车库	CN201710464207.8	2017/6/19	发明申请
60	一种液压校直装置	CN201710471367.5	2017/6/20	发明申请
61	一种用于流水线的上下料设备	CN201710392014.6	2017/5/27	发明申请
62	一种立体车库车辆找正系统	CN201710404134.3	2017/6/1	发明申请
63	一种平面移动立体车库及搬运车辆方法	CN201710404142.8	2017/6/1	发明申请
64	立体停车设备载车车位装置	CN201710120591.X	2017/3/2	发明申请
65	一种平面移动类停车设备	CN201510056282.1	2015/2/3	发明授权
66	一种 AGV 车库载车板收集装置	CN201710202950.6	2017/3/30	发明申请
67	一种机械立体停车库平移车	CN201621012172.1	2016/8/30	实用新型
68	一种用于机械停车设备载车板的动态保护装置	CN201620990212.3	2016/8/29	实用新型
69	垂直升降停车设备用链条回转交接机构	CN201510330457.3	2015/6/15	发明授权
70	垂直滑移式带旋转装置的立体车库	CN201620864726.4	2016/8/10	实用新型
71	一种防止柔性体磨损的装置	CN201620651836.2	2016/6/27	实用新型
72	一种多层无避让立体车库	CN201510056196.0	2015/2/3	发明授权
73	垂直滑移式带旋转装置的立体车库	CN201610653198.2	2016/8/10	发明申请
74	一种翻转机	CN201620719598.4	2016/7/8	实用新型
75	一种机械立体停车库平移车	CN201610778236.7	2016/8/30	发明申请
76	一种用于机械停车设备载车板的动态保护装置	CN201610769624.9	2016/8/29	发明申请
77	一种多功能立体车库用电源接头	CN201620737728.7	2016/7/13	实用新型
78	一种俯仰式简易升降停车设备	CN201620650768.8	2016/6/27	实用新型
79	一种简易升降类摇篮式机械停车设备	CN201620651792.3	2016/6/27	实用新型
80	电磁式车辆/设备平面层交换系统	CN201620737727.2	2016/7/13	实用新型
81	一种垂直升降类立体停车设备用平移车的平层机构	CN201620651838.1	2016/6/27	实用新型
82	一种应用于升降横移车库的钢丝绳保护装置	CN201620648803.2	2016/6/27	实用新型
83	一种升降停车库升降动作弹性导向装置	CN201620648804.7	2016/6/27	实用新型
84	一种应用于停车设备操控盒的连接结构	CN201620650644.X	2016/6/27	实用新型

（续）

序号	专利标题	专利申请号	专利申请日	专利类型
85	一种多功能立体车库用电源接头	CN201610551247.1	2016/7/13	发明申请
86	一种利用数控机床加工圆弧形螺纹的方法	CN201610480729.2	2016/6/27	发明申请
87	电磁式车辆/设备平面层交换系统	CN201610551250.3	2016/7/13	发明申请
88	一种翻转机	CN201610537394.3	2016/7/8	发明申请
89	一种防止柔性体磨损的装置	CN201610479487.5	2016/6/27	发明申请
90	一种垂直升降类立体停车设备用平移车的平层机构	CN201610479486.0	2016/6/27	发明申请
91	一种应用于停车设备操控盒的连接结构	CN201610480477.3	2016/6/27	发明申请
92	一种俯仰式简易升降停车设备	CN201610480478.8	2016/6/27	发明申请
93	一种简易升降类摇篮式机械停车设备	CN201610481838.6	2016/6/27	发明申请
94	一种应用于升降横移车库的钢丝绳保护装置	CN201610480479.2	2016/6/27	发明申请
95	一种升降停车库升降动作弹性导向装置	CN201610481715.2	2016/6/27	发明申请
96	垂直升降式履带交换双出入口停车设备	CN201520411806.X	2015/6/15	实用新型
97	一种无动力载车车位装置	CN201520412071.2	2015/6/15	实用新型
98	履带交换垂直升降式停车设备	CN201520411339.0	2015/6/15	实用新型
99	垂直升降停车设备用链条回转交接机构	CN201520411595.X	2015/6/15	实用新型
100	一种多层无避让立体车库	CN201520076420.8	2015/2/3	实用新型
101	一种平面移动类停车设备	CN201520077248.8	2015/2/3	实用新型
102	一种停车设备用安全保护装置	CN201520076399.1	2015/2/3	实用新型

当前专利权人：上海赐宝停车设备制造有限公司

序号	专利标题	专利申请号	专利申请日	专利类型
1	一种过车板长距离移动多点定位装置	CN201721164872.7	2017/9/12	实用新型
2	后悬链条专用松链检测装置	CN201721265427.X	2017/9/29	实用新型
3	一种过车板长距离移动多点定位装置及其定位方法	CN201710818456.2	2017/9/12	发明申请
4	一种立体停车设备的双向轨道装置	CN201620980901.6	2016/8/30	实用新型
5	一种立体停车设备的台车锁定装置	CN201620980895.4	2016/8/30	实用新型
6	一种立体停车设备的辅助装置	CN201610758590.3	2016/8/30	发明申请
7	一种分散式停车设备控制系统	CN201520783396.1	2015/10/10	实用新型
8	一拖多升降传动机构	CN201520567813.9	2015/7/31	实用新型
9	升降轨道防脱轨装置	CN201520595001.5	2015/8/10	实用新型
10	一种立体停车设备上的升降传动装置	CN201420544681.3	2014/9/22	实用新型
11	一种立体停车设备上用的勾取车板装置	CN201420434165.5	2014/8/4	实用新型
12	一种立体停车设备上用的伸缩式滑套	CN201320444681.1	2013/7/25	实用新型
13	一种立体车库上用的自锁式防落装置	CN201320346854.6	2013/6/18	实用新型
14	用于多层停车库的螺杆升降装置	CN201320010723.0	2013/1/8	实用新型
15	用于停车设备的折臂伸缩型结构	CN201220667267.2	2012/12/6	实用新型
16	用于汽车停车设备的滚珠螺杆提升装置	CN201020544859.6	2010/9/28	实用新型
17	后悬拉臂式汽车停车设备的链条提升装置	CN201020544860.9	2010/9/28	实用新型
18	摩擦轮抽取移动装置	CN201020544858.1	2010/9/28	实用新型

当前专利权人：上海禾通涌源停车设备有限公司

序号	专利标题	专利申请号	专利申请日	专利类型
1	一种智能立体车库电动车自动充电接插件和集成充电系统	CN201710464499.5	2017/6/19	发明申请
2	一种旋转滑升无避让立体车库	CN201610961215.9	2016/10/28	发明授权
3	两层升降横移停车设备	CN201630215372.6	2016/6/1	外观设计
4	五层升降横移停车设备	CN201630178854.9	2016/5/13	外观设计
5	三层升降横移停车设备	CN201630178860.4	2016/5/13	外观设计
6	四层升降横移停车设备	CN201630178865.7	2016/5/13	外观设计
7	两立柱简易升降停车设备	CN201630215373.0	2016/6/1	外观设计
8	一种立体车库纵移装置	CN201620133853.7	2016/2/23	实用新型
9	一种立体车库拼装下车板	CN201620133855.6	2016/2/23	实用新型
10	一种立体车库三级双向伸缩叉	CN201620133854.1	2016/2/23	实用新型
11	一种立体车库动滑轮提升机构	CN201620133799.6	2016/2/23	实用新型
12	一种磁悬浮智能搬运器	CN201510478286.9	2015/8/7	发明授权
13	家用无线停车宝	CN201530513137.2	2015/12/9	外观设计
14	一种后悬式停车室	CN201420517260.1	2014/9/10	实用新型
15	一种叠加倍增立体停车系统	CN201420517271.X	2014/9/10	实用新型
16	一种传动内置式升降车板	CN201420517138.4	2014/9/10	实用新型
17	一种重型停车装置	CN201420517156.2	2014/9/10	实用新型
18	一种多层悬臂式升降纵移立体车库	CN201420517180.6	2014/9/10	实用新型
19	一种单边梳齿停车库	CN201420517272.4	2014/9/10	实用新型
20	一种立体车库平衡链防松检测装置	CN201420517258.4	2014/9/10	实用新型
21	一种立体车库称重、限位检测装置	CN201420517259.9	2014/9/10	实用新型
22	一种立体车库钢丝绳松绳检测机构	CN201420517270.5	2014/9/10	实用新型

当前专利权人：上海剑峰停车设备工程有限公司

序号	专利标题	专利申请号	专利申请日	专利类型
1	一种链传动式横移同步机构	CN201621073667.5	2016/9/22	实用新型
2	一种钢丝绳结构的后断松绳保护装置	CN201621073624.7	2016/9/22	实用新型
3	一种回转盘的液压式驱动系统	CN201621073669.4	2016/9/22	实用新型
4	地坑式停车库载车板的平衡机构	CN201620079685.8	2016/1/27	实用新型
5	用于直顶式双油缸汽车升降机的平衡机构	CN201620093194.9	2016/1/29	实用新型
6	地坑式停车库载车板的升降机构	CN201620080141.3	2016/1/27	实用新型
7	用于全地下式简易升降停车设备的升降系统	CN201520077925.6	2015/2/4	实用新型
8	旁出式循环立体停车库	CN201520147872.0	2015/3/16	实用新型
9	用于全地下式简易升降式停车设备的平衡系统	CN201520077955.7	2015/2/4	实用新型
10	液压油缸直顶后悬式机械车库	CN201310447634.7	2013/9/26	发明申请
11	液压油缸直顶后悬式机械车库	CN201320599504.0	2013/9/26	实用新型
12	后悬式上车板防坠落装置	CN201320487232.5	2013/8/9	实用新型
13	用于垂直循环式机械车库的车板间的挂扣结构	CN201320533944.6	2013/8/29	实用新型
14	直顶式双油缸汽车升降机的升降系统	CN201320487230.6	2013/8/9	实用新型
15	用于同步多级柱塞油缸的改良型中间柱塞结构	CN201220625005.X	2012/11/23	实用新型

（续）

序号	专利标题	专利申请号	专利申请日	专利类型
16	立体停车库横移单元的驱动装置	CN201220278541.7	2012/6/14	实用新型
17	立体停车库平层定位装置	CN201220208068.5	2012/5/10	实用新型
18	水平循环立体停车库用横移装置	CN201220209495.5	2012/5/11	实用新型

当前专利权人：上海天地岛川停车设备制造有限公司

序号	专利标题	专利申请号	专利申请日	专利类型
1	立体车库悬挂提拉升降塔车	CN201720982278.2	2017/8/8	实用新型
2	穿插滑移托举无避让立体车库	CN201720982194.9	2017/8/8	实用新型
3	立体车库梳齿型交错托举支撑停移系统	CN201720982280.X	2017/8/8	实用新型
4	立体车库自动旋转托举升降出入平台	CN201720982276.3	2017/8/8	实用新型
5	便携式太阳能安全停车警示装置	CN201420059898.5	2014/2/10	实用新型
6	一种新型绿地停车架	CN201420059902.8	2014/2/10	实用新型
7	一种简易双层式停车架	CN201420059901.3	2014/2/10	实用新型
8	一种横移式停车架	CN201420059903.2	2014/2/10	实用新型
9	一种新型智能旋转停车设备	CN201420059900.9	2014/2/10	实用新型
10	轮式钢缆防护装置	CN201420059899.X	2014/2/10	实用新型
11	整体式载车板	CN201220308575.6	2012/6/29	实用新型

当前专利权人：深圳精智机器有限公司

序号	专利标题	专利申请号	专利申请日	专利类型
1	一种自适应换电机械手装置	CN201711380338.4	2017/12/20	发明申请
2	一种自动插接充电式垂直循环立体车库	CN201711075606.1	2017/11/6	发明申请
3	基于ORB稀疏点云与二维码的视觉定位方法	CN201711075798.6	2017/11/6	发明申请
4	改进的图优化SLAM方法	CN201711075649.X	2017/11/6	发明申请
5	一种插接充电式升降横移立体车库	CN201711075637.7	2017/11/6	发明申请
6	一种集约式电动客车充换电站	CN201710911996.5	2017/9/29	发明申请
7	安全汽车升降机	CN201720535264.6	2017/5/12	实用新型
8	一种自主行走搬运方法、搬运器和搬运系统	CN201510612879.X	2015/9/23	发明授权
9	一种纵向横移的停车设备	CN201710910959.2	2017/9/29	发明申请
10	无避让式简易升降停车设备	CN201510118266.0	2015/3/17	发明授权
11	一种高压线巡检机器人	CN201510655248.6	2015/10/10	发明授权
12	搬运器及其搬运方法	CN201610161784.5	2016/3/18	发明授权
13	玻璃幕墙清洗机器人	CN201621190829.3	2016/10/28	实用新型
14	堆垛装置及换电设备	CN201510172537.0	2015/4/13	发明授权
15	升降装置及换电设备	CN201510173420.4	2015/4/13	发明授权
16	立体停车设备	CN201621314900.4	2016/11/30	实用新型
17	立体停车库	CN201621311757.3	2016/11/30	实用新型
18	抱持型车辆搬运器	CN201610442448.8	2016/6/17	发明申请
19	电动汽车的电池箱更换装置	CN201510082810.0	2015/2/13	发明授权
20	爬壁机器人	CN201621196716.4	2016/10/28	实用新型

（续）

序号	专利标题	专利申请号	专利申请日	专利类型
21	重载电池箱	CN201621252415.9	2016/11/22	实用新型
22	重载机器人	CN201621253324.7	2016/11/22	实用新型
23	换电装置及换电设备	CN201510173541.9	2015/4/13	发明授权
24	重载机器人	CN201611030960.8	2016/11/22	发明申请
25	车辆搬运器	CN201621074418.8	2016/9/22	实用新型
26	电池更换设备	CN201621040823.8	2016/9/6	实用新型
27	重载电池箱	CN201611030945.3	2016/11/22	发明申请
28	爬壁机器人	CN201610978851.2	2016/10/28	发明申请
29	玻璃幕墙清洗机器人	CN201610964477.0	2016/10/28	发明申请
30	换电设备	CN201510172269.2	2015/4/13	发明授权
31	电池更换设备	CN201610806586.X	2016/9/6	发明申请
32	升降装置及其刚性链传动结构	CN201510418565.6	2015/7/15	发明申请
33	升降搬运装置	CN201510417467.0	2015/7/15	发明申请
34	立体车库	CN201610852843.3	2016/9/26	发明申请
35	车辆搬运器	CN201610844244.7	2016/9/22	发明申请
36	搬运装置及其叉臂	CN201620547023.9	2016/6/6	实用新型
37	抱持型车辆搬运器	CN201620598805.5	2016/6/17	实用新型
38	立体车库的智能搬运器	CN201410172726.3	2014/4/25	发明授权
39	汽车电池锁止装置	CN201410007124.2	2014/1/7	发明授权
40	搬运装置及其叉臂	CN201610394931.3	2016/6/6	发明申请
41	联锁装置	CN201310349375.4	2013/8/9	发明授权
42	搬运平台及其存取搬运装置	CN201610129803.6	2016/3/8	发明申请
43	更换电池机器人	CN201410310444.5	2014/6/30	发明授权
44	电池锁止机构	CN201310589913.7	2013/11/20	发明授权
45	一种升降装置以及升降系统	CN201520778810.X	2015/10/9	实用新型
46	高密度型立体车库	CN201520778830.7	2015/10/9	实用新型
47	电动汽车底盘换电电池锁止机构	CN201310676253.6	2013/12/11	发明授权
48	升降装置及换电设备	CN201520221248.0	2015/4/13	实用新型
49	一种具有柔性锁止电池功能的换电装置	CN201520778720.0	2015/10/9	实用新型
50	一种升降装置以及升降系统	CN201510648651.6	2015/10/9	发明申请
51	高密度型立体车库	CN201510648664.3	2015/10/9	发明申请
52	旋转锁定机构及其挂接组件	CN201310182999.1	2013/5/16	发明授权
53	升降装置及其刚性链传动结构	CN201520515057.5	2015/7/15	实用新型
54	升降搬运装置	CN201520515056.0	2015/7/15	实用新型
55	无避让式简易升降停车设备	CN201520153442.X	2015/3/17	实用新型
56	换电机器人的推拉系统以及换电机器人	CN201210447604.1	2012/11/9	发明授权
57	换电装置及换电设备	CN201520219811.0	2015/4/13	实用新型
58	换电设备	CN201520221255.0	2015/4/13	实用新型
59	升降横移车库	CN201520224793.5	2015/4/14	实用新型
60	用于电动汽车换电的车辆自动对中机构	CN201210292333.7	2012/8/16	发明授权
61	堆垛装置及换电设备	CN201520220034.1	2015/4/13	实用新型

（续）

序号	专利标题	专利申请号	专利申请日	专利类型
62	换电设备	CN201310430934.4	2013/9/18	发明授权
63	电动汽车的电池箱更换装置	CN201520111359.6	2015/2/13	实用新型
64	简易升降式停车设备	CN201520050004.0	2015/1/23	实用新型
65	堆垛机	CN201520083008.9	2015/2/5	实用新型
66	换电机器人与电池箱之间的挂接机构	CN201210447655.4	2012/11/9	发明授权
67	推拉连接装置	CN201210352016.X	2012/9/20	发明授权
68	天轨机构及其自动断开组件	CN201420685555.X	2014/11/14	实用新型
69	可移动电动汽车充电系统	CN201410642413.X	2014/11/13	发明申请
70	电动汽车底盘充换电站及使用该电动汽车底盘换电站进行更换电池的方法	CN201210292331.8	2012/8/16	发明授权
71	水平旋转多工位货物周转装置	CN201420519601.9	2014/9/10	实用新型
72	可移动电动汽车充电系统	CN201420679271.X	2014/11/13	实用新型
73	电池锁止机构	CN201210285209.8	2012/8/10	发明授权
74	车库充电系统	CN201210067335.6	2012/3/14	发明授权
75	搬运机器人	CN201210284946.6	2012/8/10	发明授权
76	水平旋转多工位货物周转装置	CN201410459847.6	2014/9/10	发明申请
77	更换电池机器人	CN201420360392.8	2014/6/30	实用新型
78	电池自动插接充电器及电池自动插接充电机构	CN201210284930.5	2012/8/10	发明授权
79	立体车库的智能搬运器	CN201420209665.9	2014/4/25	实用新型
80	汽车电池锁止装置	CN201420009283.1	2014/1/7	实用新型
81	电池箱自动锁止系统	CN201110376519.6	2011/11/23	发明授权
82	电池锁止机构	CN201320740578.1	2013/11/20	实用新型
83	旋转失速保护装置	CN201320622367.8	2013/10/9	实用新型
84	电池箱推拉锁定装置	CN201320622143.7	2013/10/9	实用新型
85	条形码阅读系统及其清洁装置	CN201320623919.7	2013/10/10	实用新型
86	货物存取锁定装置	CN201110140750.5	2011/5/27	发明授权
87	电动汽车电池箱更换设备	CN201010533002.9	2010/10/20	发明授权
88	复合运动搬运器及停车系统	CN201220348828.2	2012/7/18	实用新型
89	用于电动汽车换电的车辆自动对中机构	CN201220407030.0	2012/8/16	实用新型
90	电池箱存取装置	CN201110071769.9	2011/3/24	发明授权
91	搬运机器人	CN201220397396.4	2012/8/10	实用新型
92	电池箱自动锁止系统	CN201120470839.3	2011/11/23	实用新型
93	拉动连接装置	CN201120516123.2	2011/12/12	实用新型
94	塔式立体车库	CN201120405459.1	2011/10/21	实用新型
95	电池箱存取装置	CN201120080401.4	2011/3/24	实用新型
96	搬运装置及车辆搬运器	CN201010160150.0	2010/4/19	发明授权
97	平移搬运器及平面移动式停车设备	CN201120173004.1	2011/5/26	实用新型
98	电动汽车电池箱更换设备	CN201120178090.5	2011/5/30	实用新型
99	货物存取锁定装置	CN201120174995.5	2011/5/27	实用新型
100	车辆搬运器	CN200910104951.2	2009/1/7	发明授权
101	电池箱存取锁定装置	CN201020632321.0	2010/11/29	实用新型

（续）

序号	专利标题	专利申请号	专利申请日	专利类型
102	电动汽车电池箱更换设备	CN201020569155.4	2010/10/19	实用新型
103	电动汽车电池箱更换设备	CN201020569174.7	2010/10/19	实用新型
104	轨道搬运器	CN200810142038.7	2008/8/25	发明授权
105	立体车库智能搬运器	CN200920316321.7	2009/12/1	实用新型
106	车辆搬运器	CN200920130015.4	2009/2/11	实用新型

当前专利权人：广东伟创五洋智能设备有限公司、深圳市伟创自动化设备有限公司

序号	专利标题	专利申请号	专利申请日	专利类型
1	模组移载机	CN201711311375.X	2017/12/11	发明申请
2	双头顶升移行机	CN201711311376.4	2017/12/11	发明申请
3	应用于平面移动机械车库的八轮子取车机	CN201610233603.5	2016/4/15	发明授权
4	一种移动车库中的存车位	CN201710677950.1	2017/8/10	发明申请
5	LED 彩电装机入箱机械手	CN201510986219.8	2015/12/25	发明授权
6	TV 装配线投背板机械手	CN201510986221.5	2015/12/25	发明授权
7	一种移动车库中的搬运车	CN201710677941.2	2017/8/10	发明申请
8	一种立体停车库	CN201710677934.2	2017/8/10	发明申请
9	一种立体停车库中的升降机	CN201710677920.0	2017/8/10	发明申请
10	LED-TV 入箱机	CN201510113578.2	2015/3/16	发明授权
11	带充电功能的载车板	CN201620315568.7	2016/4/15	实用新型
12	兼汽车充电功能的垂直循环式立体机械车库	CN201620315557.9	2016/4/15	实用新型
13	一种平衡链式升降机	CN201620315566.8	2016/4/15	实用新型
14	带充电功能的垂直升降立体车库	CN201620315569.1	2016/4/15	实用新型
15	新型升降横移式钢结构	CN201620315559.8	2016/4/15	实用新型
16	应用于机械车库的滑环式供电旋转取车机	CN201620315563.4	2016/4/15	实用新型
17	新型安全挂钩	CN201620315558.3	2016/4/15	实用新型
18	一种自动对中装置	CN201620315565.3	2016/4/15	实用新型
19	一种电动式防坠落挂钩	CN201620315571.9	2016/4/15	实用新型
20	一种新型安全挂钩	CN201620315572.3	2016/4/15	实用新型
21	地坑式新型安全挂钩	CN201620315575.7	2016/4/15	实用新型
22	兼汽车充电功能的平面移动立体机械车库	CN201620315564.9	2016/4/15	实用新型
23	可给电动汽车充电的升降横移车库	CN201620315561.5	2016/4/15	实用新型
24	一种新型的车库链条	CN201620315570.4	2016/4/15	实用新型
25	滚筒旋转分流及汇流机	CN201521093688.9	2015/12/25	实用新型
26	LED 彩电装机入箱机械手	CN201521093693.X	2015/12/25	实用新型
27	大行程顶升机构	CN201310008852.0	2013/1/10	发明授权
28	电路板老化系统	CN201310008663.3	2013/1/10	发明授权
29	兼汽车充电功能的垂直循环式立体机械车库及其充电方法	CN201610233601.6	2016/4/15	发明申请
30	带充电功能的垂直升降立体车库及其充电方法	CN201610233608.8	2016/4/15	发明申请
31	应用于机械车库的滑环式供电旋转取车机	CN201610233605.4	2016/4/15	发明申请
32	一种自动对中装置及其对中方法	CN201610233607.3	2016/4/15	发明申请
33	兼汽车充电功能的平面移动立体机械车库及其充电方法	CN201610233606.9	2016/4/15	发明申请

（续）

序号	专利标题	专利申请号	专利申请日	专利类型
34	可给电动汽车充电的升降横移车库及其充电方法	CN201610233602.0	2016/4/15	发明申请
35	一种机械车库防坠落装置及存取车防坠落方法	CN201310729713.7	2013/12/26	发明授权
36	滚筒旋转分流及汇流机	CN201510986217.9	2015/12/25	发明申请
37	一种双周转板循环式垂直输送机及输送方法	CN201310730169.8	2013/12/26	发明授权
38	空调倒机竖机机械手	CN201310008847.X	2013/1/10	发明授权
39	一种汽车转盘对中升降装置及对中防坠方法	CN201310730146.7	2013/12/26	发明授权
40	应用于智能车库前后排载车板的自动定位装置及定位方法	CN201310730178.7	2013/12/26	发明授权
41	升降机出口双车板停车位结构及存取车流程	CN201310088482.6	2013/3/20	发明授权
42	一种接屏升降机及立屏方法	CN201310008837.6	2013/1/10	发明授权
43	自动存取升降机	CN201310008828.7	2013/1/10	发明授权
44	LED 彩电 180 度翻转机	CN201520147384.X	2015/3/16	实用新型
45	一体化显示屏立屏装置	CN201520147843.4	2015/3/16	实用新型
46	重型顶升旋转移行机构	CN201520147842.X	2015/3/16	实用新型
47	三联机械手及角度找正装置	CN201520147340.7	2015/3/16	实用新型
48	冷凝器移载及旋转翻转机	CN201520147837.9	2015/3/16	实用新型
49	双托盘自动进出往复式升降机	CN201520147844.9	2015/3/16	实用新型
50	巷道堆垛车库梳叉交换升降机及其存取车流程	CN201210588582.0	2012/12/31	发明授权
51	LED-TV 入箱机	CN201520147294.0	2015/3/16	实用新型
52	自动移行撕膜机	CN201520147287.0	2015/3/16	实用新型
53	冷凝器焊前翻转机	CN201520147407.7	2015/3/16	实用新型
54	机械手智能车库搬运小车及存取车流程	CN201310088546.2	2013/3/20	发明授权
55	笔记本电脑环型多层吊篮自动老化生产线	CN201110333081.3	2011/10/28	发明授权
56	垂直升降车库梳叉式取车机构及其存取车流程	CN201210588672.X	2012/12/31	发明授权
57	一种停车位无电机的梳叉式塔库	CN201210588671.5	2012/12/31	发明授权
58	整体凸轮结构两层升降横移车库	CN201320866961.1	2013/12/26	实用新型
59	链条悬挂式升降横移车库	CN201320866984.2	2013/12/26	实用新型
60	一种机械车库智能搬运小车装置	CN201320866971.5	2013/12/26	实用新型
61	钢丝绳悬挂式升降横移车库	CN201320866985.7	2013/12/26	实用新型
62	一种链条结构悬挂式升降横移车库	CN201320867070.8	2013/12/26	实用新型
63	钢丝绳结构两层升降横移车库	CN201320866963.0	2013/12/26	实用新型
64	H 型钢自动冲孔设备	CN201110288122.1	2011/9/23	发明授权
65	后排自动存取车升降横移车库	CN201210012148.8	2012/1/16	发明授权
66	空调器在线噪音试验房	CN201110333083.2	2011/10/28	发明授权
67	LED 屏自动试水机械手	CN201110288134.4	2011/9/23	发明授权
68	热水器内胆自动上线机构	CN201110288125.5	2011/9/23	发明授权
69	空调倒机竖机机械手	CN201310008847.X	2013/1/10	发明申请
70	板机分离机	CN201320012015.0	2013/1/10	实用新型
71	升降横移整体横移载车板	CN201220744295.X	2012/12/31	实用新型
72	垂直循环车库用导向装置	CN201220744150.X	2012/12/31	实用新型
73	升降横移整体提升载车板	CN201220744138.9	2012/12/31	实用新型
74	平面移动车库双车板交换升降机	CN201220744264.4	2012/12/31	实用新型
75	无避让升降横移车库	CN201220744343.5	2012/12/31	实用新型

（续）

序号	专利标题	专利申请号	专利申请日	专利类型
76	垂直升降车库梳叉式取车机构	CN201220744344.X	2012/12/31	实用新型
77	垂直升降车库提升机构	CN201220744368.5	2012/12/31	实用新型
78	一种梳叉式升降横移车库	CN201220744440.4	2012/12/31	实用新型
79	后悬臂式升降横移车库	CN201220744640.X	2012/12/31	实用新型
80	三层地坑式升降车库	CN201220744808.7	2012/12/31	实用新型
81	巷道堆垛车库梳叉交换升降机	CN201220744482.8	2012/12/31	实用新型
82	一种纵列梳叉交换式平面移动车库	CN201220744677.2	2012/12/31	实用新型
83	垂直升降车库旋转机构	CN201220744147.8	2012/12/31	实用新型
84	一种链条松动升降横移车库检测装置	CN201220744235.8	2012/12/31	实用新型
85	一种横列梳叉交换式平面移动车库	CN201220744461.6	2012/12/31	实用新型
86	LED 显示屏自动生产线模组老化工装板	CN201220745028.4	2012/12/31	实用新型
87	双层 90° 旋转机构	CN201220743090.X	2012/12/31	实用新型
88	90° 旋转移行机构	CN201220743109.0	2012/12/31	实用新型
89	上料机械手	CN201320012217.5	2013/1/10	实用新型
90	婴儿车试验机	CN201320012230.0	2013/1/10	实用新型
91	整机移载机	CN201320011989.7	2013/1/10	实用新型
92	冰箱翻转机	CN201220745149.9	2012/12/31	实用新型
93	成品入箱机械手	CN201320012228.3	2013/1/10	实用新型
94	一种停车位无电机的梳叉式塔库	CN201220744386.3	2012/12/31	实用新型
95	多层循环车库	CN201220745449.7	2012/12/31	实用新型
96	双层烘干线	CN201320012229.8	2013/1/10	实用新型
97	90° 翻转移栽机构	CN201220743245.X	2012/12/31	实用新型
98	返治具升降机	CN201320012180.6	2013/1/10	实用新型
99	叠板机	CN201320011988.2	2013/1/10	实用新型
100	空调外机堆垛装置	CN201320012046.6	2013/1/10	实用新型
101	成品堆垛机	CN201320012294.0	2013/1/10	实用新型
102	四斗升降机	CN201320012257.X	2013/1/10	实用新型
103	悬臂式 180° 翻转机	CN201320012133.1	2013/1/10	实用新型
104	柜机 90° 翻转机	CN201220743275.0	2012/12/31	实用新型
105	巷道堆垛车库梳叉交换升降机及其存取车流程	CN201210588582.0	2012/12/31	发明申请
106	一种停车位无电机的梳叉式塔库	CN201210588671.5	2012/12/31	发明申请
107	垂直升降车库梳叉式取车机构及其存取车流程	CN201210588672.X	2012/12/31	发明申请
108	地下多层平面移动及自动旋转车库	CN201010622903.5	2010/12/28	发明授权
109	多层升降横移提升双槽式传动机构	CN201010622919.6	2010/12/28	发明授权
110	汽车顶蓬自动水切割设备	CN201120421202.5	2011/10/31	实用新型
111	冰箱自动立箱机	CN201120421175.1	2011/10/31	实用新型
112	一种连续式升降机	CN201120421212.9	2011/10/31	实用新型
113	空调自动堆垛设备	CN201120425272.8	2011/11/1	实用新型
114	后排自动存取车升降横移车库	CN201210012148.8	2012/1/16	发明申请
115	洗衣机外箱体 180 度翻转机	CN201120363417.6	2011/9/23	实用新型
116	一种自动倾斜检测装置	CN201120418089.5	2011/10/28	实用新型
117	壁挂炉立式测试设备	CN201120421204.4	2011/10/31	实用新型

（续）

序号	专利标题	专利申请号	专利申请日	专利类型
118	洗衣机夹抱机械手	CN201120421190.6	2011/10/31	实用新型
119	LCD-TV 自动立机机械手	CN201120418116.9	2011/10/28	实用新型
120	热水器内胆提升机	CN201120421223.7	2011/10/31	实用新型
121	热水器内胆 180 度翻转机	CN201120421225.6	2011/10/31	实用新型
122	热水器内胆自动检漏设备	CN201120421205.9	2011/10/31	实用新型
123	壁挂炉自动立机测试机械手	CN201120418127.7	2011/10/28	实用新型
124	抽油烟机自动测试机械手	CN201120425258.8	2011/11/1	实用新型
125	螺母丝杆式顶升机构	CN201120421221.8	2011/10/31	实用新型
126	冰箱 90 度自动立箱机	CN201120363268.3	2011/9/23	实用新型
127	洗衣机自动套箱机	CN201120425276.6	2011/11/1	实用新型
128	汽车顶棚自动喷胶机械手	CN201120421214.8	2011/10/31	实用新型
129	TV 在线测试静音房	CN201120418120.5	2011/10/28	实用新型
130	步进式升降机	CN201120363336.6	2011/9/23	实用新型
131	空调器自动入箱机械手	CN201120363303.1	2011/9/23	实用新型
132	四导柱式顶升移行机构	CN201120363207.7	2011/9/23	实用新型
133	冰箱发泡自动注泡机械手	CN201120363273.4	2011/9/23	实用新型
134	冰箱 180° 翻转机构	CN201120363441.X	2011/9/23	实用新型
135	斜块式顶升移行机构	CN201120363208.1	2011/9/23	实用新型
136	海棉自动切割机	CN201120363314.X	2011/9/23	实用新型
137	冰箱自动发泡入箱机械手	CN201120363258.X	2011/9/23	实用新型
138	电视生产线 RF 测试机构	CN201120363247.1	2011/9/23	实用新型
139	垂直循环车库链齿式传动机构及垂直循环车库	CN201010622899.2	2010/12/28	发明授权
140	真空泵导电装置	CN201120363198.1	2011/9/23	实用新型
141	堵头	CN201130342626.8	2011/9/23	外观设计
142	一种多功能车库人机界面	CN201020698078.2	2010/12/28	实用新型
143	车库智能控制器	CN201130003630.1	2011/1/10	外观设计
144	一种地坑式垂直循环立体停车库	CN201020690595.5	2010/12/30	实用新型
145	一种机械车库智能搬运小车	CN201020698067.4	2010/12/28	实用新型
146	一种全自动机械车库多层伸缩门	CN201020680909.3	2010/12/24	实用新型
147	塔库链条式取车送车装置	CN201020680829.8	2010/12/24	实用新型
148	传动系统置于升降台板的升降横移车库	CN201020680899.3	2010/12/24	实用新型
149	垂直循环车库链轮式传动机构	CN201020680894.0	2010/12/24	实用新型
150	底部驱动式汽车转盘	CN201020698150.1	2010/12/30	实用新型
151	一种同步提升传动装置	CN201020680929.0	2010/12/24	实用新型
152	侧面驱动式汽车转盘	CN201020698144.6	2010/12/30	实用新型
153	自检测机械车库安全挂钩	CN201020680788.2	2010/12/24	实用新型
154	一种自动定位防滑落载车板装置	CN201020680934.1	2010/12/24	实用新型
155	升降横移提升传动装置	CN201020680856.5	2010/12/24	实用新型
156	两层升降横移提升链条传动装置	CN201020680866.9	2010/12/24	实用新型
157	垂直循环拨叉式传动机构及车库	CN201020698048.1	2010/12/28	实用新型

（续）

序号	专利标题	专利申请号	专利申请日	专利类型
158	一种垂直循环车库导向装置	CN201020680869.2	2010/12/24	实用新型
159	自动旋转式垂直循环车库	CN201020698086.7	2010/12/28	实用新型
160	平面移动式取车送车装置	CN201020680810.3	2010/12/24	实用新型

当前专利权人：深圳市中科利亨车库设备有限公司

序号	专利标题	专利申请号	专利申请日	专利类型
1	一种利用立体车库空闲空间设置的立体仓库	CN201720938214.2	2017/7/31	实用新型
2	一种带可移动充电机器人的立体车库及停车充电方法	CN201711230640.1	2017/11/29	发明申请
3	地下立体停车库的存取车方法	CN201710994106.1	2017/10/23	发明申请
4	一种立体车库充电停车位的调配方法及系统	CN201710637457.7	2017/7/31	发明申请
5	一种充电机器人及充电实现方法	CN201710406739.6	2017/6/2	发明申请
6	一种立体车库的侧移系统	CN201720049850.X	2017/1/16	实用新型
7	一种立体车库	CN201720051041.2	2017/1/16	实用新型
8	一种车辆位置的矫正装置及其方法	CN201710222000.X	2017/4/6	发明申请
9	一种立体车库	CN201710032182.4	2017/1/16	发明申请
10	大跨度机械车库升降平台	CN201410005719.4	2014/1/6	发明授权
11	一种载车板平移装置	CN201620291414.9	2016/4/8	实用新型
12	升降机轿厢定位装置和立体车库	CN201410321386.6	2014/7/7	发明授权
13	一种小型立体车库	CN201520999660.5	2015/12/4	实用新型
14	一种载车板平移装置	CN201610219030.0	2016/4/8	发明申请
15	HYDRAULIC SYSTEM FOR THREE-DIMENSIONAL GARAGE	WOCN15096650	2015/12/8	发明申请
16	载车车位	CN201520995835.5	2015/12/3	实用新型
17	无线充电车位	CN201520998927.9	2015/12/3	实用新型
18	立体车库存取车安全管理方法及系统	CN201410196499.8	2014/5/9	发明授权
19	一种每层两车位的多出入口立体车库	CN201410174863.0	2014/4/28	发明授权
20	一种搬运小车及立体车库	CN201410182346.8	2014/4/30	发明授权
21	具有动力接驳机构的带式输送搬运小车及立体车库	CN201410229353.9	2014/5/28	发明授权
22	一种载车车位机构	CN201310312321.0	2013/7/23	发明授权
23	小型立体车库	CN201310236530.1	2013/6/14	发明授权
24	车库钢构架及安装工艺	CN201310367441.0	2013/8/21	发明授权
25	一种用于立体车库的液压系统	CN201420765596.X	2014/12/8	实用新型
26	GARAGE STEEL FRAME AND INSTALLATION TECHNIQUE	WOCN14088932	2014/10/20	
27	挡车装置	TW098132432	2009/9/25	发明授权
28	GARAGE STEEL FRAME AND INSTALLATION TECHNIQUE	WOCN14088932	2014/10/20	发明申请
29	VEHICLE CARRYING POSITION MECHANISM	WOCN14081812	2014/7/8	发明申请
30	SMALL THREE-DIMENSIONAL GARAGE	WOCN14076471	2014/4/29	发明申请
31	一种搬运小车及立体车库	CN201420222072.6	2014/4/30	实用新型

（续）

序号	专利标题	专利申请号	专利申请日	专利类型
32	小型立体车库	CN201320342024.6	2013/6/14	实用新型
33	用于立体车库的载车板推拉装置	CN201320342015.7	2013/6/14	实用新型
34	一种车库门	TW098132434	2009/9/25	发明授权
35	塔式立体车库及其升降系统	CN201010188461.8	2010/6/1	发明授权
36	停车系统、立体车库及其存取触发装置	CN201010183123.5	2010/5/26	发明授权
37	用于起重的保护装置及具有该保护装置的立体车库	CN200910109302.1	2009/8/11	发明授权
38	一种车库门	CN200910107117.9	2009/4/23	发明授权
39	物流传输设备、轴承座及其制造方法	TW098132433	2009/9/25	发明申请
40	挡车装置	CN200910106936.1	2009/4/28	发明授权
41	一种传动装置及具有该传动装置的立体车库	CN200920134590.1	2009/8/11	实用新型
42	起重设备及用于起重设备的防坠装置	CN200920134591.6	2009/8/11	实用新型
43	一种大型综合停车场管理系统	CN200710073110.0	2007/1/25	发明授权
44	MULTI-GATEWAY CLUSTERED PARKING TOWER	WOCN08072868	2008/10/29	发明申请

当前专利权人：深圳怡丰机器人科技有限公司、深圳怡丰自动化科技有限公司

序号	专利标题	专利申请号	专利申请日	专利类型
1	一种利用立体车库空闲空间设置的立体仓库	CN201720938214.2	2017/7/31	实用新型
2	一种带可移动充电机器人的立体车库及停车充电方法	CN201711230640.1	2017/11/29	发明申请
3	地下立体停车库的存取车方法	CN201710994106.1	2017/10/23	发明申请
4	一种立体车库充电停车位的调配方法及系统	CN201710637457.7	2017/7/31	发明申请
5	一种充电机器人及充电实现方法	CN201710406739.6	2017/6/2	发明申请
6	一种立体车库的侧移系统	CN201720049850.X	2017/1/16	实用新型
7	一种立体车库	CN201720051041.2	2017/1/16	实用新型
8	一种车辆位置的矫正装置及其方法	CN201710222000.X	2017/4/6	发明申请
9	一种立体车库	CN201710032182.4	2017/1/16	发明申请
10	大跨度机械车库升降平台	CN201410005719.4	2014/1/6	发明授权
11	一种载车板平移装置	CN201620291414.9	2016/4/8	实用新型
12	升降机轿厢定位装置和立体车库	CN201410321386.6	2014/7/7	发明授权
13	一种小型立体车库	CN201520999660.5	2015/12/4	实用新型
14	一种载车板平移装置	CN201610219030.0	2016/4/8	发明申请
15	HYDRAULIC SYSTEM FOR THREE-DIMENSIONAL GARAGE	WOCN15096650	2015/12/8	发明申请
16	载车车位	CN201520995835.5	2015/12/3	实用新型
17	无线充电车位	CN201520998927.9	2015/12/3	实用新型
18	立体车库存取车安全管理方法及系统	CN201410196499.8	2014/5/9	发明授权
19	一种每层两车位的多出入口立体车库	CN201410174863.0	2014/4/28	发明授权
20	一种搬运小车及立体车库	CN201410182346.8	2014/4/30	发明授权
21	具有动力接驳机构的带式输送搬运小车及立体车库	CN201410229353.9	2014/5/28	发明授权

（续）

序号	专利标题	专利申请号	专利申请日	专利类型
22	一种载车车位机构	CN201310312321.0	2013/7/23	发明授权
23	小型立体车库	CN201310236530.1	2013/6/14	发明授权
24	车库钢构架及安装工艺	CN201310367441.0	2013/8/21	发明授权
25	一种用于立体车库的液压系统	CN201420765596.X	2014/12/8	实用新型
26	GARAGE STEEL FRAME AND INSTALLATION TECHNIQUE	WOCN14088932	2014/10/20	
27	挡车装置	TW098132432	2009/9/25	发明授权
28	GARAGE STEEL FRAME AND INSTALLATION TECHNIQUE	WOCN14088932	2014/10/20	发明申请
29	VEHICLE CARRYING POSITION MECHANISM	WOCN14081812	2014/7/8	发明申请
30	SMALL THREE-DIMENSIONAL GARAGE	WOCN14076471	2014/4/29	发明申请
31	一种搬运小车及立体车库	CN201420222072.6	2014/4/30	实用新型
32	小型立体车库	CN201320342024.6	2013/6/14	实用新型
33	用于立体车库的载车板推拉装置	CN201320342015.7	2013/6/14	实用新型
34	一种车库门	TW098132434	2009/9/25	发明授权
35	塔式立体车库及其升降系统	CN201010188461.8	2010/6/1	发明授权
36	停车系统、立体车库及其存取触发装置	CN201010183123.5	2010/5/26	发明授权
37	用于起重的保护装置及具有该保护装置的立体车库	CN200910109302.1	2009/8/11	发明授权
38	一种车库门	CN200910107117.9	2009/4/23	发明授权
39	物流传输设备、轴承座及其制造方法	TW098132433	2009/9/25	发明申请
40	挡车装置	CN200910106936.1	2009/4/28	发明授权
41	一种传动装置及具有该传动装置的立体车库	CN200920134590.1	2009/8/11	实用新型
42	起重设备及用于起重设备的防坠装置	CN200920134591.6	2009/8/11	实用新型
43	一种大型综合停车场管理系统	CN200710073110.0	2007/1/25	发明授权
44	MULTI-GATEWAY CLUSTERED PARKING TOWER	WOCN08072868	2008/10/29	发明申请

当前专利权人：深圳中集天达空港设备有限公司、中国国际海运集装箱（集团）股份有限公司

序号	专利标题	专利申请号	专利申请日	专利类型
1	载车板式立体车库及纵向重列立体车库的操作方法	CN201610638955.9	2016/8/4	发明申请
2	车辆立体存储系统及其使用方法、物品立体存储系统	CN201511030427.7	2015/12/31	发明申请
3	一种停车引导系统及带有停车引导系统的立体车库	CN201510808766.7	2015/11/19	发明申请
4	无线充电桩及安装该无线充电桩的立体车库	CN201621117302.8	2016/10/11	实用新型
5	储物机构及其搬运装置、存取方法	CN201510675197.3	2015/10/16	发明申请
6	立体车库、搬运机构、搬运台车、搬运器及其控制方法	CN201510486110.8	2015/8/10	发明申请
7	立体车库、搬运机构及搬运器控制方法	CN201510486206.4	2015/8/10	发明申请
8	立体车库、搬运机构及搬运器控制方法	CN201510487224.4	2015/8/10	发明申请
9	立体车库的充电装置及垂直循环车库	CN201620842377.6	2016/8/4	实用新型

（续）

序号	专利标题	专利申请号	专利申请日	专利类型
10	立体车库及其存取车方法	CN201310133809.7	2013/4/17	发明授权
11	带轿厢的立体车库	CN201510033707.7	2015/1/22	发明申请
12	一种立体车库及其存取车方法	CN201210358199.6	2012/9/24	发明授权
13	一种升降装置	CN201210383361.X	2012/10/11	发明授权
14	一种堆垛机	CN201320193604.3	2013/4/17	实用新型
15	一种载车板传输机构	CN201220489945.0	2012/9/24	实用新型
16	一种立体车库	CN200910238134.6	2009/11/16	发明授权
17	用于立体车库的安全保护装置	CN200910081911.0	2009/4/8	发明授权
18	停放方便的立体车库	CN200810149448.4	2008/9/10	发明授权
19	一种车辆搬运装置	CN200810009284.5	2008/2/3	发明授权
20	车辆展示方法及装置	CN200610061689.4	2006/7/13	发明授权

当前专利权人：唐山通宝停车设备有限公司

序号	专利标题	专利申请号	专利申请日	专利类型
1	一种双倍保险的机械提升装置	CN201510046276.8	2015/1/30	发明申请
2	一种立体车库用托盘提升装置	CN201520063052.3	2015/1/29	实用新型
3	一种双倍保险的机械提升装置	CN201520063876.0	2015/1/30	实用新型
4	横移限位挡板	CN201330310087.9	2013/7/5	外观设计
5	一种用于升降横移类机械车库中的折叠导轨	CN201320400153.6	2013/7/5	实用新型
6	人机控制界面（HMI）	CN201330310239.5	2013/7/5	外观设计
7	一种限位开关保护装置	CN201320400015.8	2013/7/5	实用新型
8	一种用于机械车库的导轨	CN201320401066.2	2013/7/5	实用新型
9	一种用于机械车库载车板的钢丝绳防晃装置	CN201320278244.7	2013/5/21	实用新型
10	一种停车库载车板限位装置	CN201320401023.4	2013/7/5	实用新型
11	一种用于机械式立体停车设备上停放车辆的载车板	CN201320279710.3	2013/5/21	实用新型
12	一种用于机械车库的旋转横移装置	CN201320279975.3	2013/5/21	实用新型
13	一种用于升降横移式机械车库的链条提升装置	CN201220711431.5	2012/12/20	实用新型
14	一种用于升降横移式机械车库的链条提升机构	CN201220711880.X	2012/12/20	实用新型
15	一种提升机构	CN201220474950.4	2012/9/17	实用新型

当前专得权人：天马华源停车设备（北京）有限公司

序号	专利标题	专利申请号	专利申请日	专利类型
1	一种高效摩擦存取载车板装置	CN201720027976.7	2017/1/11	实用新型
2	平面移动车库提升架	CN201410135151.8	2014/4/4	发明授权
3	移动车库	CN201310261702.0	2013/6/27	发明授权
4	载车板电插座连接器	CN201420519729.5	2014/9/11	实用新型
5	智能型双车位提升机械式停车库	CN201120156230.9	2011/5/16	实用新型
6	双栏提升装置	CN200920309133.1	2009/8/28	实用新型

当前专利权人：潍坊大洋自动泊车设备有限公司

序号	专利标题	专利申请号	申请日	专利类型
1	带平衡索式一缸多板升降横移式停车设备	CN201420287947.0	2014/5/31	实用新型
2	一缸多板升降横移式停车设备	CN201420288243.5	2014/5/31	实用新型
3	一种一缸多板升降横移式停车设备	CN201410320503.7	2014/7/7	发明申请
4	一机多板横移传动系统及升降横移式停车设备	CN201420209664.4	2014/4/25	实用新型
5	液压式立体停车设备专用液压控制阀	CN201420210969.7	2014/4/28	实用新型
6	液压式立体停车设备专用集成控制阀	CN201420213232.0	2014/4/28	实用新型
7	一缸多板升降横移式停车设备	CN201410239637.6	2014/5/31	发明申请
8	升降式立体停车设备	CN201420004340.7	2014/1/3	实用新型
9	一机多板横移传动系统及升降横移式停车设备	CN201410172902.3	2014/4/25	发明申请
10	梳齿式立体车库及其出入库方法	CN201210237322.9	2012/7/11	发明授权
11	简易升降式立体停车设备	CN201420003790.4	2014/1/3	实用新型
12	载车板（灵泊Ⅱ）	CN201430002207.3	2014/1/6	外观设计
13	立柱（宜泊Ⅱ）	CN201430002208.8	2014/1/6	外观设计
14	立柱（灵泊Ⅱ）	CN201430002209.2	2014/1/6	外观设计
15	立柱（灵泊Ⅰ）	CN201430002211.X	2014/1/6	外观设计
16	立柱（宜泊Ⅰ）	CN201430002226.6	2014/1/6	外观设计
17	立柱（宁泊）	CN201430002292.3	2014/1/6	外观设计
18	载车板	CN201430002301.9	2014/1/6	外观设计
19	简易立体停车设备（宜泊Ⅱ）	CN201430002212.4	2014/1/6	外观设计
20	简易立体停车设备（灵泊Ⅱ）	CN201430002220.9	2014/1/6	外观设计
21	简易立体停车设备（宜泊Ⅰ）	CN201430002225.1	2014/1/6	外观设计
22	立体车库用操作桩	CN201430002227.0	2014/1/6	外观设计
23	家用双层立体车库（安泊Ⅰ）	CN201430002228.5	2014/1/6	外观设计
24	简易立体停车设备（宁泊）	CN201430002291.9	2014/1/6	外观设计
25	简易立体停车设备（灵泊Ⅰ）	CN201430002307.6	2014/1/6	外观设计
26	用于立体车库的液压调速机构及升降调速方法	CN201210235490.4	2012/7/10	发明授权
27	家用双层立体车库	CN201320799609.0	2013/12/5	实用新型
28	液压驱动的升降横移式立体停车设备	CN201320799689.X	2013/12/4	实用新型
29	内置式电泵一体液压站	CN201320651155.2	2013/10/21	实用新型
30	液压驱动的后悬臂立体车库	CN201320577177.9	2013/9/17	实用新型
31	负一正二升降横移式立体停车设备	CN201320577169.4	2013/9/17	实用新型
32	轿厢式负一正二升降横移式立体停车设备	CN201320577612.8	2013/9/17	实用新型
33	家用双层立体车库	CN201310653269.5	2013/12/5	发明申请
34	一种社区汽车加油系统	CN201320563816.6	2013/9/11	实用新型
35	用于后悬臂立体停车设备的悬臂滚轮支撑结构	CN201320578182.1	2013/9/17	实用新型
36	用于立体停车设备的开放式防坠落装置	CN201320578171.3	2013/9/17	实用新型
37	内置式电泵一体液压站	CN201310495941.2	2013/10/21	发明申请
38	双层机械式立体停车设备	CN201320474478.9	2013/8/5	实用新型
39	停车设备的升降传动系统及两层升降横移式停车设备	CN201320464458.3	2013/7/31	实用新型
40	立体停车设备用机械防坠装置	CN201320464370.1	2013/7/31	实用新型
41	立体停车设备用平层机械止挡装置	CN201320465156.8	2013/7/31	实用新型
42	一种社区汽车加油系统	CN201310412899.3	2013/9/11	发明申请

（续）

序号	专利标题	专利申请号	申请日	专利类型
43	负一正二升降横移式立体停车设备	CN201310425757.0	2013/9/17	发明申请
44	用于立体停车设备的开放式防坠落装置	CN201310425759.X	2013/9/17	发明申请
45	一种智能无人看守立体车库	CN201320262621.8	2013/5/14	实用新型
46	冲压式滑轮	CN201320142179.5	2013/3/26	实用新型
47	停车设备的升降传动系统及正二负一升降横移式停车设备	CN201310172855.8	2013/5/10	发明申请
48	一种智能无人看守立体车库	CN201310177770.9	2013/5/14	发明申请
49	停车设备的升降传动系统及升降横移式停车设备	CN201310099990.4	2013/3/26	发明申请
50	多层地坑式液压驱动的立体车库	CN201220697769.X	2012/12/17	实用新型
51	异型材切断机	CN201220573643.1	2012/11/3	实用新型
52	前驱型双层立体车库	CN201220573640.8	2012/11/3	实用新型
53	复合导轨双层立体车库	CN201220573641.2	2012/11/3	实用新型
54	后驱型双层立体车库	CN201220573644.6	2012/11/3	实用新型
55	后驱倾斜型双层立体车库	CN201220573646.5	2012/11/3	实用新型
56	多层地坑式液压驱动的立体车库	CN201210547253.1	2012/12/17	发明申请
57	异型材切断机	CN201210432875.X	2012/11/3	发明申请
58	四点提升地坑式立体车库	CN201220329360.2	2012/7/9	实用新型
59	用于立体车库的液压调速机构	CN201220329407.5	2012/7/10	实用新型
60	梳齿式立体车库	CN201220332065.2	2012/7/11	实用新型
61	四点提升地坑式立体车库	CN201210235462.2	2012/7/9	发明申请
62	液压机构中的消音降噪装置	CN200910259219.2	2009/12/16	发明授权
63	高速大传动比汽车升降机	CN200910259217.3	2009/12/16	发明授权
64	地坑式液压驱动的立体车库	CN201120301638.0	2011/8/18	实用新型
65	简易升降车库	CN201120301639.5	2011/8/18	实用新型
66	半地下立体车库	CN201120301640.8	2011/8/18	实用新型
67	液压后悬臂升降横移类立体车库	CN201010277789.7	2010/9/10	发明授权
68	带有安全护板的半地下立体车库	CN201120301641.2	2011/8/18	实用新型
69	地坑式液压驱动的立体车库	CN201110237753.0	2011/8/18	发明申请
70	立体车库的互锁逻辑控制方法	CN201010301218.2	2010/2/5	发明授权
71	带有导向和预应力结构的载车板	CN201010101592.8	2010/1/27	发明授权
72	立体车库空车位检测方法	CN200910311755.2	2009/12/18	发明授权
73	双层机械式立体车库	CN201120009208.1	2011/1/13	实用新型
74	大传动比立体车库	CN200910259218.8	2009/12/16	发明授权
75	用于立体停车设备的驱动式防坠落机构	CN200910005025.X	2009/1/13	发明授权
76	梳齿式液压立体车库	CN200920353288.5	2009/12/31	实用新型
77	带有导向和预应力结构的载车板	CN201020102389.8	2010/1/27	实用新型
78	高速大传动比汽车升降机	CN200920293165.7	2009/12/16	实用新型
79	液压驱动的立体停车设备	CN200910005030.0	2009/1/13	发明授权
80	液压机构中的消音降噪装置	CN200920293153.4	2009/12/16	实用新型

（续）

序号	专利标题	专利申请号	申请日	专利类型
81	多层液压式立体停车设备	CN200810015050.1	2008/4/7	发明授权
82	立体停车设备的横移驱动机构	CN200820020164.0	2008/4/7	实用新型
83	地坑式封闭防雨立体车库	CN200720020015.X	2007/3/28	实用新型
84	地坑式防雨立体车库	CN200720018850.X	2007/2/28	实用新型
85	地坑式立体车库防坠落结构	CN200720018849.7	2007/2/28	实用新型
86	地坑式立体车库的框架结构	CN200720018848.2	2007/2/28	实用新型
87	用于立体停车设备的下载车板	CN200720018846.3	2007/2/28	实用新型
88	升降横移类立体车库限位开关	CN200720018847.8	2007/2/28	实用新型
89	用于立体停车设备的上载车板	CN200720018845.9	2007/2/28	实用新型
90	一种机械式立体停车设备	CN200420067312.6	2004/6/2	实用新型
91	立体停车设备的提升限位开关	CN03216750.4	2003/4/23	实用新型
92	立式停车设备的横移限位开关	CN03216748.2	2003/4/23	实用新型
93	地坑式停车设备的升降装置	CN03216744.X	2003/4/23	实用新型

当前专利权人：无锡许继富通达车库装备有限公司

序号	专利标题	专利申请号	专利申请日	专利类型
1	一种提升防断链支架	CN201720076114.3	2017/1/19	实用新型
2	一种升降横移车库升降载车板	CN201720076115.8	2017/1/19	实用新型
3	一种升降横移车库升降车盘防晃装置	CN201720076161.8	2017/1/19	实用新型
4	一种升降横移车库地坑防晃装置	CN201720076162.2	2017/1/19	实用新型
5	一种升降横移车库的载车板导向装置	CN201720076163.7	2017/1/19	实用新型
6	一种升降横移车库到位检测装置	CN201720076213.1	2017/1/19	实用新型
7	一种多层升降横纵移车库	CN201710043995.3	2017/1/19	发明申请
8	一种电磁式自动入库车库	CN201710043991.5	2017/1/19	发明申请
9	地坑防坠落装置	CN201620382672.8	2016/4/29	实用新型
10	升降后横梁	CN201620386867.X	2016/4/29	实用新型
11	地坑前中间吊点连接梁	CN201620381781.8	2016/4/29	实用新型
12	地坑前列中间立柱	CN201620382639.5	2016/4/29	实用新型
13	地坑边梁	CN201620382563.6	2016/4/29	实用新型
14	地坑上层升降车台斜坡板	CN201620381708.0	2016/4/29	实用新型
15	地坑升降电机安装架	CN201620380172.0	2016/4/29	实用新型
16	地坑横移车台前端头罩	CN201620387454.3	2016/4/29	实用新型

当前专利权人：浙江子华停车设备科技股份有限公司

序号	专利标题	专利申请号	专利申请日	专利类型
1	一种可缓冲定位的载车板	CN201720359093.6	2017/3/29	实用新型
2	一种阻车装置	CN201720359092.1	2017/3/29	实用新型
3	一种车辆底盘高度检测装置	CN201720356365.7	2017/3/29	实用新型

（续）

序号	专利标题	专利申请号	专利申请日	专利类型
4	一种立体车库泊车板防晃装置	CN201720357781.9	2017/3/29	实用新型
5	升降横移式立体车库用车棚结构	CN201610173933.X	2016/3/24	发明申请
6	立体停车库及其控制系统	CN201611034968.1	2016/11/9	发明申请
7	升降横移式立体车库用车棚结构	CN201620240422.0	2016/3/24	实用新型
8	一种停车设备的载车板	CN201620175385.X	2016/3/8	实用新型
9	一种立体停车库	CN201620176744.3	2016/3/8	实用新型

当前专利权人：浙江子华停车设备有限公司

序号	专利标题	专利申请号	专利申请日	专利类型
1	一种立体停车装置	CN201520708970.7	2015/9/14	实用新型
2	一种立体停车库控制装置	CN201520709214.6	2015/9/14	实用新型
3	一种用于立体停车库的控制箱	CN201520708802.8	2015/9/14	实用新型
4	一种用于立体停车库的控制系统	CN201520708816.X	2015/9/14	实用新型
5	一种停车设备用松绳报警装置	CN201520062435.9	2015/1/29	实用新型
6	一种停车设备用横移框架结构及其传动装置	CN201420240995.4	2014/5/12	实用新型
7	载车板成品箱	CN201320011111.3	2013/1/8	实用新型
8	立柱内缩式框架结构	CN201320011102.4	2013/1/8	实用新型
9	分离式横移传动机构	CN201320011103.9	2013/1/8	实用新型
10	链条内置式框架提升机构	CN201320011104.3	2013/1/8	实用新型

当前专利权人：浙江新艾耐特停车设备有限公司、浙江子华停车设备有限公司

序号	专利标题	专利申请号	专利申请日	专利类型
1	车库专用行程控制装置	CN201020120158.X	2010/2/24	实用新型
2	立体车库传动机构的链条收紧装置	CN200920121757.0	2009/6/11	实用新型
3	立体车库内置驱动搬运器	CN200820168522.2	2008/11/20	实用新型

行业交流

历年行业展会情况

1998 年 12 月 **上海**	**第二届中国国际电梯及停车库设备展览会** 本次展会为众多的国内停车业人士提供了一个对内交流、对外学习的舞台，因而深受业内人士的欢迎。在业内引起的火爆效应充分说明国内停车业界对此类专业精品博览会所给予热切关注。
1999 年 **7 月 5 ～ 8 日** **北京展览馆**	**首届中国北京城市停车与交通设施国际展览会** 由建设部、公安部、国家机械工业局等有关部门联合举办"首届中国北京城市停车与交通设施国际展览会暨99首届中国北京城市停车国际研讨会"，于 1999 年 7 月 5 ～ 8 日在北京展览馆召开，这种由城市规划部门、设备制造部门、交通管理部门联合举办的方式，使展览会和研讨会更具权威性、专业性和连贯性。
2000 年 **11 月 15 ～ 18 日** **上海光大会展中心**	**第四届中国国际停车及交通设施展览会** 展览会得到公安部、国家机械工业局、上海市等有关部门的支持，也得到国外部分社团组织和厂商的支持，由中国重型机械工业协会（简称中国重机协会）停车设备工作委员会和中国道路交通安全协会、上海停车管理协会共同组织，展览会规模要比以往任何一次都大，更好地推动了停车设备市场的发展。
2001 年 **9 月 26 ～ 29 日** **北京展览馆**	**2001 年北京国际机械工业博览会暨中国国际城市停车设备及经济型家用轿车展览会** 本次展会全面反映国内停车设备行业自主开发、引进技术、消化吸收的最新技术成果，并为各界提供应用停车设备改善城市停车状况、解决城市停车难的各种方案。
2003 年 **10 月 21 ～ 24 日** **北京展览馆**	**第八届多国城市交通展览会暨国际停车设备展览会** 由中国重机协会与中国科协、北京市公安交通管理局联合主办。本届国际停车设备展览会与已连续举办过 7 届的"多国城市交通展览会"合并举办因此规模和影响力都较以往更大，内容更为丰富。本届展览会展出总面积达 11000 多平方米，参观人员逾 3 余万人次，参展公司均是国内外本行业著名的且具有相当实力的公司。展览会期间组织了 8 场技术交流活动，同期还组织了以"现代化道路交通管理发展与展望"为主题的学术会议，参会代表 130 人，征集到 120 篇学术论文，从中选出 66 篇优秀论文收入论文集。

2004 国际交通停车设备展览会

    本次展览会由中国重机协会停车设备工作委员会和广州荷雅企龙展览服务有限公司共同举办，并作为"2004 广州机博会"的重要专题展。展会得到广东省、广州市、中国机械工业联合会领导的支持。此次展会吸引了杭州西子石川岛、江苏双良、杭州友佳、上海许继、深圳怡丰、山东泰达、日东集团、广州广日、宁波神鱼、承德华一、浙江东洋力辔等知名立体停车厂商前来参展。展会同期举行了"2004 华南城市交通运营与停车规划研讨会"。国内外交通运输及停车设备行业的权威专家与会议代表们汇聚羊城，共同探讨了中国城市立体停车建设的发展，为解决"停车难"的问题献计献策。

2005 年第九届多国城市交能展览会暨国际停车设备展览会

    本次展览会有来自德国、韩国、美国、日本、西班牙、奥地利、俄罗斯和中国大陆和台湾的国内外知名的停车设备厂商前来参展。展览面积近一万八千平方米，参观人数逾两万五千多人次。展览会开辟了专区进行"国家智能交通应用示范工程成果展"，邀请北京、上海、天津、重庆、广州、青岛、杭州、济南、深圳、中山10 个智能交通系统试点示范城市组团参展，向国内外宣传我国智能交通取得的成绩，推广我国智能交通的先进技术。同期还组织召开了以"智能交通应用与发展"为主题的学术研讨会，邀请智能交通系统各个试点示范城市代表发言，来自全国城市交警支队、大学、城市交通和科技主管部门、交通科研规划院所的 267 人参加会议，选出了 45 篇优秀论文编辑成论文集出版。

2006 上海国际停车设备和智能系统展览会

    本次展览会有来自 17 个国家和地区 63 家展商参展，共 6122 人次参观此次展会，其中海外专业观众 264 人来自美国、韩国、日本、德国、意大利、法国、俄罗斯、伊朗、土耳其、墨西哥、新加坡、马来西亚、菲律宾、英国、奥地利以及中国台湾和香港地区，占总参观人数 4.3%。

2007 年第十届多国城市交能展览会暨国际停车设备展览会

    参加展览的有：德国、美国、西班牙台、奥地利、俄罗斯、比利时、中国。展览会期间，北京近 40 家新闻媒体记者对开幕式及本届展会进行了采访报道。另外，在组织观众参观上，全国 20 余个省市公安交警支队及城建、规划、市政等部门领导及交通行业的专业人士来京参观展览，参观人数逾一万二千多人次。有的相关单位及企业还组团多次前来参加会议和参观展览。会展期间，主办方中国重机协会停车设备工作委员会还与杭州西子石川岛车库有限公司共同举办了城市停车的专题研讨会，邀请国内外交通运输及停车设备行业的权威专家与会议代表进行探讨交流。

2004 年
11 月 4 ～ 6 日
广州国际会议
展览中心

2005 年
11 月 16 ～ 18 日
北京展览馆

2006 年
10 月 8 ～ 10 日
上海国际展览中心

2007 年
5 月 23 ～ 25 日
北京展览馆

**2008 年
10 月 15 ～ 17 日
上海世贸商城**

2008 上海国际停车设备和智能系统展

2008 年，世博静态交通建设进入实质性阶段，本次展会及时交流和总结城市停车发展的最新动态，为上海世博会营造良好氛围的同时推动了上海和长三角及至全国停车产业的快速发展。本届展会同期举办了"第三届上海国际停车产业论坛"会议围绕"世博会与城市停车挑战及产业发展机遇"这一主题，邀请国内外静态交通政府官员，企业总裁和专家学者就相关课题进行研讨，并通过新技术、新产品的现场展示，加强政府和企业间的相互交流，为世博停车提供最佳解决方案。

第十一届多国城市交通会议暨国际停车设备展览会

本届共有近一百家企业参展，标准展位数为 320 个，其中美国 16 个展台，日本 7 个展台，中国 297 个展台（室内外），总面积近一万平方米。本届展会，共有来自全国 20 余个省市公安交警支队及城建、规划、市政等部门领导及交通行业的专业人士来京参观展览，参观人数逾 2 万人次

**2009 年
10 月 28 ～ 30 日
北京展览馆**

2010 第四届上海国际停车设备和智能系统展览会

本次展会来自 12 个国家和地区共 4504 人次参观此次展会，其中海外专业观众 99 人，占总参观人数 2.2%。参观者职业背景分别为政府交通主管部门、停车设备系统制造商、贸易代理商、房地产开发商、建筑设计施工单位、物业管理、智能交通产品服务供应商、系统集成商、专业媒体等。

在展会其间召开了"2010 世博城市停车国际论坛——暨国际停车协会年会"的论坛，本次论坛的主题是："为城市提供更好的停车解决方案"。来自美国、澳大利亚、加拿大、韩国、日本、阿根廷等国家的停车协会，还有台湾省、上海市、北京市和重庆市停车协会的代表以及国家工业和信息化部、国家发改委相关部门的官员和停车设备制造企业的代表共 100 余人欢聚一堂，共议停车行业的发展与机遇，为解决城市停车难的问题献计献策。

**2010 年
9 月 1 ～ 3 日
上海展览中心**

第十二届多国城市交通展览会暨国际停车设备展览会

本届展会共 4 个展馆，总展览面积近一万平方米。本届展会汇集了目前国内一线主要停车设备制造商和零配件供应商参展，他们集中展示了我国停车行业所拥有的先进技术以及各类型机械式停车设备，新能源车库是本次展会的一大亮点，为未来电动汽车在城市中广泛使用提供了应用基础。

2011 年
10 月 19 ～ 21 日
北京展览馆

2012 上海国际停车设备与技术展览会

本次展览会在上海新国际博览中心举办，为期三天，总面积达30000 平方米，共有 23537 人次的专业观众前来观展。现场设有建筑节能、建筑立面、停车设备与技术、绿色建筑照明、城市规划与建筑设计、景观设计与工程、公共艺术、木塑产品、整体家居、木门及楼梯等特色展区，充分展示了当今建筑业最前沿的科技与产品；打造了一个以政府为支撑，行业为导向，企业为中心，产学研联动的建筑业高端交流平台。

2012 年
3 月 27 ～ 29 日
上海新国际博览中心

 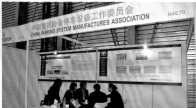 

2013 上海国际绿色建筑与节能展览会暨上海国际停车设备与技术展

本次展览汇集了目前国内停车设备行业的一线设计、生产企业，他们在展会上分享了各种机械式停车库的应用案例并提供各种停车解决方案。本次展会有 125 家参展企业，25000 m² 展出面积。国际观众来自日本、马来西亚、澳大利亚、德国等 25 个国家和地区。11834 海内外专业观众。

2013 年
10 月 9 ～ 11 日
上海世博展览馆

2014 上海国际绿色停车设备与技术展览会

本届展览汇集了目前国内停车设备行业的一流设计、生产制造企业，集中展示最前沿的立体停车设备与技术，以及智能化控制进出泊车的实景体验；为绿色交通出行和解决城市停车空间问题提供了现场示范和系统方案。

**2014 年
10 月 14 ～ 16 日
上海新国际博览中心**

2015 上海国际绿色停车设备与技术展览会

展出面积强势突破 35000 平方米，同比增长 25%。全产业链上下游参展企业 422 家，同比增长 12.2%。51 个国家及地区的 25374 名专业观众前来参观与会，同比增长 38.2%。

**2015 年
11 月 4 ～ 6 日
上海新国际博览中心**

2016 上海国际停车设备与技术展览会

本次展览会由中国重型机械工业协会停车设备工作委员会主办，上海万耀企龙展览有限公司承办，规模达 40000 平方米，同期举办上海国际先进建筑技术展览会，共吸引城市规划设计专家、建筑师、房地产开发商、建设集团、机电总包商、工程代理商和经销商等 30000人次专业观众前来考察交流。同期召开建筑工业化国际峰会及系列专题论坛，围绕"节地、节能、节材、节水"等绿色环保主题展开行业探讨，包括城市交通和基础设施建设涉及到的立体交通、停车库建设和运行管理等热点话题。

**2016 年
11 月 13 ～ 15 日
上海新国际博览中心**

2017 年 10 月 31 ～ 11 月 2 日 国家会展中心（上海）

2017 国际（上海）城市停车博览会

2017 国际（上海）城市停车博览会作为中国停车行业的旗舰展，秉承夯实停车设备制造业基础、推动上下游产业链融合、加快产业升级，提升厂商品牌优势，引领中国停车行业实现新的突破与飞跃。展览面积 42470 平方米；其中：包括充电设备 、电机与配套技术、停车设备、停车系统；参观观众 47007 人；2017 展会规模增幅 46%；观众数量和展商数量皆创下展会历届新纪录。

2018 国际（上海）城市停车博览会

本届展览会由中国重型机械工业协会停车设备工作委员会主办，2018 年 11 月 22 ～ 24 日在国家会展中心（上海）盛大开幕。展览会展出面积近 80000 平方米，总体参观人数超过 10 万。

来自全国 69 家展商参加了展览会，参展商涵盖业界知名一线企业，他们全面展示了行业内最新的产品和技术，多车同时存取的泊车机器人、滚筒式泊车 AGV、柔性传送式泊车机器人和无线重载夹臂式泊车机器人都是首次展出。

2018 年 11 月 22 ～ 24 日 国家会展中心（上海）

行业年会

中国重型机械工业协会停车设备工作委员会自成立以来，每年都组织行业企业召开行业年度工作会议，并邀请国家相关部委、管理部门、相关行业协会以及安全、质量管理部门，行业领导和专家参加。年会主要是宣传贯彻当年国家重大政策、分析当年国家经济运行情况、行业和上下游行业的经济运行情况，总结行业发展取得的经验和教训，提出下年度的工作计划，并对年度先进企业和个人提出表彰。同时，围绕当年行业、企业关注的热点，邀请专家和企业家进行演讲、组织开展讨论和交流，为提高企业经营管理建言献策。2002—2017 年行业年会见图 1 ~图 15。

图1 2002年年会在济南召开

图2 2004年年会在三亚召开

图3 2007年年会在武夷山召开

图 4 2007 年年会在武夷山市召开

图 5 2008 年年会在珠海召开

图6 2009年年会在桂林召开

图7 2010年年会在昆明市召开

图 8　2011 年年会在海南省召开

图 9　2012 年年会在重庆召开

2 0 1 3 年 度 全 国 机 械 式 停 车 设 备 行 业 年 会
2014.3 长沙

图 10 2013 年年会在长沙召开

2014 年 度 全 国 机 械 式 停 车 设 备 行 业 年 会

图 11 2014 年年会在南宁召开

图 12 2015 年年会在成都召开

图 13 2016 年年会在海南召开

图 14 2017 年年会在北京召开

图 15 2018 中国城市停车大会合影

城市智能停车国际论坛

2004 年 9 月 16 日首届城市智能停车国际论坛参会人员合影

图 1 2004 年 9 月 16 日首届城市智能停车国际论坛开幕式

城市停车难是各国面临的普遍问题，智能停车是解决停车难的重要措施，不少国家在智能停车方面做了大量工作，取得了丰富的经验。近几年来，随着我国经济的高速发展和轿车的大量进入家庭，停车产业也得到了快速增长，尤其是机械式停车设备得到广泛应用，每年以翻番的速度增长，智能停车已成为我国城市停车的主导方向，成为我国新兴的朝阳产业。

为了吸收国内外智能停车方面的先进理念和建设经验，中国重机协会停车设备工作委员会于 2004 年 9 月 16—17 日在莱芜钢城组织召开了首届"城市智能停车国际论坛"，开幕式见图 1~ 图 4。论坛的主要议题是"国内外智能停车的发展趋势"，中国重机协会停车设备工作委员会秘书长明艳华致开幕词，会议邀请美国、德国、加拿大、澳大利亚、欧洲、日本、韩国以及中国台湾等国家和地区的停车（设备）协会和有关机构，介绍和交流国际上智能停车的现状、发展趋势以及典型应用实例，同时邀请国家发改委、国家质检总局、建设部等有关政府部门、国内建筑规划设计单位、房地产开发商、新闻媒体单位与会进行交流和报道。会议由山东莱芜钢城经济开发区、山东莱钢泰达智能车库公司承办。

中国重机协会停车设备工作委员会理事长任伯淼在闭幕式中指出：

停车难是世界各个城市发展进程中普遍遇到的问

题，借鉴和吸取世界各国不同城市在停车立法、停车规划、停车场建设和管理方面的成功经验，促进智能停车产业的发展，解决城市停车难是我们本次论坛的主要目的。

（1）国内外专家发表了有关智能停车方面极有价值的论文，这些论文从各国、各地智能停车的现状，发展趋势和实际案例分析出发，阐明了停车立法、停车规划的重要性，提出了应对城市智能停车需求快速增长的战略、政策以及具体做法，对促进各国智能停车产业的发展，尤其是中国停车产业的发展，将起到极大的推动作用。

（2）参加本次论坛的有政府机关、协会、制造商、学术界、用户和新闻媒体，是一个六位一体的专业论坛，首届论坛就受到如此广泛的重视，对我国停车产业的发展是一个良好的开头。尤其是各级政府机关的领导来聆听我们停车业的呼声，必将促进我国的停车立法，制定各种停车政策，加快停车项目建设，起到极大的推动作用。

（3）与会的中国制造厂商，通过本次论坛，进一步认清了停车设备今后的发展趋势和方向，增进了国内外同行间的相互了解与合作，有助于提高产品技术水平，共同为停车产业的发展贡献力量。

（4）通过本次论坛，也增进了国际间的相互了解，为今后进一步加强国际间的技术交流与合作、国际市场的开发，创造了良好的基础。在论坛期间，不少国内外企业或协会之间已经有了很多接触，准备联合起来，发挥各自的优势，为国内外停车产业的发展而共同奋斗。

（5）本次论坛期间还提出了建立亚太地区停车协会的筹备计划。针对亚太地区国家基本上人多地少、经济发达、停车需求很大的现状，共同促进亚太地区停车产业的发展，推动各国的停车立法，组织国际的展销、展览，开展地区间的技术交流与合作以及人才培训等工作。

（6）在本次论坛上发表的论文16篇，我们已经编制成论文集，会后准备发送到有关单位，使这些论文发挥其作用，进一步推动停车产业的发展。

随后，在2007年和2010年又结合行业发展情况，组织召开了两届行业论坛（图5、图6）。2007年、2017年分别组织召开了国际停车协会第三届国际年会（图7）和智慧型机械停车设备安全规范国际交流会（图8）。

图2 2004年9月16日首届城市智能停车国际论坛开幕式

图3　2004年9月16日首届城市智能停车国际论坛开幕式与会代表

图4　2004年9月16日首届城市智能停车国际论坛开幕式澳大利亚Leyon Parker发言

图5　2007年城市停车国际论坛

图 6 2010 年上海展会期间举办的论坛

图 7 2007 年国际停车协会第三届国际年会在台湾召开

图 8 2017 智慧型机械停车设备安全规范国际交流会议在台湾召开

技术研讨会

　　面对市场需求的不断增加，产品品质显得尤为重要，成为企业生存与发展的基础。为此，中国重型机械工业协会停车设备工作委员会从 2003 年开始，根据行业发展情况，定期举办行业技术研讨会暨专家组工作会议，主要从提高工装装备、提升产品售后服务、推动技术创新、加强人才培训等四个方面着手，强化企业提高产品质量、推动技术创新、注重人才培养的意识，并将此项工作列为停车设备行业在新的发展形势下的三大任务之一。

　　技术研讨会期间，针对当时具体情况，邀请行业专家、企业技术负责人就停车设备的设计、制造、工艺、技术、质量管理和人才培养等方面进行专题演讲，并组织参会代表进行现场交流。2009—2018 年技术研讨会见图 1 ~ 图 8。

图 1　2009 年 9 月贵阳研讨会

图 2　2010 年 9 月景德镇研讨会

图 3　2012 年 7 月海拉尔研讨会

图4 2013年银川研讨会

图5 2015年西宁研讨会

图6 2016年在苏州举办特种设备质量管理负责人培训

图7 2017年西昌研讨会

图8 2018年丹东研讨会

标准宣贯会

随着停车设备行业的不断发展，为规范企业市场行为，促进行业有序发展，相关政策标准陆续出台。这些文件的颁布，对行业的生产标准、安全要求、经营管理、资质评定、设备种类说明等方方面面进行了详实的阐述和要求，成为日后业内规范化运营的范本，让企业在生产经营活动中有法可寻，对行业健康稳定的发展起到了积极的推动作用。

为了贯彻落实国家和行业标准，促进企业尽快理解、掌握相关标准，为企业快速健康发展提供支撑，停车设备工作委员会于 2003 年和 2009 年组织召开了标准宣贯会（图 1、图 2），推行标准的执行。

2018 年 10 月 12-13 日停车设备行业税收政策解读会（图 3）在北京铁道大厦召开，会议邀请国家税务总局相关领导就机械式停车设备制造、安装、维保等方面的税收政策及操作实务等几方面，进行系统的介绍与解读。

图 1 2003 年 9 月 13-15 日在北戴河召开标准宣贯会

图 2 2009 年 3 月在贵阳市召开 TSG Q7015 规则宣贯会

图 3 2018 年 10 月 12-13 日停车设备行业税收政策解读会在北京召开

行业

统计分析

30

我国机械式停车设备行业历年统计数据分析

20世纪80年代，国内第一座机械式立体停车库在北京建成，从此拉开了我国机械式停车设备行业发展的序幕。90年代以来，随着汽车工业和建筑业的发展，尤其是轿车进家庭后，停车设备的应用逐步广泛，停车设备行业步入了引进、开发、制造、使用相结合的初步发展阶段。

2010年以后，我国机械式停车设备行业进入快速发展阶段，截至2017年年末，全国共有577家企业分布在28个省、市、自治区，全国拥有机械式停车库的城市已经达到590多个，已建成的机械式停车库泊位总数达到490万多个，年平均增长率在10%以上，我国已经成为世界上最大的停车设备制造国和最大的出口国。机械式立体车库在缓解城市交通拥堵和停车难方面，正在发挥着越来越重要的作用。

在577家取证企业中，取得升降横移类资质的企业有495家，占取证企业总数的86%；简易升降类有274家，占取证企业总数的47%；垂直升降类有89家；垂直循环类有83家；平面移动类有79家；汽车升降机有43家；巷道堆垛类有35家；多层循环类有5家；水平循环类有2家。

1998—2017年，在已建成泊位总数中，升降横移类占绝对优势，其他库型所占比例较少。1998—2017年已建成的各类车库泊位所占的比例见图1。

2005—2017年，升降横移类泊位平均每年增长20%；简易升降类泊位平均每年增长12%；巷道堆垛类泊位平均每年增长23%；平面移动类泊位平均每年增长28%；垂直升降类泊位平均每年增长40%；垂直循环类库型，从1992年第一个垂直循环类车库建成26个泊位开始，到2016年年底，25年一共建成了8618个泊位，而仅2017年一年就新增5584个泊位，同比增长113%。2005—2017年主要类型停车设备（泊位）增长趋势见图2。

2007—2017年机械式停车设备（泊位）类型分布见表1。1998—2017年机械停车设备（泊位）区域分布见表2。

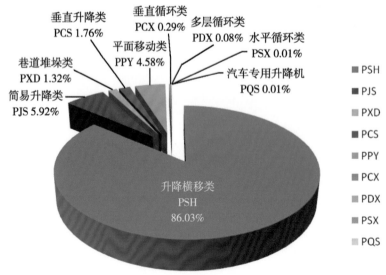

图1　1998—2017年已建成的各类车库泊位所占的比例

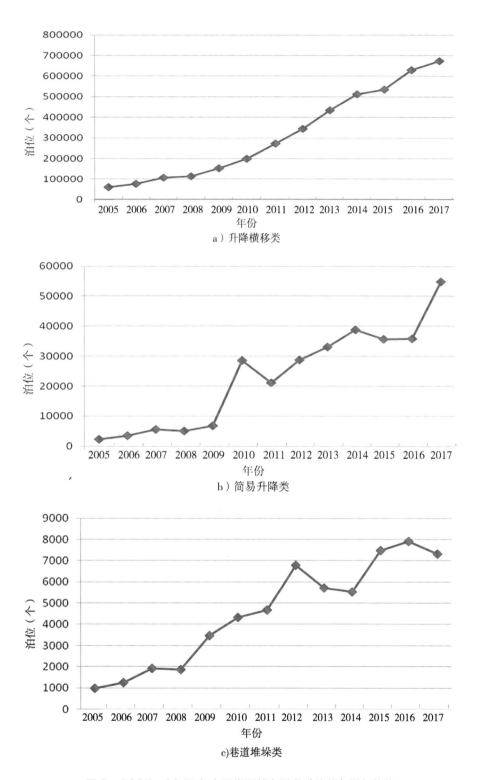

a）升降横移类

b）简易升降类

c)巷道堆垛类

图 2 2005—2017 年主要类型停车设备（泊位）增长趋势

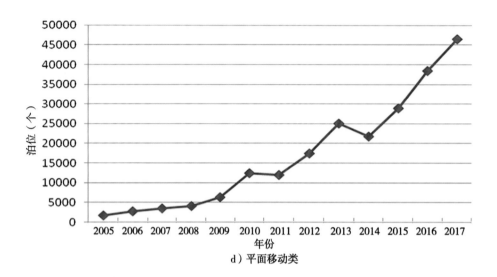

d）平面移动类

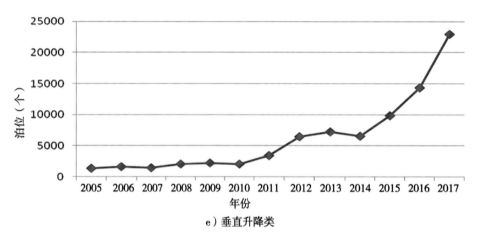

e）垂直升降类

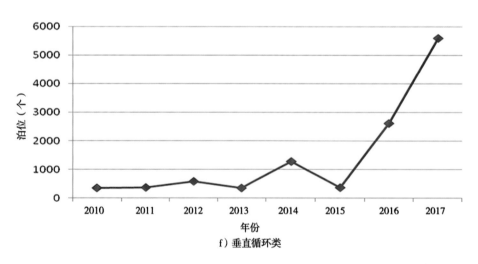

f）垂直循环类

图2　2005—2017年主要类型停车设备（泊位）增长趋势（续）

表 1　2007—2017 年机械式停车设备（泊位）类型分布　　　　（单位：个）

年份	升降横移类（PSH）		简易升降类（PJS）		巷道堆垛类（PXD）		垂直升降类（PCS）		平面移动类（PPY）		垂直循环类（PCX）		多层循环类（PDX）		水平循环类（PSX）		汽车专用升降机（PQS）	
	新增泊位	拥有泊位	新增泊位	拥有泊位	新增泊位	拥有泊位	新增泊位	拥有泊位	新增泊位	拥有泊位	新增泊位	拥有泊位	新增泊位	拥有泊位	新增泊位	拥有泊位	新增泊位	拥有泊位
2007 年	106280	353035	5546	16718	1910	9766	1415	9278	3458	11320	0	2441	290	898	0	195	52	280
2008 年	112248	465283	5000	21718	1858	11624	2071	11349	4141	15461	20	2461	121	1019	0	195	61	341
2009 年	151998	617281	6764	13679	3460	15084	2193	13542	6241	21702	265	2726	52	1071	142	337	37	378
2010 年	199389	816670	28482	42161	4318	19402	2043	15585	12467	34169	348	3074	22	1093	0	337	33	411
2011 年	272274	1088944	21036	63197	4678	24080	3424	19009	11970	46139	360	3434	394	1487	0	337	58	469
2012 年	343839	1432783	28684	91881	6793	30873	6446	25455	17523	63662	578	4012	270	1757	0	337	30	499
2013 年	433835	1866618	33053	124934	5712	36585	7276	32731	25018	88680	348	4360	405	2162	0	337	34	533
2014 年	511842	2378460	38839	163773	5530	42115	6567	39298	21848	110528	1280	5640	792	2954	0	337	30	563
2015 年	535066	2913526	35638	199411	7470	49585	9851	49149	28843	139371	362	6002	156	3110	0	337	22	585
2016 年	628765	3542291	35881	235292	7908	57493	14352	63501	38452	177823	2616	8618	669	3779	0	337	38	623
2017 年	673786	4216077	54766	290058	7317	64810	22957	86458	46423	224246	5584	14202	233	4012	0	337	3	626

表 2　1998—2017 年机械式停车设备（泊位）区域分布　　　　（单位：个）

序号	地区	1998—2013 年 拥有泊位	2014 年 新增泊位	2014 年 拥有泊位	2015 年 新增泊位	2015 年 拥有泊位	2016 年 新增泊位	2016 年 拥有泊位	2017 年 新增泊位	2017 年 拥有泊位
1	北京	247031	17917	264948	23515	288463	31557	320020	37134	357154
2	上海	150954	28813	179767	31754	211521	41688	253209	47124	300333
3	天津	67081	22136	89217	22798	112015	23136	135151	14912	150063
4	重庆	17933	2700	20633	4715	25348	12308	37656	9311	46967
5	广东	135317	38413	173730	40381	214111	39186	253297	63487	316784
6	广西	23049	7939	30988	8131	39119	8786	47905	15912	63817
7	福建	23771	4272	28043	9929	37972	13458	51430	14463	65893
8	江苏	248237	77325	325562	86437	411999	135647	547646	141672	689318
9	浙江	218363	53034	271397	56136	327533	62218	389751	60647	450398
10	山东	128522	33728	162250	24776	187026	31673	218699	35586	254285
11	黑龙江	36211	11694	47905	6163	54068	6669	60737	2717	63454
12	辽宁	25804	4952	30756	8439	39195	5231	44426	6580	51006
13	河北	63394	17155	80549	16634	97183	22328	119511	32605	152116
14	河南	70996	33342	104338	45531	149869	46031	195900	61626	257526
15	安徽	119985	43224	163209	33648	196857	30896	227753	52376	280129
16	江西	6534	1891	8425	4868	13293	7719	21012	5986	26998
17	湖北	26299	14220	40519	17712	58231	25876	84107	32677	116784
18	湖南	15867	5050	20917	6001	26918	9239	36157	8622	44779
19	四川	88554	12818	101372	17528	118900	20867	139767	10834	150601
20	贵州	25108	7888	32996	17254	50250	6580	56830	11204	68034
21	云南	36382	8372	44754	9951	54705	8765	63470	10068	73538

（续）

序号	地区	1998—2013年	2014年		2015年		2016年		2017年	
		拥有泊位	新增泊位	拥有泊位	新增泊位	拥有泊位	新增泊位	拥有泊位	新增泊位	拥有泊位
22	山西	150024	32410	182434	28290	210724	34924	245648	18221	263869
23	陕西	154596	77594	232190	67234	299424	59378	358802	74134	432936
24	甘肃	10770	6989	17759	6448	24207	8915	33122	10818	43940
25	青海	9075	2871	11946	2410	14356	4219	18575	2077	20652
26	新疆	14679	7579	22258	9128	31386	10456	41842	11955	53797
27	吉林	6428	2521	8949	3970	12919	7391	20310	4525	24835
28	内蒙古	13517	2655	16172	3233	19405	2745	22150	6291	28441
29	海南	15275	5864	21139	2546	23685	8255	31940	6172	38112
30	宁夏	6651	1332	7983	1826	9809	2502	12311	1330	13641
	合计	2156407	586698	2743105	617386	3360491	728643	4089134	811066	4900200

2017年机械式停车设备行业统计分析

一、基本情况

2017年，国内新增机械车库项目2516个（包括汽车专用升降机），同比增长13.6%；新增机械泊位811066个，同比增长11.3%；国内销售总额（包括汽车专用升降机）1478771.56万元，同比增长10.9%；出口泊位24446个，同比增长6.3%；出口总额74128.90万元，同比增长27.3%。

1. 新增机械式停车泊位区域分布

2017年排名前10位的省、自治区、直辖市新增泊位数占新增总数的74.8%。新增泊位排名前10位的地区见表1。新增泊位排名前10位的城市见表2。

表1 新增泊位排名前10位的地区

地区	新增泊位（个）	占新增泊位总数比例（%）
江苏	141672	17.6
陕西	74134	9.1
广东	63487	7.8
河南	61626	7.6
浙江	60647	7.5
安徽	52376	6.5
上海	47124	5.8
北京	37134	4.5
山东	35586	4.4
湖北	32677	4.0
合计	606463	74.8

表2　新增泊位排名前 10 位的城市

城市	新增泊位（个）	占新增泊位总数比例（%）
南京	69535	8.6
西安	57647	7.1
郑州	48321	6.0
上海	47124	5.8
北京	37134	4.6
杭州	30714	3.8
武汉	22436	2.7
广州	19995	2.6
合肥	19924	2.4
温州	16653	2.0
合计	369483	45.6

2. 新增机械式停车设备类别比较

2017 年各类新增机械式停车泊位比较见表 3。

表3　2017 年各类新增机械式停车泊位比较

类别	新增泊位（个）	占新增泊位总数比例（%）
PSH	673786	83.1
PJS	54766	6.7
PPY	46423	5.7
PCS	22957	2.8
PXD	7317	0.9
PCX	5584	0.7
PDX	233	0.02
合计	811066	100

3. 车库用户情况

2017 年机械式停车库按用户分类的情况见表 4。

表4　2017 年机械式停车库按用户分类的情况

用户分类	新增泊位（个）	占新增泊位总数比例（%）
住宅小区	489050	60.3
公共配套	186362	23.0
单位自用	135654	16.7
合计	811066	100

4. 机械式停车泊位出口情况

2017 年机械式停车泊位出口区域分布见表 5。2017 年出口停车设备类型比较见表 6。

表5　2017 年机械式停车泊位出口区域分布

出口地	出口泊位（个）	占全部出口泊位比例（%）
亚洲	15823	64.7
美洲	3068	12.6
大洋洲	1503	6.1
欧洲	3374	13.8
非洲	678	2.8
总计	24446	100

表6　2017 年出口停车设备类型比较

设备类型	泊位（个）	占全部出口泊位比例（%）
PSH	11866	48.5
PJS	1635	6.7
PPY	3845	15.7
PCS	2909	11.9
PCX	2880	11.8
PXD	1311	5.4
总计	24446	100

二、机械式停车设备国内销售排名情况

2017 年，国内销售 30 强企业（按企业名称首字母排序）：安徽华星智能停车设备有限公司、安徽马钢智能立体停车设备有限公司、北京航天汇信科技有限公司、北京鑫华源机械制造有限责任公司、大洋泊车股份有限公司、杭州大中泊奥科技股份有限公司、杭州西子智能停车股份有限公司、杭州友佳精密机械有限公司、河南省盛茂永代机械制造有限责任公司、衡水奇佳停车设备有限公司、江苏金冠停车产业股份有限公司、江苏普腾停车设备有限公司、江苏启良停车设备有限公司、江苏润邦智能停车设备有限公司、江苏中泰停车产业有限公司、青岛茂源停车设备制造有限公司、青岛齐星车库有限公司、山东莱钢泰达车库有限公司、山东天辰智能停车有限公司、山西东杰智能物流装备股份有限公司、上海赐宝停车设备制造有限公司、上海禾通涌源停车设备有限公司、上海天地岛川停车设备制造有限公司、深圳精智机器有限公司、深圳市伟创自动化设备有限公司、深圳怡丰自动化科技有限公司、深圳中集天达空港设备有限公司、四川志泰立体车库有限公司、唐山通宝停车设备有限公司、浙江子华停车设备科技股份有限公司。

以上 30 家企业的国内销售额总计 1104241.88 万元，占上报企业销售总额的 74.7%，其安装泊位 591055 个，占国内新增泊位的 72.9%。

注：1. 统计范围为 2017 年 1 月至 12 月底前安装的车库项目（包括 12 月底前入场安装但未完成的项目）。

2. 因四舍五入，合计数有微小出入。

2016 年机械式停车设备行业统计分析

一、基本情况

2016 年，国内新增机械车库项目 2215 个，同比增长 6.5%；新增泊位 728643 个，同比增长 18%；国内销售总额（包括汽车专用升降机）1333386.84 万元，同比增长 20.2%；出口泊位 22995 个，同比增加 24.5%；出口总额 58231.45 万元，同比增长 11.8%。

1. 新增机械式停车泊位区域分布

2016 年全国建设机械式停车泊位的城市有 262 个，与 2015 年持平。262 个城市中，有 48 个是首次建设机械式泊位，其中 39 个是县级城市。首次建设城市的机械式泊位达到 21913 个，占全国新增泊位总数的 3%。建设量排名前 10 位地区的泊位数之和占新增泊位总数的 70.5%。建设量排名前 10 位城市的泊位数之和占新增泊位总数的 47.2%。新增机械式泊位按区域分布情况见表 1。新增泊位排名前 10 位的城市见表 2。

表 1　新增机械式泊位按区域分布情况　　　　　　（单位：个）

序号	地区	新增泊位	拥有泊位	序号	地区	新增泊位	拥有泊位
1	江苏	135647	547646	17	新疆	10456	41842
2	浙江	62218	389751	18	湖南	9239	36157
3	陕西	59378	358802	19	甘肃	8915	33122
4	河南	46031	195900	20	广西	8786	47905
5	上海	41688	253209	21	云南	8765	63470
6	广东	39186	253297	22	海南	8255	31940
7	山西	34924	245648	23	江西	7719	21012
8	山东	31673	218699	24	吉林	7391	20310
9	北京	31557	320020	25	黑龙江	6669	60737
10	安徽	30896	227753	26	贵州	6580	56830
11	湖北	25876	84107	27	辽宁	5231	44426
12	天津	23136	135151	28	青海	4219	18575
13	河北	22328	119511	29	内蒙古	2745	22150
14	四川	20867	139767	30	宁夏	2502	12311
15	福建	13458	51430	合计		728643	4089134
16	重庆	12308	37656				

表2　新增泊位排名前 10 位的城市

城市	新增泊位（个）	占全部新增泊位比例（%）	城市	新增泊位（个）	占全部新增泊位比例（%）
南京	67530	9.3	杭州	23694	3.3
西安	51973	7.1	天津	23136	3.2
上海	41688	5.7	武汉	22115	3.0
郑州	38169	5.2	温州	19974	2.7
北京	31557	4.3	其他城市	384723	52.8
太原	24084	3.3	合计	728643	100

2. 机械式停车设备类别比较

2016 年新增机械式停车设备类别比较见表 3。2016 年各类新增机械式停车库项目数比较见表 4。

2016 年升降横移类机械式停车库规模统计见表 5。2016 年，汽车专用升降机（PQS）共新增 15 个项目，38 台设备，销售额共 1115.65 万元。

表3　2016 年新增机械式停车设备类别比较

设备类型	新增泊位（个）	拥有泊位（个）	占新增总数的比例（%）	设备类别	新增泊位（个）	拥有泊位（个）	占新增总数的比例（%）
升降横移类（PSH）	628765	3542291	86.29	垂直循环类（PCX）	2616	8618	0.36
平面移动类（PPY）	38452	177823	5.28	多层循环类（PDX）	669	3779	0.09
简易升降类（PJS）	35881	235292	4.92	水平循环类（PSX）	—	337	—
垂直升降类（PCS）	14352	63501	1.97	小　计	728643	—	—
巷道堆垛类（PXD）	7908	57493	1.09	汽车专用升降机（PQS）	38	623	—

表4　2016 年各类新增机械式停车库项目数比较

设备类型	PSH	PJS	PPY	PXD	PCS	PCX	PDX	PQS
项目数（个）	1780	134	121	36	98	25	6	15
同比增长（%）	7.4	−24.3	12	−30.8	53.1	733.3	20	25

表5　2016 年升降横移类机械式停车库规模统计

车库规模（泊位数）	> 1000	1000 ~ 500	500 ~ 100	< 100
项目数（个）	109	270	947	454

3. 车库用户情况

住宅小区新建机械式泊位同比增长 14.5%，占新增机械泊位总数的 60.7%。住宅小区配建车库采用最多的库型是升降横移类，共有 398397 个泊位，占小区新增泊位总数的 90.1%；其次是简易升降类，共有 24746 个泊位，占小区新增总数的 5.6%。

公共配套车库新建机械式泊位比 2015 年增加 54763 个，同比增长 37.2%。公共配套车库采用最多的库型是升降横移类，共有 157015 个泊位，占公共配套新增泊位总数的 77.8%；其次是平面移动类，共有 22470 个泊位，占公共配套新增总数的 11.1%。

单位自用车库新建机械式泊位比 2015 年增长 0.7%。单位自用车库采用最多的库型是升降横移类，共有 72869 个泊位，占单位自用车库新增总数的 86.0%；其次是平面移动类，共有 4572 个泊位，占单位自用车库新增总数的 5.4%。

新增机械式停车库用户情况比较见表 6。2010—2016 年车库用户（泊位）增长趋势见图 1。

表6   新增机械式停车库用户情况比较

用户分类	项目（个）	泊位（个）	占新增泊位总数的比例（%）
住宅小区	1066	442020	60.7
公共配套	679	201858	27.7
单位自用	455	84765	11.6
合计	2200	728643	100

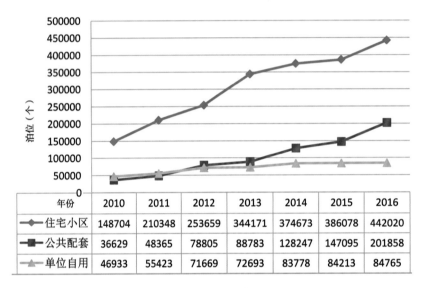

年份	2010	2011	2012	2013	2014	2015	2016
住宅小区	148704	210348	253659	344171	374673	386078	442020
公共配套	36629	48365	78805	88783	128247	147095	201858
单位自用	46933	55423	71669	72693	83778	84213	84765

图1   2010—2016年车库用户（泊位）增长趋势

4．机械式停车设备出口情况

2016年停车设备出口到38个国家和地区，出口项目107个，出口泊位总数22995个，出口总额为58231.45万元。2016年机械式停车泊位出口区域比较见表7。2016年出口设备类型比较见表8。

表7   2016年机械式停车泊位出口地区比较

出口地区	出口泊位（个）
亚洲	11369
美洲	5435
大洋洲	3953
欧洲	1399
非洲	839
总计	22995

表8   2016年出口设备类型比较

设备类型	项目（个）	泊位（个）
PSH	62	13205
PJS	12	1937
PPY	10	3824
PCS	11	1761
PCX	7	1289
PXD	2	922
PDX	1	57
小计	105	22995
PQS	2	11台
总计	107	

二、机械式停车设备国内销售排名情况

2016年，国内销售20强企业（按企业名称首字母排序）：

北京航天汇信科技有限公司、北京鑫华源机械制造有限责任公司、北京大兆新元停车设备有限公司、大洋泊车股份有限公司、杭州大中泊奥科技有限公司、杭州西子石川岛停车设备有限公司、杭州友佳精密机械有限公司、河南省盛茂永代机械制造有限责任公司、江苏金冠停车产业股份有限公司、江苏启良停车设备有限公司、江苏润邦智能停车设备有限公司、江苏中泰停车产业有限公司、山东莱钢泰达车库有限公司、山东齐星铁塔科技股份有限公司、山东天辰智能停车设备有限公司、上海赐宝停车设备制造有限公司、深圳精智机器有限公司、深圳市伟创自动化设备有限公司、深圳怡丰自动化科技有限公司和唐山通宝停车设备有限公司。

以上 20 家企业的国内销售额总计 879223.31 万元，占上报企业销售总额的 66.0%；安装泊位 468270

个，占国内新增机械式泊位总数的 64.3%。

三、机械式停车设备总体情况

2016 年，在国内各类型机械式停车库已建成泊位中，升降横移类占 86.64%，简易升降类占 5.75%，平面移动类占 4.35%，垂直升降类占 1.55%，巷道堆垛类占 1.41%，垂直循环类占 0.21%，多层循环类占 0.09%。

2016 年升降横移类新增泊位 628765 个，同比增长 17.5%；简易升降类新增泊位 35881 个，同比增长 0.7%；巷道堆垛类新增泊位 7908 个，同比增长 35.1%；平面移动类新增泊位 38452 个，同比增长 33.3%；垂直升降类新增泊位 14352 个，同比增长 45.7%。2005—2016 年主要类型停车泊位增长情况见表 9。

表 9　2005—2016 年主要停车库类型的泊位增长情况　（单位：个）

设备类型	2005 年	2006 年	2007 年	2008 年	2009 年	2010 年	2011 年	2012 年	2013 年	2014 年	2015 年	2016 年
升降横移类	60613	77495	106280	112248	151998	199389	272274	343839	433835	511842	535066	628765
简易升降类	2236	3554	5546	5000	6764	28482	21036	28684	33053	38839	35638	35881
巷道堆垛类	978	1247	1910	1858	3460	4318	4678	6793	5712	5530	7470	7908
平面移动类	1774	2761	3458	4141	6241	12467	11970	17523	25018	21848	28843	38452
垂直升降类	1327	1598	1415	2071	2193	2043	3424	6446	7276	6567	9851	14352

四、销售总额增长情况

2016 年，国内销售总额为 1333386.84 万元，同比增长 20.2%；国内外销售总额为 1391618.29 万元，

同比增长 19.8%。2008—2016 年国内销售总额增长趋势见图 2。2008—2016 年国内外销售总额增长趋势图 3。

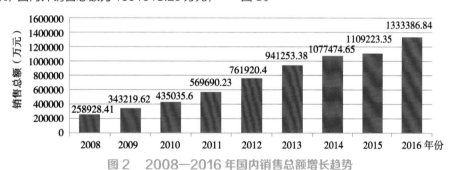

图 2　2008—2016 年国内销售总额增长趋势

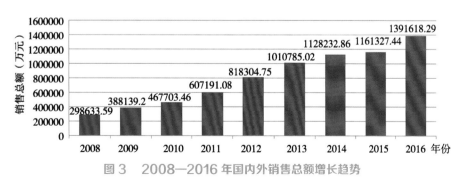

图 3　2008—2016 年国内外销售总额增长趋势

2016年，国内新增车库项目和新增泊位同比增长6.5%和18%，行业总产值再创历史新高，同比增长了20.2%，行业发展继续呈上升趋势。

注：统计范围为国内已取得机械式停车设备制造许可证的所有会员单位和部分非会员单位，共有117家企业填写了统计报表，113家填报了业绩。部分没有报表的非会员企业其业绩总量对本次统计结果有微小影响，影响范围在2%～3%。统计对象为2016年1月至12月底前安装的车库项目（包括12月底前入场安装但未完成的项目）。因四舍五入，合计数有微小出入。

2015年机械式停车设备行业统计分析

一、基本情况

2015年，国内新增机械式车库项目2079个，同比增长5.3%；新增泊位617386个，同比增长5.2%；国内销售总额（包括汽车专用升降机）1109223.35万元，同比增长2.9%；出口泊位18469个，同比下降11.6%；出口总额52104.09万元，同比增长2.7%。

1. 新增机械式停车泊位区域分布

2014年新增泊位排名前10位地区的泊位数，占全部新增泊位总数的70.9%。新增泊位的区域分布见表1。

2015年，全国新建机械式停车泊位的城市有262个，比2014年增加了1个；262个城市中，有42个是首次建设机械式停车泊位，其中33个是县级城市。首次建设城市的机械式停车泊位达到11695个，占全国新增泊位总数的1.9%。建设量排名前10位城市的泊位数占新增泊位总数的52.2%。新增泊位数排名前10位的城市见表2。

表1　新增泊位的区域分布　　　　　　　　　　（单位：个）

序号	地区	新增泊位	拥有泊位	序号	地区	新增泊位	拥有泊位
1	江苏	86437	411999	17	福建	9929	37972
2	陕西	67234	299424	18	新疆	9128	31386
3	浙江	56136	327533	19	辽宁	8439	39195
4	河南	45531	149869	20	广西	8131	39119
5	广东	40381	214111	21	甘肃	6448	24207
6	安徽	33648	196857	22	黑龙江	6163	54068
7	上海	31754	211521	23	湖南	6001	26918
8	山西	28290	210724	24	江西	4868	13293
9	山东	24776	187026	25	重庆	4715	25348
10	北京	23515	288463	26	吉林	3970	12919
11	天津	22798	112015	27	内蒙古	3233	19405
12	湖北	17712	58231	28	海南	2546	23685
13	四川	17528	118900	29	青海	2410	14356
14	贵州	17254	50250	30	宁夏	1826	9809
15	河北	16634	97183	合计		617386	3360491
16	云南	9951	54705				

表2 新增泊位数排名前10位的城市分布

城市	新增泊位 （个）	占新增泊位总数比例 （%）	城市	新增泊位 （个）	占新增泊位总数比例 （%）
西安	54936	8.9	天津	22798	3.7
南京	45539	7.4	合肥	20703	3.4
郑州	33093	5.4	太原	19832	3.2
上海	31754	5.1	广州	15283	2.5
杭州	27114	4.4	其他城市	322819	52.2
北京	23515	3.8	合计	617386	100

2. 机械式停车设备类别比较

2015年，汽车专用升降机（PQS）销售额总计798.65万元。升降横移类按层数统计，2层的车库项目占多数，共1158个项目、410876个泊位，占升降横移类泊位总数的76.8%。

2015年新增机械式停车设备类别比较见表3。2015年各类新增机械式停车设备项目数比较见表4。2015年升降横移类机械式停车库规模统计见表5。

表3 2015年新增机械式停车设备类别比较

类别	新增泊位 （个）	拥有泊位 （个）	占新增泊位总数比例 （%）
升降横移类（PSH）	535066	2913526	86.7
简易升降类（PJS）	35638	199411	5.7
平面移动类（PPY）	28843	139371	4.6
垂直升降类（PCS）	9851	49149	1.6
巷道堆垛类（PXD）	7470	49585	1.2
垂直循环类（PCX）	362	6002	0.06
多层循环类（PDX）	156	3110	0.03
水平循环类（PSX）	0	337	
汽车专用升降机（PQS）	22	585	

表4 2015年各类新增机械式停车设备项目数比较

设备类型	PSH	PJS	PPY	PXD	PCS	PCX	PDX	PQS
项目（个）	1658	177	108	52	64	3	5	12
同比增长（%）	2.3	−3.2	38.4	67.7	72.9	−57.1	25.0	−14.3

表5 2015年升降横移类机械式停车库规模统计

车库规模（车位数）	＞1000	1000～500	500～100	＜100
项目（个）	74	225	1332	436

3. 车库用户情况

住宅小区新增机械式泊位比2014年增加11405个，同比增长3.0%。住宅小区采用最多的库型是升降横移类，共有333768个泊位，占住宅小区泊位新增泊位总数的86.5%；其次是简易升降类，共有29914个泊位，占住宅小区新增总数的7.7%。

公共配套车库新机械式建泊位比2014年增加18848个泊位，同比增长14.7%。公共配套车库采用最多的库型是升降横移类，共有128108个泊位，占公共配套总数的87.1%；其次是平面移动类，共有11767个泊位，占公共配套总数的7.9%。

单位自用车库新建机械式泊位同比增长0.5%。单位自用采用最多的库型是升降横移类，共有73190个泊位，占自用车库总数的86.9%；其次是平面移动类，共有5180个泊位，占自用车库总数的6.1%。2015

年新增机械式停车设备用户情况比较见表6。2010—2015年车库用户（泊位）增长趋势见图1。

表6   2015年新增机械式停车设备用户情况比较

使用性质	项目（个）	泊位（个）	占新增泊位总数（%）
住宅小区	1116	386078	62.5
公共配套	514	147095	23.8
单位自用	437	84213	13.7

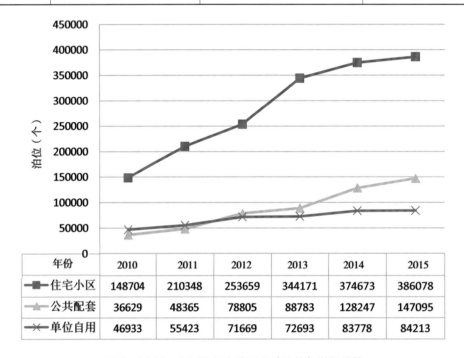

年份	2010	2011	2012	2013	2014	2015
住宅小区	148704	210348	253659	344171	374673	386078
公共配套	36629	48365	78805	88783	128247	147095
单位自用	46933	55423	71669	72693	83778	84213

图1   2010—2015年车库用户（泊位）增长趋势

4. 机械式停车设备出口情况

2015年，机械式停车设备共出口到29个国家和地区，出口项目67个，出口泊位18469个，出口总额为52104.09万元。2015年出口区域比较见表7。2015年出口设备类型比较见表8。

表7   2015年出口区域比较

出口地	出口泊位（个）
亚洲	9950
美洲	3049
欧洲	5470
总计	18469

表8   2015年出口设备类型比较

设备类型	项目（个）	泊位（个）
PSH	34	9141
PJS	10	986
PPY	13	4322
PCS	6	2187
PCX	3	983
PXD	1	850
合计	67	18469

二、机械式停车设备国内销售排名情况

2015年，国内销售20强企业：安徽华星智能停

车设备有限公司、北京大兆新元停车设备有限公司、北京航天汇信科技有限公司、北京鑫华源机械制造有限责任公司、大洋泊车股份有限公司、广东三浦车库股份有限公司、杭州大中泊奥科技有限公司、杭州西子石川岛停车设备有限公司、杭州友佳精密机械有限公司、河南省盛茂永代机械制造有限责任公司、江苏金冠停车产业股份有限公司、江苏中泰停车产业有限公司、山东莱钢泰达车库有限公司、山东天辰智能停车设备有限公司、上海赐宝停车设备制造有限公司、深圳中集天达空港设备有限公司、深圳市伟创自动化设备有限公司、深圳怡丰自动化科技有限公司、唐山通宝停车设备有限公司和浙江子华停车设备科技股份有限公司

以上 20 家企业的国内销售额总计 755186.77 万元,占上报企业销售总额的 68.1%,其安装泊位

409981 个,占国内新增泊位的 66.4%。

三、 机械式停车设备总体情况

在已建成的国内各类型机械式停车泊位中:升降横移类占 86.71%,其次是简易升降类,占 5.93%,平面移动类占 4.15%,巷道堆垛类占 1.48%,垂直升降类占 1.46%,垂直循环类占 0.18%,多层循环类占 0.09%。

2015 年,升降横移类新增泊位 535066 个,同比增长 4.5%;简易升降类新增泊位 35638 个,同比下降 8.2%;巷道堆垛类新增泊位 7470 个,同比增长 35%;平面移动类新增泊位 28843 个,同比增长 32%;垂直升降类新增泊位 9851 个,同比增长 50%。2005—2015 年主要类型停车泊位增长情况见表 9。

表 9　2005—2015 年主要停车库类型的泊位增长情况　　　　　　　　　　　　　　（单位:个）

设备类型	2005 年	2006 年	2007 年	2008 年	2009 年	2010 年	2011 年	2012 年	2013 年	2014 年	2015 年
升降横移类	60613	77495	106280	112248	151998	199389	272274	343839	433835	511842	535066
简易升降类	2236	3554	5546	5000	6764	13679	21036	28684	33053	38839	35638
巷道堆垛类	978	1247	1910	1858	3460	4318	4678	6793	5712	5530	7470
平面移动类	1774	2751	3458	4141	6241	12467	11970	17523	25018	21848	28843
垂直升降类	1327	1598	1415	2071	2195	2043	3424	6446	7276	6567	9851

四、销售总额增长情况

2015 年,国内销售总额为 1109223.35 万元,同比增长 2.9%;国内外销售总额为 1161327.44 万元,同比增长 2.9%。2008—2015 国内销售总额增长趋势见图 2。2008—2015 年国内外销售总额增长趋势见图 3。

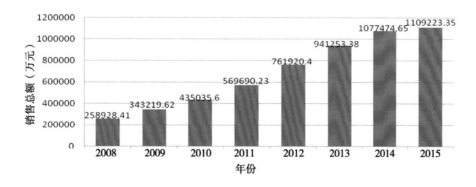

图 2　2008—2015 国内销售总额增长趋势

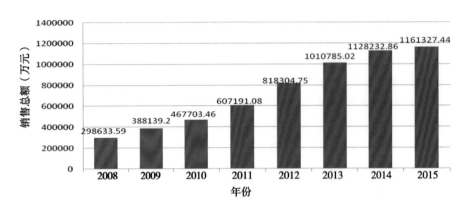

图3 2008—2015年国内外销售总额增长趋势

2015年，国内新增机械式车库项目和泊位同比增长5.3%和5.2%，行业总产值再创历史新高，同比增长了2.9%。各项经济指标的增速放缓，但行业总体发展相对平稳，继续保持增长态势。

注：统计范围为国内已取得机械式停车设备制造许可证的所有会员单位和部分非会员单位，共有139家企业填写了统计报表，112家填报了业绩。部分有业绩但没有报表的非会员企业的业绩总量不大，基本不影响本次统计的结果。统计对象为2015年1月至12月月底前安装的车库项目（包括12月月底前入场安装但未完成的项目）。因四舍五入，合计数微小出入。

2014年机械式停车设备行业统计分析

一、基本情况

2014年，国内新增机械式车库项目1960个，同比增长8.2%；新增机械式泊位586698个，同比增长16%；国内销售总额（包括汽车升降机）1077474.65万元，同比增长14.5%；出口泊位20913个，同比减少11.5%；出口总额50758.21万元，同比减少26.9%。

1.机械式停车泊位区域分布

2014年，国内已建机械式停车泊位的城市继续增加。全国共261个城市新建车库，比2013年（239个城市）增加了22个城市。在261个城市中，有52个是新增城市，在新增城市中有32个是县级城市。

52个新增城市共建设泊位17306个，占2014年全国新增泊位总数的2.9%。

新增泊位数排名前10位地区的泊位数占2014年新增泊位总数的75%，其余20个仅占25%。

泊位数排名前10位城市的新增泊位数占2014年泊位总数的48.5%，其余251个城市的泊位数占2014年泊位总数的51.5%。新增机械式停车泊位按区域分布情况见表1。新增泊位排名前10位的城市见表2。

表 1　新增机械式停车泊位按区域分布情况　　　　　　　　　　（单位：个）

序号	地区	新增泊位	拥有泊位	序号	地区	新增泊位	拥有泊位
1	陕西	77594	232190	17	广西	7939	30988
2	江苏	77325	325562	18	贵州	7888	32996
3	浙江	53034	271397	19	新疆	7579	22258
4	安徽	43224	163209	20	甘肃	6989	17759
5	广东	38413	173730	21	海南	5864	21139
6	山东	33728	162250	22	湖南	5050	20917
7	河南	33342	104338	23	辽宁	4952	30756
8	山西	32410	182434	24	福建	4272	28043
9	上海	28813	179767	25	青海	2871	11946
10	天津	22136	89217	26	重庆	2700	20633
11	北京	17917	264948	27	内蒙古	2655	16172
12	河北	17155	80549	28	吉林	2521	8949
13	湖北	14220	40519	29	江西	1891	8425
14	四川	12818	101372	30	宁夏	1332	7983
15	黑龙江	11694	47905	合计		586698	2743105
16	云南	8372	44754				

表 2　新增泊位排名前 10 位的城市

城市	新增泊位（个）	占全部新增泊位的比例（%）	城市	新增泊位（个）	占全部新增泊位的比例（%）
西安	62821	10.7	北京	22136	3.8
合肥	33204	5.7	郑州	18090	3.1
上海	29265	5.0	成都	17917	3.0
太原	28813	4.9	广州	17161	2.9
南京	27878	4.8	其他城市	302269	51.5
杭州	27144	4.6	合计	586698	100

2. 机械式停车设备类别比较

新增机械式停车设备类别比较见表 3。各类新增机械式停车设备项目数比较见表 4。升降横移类停车设备按车库规模统计见表 5。

表3　新增机械式停车设备类型比较

设备类型	新增泊位（个）	拥有泊位（个）	占新增泊位总数的比例(%)
升降横移类（PSH）	511842	2378460	87.2
简易升降类（PJS）	38839	163773	6.6
平面移动类（PPY）	21848	110528	3.7
垂直升降类（PCS）	6567	39298	1.1
巷道堆垛类（PXD）	5530	42115	0.9
垂直循环类（PCX）	1280	5640	0.2
多层循环类（PDX）	792	2954	0.1
水平循环类（PSX）		337	
小计	586698		100
汽车专用升降机	30	563	

表4　各类新增机械式停车设备项目数比较　　　　　　（单位：个）

设备类型	PSH	PJS	PPY	PXD	PCS	PCX	PDX	PQS
2014 年	1620	183	78	31	37	7	4	14
2013 年	1468	160	90	29	56	4	5	20
同比增长（%）	10.4%	14.4%	−13.3%	6.9	−33.9	75	−20	−42.9

表5　升降横移类停车设备按车库规模统计

车库规模（泊位数）	> 1000	1000 ~ 500	500 ~ 100	< 100
2013 年	58	204	715	491
2014 年	76	210	911	423

升降横移类按层数统计，2层的项目占多数，1111 个项目共计 396726 个泊位，占升降横移类泊位总数的 77.5%；按车库规模统计，泊位超过 1000 个的有 76 个项目，同比增长 31%；泊位在 500 ~ 1000 个的有 210 个项目，同比增长 2.9%；泊位在 100 ~ 500 个的有 911 个项目，同比增长 27.4%；100 个以下的有 423 个项目，同比减少 13.8%。2014 年，汽车升降机（PQS）的销售额为 579.9 万元。

3. 车库用户情况

住宅小区配建机械式车库新增泊位比 2013 年增加 30502 个，同比增长 8.9%。住宅小区配建库型采用最多的是升降横移类，共有 331662 个泊位，占住宿小区新增总数的 88.5%；其次是简易升降类，共有 32036 个泊位，占住宅小区车库新增总数的 8.6%。

公共配套机械式车库比 2013 年增加 39464 个泊位，同比增长 44.4%。公共配套采用最多的库型是升降横移类，共有 107543 个泊位，占公共配套新增总数的 83.9%；其次是平面移动类，共有 9922 个泊位，占新增总数的 7.7%。

单位自用车库占新增机械式泊位总数的 14.3%，同比增长 15.2%。单位自用采用最多的库型是升降横移类，共有 72637 个泊位，占新增泊位总数的 86.7%；其次是平面移动类，共有 5566 个泊位，占新增泊位总数的 6.6%。新增机械式停车设备用户情况比较见表6。2010—2014 年车库（泊位）用户增长趋势见图1。

表6　新增机械式停车设备用户情况比较

用户性质	项目（个）	新增泊位（个）	占新增总数的比例（%）
住宅小区	1051	374673	63.8
公共配套	433	128247	21.9
单位自用	476	83778	14.3

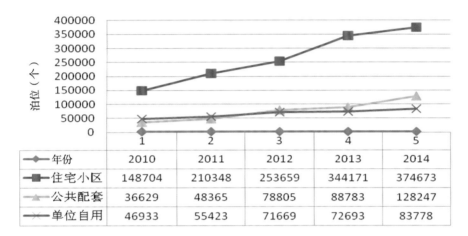

年份	2010	2011	2012	2013	2014
住宅小区	148704	210348	253659	344171	374673
公共配套	36629	48365	78805	88783	128247
单位自用	46933	55423	71669	72693	83778

图1　2010—2014年车库（泊位）用户增长趋势

4. 机械式停车设备出口情况

2014年，机械式停车设备出口到26个国家和地区，出口项目80个，出口泊位20913个，出口总额为50758.21万元。2014年停车设备出口地区见表7。2013—2014年出口设备类型比较见表8。

表7　2014年停车设备出口地区

出口地区	出口泊位（个）
亚洲	8394
美洲	8832
欧洲	3687
总计	20913

表8　2013—2014年出口设备类型比较　　　（单位：个）

设备类型	项目		泊位	
	2013年	2014年	2013年	2014年
PSH	39	31	7100	5713
PJS	36	35	11059	9711
PPY	13	8	4344	4918
PCS	2	3	167	285
PCX	4	0	184	0
PXD	3	3	778	286
小计	97	80	23632	20913
PQS	1	0	5台	0
合计	98	80		20913

二、机械式停车设备国内销售排名情况（按企业名称首字母排序）

2014年，国内销售20强企业：安徽鸿路钢结构（集团）股份有限公司、北京大兆新元停车设备有限公司、北京航天汇信科技有限公司、北京鑫华源机械制造有限责任公司、大洋泊车股份有限公司、广东三浦车库股份有限公司、杭州西子石川岛停车设备有限公司、杭州友佳精密机械有限公司、河南中继威尔停车系统股份有限公司、江苏金冠立体停车系统工程有限公司、江苏启良停车设备有限公司、江苏中泰停车产业有限公司、山东莱钢泰达车库有限公司、山东天辰智能停车设备有限公司、上海赐宝停车设备制造有限公司、上海禾通涌源停车设备有限公司、深圳市伟创自动化设备有限公司、深圳怡丰自动化科技有限公司、唐山通宝停车设备有限公司和浙江子华停车设备有限公司。

以上20家企业的国内销售额总计为779005.09万元，占上报企业销售总额的72.3%；安装泊位数418128个，占国内新增泊位的71.3%。

三、机械式停车设备行业总体情况

在国内现有八大类型机械式停车库已建成泊位中，升降横移类泊位占86.71%，其次是简易升降类占5.97%，平面移动类占4.03%，巷道堆垛类占1.54%，垂直升降类占1.43%，垂直循环类占0.21%，多层循环类占0.11%，水平循环类占0.01%。

2014年，升降横移类新增泊位511842个，同比增长17.9%；简易升降类新增泊位38839个，同比增长17.5%。巷道堆垛类新增泊位5530个，同比减少3.2%；平面移动类新增泊位21848个，同比减少12.7%；垂直升降类新增泊位6567个，同比减少9.7%。2004—2014年主要类型停车泊位增长情况见表9。

表9 2004—2014年主要停车库类型的泊位增长情况 （单位：个）

设备类型	2004年	2005年	2006年	2007年	2008年	2009年	2010年	2011年	2012年	2013年	2014年
升降横移类	45194	60613	77495	106280	112248	151998	199389	272274	343839	433835	511842
简易升降类	2203	2236	3554	5546	5000	6764	13679	21036	28684	33053	38839
巷道堆垛类	883	978	1247	1910	1858	3460	4318	4678	6793	5712	5530
平面移动类	1505	1774	2751	3458	4141	6241	12467	11970	17523	25018	21848
垂直升降类	992	1327	1598	1415	2071	2195	2043	3424	6446	7276	6567

四、销售总额增长情况

2014年，国内新增机械式车库项目和新增泊位同比分别增长8.2%和16%，行业总产值再创历史新高，达到1128232.86万元，同比增长11.6%；国内销售总额为1077474.65万元，同比增长14.5%；国内外销售总额为1128232.86万元，同比增长11.6%。2007—2014年国内销售总额增长趋势见图2。2009—2014年国内外销售总额增长趋势见图3。

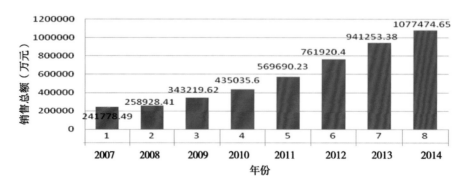

图2 2007—2014年国内销售总额增长趋势

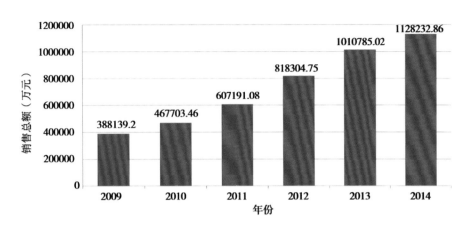

图3　2009—2014年国内外销售总额增长趋势

2014年，面对国内房地产行业持续低迷和经济下行的压力，机械式停车设备行业各项经济指标增速放缓，但行业总体发展相对平稳。行业正在从高速发展阶段逐步进入一个稳步发展阶段，从快速发展逐渐回归为理性、持续、健康发展。

注：统计范围为国内已取得机械式停车设备制造许可证的所有会员单位和部分非会员单位，94家填报了业绩。部分有业绩但没有报表的非会员企业的业绩总量不大，基本不影响本次行业统计的结果。统计对象为2014年1月至12月月底前安装的车库项目（包括12月底前入场安装但未完成的项目）。由于四舍五入，合计数有微小出入。

2013年度机械式停车设备行业统计分析

一、基本情况

2013年，国内新增机械式车库项目1812个，同比增长11.4%；新增机械式泊位505647个，同比增长25.1%；国内销售总额（包括汽车升降机）941253.38万元，同比增长23.5%；出口泊位23637个，出口泊位数较2012年增加659个，同比增长2.9%；出口总额69531.64万元，同比增长23.3%。2012—2013年行业主要经济指标完成情况见表1。

表1　2012—2013年行业主要经济指标完成情况

指标名称	新增车库项目（个）	新增泊位（个）	国内销售总额（万元）	出口泊位（个）	出口额（万元）
2012年	1626	404133	761920.40	22978	56384.35
2013年	1812	505647	941253.38	23637	69531.64
同比增长	11.4%	25.1%	23.5%	2.9%	23.3%

1. 机械式停车库区域分布

2013 年机械式停车泊位按地区分布情况见表 2。

2013 年新增泊位排名前 10 位的城市见表 3。

表 2　2013 年机械式停车泊位按地区分布情况　　　　　　　　（单位：个）

序号	地区	新增泊位	拥有泊位	序号	地区	新增泊位	拥有泊位
1	陕西	57542	154596	17	辽宁	7923	25804
2	江苏	56508	248237	18	福建	7039	23771
3	浙江	45633	218363	19	海南	6359	15275
4	安徽	43269	119985	20	贵州	6166	25108
5	山西	34707	150024	21	广西	5051	23049
6	山东	30950	128522	22	重庆	5033	17933
7	广东	29656	135317	23	甘肃	4801	10770
8	河南	29515	70996	24	新疆	4603	14679
9	河北	22355	63394	25	青海	3443	9075
10	上海	21363	150954	26	湖南	3390	15867
11	北京	17943	247031	27	江西	2549	6534
12	四川	15870	88554	28	内蒙古	2433	13517
13	天津	11314	67081	29	宁夏	1589	6651
14	黑龙江	10274	36211	30	吉林	874	6428
15	云南	9071	36382	合计		505647	2156407
16	湖北	8424	26299				

表 3　2013 年新增泊位排名前 10 位的城市

城市	新增泊位（个）	占全部新增泊位比例（%）
西安	44714	8.8
合肥	32092	6.3
上海	21363	4.2
太原	21275	4.2
南京	21133	4.2
杭州	19054	3.8
北京	17943	3.5
郑州	17497	3.5
成都	12653	2.5
广州	11750	2.3
其他城市	286173	56.6
合计	505647	100

2013 年国内已建机械式停车设备的城市继续增加。全国有 30 个省、市、自治区共 239 个城市新建车库，比 2012 年（231 个城市）增加了 8 个城市；在 239 个城市中，有 52 个城市是新增城市，在新增城市中有 31 个是县级市。

52 个新增城市，共建设机械式泊位 13414 个，占 2013 年全国新增机械式泊位总数的 2.6%。

泊位数排名前 10 位的省、自治区和直辖市，新增泊位数占 2013 年泊位总数的 73.5%，其余 20 个省、自治区、直辖市占 26.5%。

泊位数排名前 10 位的城市，新增泊位数占 2013 年新增泊位总数的 43.4 %，其他 229 个城市的新增泊位数占 2013 年新增泊位总数的 56.6%。

2. 2013 年机械式停车设备类别比较

2013 年机械式停车设备（泊位）类型分布见表 4。

2012—2013 年新增机械式停车库分类项目数见表 5。

2012—2013 年升降横移类停车库规模见表 6。

表4 2013年机械式停车设备（泊位）类型分布

类别	新增泊位（个）	拥有泊位（个）	占新增总数的比例(%)
升降横移类（PSH）	433835	1866618	85.8
简易升降类（PJS）	33053	124934	6.5
平面移动类（PPY）	25018	88680	4.9
垂直升降类（PCS）	7276	32731	1.4
巷道堆垛类（PXD）	5712	36585	1.1
多层循环类（PDX）	405	2162	0.1
垂直循环类（PCX）	348	4360	0.1
水平循环类（PSX）	0	337	
合计	505647		100
汽车专用升降机	34	533	

表5 2012—2013年新增机械式停车库分类项目数 （单位：个）

车库类型	PSH	PJS	PPY	PXD	PCS	PCX	PDX	PQS
2012年	1244	209	70	40	56	5	2	13
2013年	1468	160	90	29	56	4	5	20
同比增长（%）	18	23.4	28.6	−27.5	0	−20	150	53.8

表6 2012—2013年升降横移类停车库规模 （单位：个）

车库规模（泊位数）	＞1000	500～100	100～500	＜100
2012年项目数	32	147	739	326
2013年项目数	58	204	1059	491

2013年，汽车升降机（PQS）共有20个项目，销售额为1098.10万元。

升降横移类车库按层数统计，2层的车库项目占多数，共994个项目、327763个泊位，占升降横移类新增泊位总数的75.6%

升降横移类车库按规模统计，超过1000个泊位数的有58个项目，同比增长81.3%；500到1000个泊位数的有204个项目，同比增长38.8%；100到500个泊位数的有1059个项目，同比增长43.3%，100个泊位数以下的有491个项目，同比增长了50.6%。

3. 车库用户情况

2013年新增机械式停车库使用情况见表7。2009—2013年机械式停车库用户增长情况见图1。

表7 2013年新增机械式停车库使用情况

用户类型	车库（个）	泊位（个）	占新增总数的比例(%)
住宅小区	1040	344171	68.1
公共配套	359	88783	17.5
单位自用	413	72693	14.4
合计	1812	505647	100

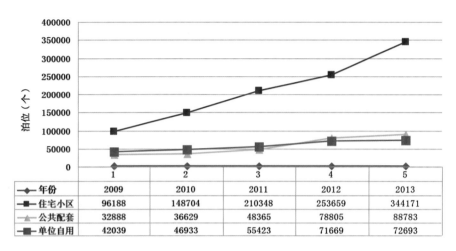

年份	2009	2010	2011	2012	2013
住宅小区	96188	148704	210348	253659	344171
公共配套	32888	36629	48365	78805	88783
单位自用	42039	46933	55423	71669	72693

图1 2009—2013年车库用户增长情况

2013年从机械式车库用户类别来看，住宅小区配建车库新建泊位344171个，占新增泊位总数的68.1%，比2012年增加90512个泊位，同比增长35.7%。住宅小区配建车库采用最多的库型是升降横移类，共有302597个泊位，占小区车库总数的81.57%；其次是简易升降类，共有21841个泊位，占小区车库总数的6.35%。

公共配套车库新建机械式泊位88783个，占泊位总数的17.5%。比2012年增加9978个泊位，同比增长12.7%。公共配套车库采用最多的库型是升降横移类，共有70909个泊位，占公共配套总数的79.9%；其次是平面移动类，共有9692个泊位，占公共配套总数的10.9%。

单位自用车库新建机械式泊位72693个，占泊位总数的14.4%，同比增长1.4%。单位自用车库采用最多的库型是升降横移类，共有60329个泊位，占自用车库总数的82.9%；其次是平面移动类，共有7715个泊位，占自用车库总数的10.6%。

4. 机械式停车设备出口情况

2013年机械式停车设备出口区域见表8。2012—2013年出口设备类型比较见表9。

表8 2013年机械式停车设备出口区域

出口地区	出口泊位（个）
亚洲	8 407
美洲	9 873
欧洲	4 914
大洋洲	438
总计	23 632

表9 2012—2013年出口设备类型比较

设备类型	项目（个）		泊位（个）	
	2012年	2013年	2012年	2013年
PSH	52	39	11464	7100
PJS	24	36	7724	11059
PPY	17	13	2626	4344
PCS	12	2	999	167
PCX	1	4	80	184
PXD	1	3	85	778
小计	107	97	22978	23632
PQS	0	1	0	5（台）
合计	107	98	22978	

2013年共出口到27个国家和地区，出口项目98个，出口泊位总数23632个，出口总额为69531.64万元。

二、机械式停车设备国内销售排名情况

2013年，国内销售10强企业（按企业名称首字母排序）：北京航天汇信科技有限公司、杭州西子石川岛停车设备有限公司、杭州友佳精密机械有限公司、山东莱钢泰达车库有限公司、上海赐宝停车设备制造有限公司、深圳市伟创自动化设备有限公司、深圳怡丰自动化科技有限公司、唐山通宝停车设备有限公司、潍坊大洋自动泊车设备有限公司、许昌许继停车系统有限公司。以上10家企业的国内销售额总计538052.52万元，占上报企业国内销售总额的57.2%；安装泊位数285799个，占国内新增泊位的56.5%。

三、机械式停车设备统计数据汇总

国内现有八大类型机械式停车库已建成泊位中，升降横移类泊位占86.56%，其次是简易升降类，占

5.79%，平面移动类占 4.11%，巷道堆垛类占 1.70%，垂直升降类占 1.52%，垂直循环类占 0.20%，多层循环类占 0.10%，水平循环类占 0.02%。2003—2013 年主要类型泊位增长情况见表 10。

表 10　2003—2013 年主要停车库类型的泊位增长情况　　（单位：个）

设备类型	2003 年	2004 年	2005 年	2006 年	2007 年	2008 年	2009 年	2010 年	2011 年	2012 年	2013 年
升降横移类	29664	45194	60613	77495	106280	112248	151998	199389	272274	343839	433835
简易升降类	982	2203	2236	3554	5546	5000	6764	13679	21036	28684	33053
巷道堆垛类	528	883	978	1247	1910	1858	3460	4318	4678	6793	5712
平面移动类	1013	1505	1774	2751	3458	4141	6241	12467	11970	17523	25018
垂直升降类	1028	992	1327	1598	1415	2071	2195	2043	3424	6446	7276

四、历年销售总额增长情况

2013 年国内销售总额比 2012 年增长 23.5%。2013 年国内外销售总额为 1010785.02 万元，比 2012 年增长 23.5%。历年国内销售总额增长情况见图 2。历年国内、外销售额增长情况见图 3。

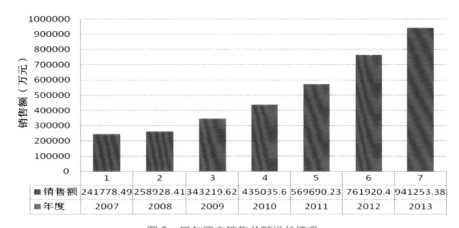

■销售额	241778.49	258928.41	343219.62	435035.6	569690.23	761920.4	941253.38
■年度	2007	2008	2009	2010	2011	2012	2013

图 2　历年国内销售总额增长情况

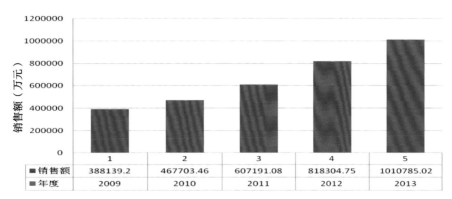

■销售额	388139.2	467703.46	607191.08	818304.75	1010785.02
■年度	2009	2010	2011	2012	2013

图 3　历年国内、外销售额增长情况

统计数据表明，2013 年我国停车设备市场可以说是产销两旺，整个行业依然保持了较为平稳的发展趋势，全国有 30 个省、市、自治区的 239 个城市新建机械式车库，新增车库项目 1812 个，新增泊位数 505647 个，国内销售总额同比增长 23.5%。虽然各项经济指标的增速放缓，但行业总体发展相对平稳。随着我国继续加快城镇化发展进程和各级政府在治理城市静态交通环境的进一步深入，机械式停车设备还将有一个持续稳定的发展阶段和广阔空间。

注：统计范围为国内已取得机械式停车设备制造许可证的所有会员单位和部分非会员单位。

统计对象为 2013 年 1 月至 2013 年 12 月底前安装的车库项目（包括 12 月底前入场安装但未完成的项目）。

因四舍五入，合计数有微小出入。

2012 年机械式停车设备行业统计分析

一、基本情况

2012 年，国内新增机械式车库项目 1626 个，同比增长 22.9%；新增机械式泊位 404133 个，同比增长 28.6%；国内销售总额（包括汽车升降机）761920.40 万元，同比增长 33.7%；出口泊位 22978 个，出口泊位较 2011 年增加 9268 个，同比增长 67.6%；出口额 56384.35 万元，同比增长 50.4%。2011—2012 年主要经济指标完成情况见表 1。

表 1　2011—2012 年主要经济指标完成情况

指标名称	车库项目（个）	泊位（个）	国内销售总额（万元）	出口泊位（个）	出口额（万元）
2011 年	1323	314136	569690.23	13710	37500.85
2012 年	1626	404133	761920.40	22978	56384.35
同比增长（%）	22.9	28.6	33.7	67.6	50.4

1. 机械式停车库区域分布

2012 年机械式停车泊位区域分布见表 2。其中，排名前 10 位的地区新增泊位为 283974 个，占全部新增泊位的 70.3%。新增泊位排名前 10 位的城市见表 3。

表 2　2012 年机械式停车泊位区域分布　（单位：个）

序号	地区	新增泊位	拥有泊位	序号	地区	新增泊位	拥有泊位
1	江苏	46922	191729	17	广西	6675	17998
2	浙江	38325	172730	18	贵州	5523	18942
3	陕西	34279	97054	19	福建	4983	16732
4	广东	26526	105661	20	新疆	4736	10076
5	山西	26136	115317	21	湖南	4610	12477
6	安徽	25884	76716	22	海南	4235	8916
7	山东	23820	97572	23	内蒙古	3949	11084
8	上海	21835	129591	24	辽宁	3348	17881
9	北京	20240	229088	25	甘肃	2965	5969
10	天津	20007	55767	26	江西	2133	3985
11	四川	19634	72684	27	宁夏	2121	5062
12	河南	13758	41481	28	重庆	1920	12900
13	河北	13303	41039	29	青海	1407	5632
14	云南	8953	27311	30	吉林	1211	5554
15	湖北	7850	17875	合计		404133	1650760
16	黑龙江	6845	25937				

表 3　新增泊位排名前 10 位的城市

城市	新增泊位（个）	占全部泊位比例 (%)	城市	新增泊位（个）	占全部泊位比例 (%)
西安	24839	6.1	南京	17161	4.2
上海	21835	5.4	太原	17010	4.2
合肥	21277	5.3	杭州	15049	3.7
北京	20240	5.0	宁波	9118	2.3
天津	20007	5.0	合计	183700	45.5
成都	17164	4.3	其他城市合计	220433	54.5

2012 年，国内已建机械式停车设备的城市继续增加。全国共 231 个城市新建车库，比 2011 年（190个城市）增加了 41 个城市。在 231 个城市中，有66 个城市是新增城市，在新增城市中有 32 个是县级城市。

66 个新增城市共建设泊机械式位 15403 个，占2012 年全国新增机械式泊位总数的 3.8%，同比减少

0.4%。2011 年新增城市是 53 个，建设泊位占新增泊位总数的 4.2%。

2. 机械式停车设备类别比较

2012 年新增机械式停车设备（泊位）类型分布见表 4。2011—2012 年各类型新增机械式停车设备项目数比较见表 5。2011—2012 年升降横移类机械式停车设备不同车库规模项目数比较见表 6。

表 4　2012 年新增机械式停车设备（泊位）类型分布

设备类型	新增泊位（个）	占新增总数的比例 (%)	拥有泊位（个）
升降横移类（PSH）	343839	85.1	1432783
简易升降类（PJS）	28684	7.1	91881
平面移动类（PPY）	17523	4.3	63662
巷道堆垛类（PXD）	6793	1.7	30873
垂直升降类（PCS）	6446	1.6	25455
垂直循环类（PCX）	578	0.1	4012
多层循环类（PDX）	270	0.1	1757
水平循环类（PSX）	0		337
小计	404133	100	
汽车专用升降机 PQS	30		499

表 5　2011—2012 年各类型新增机械式停车设备项目数比较　　　　（单位：个）

设备类型	PSH	PJS	PPY	PXD	PCS	PCX	PDX	PQS
2012 年	1244	209	70	40	56	5	2	13
2011 年	1096	117	43	29	28	3	7	33
同比增长（%）	13.5	78.6	62.8	37.9	100	66.7	−71.4	−60.6

表 6　2011—2012 年升降横移类机械式停车设备不同车库规模项目数比较　　　　（单位：个）

车库规模	> 1000	500 ~ 100	100 ~ 500	< 100
2012 年	32	147	739	326
2011 年	21	83	658	334

2012 年，汽车升降机（PQS）共有 13 个项目，销售额共 914.18 万元。

升降横移类按层数统计，2 层的项目占多数，共 834 个项目、260233 个泊位，占升降横移类泊位总数的 75.7%。按车库规模统计，泊位超过 1000 个的项目，同比增长 52.4%；泊位 500 ~ 1000 个的项目，同比增长 77.1%；泊位 100 ~ 500 个的项目，同比增长 12.3%；泊位 100 个以下的项目，同比减少 2.4%。

3. 车库用户类型情况

2012 年新增机械车库用户类型比较见表 7。

2006—2012 年车库（泊位）用户增长趋势见图 1。

表 7　2012 年新增机械车库用户类型比较

用户类型	车库（个）	泊位（个）	占新增泊位的比例（%）
住宅小区	888	253659	62.8
公共配套	312	78805	19.5
单位自用	426	71669	17.7
合计	1626	404133	100

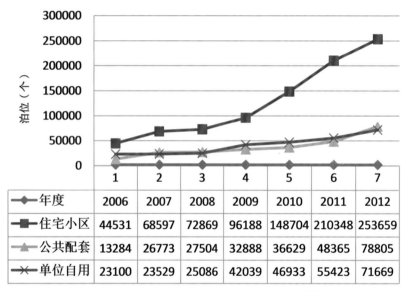

年度	2006	2007	2008	2009	2010	2011	2012
住宅小区	44531	68597	72869	96188	148704	210348	253659
公共配套	13284	26773	27504	32888	36629	48365	78805
单位自用	23100	23529	25086	42039	46933	55423	71669

图 1　2006—2012 年车库（泊位）用户增长趋势

住宅小区新建机械式泊位 253659 个，占新增泊位总数的 62.8%，比 2011 年增加 43311 个泊位，同比增长 20.6%。住宅小区采用最多的库型是升降横移类，共有 219135 个泊位，占小区泊位总数的 86.4%；其次是简易升降类，共有 21841 个泊位，占小区泊位总数的 8.6%。

公共配套车库新建机械式泊位 78805 个，占泊位总数的 19.5%，比 2011 年增加 30440 个泊位，同比增长 62.9%。公共配套车库采用最多的类型是升降横移类，共有 64827 个泊位，占公共配套泊位总数的 82.3%；其次是平面移动类，共有 3596 个泊位，占公共配套泊位总数的 4.6%。

单位自用车库新建机械式泊位 71669 个，占泊位总数的 17.7%，同比增长 29.3%。单位自用车库采用最多的类型是升降横移类，共有 59877 个泊位，占自用车库泊位总数的 83.5%；其次是平面移动类，共有 5735 个泊位，占自用车库泊位总数的 8.0%。

4. 机械式停车设备出口情况

2012 年机械式停车设备出口区域比较见表 8。2012 年出口设备类型统计见表 9。

表8　2012年机械式停车设备出口区域比较

出口区域	出口泊位（个）	出口金额（万元）
亚洲	10027	30080.83
美洲	5565	11423.95
欧洲	5405	9738.74
大洋洲	1623	4185.26
非洲	358	955.57
总计	22978	56384.35

表9　　2012年出口设备类型统计

设备类型	项目（个）	泊位（个）	销售额（万元）
PSH	52	11464	24565.31
PJS	24	7724	11640.70
PPY	17	2626	14002.37
PCS	12	999	5443.77
PCX	1	80	346.40
PXD	1	85	358.80
小计	107	22978	56384.35

2012年机械式停车设备共出口到31个国家和地区，出口项目107个，出口泊位22978个，出口总额为56384.35万元。

2012年升降横移类是出口项目和出口泊位最多的类型，分别为52个项目、11464个泊位。其次是简易升降类，分别为24个项目、7724个泊位。平面移动类出口17个项目，泊位数为2626个。其他类型车库出口比例较小。

5.机械式停车设备主要类型国内销售价格情况

2012年，升降横移类、垂直升降类、简易升降类、多层循环类、垂直循环类和汽车升降机类设备平均销售价格较2011年增长1.9%~8.4%，其中汽车升降机类涨幅较大，同比增长8.4%。

两层升降横移类设备的平均价格比2011年同比增长1.9%。多层升降横移类的价格与2011年基本持平。

二、机械式停车设备国内销售排名情况

2012年，国内销售额（含汽车升降机）排名前15位的企业：杭州西子石川岛停车设备有限公司、深圳怡丰自动化科技有限公司、潍坊大洋自动泊车设备有限公司、唐山通宝停车设备有限公司、北京航天汇信科技有限公司、深圳市伟创自动化设备有限公司、山东莱钢泰达车库有限公司、许昌许继停车系统有限公司、山东天辰智能停车设备有限公司、上海赐宝停车设备制造有限公司、杭州友佳精密机械有限公司、北京大兆新元停车设备有限公司、江苏启良停车设备有限公司、浙江子华停车设备有限公司和上海天地岛川停车设备制造有限公司。

以上15家企业的国内销售额达524011.27万元，占上报企业国内销售总额的68.9%，所安装的机械式泊位达275768个，占国内新增机械式泊位的68.2%，其余企业的国内销售额和所安装的机械式泊位分别占31.1%和31.8%。

三、机械式停车设备主要类型泊位增长情况

现有八大类型机械式停车设备已建成泊位中，升降横移类占86.8%，简易升降类占5.57%，平面移动类占3.86%，巷道堆垛类占1.87%，垂直升降类占1.54%，垂直循环类占0.24%，多层循环类占0.11%，水平循环类占0.02%。

2003—2012年主要类型停车泊位增长情况见表10。2012年升降横移类车库新增项目1244个，同比增加148个；新增泊位343839个，同比增长26.3%。简易升降类车库新增项目209个，同比增加92个；新增泊位28684个，同比增长36.4%。巷道堆垛类车库新增项目40个，同比增加11个；新增泊位6793个，同比增长42.5%。平面移动类车库新增项目70个，同比增加26个；新增泊位17523个，同比增长46.4%。

表 10　2003—2012 年主要停车库类型的泊位增长情况　　（单位：个）

设备类型	2003 年	2004 年	2005 年	2006 年	2007 年	2008 年	2009 年	2010 年	2011 年	2012 年
升降横移类	29664	45194	60613	77495	106280	112248	151998	199389	272274	343839
简易升降类	982	2203	2236	3554	5546	5000	6764	13679	21036	28684
巷道堆垛类	528	883	978	1247	1910	1858	3460	4318	4678	6793
平面移动类	1013	1505	1774	2751	3458	4141	6241	12467	11970	17523
垂直升降类	1028	992	1327	1598	1415	2071	2195	2043	3424	6446

2012 年垂直升降类新增项目 56 个，同比增加 28 个；新增泊位 6446 个，同比增长 88.3%。

四、销售总额增长趋势

2012 年国内销售总额为 761920.4 万元，比 2011 年增加 192230.17 万元，同比增长 33.7%。

2007—2012 年国内销售总额增长趋势见图 2。2012 年国内外销售总额为 818304.75 万元，比 2011 年增加 211113.67 万元，同比增长 34.8%。2007—2012 年国内、外、销售额增长趋势见图 3。

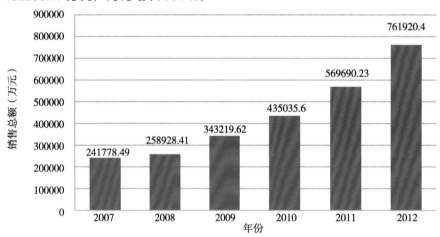

图 2　2007—2012 年国内销售总额增长趋势

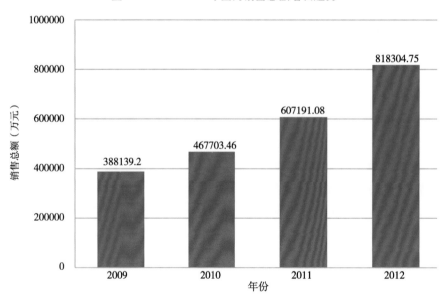

图 3　2007—2012 年国内外销售额增长趋势

2012 年，停车行业在诸多不利因素的影响下，呈现了平稳增长势头，各项经济指标再创历史新高。全国共 231 个城市新建机械式停车库，新增车库项目 1626 个，国内销售总额同比增长 33.7%，其增长速度在机械制造业中走在了前列。

注：统计范围为国内已取得机械式停车设备制造许可证的所有会员单位和部分非会员单位，其中 70 家企业填报了业绩。部分有业绩但没有报表的非会员企业，其业绩总量不大，基本不影响本次行业统计的结果。

统计对象为 2012 年 1—12 月底前安装的车库项目（包括 12 月底前入场安装但未完成的项目）。因四舍五入，合计数有微小出入。

2011 年机械式停车设备行业统计分析

一、基本情况

截至 2011 年年底，国内取得机械式停车设备制造许可的企业共有 146 家，其中有 34 家是 2011 年新申请的企业；3 家企业退出。2011 年取证企业分布情况见表 1。

表 1　2011 年取证企业分布情况

地区	江苏	上海	山东	浙江	广东	北京	安徽	天津	辽宁	河南	陕西	河北	广西	四川	福建	湖北	湖南	甘肃	山西	云南
企业（家）	20	19	19	17	12	10	7	6	6	5	5	4	3	3	3	2	2	1	1	1

注：1. 统计对象为国内已取得机械式停车设备制造许可资质的 70 家企业，其中有 63 家报有业绩，占统计企业总数的 90%。

2. 统计范围是 2011 年 1 月至 12 月底前安装的车库项目（包括 12 月底前入场安装但未完成的项目）。

2011 年国内新增机械式停车库项目 1323 个，同比增长 15.3%；新增机械式泊位 314136 个，同比增长 35.2%；国内销售总额（包括汽车升降机）569690.23 万元，同比增长 31.0%；出口机械式泊位 13710 个，出口泊位数较 2010 年增加 334 个，同比增长 2.5%；出口总额（包括汽车升降机、配件）37500.85 万元，同比增长 14.8%。2010—2011 行业主要经济指标完成情况见表 2。

表 2　2010—2011 行业主要经济指标完成情况

指标名称	新增车库项目（个）	新增泊位（个）	国内销售总额（万元）	出口泊位（个）	出口额（万元）
2011 年	1323	314136	569690.23	13710	37500.85
2010 年	1147	232266	435035.6	13376	32667.86
同比增长（%）	15.3	35.2	31.0	2.5	14.8

1. 机械式停车库区域分布

2011 年机械式停车库（泊位）区域分布见表 3。

表 3　2011 年机械式停车库（泊位）区域分布　　　　（单位：个）

序号	地区	新增泊位	拥有泊位	序号	地区	新增泊位	拥有泊位
1	江苏	38163	144807	17	湖北	4904	10025
2	浙江	29817	134405	18	福建	3690	11749
3	陕西	29354	62775	19	辽宁	2971	14533
4	安徽	22974	50832	20	新疆	2610	5340
5	山东	21872	73752	21	湖南	2550	7867
6	北京	21846	208848	22	广西	2497	11323
7	山西	20820	89181	23	青海	2452	4225
8	广东	14176	79135	24	海南	2423	4681
9	四川	13401	53050	25	宁夏	2328	2941
10	上海	12594	107756	26	重庆	1683	10980
11	河南	10989	27723	27	吉林	1664	4343
12	云南	10881	18358	28	甘肃	1608	3004
13	河北	10294	27736	29	内蒙古	1602	7135
14	天津	10192	35760	30	江西	399	1852
15	黑龙江	6815	19092	合计		314136	1246627
16	贵州	6567	13419				

2011 年新增泊位排名前 10 位地区的泊位总数 225017 个，占全部新增泊位总数的 71.6%。2011 年新增泊位排名前 10 位的城市见表 4。

表 4　2011 年新增泊位排名前 10 位的城市

城市	新增泊位（个）	占新增泊位总数比例（%）	城市	新增泊位（个）	占新增泊位总数比例（%）
西安	23296	7.4	昆明	10807	3.4
北京	21846	6.9	南京	10625	3.4
合肥	20197	6.4	杭州	10584	3.3
太原	15005	4.8	天津	10192	3.2
上海	12594	4.0	合计	146802	46.7
成都	11656	3.7	其他城市合计	167334	53.3

2011 年，国内新建机械式停车库的城市继续增加。全国共有 190 个城市新建车库，比 2010 年（160 个城市）增加了 30 个城市；在 190 个城市中，有 53 个城市是新增城市，其中有 31 个县级城市。在 53 个新增城市中，新建泊位 13042 个，占 2011 年新增泊位总数的 4.2%。

新增泊位数排名前 10 位城市的新增泊位总数占 2011 年总数的 46.7 %，其他 180 个城市的泊位数占 53.3%。

2. 机械式停车设备类别比较

2011 年机械式停车库（泊位）类型分布见表 5。

表 5 2011 年机械式停车库（泊位）类型分布

序号	设备类型	新增泊位（个）	占新增总泊位数比例（%）	拥有泊位（个）
1	升降横移类	272274	86.7	1088944
2	简易升降类	21036	6.7	63197
3	巷道堆垛类	4678	1.5	24080
4	垂直升降类	3424	1.1	19009
5	平面移动类	11970	3.8	46139
6	垂直循环类	360	0.1	3434
7	多层循环类	394	0.1	1487
8	水平循环类	0	0	337
9	汽车专用升降机	58 台		469

在表 5 的九大类车库类型中，除水平循环类没有安装业绩以外，2011 年共有八大车库类型完成安装。

升降横移类按车库层数计，2 ~ 3 层的车库项目占多数。2 层车库共 756 个项目、214367 个泊位，占升降横移类泊位总数的 78.7%；3 层车库共 204 个项目、40616 个泊位，占升降横移类泊位总数的 14.9%。二者占升降横移类泊位总数的 93.6%。

升降横移类按车库规模计，泊位超过 1000 个的有 21 个项目，500 ~ 1000 个的有 83 个项目，100 ~ 500 个的有 658 个项目，100 个以下的有 334 个项目。

2011 年，汽车升降机（PQS）项目共有 33 个、58 台，销售额共 1629.22 万元。

3. 机械式停车库用户情况

2011 年新增机械式停车库用户类型见表 6。2006—2011 年机械式停车库用户类型增势见图 1。

表 6 2011 年新增机械式停车库用户类型比较

用户类型	项目（个）	泊位项目（个）	占新增泊位总数比例（%）
住宅小区	715	210348	67.0%
公共配套	225	48365	15.4%
单位自用	383	55423	17.6%
合计	1323	314136	

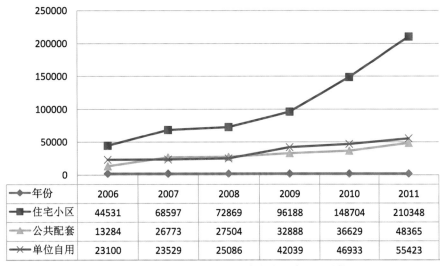

年份	2006	2007	2008	2009	2010	2011
住宅小区	44531	68597	72869	96188	148704	210348
公共配套	13284	26773	27504	32888	36629	48365
单位自用	23100	23529	25086	42039	46933	55423

图 1 2006—2011 年机械式停车库用户类型增势

从车库用户类型来看，住宅小区配建车库新建泊位210348个，占泊位总数的67.0%，比2010年增加61644个泊位，同比增长41.5%。住宅小区配建车库采用最多的库型是升降横移类，共有183989个泊位，占小区车库总数的87.5%；其次是简易升降类，共有17114个泊位，占小区车库总数的8.1%。

公共配套车库新建泊位48365个，占泊位总数的15.4%。比2010年增加11736个泊位，同比增长32.0%。公共配套车库采用最多的库型是升降横移类，共有40184个泊位，占公共配套总数的83.1%；其次是平面移动类，共有2680个泊位，占公共配套总数的5.5%。

单位自用车库新建泊位55423个，占泊位总数的17.6%，同比增长18.1%。单位自用车库采用最多的库型是升降横移类，共有48101个泊位，占单位自用

车库总数的86.8%；其次是平面移动类，共有3407个泊位，占单位自用车库总数的6.1%。

4. 机械式停车设备出口情况

2011年机械式停车库（泊位）出口区域见表7。2011年机械式停车设备出口类型见表8。

表7　2011年机械式停车库（泊位）出口区域

出口地区	出口泊位（个）	出口金额（万元）
亚洲	5896	18284.37
美洲	2392	5059.71
欧洲	3533	9056.14
大洋洲	521	2440.65
非洲	1360	2352
总计	13702	37192.87

表8　2011年机械式停车设备出口类型

设备类型	出口国家（个）	项目（个）	泊位（个）	销售额（万元）
PCS	4	9	524	1890.74
PCX	2	2	108	466.20
PSH	19	46	7827	16362.49
PJS	16	32	2106	3418.66
PPY	5	7	3137	15054.78
小计		96	13702	37192.87
PQS	1	1		238.95
配件	2	5		69.04
总计	30	102	13702	37500.85

2011年共出口到30个国家和地区，包括汽车升降机和配件出口总额为37500.85万元。

2011年升降横移类是出口国家和出口泊位最多的类型，其次是简易升降类。平面移动类虽然出口只有5个国家，但泊位达到3137个，其他类型车库出口比例较小。

二、机械式停车设备主要类型国内销售价格情况

2011年，垂直升降类、简易升降类、巷道堆垛类和垂直循环类设备销售平均价格较2010年同比增长3.2%~13.6%，其中垂直升降类涨幅较大，同比增长13.6%。

两层的升降横移类平均价格比2010年略有下降。5层的平均价格比2010年同比增长了3%。3~4层的车库价格和2010年基本持平。

三、机械式停车设备国内销售排名情况

2011年，国内销售额（含汽车升降机）排名前15位的企业：杭州西子石川岛停车设备有限公司、深圳怡丰自动化科技有限公司、唐山通宝停车设备有限公司、潍坊大洋自动泊车设备有限公司、北京航天汇信科技有限公司、山东莱钢泰达车库有限公司、许昌许继停车系统有限公司、山东天辰智能停车设备有限公司、北京大兆新元停车设备有限公司、上海赐宝停车设备制造有限

公司、杭州友佳精密机械有限公司、浙江新艾耐特停车设备有限公司、上海天地岛川停车设备制造有限公司、深圳市伟创自动化设备有限公司和北京鑫华源机械制造有限责任公司。

以上 15 家企业的国内销售额达 434976.80 万元，占上报企业国内销售总额的 76.4%，所安装的泊位达 235266 个，占国内新增泊位的 74.9%。其余企业的国内销售额和所安装的泊位分别占 23.6% 和 25.1%。

四、主要类型机械式停车设备增长趋势

国内现有八大类型机械式停车库的已建成泊位中，升降横移类占 87.35%，其次是简易升降类，占 5.07%，垂直升降类占 3.70%，平面移动类占 1.93%，巷道堆垛类占 1.52%，垂直升降类占 0.28%，多层循环类占 0.12%，水平循环类占 0.03%。

2011 年，升降横移类车库新增项目 1096 个，比上年增加 137 个，新增泊位 272274 个，同比增长 36.6%。自 2003 年以来，年平均增长率为 32.5%。

简易升降类车库新增项目 117 个，同比增加 22 个；新增泊位 21036 个，同比增长 53.8%，自 2003 年以来，年平均增长速度为 52.8%。巷道堆垛类车库新增项目 29 个，同比增加 6 个；新增泊位 4678 个，同比增长 8.3%。自 2003 年以来，年平均增长率为 34.4%。平面移动类车库新增项目 43 个，新增泊位 11970 个，同比减少 4.0%。自 2003 年以来，年平均增长率为 39.2%。垂直升降类车库新增项目 28 个，同比增加 4 个；新增泊位 3424 个，同比增长 67.6%，自 2003 年以来，平均年增长率为 19.0%。

2003—2011 年主要停车库类型的泊位增长情况见表 9。

表 9　2003—2011 年主要停车库类型的泊位增长情况　　　　　　　　　　　　（单位：个）

设备类型	2003 年	2004 年	2005 年	2006 年	2007 年	2008 年	2009 年	2010 年	2011 年
升降横移类	29664	45194	60613	77495	106280	112248	151998	199389	272274
简易升降类	982	2203	2236	3554	5546	5000	6764	13679	21036
巷道堆垛类	528	883	978	1247	1910	1858	3460	4318	4678
平面移动类	1013	1505	1774	2751	3458	4141	6241	12467	11970
垂直升降类	1028	992	1327	1598	1415	2071	2195	2043	3424

五、历年销售总额增长情况

2007—2011 年销售总额增长情况见图 2。2011 年国内销售总额比上年增加 134654.63 万元，同比增长 31.0%。2007—2011 年国内外销售总额增长情况见图 3。

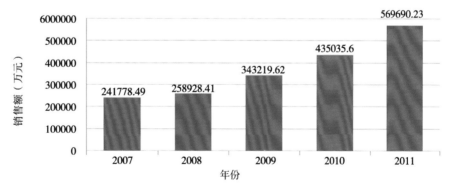

图 2　2007—2011 年国内销售总额增长情况

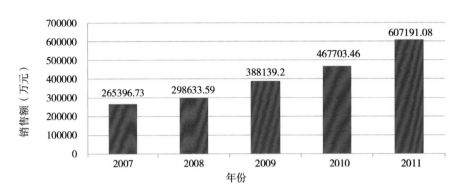

图 3　2007—2011 年国内外销售总额增长情况

2011 年国内外销售总额比上年增加 139487.62 万元，同比增长 29.8%。

2011 年，是国家"十二五"发展规划的开局之年，停车设备行业各项经济指标再创历史新高，行业发展达到了一个新的高度。

2012 年，虽然我国房地产行业在政府长期持续调控政策的影响下，发展的速度会有所放缓，但各地政府为解决城市停车难题，相继出台了优惠停车政策，加大了公共停车配套设施的建设。因此，市场刚性需求仍然旺盛，还有很大发展空间，停车设备行业整体上仍将处于上升的发展趋势。

2010 年机械式停车设备行业统计分析

一、基本情况

截至 2010 年年底，国内取得机械式停车设备制造许可资质的企业共有 112 家，企业取证类别情况见表 1。1998—2010 年机械式停车库（泊位）区域分布见表 2。1998—2010 年机械式停车库（泊位）类型分布见表 3。

表 1　企业取证类别情况

设备类型	升降横移类(PSH)	简易升降类(PJS)	平面移动类(PPY)	巷道堆垛类(PXD)	垂直升降类(PCS)	多层循环类(PDX)	垂直循环类(PCX)	水平循环类(PSX)	汽车专用升降机(PQS)
企业数（家）	107	57	29	12	25	8	7	6	26

表2 1998—2010年机械式停车库（泊位）区域分布表 （单位：个）

序号	地区	1998—2006年 拥有量	2007年 新增量	2007年 拥有量	2008年 新增量	2008年 拥有量	2009年 新增量	2009年 拥有量	2010年 新增量	2010年 拥有量
1	北京	108451	31439	139890	19935	159825	14598	174423	12456	186879
2	上海	36191	13904	50095	13108	63203	13810	77013	18149	95162
3	天津	3191	3672	6863	4094	10957	7183	18140	7428	25568
4	重庆	2190	655	2845	1115	3960	2986	6946	2351	9297
5	广东	18461	9918	28379	5888	34267	10784	45051	19908	64959
6	广西	3313	618	3931	378	4309	960	5269	3557	8826
7	福建	1331	1577	2908	826	3734	1419	5153	2906	8859
8	江苏	28605	16181	44786	14840	59626	21529	81155	25489	106644
9	浙江	26363	12689	39052	13919	52971	23179	76150	28438	104588
10	山东	14944	7905	22849	7125	29974	9418	39392	12488	51880
11	黑龙江	3640	778	4418	1758	6176	1923	8099	4178	12277
12	辽宁	4987	738	5725	1966	7691	1533	9224	2338	11562
13	河北	2653	2123	4776	2831	7607	5200	12807	4635	17442
14	河南	2144	2220	4364	1927	6291	5795	12086	4771	16857
15	安徽	2643	1315	3958	5537	9495	7636	17131	10727	27858
16	江西	109	42	151	45	196	605	801	652	1453
17	湖北	1516	378	1894	364	2258	946	3204	1917	5121
18	湖南	798	120	918	910	1828	1422	3250	2067	5317
19	四川	4971	2239	7210	7940	15150	11493	26643	13006	39649
20	贵州	826	503	1329	0	1329	2718	4047	2805	6852
21	云南	576	0	576	312	888	1872	2760	4717	7477
22	山西	12198	6048	18246	14377	32623	14107	46730	21631	68361
23	陕西	3304	1501	4805	3159	7964	7119	15083	18338	33421
24	甘肃	113	360	473	0	473	145	618	778	1396
25	青海	13	0	13	258	271	140	411	1362	1773
26	新疆	176	28	204	388	592	280	872	1858	2730
27	吉林	1045	373	1418	762	2180	128	2308	371	2679
28	内蒙古	0	820	820	776	1596	1675	3271	2262	5533
29	海南	0	755	755	921	1676	512	2188	70	2258
30	宁夏	0	0	0	0	0	0	0	613	613
	合计	284752	118899	403651	125459	529110	171115	700225	232266	932491

表3 1998—2010 机械式停车库（泊位）类型分布 （单位：个）

序号	设备类型	1998—2006 年 拥有量	2007 年		2008 年		2009 年		2010 年	
			新增量	拥有量	新增量	拥有量	新增量	拥有量	新增量	拥有量
1	升降横移类	246755	106280	353035	112248	465283	151998	617281	199389	816670
2	简易升降类	11172	5546	16718	5000	21718	6764	28482	13679	42161
3	巷道堆垛类	7856	1910	9766	1858	11624	3460	15084	4318	19402
4	垂直升降类	7863	1415	9278	2071	11349	2193	13542	2043	15585
5	平面移动类	7862	3458	11320	4141	15461	6241	21702	12467	34169
6	垂直循环类	2441	0	2441	20	2461	265	2726	348	3074
7	多层循环类	608	290	898	121	1019	52	1071	22	1093
8	水平循环类	195	0	195	0	195	142	337	0	337
	小计	284752	118899	403651	125459	529110	171115	700225	232266	932491
9	汽车专用升降机类	228	52	280	61	341	37	378	33	411

二、统计分析

1. 基本情况

本次统计的企业共 71 家，占已取证企业总数的 63.4%，其中报有业绩的企业 55 家，占已取证企业总数的 49.1%。

2010 年国内新增机械式停车库项目 1147 个，同比增长 25.4%；新增机械泊位 232266 个，同比增长 35.7%；国内销售总额（包括汽车升降机）435035.6 万元，同比增长 26.7%；出口机械泊位 13376 个，出口额 32667.86 万元，较 2009 年分别下降 34.2% 和 27.3%。2009—2010 年行业主要经济指标比较见表 4。

表4 2009—2010 年行业主要经济指标比较

指标名称	新增车库项目（个）	新增泊位（个）	国内销售总额（万元）	出口泊位（个）	出口额（万元）
2010 年	1147	232266	435035.6	13376	32667.86
2009 年	915	171115	343219.62	20316	44919.58
同比增长（%）	25.4	35.7	26.7	−34.2	−27.3

注：统计范围是 2010 年 1—12 月底前安装的车库项目（包括 12 月底前入场安装但未完成的项目）。

2. 区域分布情况

新增泊位排名前 10 位的地区见表 5。新增泊位数排名前 10 位的城市见表 6。

表5 新增泊位排名前10位的地区

地区	新增泊位（个）	占全部泊位比例（%）
浙江	28438	12.24
江苏	25489	10.97
山西	21631	9.31
广东	19908	8.57
陕西	18338	7.90
上海	18149	7.81
四川	13006	5.6
山东	12488	5.38
北京	12456	5.36
安徽	10727	4.62
合计	180630	77.77
其他地区	51636	22.23

表6 新增泊位数排名前10位的城市

城市	新增泊位（个）	占全部泊位比例（%）
上海	18149	7.81
太原	15219	6.55
北京	12456	5.36
成都	10489	4.52
合肥	9746	4.20
广州	8182	3.52
天津	7428	3.20
南京	6782	2.92
杭州	6773	2.92
温州	6610	2.85
合计	101834	43.84
其他城市	130432	56.16

2010年，国内已建机械式停车设备的城市继续增加。全国共有160个城市新建车库，比2009年的138个城市增了22个。

3. 机械式停车设备类别比较

2010年新增机械式停车设备类别比较见表7。

表7 2010年新增机械式停车设备类别比较

类别	泊位（个）	比例（%）
升降横移类（PSH）	199389	85.85
简易升降类（PJS）	13679	5.89
平面移动类（PPY）	12467	5.37
巷道堆垛类（PXD）	4318	1.85
垂直升降类（PCS）	2043	0.88
垂直循环类（PCX）	348	0.15
多层循环类（PDX）	22	0.01

在现有九大类车库类型中（包括汽车升降机类），除水平循环类（PSX）没有安装业绩以外，2010年共有八大车库类型完成安装。其中升降横移类（PSH）共有959个车库，199389个泊位，占总数的85.85%。

从车库层数分析，升降横移类车库大部分是2～3层。2层车库数共639个，3层车库数共167个，二者占总数的84%。

从车库规模分析，超过1000个泊位数的升降横移类车库有17个，500～1000个泊位数的车库数有46个，500个泊位数以下的有896个。

升降横移类(PSH)车库是住宅小区首选采用的车库类型，其次是简易升降类(PJS)。

2010年新建了43个平面移动类车库，12467个泊位，比2009年（6241个）增加了6226个泊位，泊位数增幅高达99.76%。在2010年新建的43个平面移动类车库中，公共配套的车库项目21个，比2009年增加了14个项目。

2010年3种循环类车库中，垂直循环类（PCX）和多层循环类（PDX）分别安装了348个泊位和22个泊位，所占比例较少。

4. 车库用户情况

2010年新增机械车库用户情况见表8。2004—2010年车库用户使用情况比较见表9。

表8 2010年新增机械车库用户情况

使用性质	项目（个）	泊位（个）	占项目总数的比例（%）
住宅小区	600	148704	52.31
公共配套	209	36629	18.22
单位自用	338	46933	29.47
合计	1147	232266	

表 9　2004—2010 年车库（泊位长）用户使用情况比较　　　（单位：个）

年份	2004 年	2005 年	2006 年	2007 年	2008 年	2009 年	2010 年
单位自用	10803	13284	23100	23529	25086	42039	46933
公共配套	11161	11594	13284	26773	27504	32888	36629
住宅小区	29161	43442	44531	68597	72869	39188	148704

从历年车库用户使用情况来看，三类用户中住宅小区车库的增长幅度始终是最快的。

5. 车库出口情况

2010 年泊位出口区域比较见表 10。2010 年出口设备类型统计见表 11。

表 10　2010 年泊位出口区域比较

出口地区	出口泊位数（个）	出口金额（万元）	出口地区	出口泊位数（个）	出口金额（万元）
亚洲	3326	9929.60	大洋洲	2115	4493.39
美洲	3447	9508.78	非洲	454	1014.02
欧洲	4035	7722.07	总计	13377	32667.86

表 11　2010 年出口设备类型统计

设备类型	出口国家（个）	项目（个）	泊位（个）	销售额（万元）
PCS	2	3	207	889.44
PCX	2	2	448	1861.6
PSH	18	29	3930	11204.64
PJS	20	88	8723	16562.60
PPY	1	1	68	342.66
小计	43	123	13376	32667.86
PQS	1	1		25.40
配件	2	11		1781.52
总计	46	135	13376	32667.86

2010 年共出口到 30 个国家和地区，较 2009 年减少 12 个；出口额为 32667.86 万元，较 2009 年减少 12251.72 万元。出口自 2004 年以来首次出现 27.27% 下降。

出口设备类型统计数据表明，简易升降类（PJS）是出口国家和出口泊位数最多的类型，分别为 20 个国家、8723 个泊位。其次是升降横移类 (PSH)，其他类型车库出口比例较小。

6. 机械式停车设备国内销售排名情况

2010 年，国内销售额（含汽车升降机）排名前 15 位的企业：杭州西子石川岛停车设备有限公司、深圳怡丰自动化科技有限公司、唐山通宝停车设备有限公司、山东莱钢泰达车库有限公司、潍坊大洋自动泊车设备有

限公司、北京航天汇信科技有限公司、许昌许继停车系统有限公司、浙江新艾耐特停车设备有限公司、上海赐宝停车设备制造有限公司、上海天地岛川停车设备制造有限公司、杭州友佳精密机械有限公司、深圳伟创自动化设备有限公司、北京盛泰鸿铭机械制造有限公司、北京鑫华源机械制造有限责任公司和广州广日智能停车设备有限公司。

以上 15 家企业的国内销售额达 337199.5 万元，占上报企业国内销售总额的 77.51%，所安装的泊位数达 175913 个，占国内新增泊位的 75.74%，其余企业的国内销售额和所安装的泊位分别占 22.49% 和 24.26%。

7. 机械式停车设备统计数据汇总

升降横移类泊位占 87.58%，其次是简易升降类，

占 4.52%，平面移动类、巷道堆垛类、垂直升降类、多层循环类等车库类型所占比例虽然有上升趋势，但所占比例还是很少。历年建成机械式停车库泊位总数所占比例见图 1。

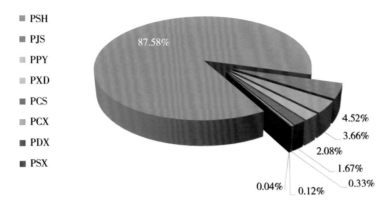

PSH
PJS
PPY
PXD
PCS
PCX
PDX
PSX

87.58%
4.52%
3.66%
2.08%
1.67%
0.33%
0.12%
0.04%

图 1　历年建成机械式停车库泊位总数所占比例

8. 2003—2010 年 8 年期间，主要类型停车库泊位增长情况

自 2003 年以来，升降横移类车库除了 2008 年是 5.6% 的增幅以外，其他年度的增长幅度都在 30% 左右。简易升降类车库 2010 年泊位增长幅度为 102%，是历年增幅最大的。科易升降类（PXD）车库增势见图 3。巷道堆垛类在 2008 年泊位出现小幅下降，其他年度的增长幅度平均在 20% 以上。平面移动类车库 2010 年泊位增幅达 99.76%，是除简易升降类以外增长幅度最大的。垂直升降类车库 2007 年出现 11% 的下滑，2010 年出现 7% 的下滑。2003—2010 年主要停车库类型的泊位增长情况见表 12。

2003—2010 年国内、外销售总额情况见图 2、图 3。

表 12　2003—2010 年主要停车库类型的泊位增长情况　　　　　（单位：个）

设备类型	2003 年	2004 年	2005 年	2006 年	2007 年	2008 年	2009 年	2010 年
升降横移类	29664	45194	60613	77495	106280	112248	151998	199389
简易升降类	982	2203	2236	3554	5546	5000	6764	13679
巷道堆垛类	528	883	978	1247	1910	1858	3460	4318
平面移动类	1013	1505	1774	2751	3458	4141	6241	12467
垂直升降类	1028	992	1327	1598	1415	2071	2195	2043

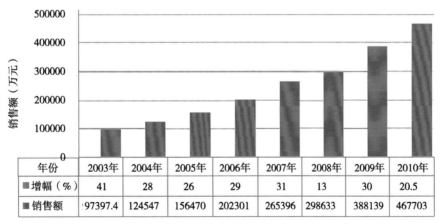

年份	2003年	2004年	2005年	2006年	2007年	2008年	2009年	2010年
增幅（%）	41	28	26	29	31	13	30	20.5
销售额	97397.4	124547	156470	202301	265396	298633	388139	467703

图 2　2003—2010 年国内、外销售额情况

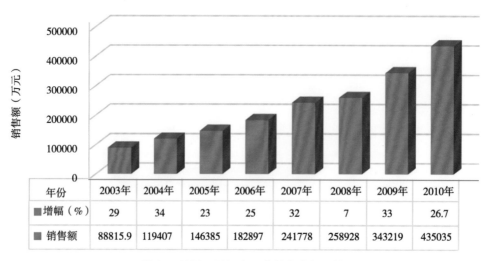

年份	2003年	2004年	2005年	2006年	2007年	2008年	2009年	2010年
■ 增幅（%）	29	34	23	25	32	7	33	26.7
■ 销售额	88815.9	119407	146385	182897	241778	258928	343219	435035

图3　2003—2010 年国内销售总额增势

行业大事记

30

1984-2018 年行业大事记

1984 年 —— 10 月 11 日 北京有色冶金设计研究总院开始研发机械式停车设备。

1986 年 —— 11 月 26 日 机械停车库模型首次在建设部主办的"全国城市建设成就展览会"上展出，展出单位是北京有色冶金设计研究总院。

1988 年 —— 12 月 28 日 我国首座机械式停车库在北京建成，该车库为二层升降横移类、68 个泊位，由北京有色冶金设计研究总院设计。

1992 年 —— 5 月 16 日 首座垂直循环类机械式停车库在北京建成，共 26 个泊位，由北京有色冶金设计研究总院设计。

1994 年 —— 首座汽车专用升降机停车设备在北京市被采用。上海市建设了首座垂直升降类（试验）停车库，共 40 个泊位。

1996 年 —— 6 月 18 日 中国建设机械协会停车及洗车场设备委员会成立，谢增益任主任委员。

1998 年 —— 8 月 5 日 首座多层循环类车库在天津市建成，共 24 个泊位，由北京恩菲停车设备集团承建。

首座垂直升降类停车库在上海市黄河路建成。

公安部、建设部联合发布《汽车库、修车库、停车场设计防火规范》。

国务院颁布《当前国家重点鼓励发展的产业、产品和技术目录》将城市立体停车场列入其中。

首座巷道堆垛类车库在深圳市建成，共计 186 个泊位。

机械工业部发布《机械式停车设备类别、参数、型式与基本参数》行业标准。

建设部发布《机械式停车场安全规范总则》。

中国首届国际停车设备展览在北京举办。

10 月 12 日 中国重型机械工业协会立体仓储及车库设备分会（中国重型机械工业协会停车设备工作委员会前身）成立，任伯淼当选首任会长，明艳华任秘书长。

1999 年 —— 国家机械工业局发布《升降横移类机械式停车设备》《简易升降类机械式停车设备》行业标准。

国家机械工业局机管〔1999〕501 号发布《关于进一步加强对停车设备行业管理工作的通知》，明确要求加强对机械式停车设备行业的管理工作。

2000 年 —— 国家机械工业局国机管〔2000〕295 号文批复中国重型机械工业协会停车设备管理委员会，同意对停车设备制造企业实施资质管理并出台《机械式停车设备制造企业资质评定办法》。

国家机械工业局发布《垂直循环类机械式停车设备》行业标准。

全国机械式停车泊位年增长突破 5000 个。建设机械式停车库的城市数量超过 30 个。

2001 年

中国加入世贸组织（WTO），全国机械式停车泊位增量突破 1 万个。

由中国重型机械工业协会停车设备管理委员会主编的《机械式立体停车库》正式出版。

2002 年

12 月 30 日 首座平面移动类机械式停车库在大连市建成，共 64 个泊位，由北京恩菲停车设备有限公司承建。

全国机械式停车新增泊位达到 24500 个，超过 1989 年以来历年累计泊位总量。

完成了停车设备工作委员会成立以来首次换届，任伯淼同志继任理事长，明艳华同志继任秘书长。

2003 年

国务院发布实施《特种设备安全监察条例》，机械式停车设备被正式纳入特种设备管理的范畴。

国家质检总局发布实施《机电类特种设备制造许可规则（试行）》（国质检锅 [2003]174 号）《机电类特种设备安装改造维修许可规则（试行）》（国质检锅 [2003]251 号）。

国家质检总局核准中国重型机械工业协会停车设备工作委员会为全国首家机械式停车设备制造、安装、改造、维修许可鉴定评审机构 。

2004 年

全国机械式停车泊位总数突破 10 万个，建设机械式停车库的城市数量达到 68 个。

国家发改委发布《巷道堆垛类机械式停车设备》《垂直升降类机械式停车设备》行业标准。

首届城市智能停车国际论坛在山东莱芜召开，会议期间停车设备工作委员会提议成立国际停车协会，得到韩国、日本、加拿大、澳大利亚和中国台湾等国家和地区的响应。

国家发改委《汽车产业发展政策》出台，提出：大力发展城市停车事业，搞好停车场所及设施的规划和建设，制定停车场用地政策、投资鼓励政策及相应标准，实现城市停车事业市场化、产业化。

2005 年

2004 年度机械式停车设备行业年会在海南省三亚市召开。

首座水平循环类车库在北京市建成。

在韩国召开的"国际停车协会年会"上，中国重型机械工业协会停车设备工作委员会做了题目为"加强国际合作，促进停车产业发展"的演讲，宣传了我国停车行业。通过国际交流，我国参会代表更加了解其他各国的停车产业发展水平，为增进国际合作起到了很好的作用。

第二届城市智能停车国际论坛在山东莱芜召开。

全国新增机械式停车泊位总数达到 67116 个。

2006 年

北京市机械式停车泊位总数突破 10 万个。

国家发改委发布《平面移动类机械式停车设备》《汽车专用升降机》行业标准。

国家建设部建科〔2006〕315 号《建设事业"十一五"重点推广技术领域》将地下停车库、多层停车楼和机械式停车库建设技术列入重点推广领域。

国家质检总局颁布 TSGQ7016-2006《机械式停车设备型式试验细则》。

2007 年

中国重型机械工业协会停车设备工作委员会举行第三届换届选举,明艳华当选为理事长,任伯淼任名誉理事长,龚建平任秘书长。

第三届城市智能停车国际论坛在山东莱芜举行。

全国新增机械式停车泊位突破 10 万个,达到 118899 个,至年底,全国选用机械式停车库的城市突破百个,达到 112 个城市。

国家质检总局颁布 TSGZ004-2007《特种设备制造安装改造维修质量保证体系基本要求》,TSGZ005-2007《特种设备制造安装改造维修许可鉴定评审细则》规范。

由公安部牵头组织的国家标准《汽车库、修车库、停车场设计防火规范》的修订工作启动,停车设备工作委员会参与其中机械式停车库部分的修订工作。

2008 年

由停车设备工作委员会与中国建筑标准设计研究院共同编制的《机械式汽车库建筑构造》(国家建筑标准设计图集 08J927-2)出版发行。

全国机械式停车泊位累计突破 50 万个。

编制了《停车设备销售标准合同》。

2009 年

12月30日 全国新增机械式停车泊位突破 17 万个,累计泊位总量突破 60 万个。

机械式停车设备专项列入国家进出口税收目录。

召开《起重机械安装改造重大维修监督检验规则》和《起重机械定期检验规则》的宣贯会。

成功举办"北京第十一届多国城市交通展览会暨国际停车设备展览会"和"城市静态交通发展研讨会"

编印了《全国城市停车场规划建设管理条例选编》。

2010 年

5月19日 国家住建部、公安部、发改委联合出台《关于城市停车设施规划建设及管理的指导意见》(建城〔2010〕74 号),提出"各地要根据城市经济社会的发展需求,近期着力解决停车设施供应不足、挪用停车设施和停车管理滞后的问题。充分利用地下空间资源,推动立体化停车设施的建设和管理"。

9月2日 "上海世博城市停车国际论坛暨国际停车协会年会"在上海展览中心举办。

2011 年

10 月 15 日 停车设备工作委员会企业自律委员会成立，共 27 家企业成为首批自律委员会会员，形成《潍坊公约》。

12 月 1 日 国家标准 GB 17907《机械式停车设备通用安全要求》、GB/T 26476《机械式停车设备术语》、GB/T 26559《机械式停车设备分类》、GB/T 27545《水平循环类机械式停车设备》实施。

12 月 30 日 全国新增机械式停车泊位突破 30 万个，累计泊位总量突破百万，达到 124.7 万个，泊位总数达 165 万个。

2012 年

2 月 2 日 停车设备工作委员会举行第四届换届选举，明艳华连任理事长，龚建平连续当选秘书长，并提出新一届理事会的工作纲领：品质、创新、发展。

12 月 30 日 全国新增机械式停车泊位突破 40 万个，泊位总数达 165 万个。

2013 年

6 月 29 日 中华人民共和国主席令第 4 号公布《中华人民共和国特种设备安全法》。

7 月 停车设备工作委员参与了国家质检总局组织的起重机械制造许可规则、安装改造维修许可规则以及型式试验规程的修订工作。

8 月 组织起草国家标准《起重机械 检查与维护规程》的机械式停车设备部分。

9 月 1 日 行业标准 JB/T 11455《多层循环类机械式停车设备》实施。

10 月 1 日 停车设备工作委员会与中国建筑标准设计研究院共同编制的国家建筑标准设计图集《机械式停车库设计图册》出版发行。

12 月 30 日 全国新增机械式停车泊位突破 50 万个，累计泊位总量突破 200 万个，全国选用机械式停车库的城市超过 400 个。

2014 年

6 月 参与组织编制国家标准《起重机械 检查与维护规程 第 11 部分：机械式停车设备》。

7 月 参与国家标准《汽车库、修车库、停车场设计防火规范》及其图册的最后修订（该规范历时近 10 年时间于 2015 年 8 月 1 日正式实施）。

11 月 参与行业标准《平面移动类机械式停车设备》的修订

2015 年

8 月 3 日 国家发改委、住建部、财政部、国土部等有关部委颁发了《关于加强城市停车设施建设的指导意见》《加快城市停车场建设近期工作要点与任务分工》《关于进一步完善城市停车场规划建设及用地政策的通知》等一系列关于加强公共停车场设施建设的政策文件和实施指导意见。

9 月 参加了住建部《关于加强城市停车设施管理的通知》《城市停车设施建设指南》两个重要政策性文件的讨论和评审，为《城市停车设施建设指南》推荐了机械式停车库案例并被选用。

10 月 参与国家标准《机械式停车设备 使用与操作安全要求》的制订。

10 月 23 日 组织并成立停车设备专业委员会之专利工作专家委员会，建立了行业专利池。

12月30日 全国新增机械式停车泊位突破60万个，累计泊位总量突破300万个，达到336万余个。

2016 年

9月28日 举办 以"智领先机创想未来——共谋城市解决之道"为主题的论坛。

11月14日 停车设备专业委员会与中国老旧小区暨建筑改造产业联盟、上海市建筑学会在上海共同主办"中国城市建设发展论坛"。

12月3日 在住房和城乡建设部的指导下，停车设备专业委员会与中国城市公共交通协会、中国市政工程协会城市停车分会联合主办为期两天的城市公共停车场投资建设高级研修班。

2017 年

3月 以主题为"产融结合，协同发展"的中国城市停车大会暨机械式停车设备行业年会在海南博鳌镇隆重举行，来自国家发改委、国家公安部、国家住建部等政府领导，以及各地停车协会、城市规划建设部门、投融资机构、新闻媒体和全国各地的会员企业代表等800余人参会。

10月31日 2017国际（上海）城市停车博览会在国家会展中心（上海）盛大开幕。来自全国72家展商出席展会，各项数据再创历史新高，本届展会堪称国内规模宏大、专业的停车设备行业盛会。

10月 行业9家企业的机械式停车设备荣获中国机械工业联合会和中国机械工业品牌战略推进委员会颁发的"中国机械工业名牌产品"荣誉。

12月 全国各地累计发行的停车场建设专项债券规模达上千亿元。

12月30日 全国新增机械式停车泊位突破80万个，累计泊位总量突破400万个，达到410万余个。

2018 年

3月13日，由中国重型机械工业协会停车设备工作委员会主办、杭州西子智能停车股份有限公司协办的"2018智慧城市智能停车产业高峰论坛"在浙江省杭州市召开。

3月20-21日，"2018中国城市停车大会暨中国停车设备行业年会"在北京会议中心隆重举行。

5月17日，"立体停车设备推荐"系列活动在北京成功举行，本次活动为物业联盟和停车设备相关企业搭建了互动交流的平台。

8月21-22日，以"规范、协作、创新"为主题的2018年度机械式停车设备技术研讨会暨行业协会四届十五次理事会在辽宁省丹东市召开。

10月12-13日，"停车设备行业税收政策解读会"在北京铁道大厦召开。

11月2日，以"心系民生、聚智聚力、共建共享"作为活动目标的"智慧城智慧交通万里行"系列活动，在南昌市嘉莱特国际酒店拉开序幕。

2016 年机械式停车设备行业十大事件

1 2016 年 1 月 2 日 国家发改委印发《加快城市停车场建设近期工作要点与任务分工的通知》（发改基础〔2016〕159 号）。进一步明确了国家发改委、住建部、财政部、国土资源部、交通部、公安部和银监会等部门在停车行业管理中的职责和工作内容。

2 2016 年 3 月 10 日 天津公众停车公司正式启动"天津智慧停车管理云平台"。该平台是国内覆盖车位数最多，同时也是国内首个同时具有路内停车与路外停车管理功能的智慧停车平台。该系统 2016 年共服务市民 3800 万人次。

3 2016 年 4 月 深圳怡丰科技有限公司向全球投放世界首创的汽车搬运 AGV 机器人，全球各媒体争相报道，停车技术首次成为"中国网红"。

4 6 月 23 日 北京新机场停车楼经营权转让项目招标，该项目是社会资本参与的国内最大的单体公共停车场 PPP 项目，共计车位 4200 个，经营权 20 年。

5 2016 年 8 月 1 日 ETCP 获万达飞凡 15.5 亿 B 轮融资，领跑智慧停车产业，掀起"互联网＋停车"领域新一轮的投资热潮。

6 2016 年 8 月 31 日 住房城乡建设部、国土资源部发布《关于进一步完善城市停车场规划建设及用地政策的通知》（建城〔2016〕193 号）。明确了停车场建设的土地政策问题，提升了社会资本进入停车产业投资的信心。

7 从 2015 年 8 月 24 日，国家发改委核准的首支项目专项债券——泸州市城市停车场建设项目收益专项债开始，至 2016 年年底为止，国家发改委批准停车场专项债券总额突破千亿。

8 11 月，机械式停车设备展——上海国际绿色停车设备与技术展览会在浦东新国际博览中心隆重举行，参展企业和参观人数历年最多，停车产业关注度不断提升。

9 国家发改委、住建部、交通部、国家能源局于 2016 年 12 月 30 日发布了《关于统筹加快推进停车场与充电基础设施一体化建设的通知》（发改基础〔2016〕2826 号）。促进了车、场、桩的协调发展。

10 12 月，川投航信公司作为项目基金管理人完成四川资阳市雁江会展中心、高铁站广场等 9 个停车场特许经营权转让项目，总规模 3.09 亿。本项目是首个以停车场收费权为标的物的 TOT 模式 PPP 项目，为停车行业产融结合的途径提供了新的思路。

2017年机械式停车设备行业十大事件

1

北京、深圳等5个城市成为国家首批城市停车场试点示范城市

2017年3月17日，国家发改委印发《关于开展城市停车场试点示范工作的通知》，确定北京市、深圳市、成都市、苏州市、荔波县5个城市为第一批城市停车场试点示范城市开展先行先试。此次试点的目的是在停车信息平台建设、停车设施规模化开发、融资方式多元化以及老旧居民小区、商务区、公共设施集中区、旅游景区停车设施建设等方面进行试点示范，探索推进城市停车场建设相关政策落地的有效路径，尽快形成可复制、可推广的经验，以点带面，推动全国城市停车场建设工作。

2

首届"中国城市停车大会暨中国停车设备行业年会"在海南博鳌成功举办

2017年3月16—17日，首届"中国城市停车大会暨中国停车设备行业年会"在海南博鳌成功举办。大会以"产融结合，协同发展"为主题。来自国家发改委、住建部、公安部等政府部门领导以及各地停车协会、城市规划建设部门、投融资机构、新闻媒体和全国停车企业代表等800余人出席了此次大会。

3

2017年停车设备行业向智能化转型升级

2017年，受益于国家政策的推动，公共停车场和单位自用车库项目明显增加，空间利用率和自动化程度更高的智能化车库迎来较大发展空间。机械式停车设备行业接连推出AGV智能泊车机器人、智能搬运器、圆形塔库、车库专用充电桩、公交立体车库等智能化车库产品，产品设计理念和技术水平都达到世界领先。国内首个机械式公交立体停车楼在北京市丰台区开工，该项目与北京公交集团签约，项目建成后可停放125辆公交车。

4

住建部推进停车设施规划建设，停车市场迎广阔空间

2017年7月24日，为加快推进城市停车设施规划建设，逐步缓解停车难问题，切实改善城市交通环境，住房和城乡建设部发通知开展城市停车设施规划建设督查工作。此次督查指导的重点是各地落实《住房城乡建设部 国土资源部关于进一步完善城市停车场规划建设及用地政策的通知》（建城〔2016〕193号）及《住房城乡建设部关于加强城市电动汽车充电设施规划建设工作的通知》（建规〔2015〕199号）情况。

5

上海市静态交通行业发展"十三五"规范发布！计划增加150万个停车位

2017年7月13日，由上海市交通委编制起草的《上海市静态交通行业发展"十三五"规划》正式对外发布。规划显示：①"十三五"期间上海市计划新增150万个泊位；②力争实现经营性泊位周转率提升20%，其中道路泊位周转率提升30%；③提升经营性公共停车场（库）经营服务水平；④利用既有的公共、道路、专用等各类停车资源向周边住宅小区、医院、学校等错时开放共享，同步促进充电设施分时共享；⑤开展公共停车场（库）收费管理区域试点，修订完善上海市公共停车收费管理规定；⑥进一步加大停车综合治理力度。

6

全国掀起智慧停车信息平台建设热潮

2017 年，西安市启动的智慧停车信息平台，将涵盖 1.3 万个停车场。青岛停车场建设大数据：当年拟建停车位 6400 个；启动青岛市智慧停车一体化平台项目暨"宜行青岛"APP 上线。机械式停车设备行业的智能车库均可通过 APP 等信息化手段实现智能停取车，车库维保也可通过远程监控等方式实现故障预判。

7

首单停车场 ABS 项目获批，停车产业迎来新变局

2017 年 7 月，由四川省投资集团有限责任公司作为发起人并担任原始权益人，资产服务机构为四川省川投航信股权投资基金管理有限公司，计划管理人和承销机构为华西证券股份有限公司，对应的底层资产为资阳市雁江区停车场 PPP 项目，作为全国首单准经营性存量资产，政府与社会资本合作（PPP）项目，资阳市雁江区以停车场收费权作为标的物，将纳入项目范围的 9 个停车场的特许经营权转让，为期 12 年，总规模超过 3 亿元。这种"转让—运营—移交"的 TOT 模式能够让政府获得一笔当期的政府非税收入，同时通过社会投资者来提升基础设施运营的质量和效率。

8

停车行业迎来井喷式发展，多家机构相继成立

2017 年，随着我国停车行业的不断发展和进步，各地方纷纷成立停车行业组织，包括中国工程机械工业协会停车设备分会、中国交通运输协会静态交通产业分会、中国卫星导航定位协会智慧停车专业委员会等社会组织，共同助推行业发展。同年，由北京市首都公路发展集团有限公司、首钢集团有限公司、北京首都开发控股（集团）有限公司和北京能源集团有限责任公司四家市属国有企业共同发起设立的"北京静态交通投资运营有限公司"正式成立。

9

2017 国际（上海）城市停车博览会盛大开幕

2017 年 10 月 31 日，国际（上海）城市停车博览会盛大开幕，作为"世界城市日"重要活动之一，本届"停博会"由中国重型机械工业协会停车设备工作委员会主办、中国城市公共交通协会协办、上海万耀企龙展览有限公司承办。本次展会有 70 余家企业参展，6 万观众参观。是目前全球规模最大的停车展览。

10

2017 年在全国机械工业质量品牌提升大会上，停车设备行业受到广泛青睐

2017 年 9 月 26 日，全国机械工业质量品牌提升大会在北京召开，中国机械工业联合会和中国机械工业品牌战略推进委员会授予停车设备行业部分产品"中国机械工业名牌产品"的称号。北京起重运输机械设计研究院、北京鑫华源机械制造有限责任公司、大洋泊车股份有限公司、杭州大中泊奥科技股份有限公司、杭州西子智能停车股份有限公司、杭州友佳精密机械有限公司、江苏金冠停车产业股份有限公司、江苏启良停车设备有限公司、上海赐宝停车设备制造有限公司、深圳怡丰自动化科技有限公司的产品入选。

企业风采

30

杭州西子智能停车股份有限公司

公司厂房全景

一、企业基本情况

2004 年西子孚信与日本 IUK、台湾东元，合资成立杭州西子石川岛停车设备有限公司，经过不断创新公司已成为拥有九大类机械式停车设备制造资质的企业，2013 年公司正式搬迁至余杭开发区，2017 年正式更名为杭州西子智能停车股份有限公司。

杭州西子智能停车股份有限公司现已成为一个集销售、开发、设计、制造、调试、安装、维保、售后服务于一体的专业机械式立体停车设备企业，并拥有产品的自营出口权，产品囊括了目前停车行业的九大类，百余种类型。

公司总部占地面积 73333.33m²（约 110 亩），力求打造全球顶级车库研发和制造的花园式基地，目前配备先进的、专业的自动生产线 11 条，各生产线按照功能需求配置数控车床、数控铣床、数控精密等离子切割机、数控锯床、数控三维钻床、龙门加工中心、立式加工中心、悬架式车库涂装生产线和机器人焊接工作站等各种大型精密设备。

目前公司通过国家二级安全生产标准审核，以精益生产理念为核心，"一件流"的生产方式，零库存管理模式，以航空品质控制为准则，打造智能物联系统，以数字信息化系统为纽带，融入条码 RFID 等物联网技术，将生产元素中所有人员、设备、物料，与产品、订单、服务进行有机结合，以达成物联互联新型制造模式。

作为省级高新技术企业，依托西子制造平台专业测试中心，与浙江大学西子研究院、浙江大学等合作，拥有省级研发中心、省级企业研究院和车库检测中心，公司目前已拥有各项专利技术 150 余项，目前拥有产品共计百余种。全国首家制造生产超高层 PCS 塔库的企业并刷新了国内企业新纪录，建设了当时最深沉井式立体车库，大华饭店新型 PPY 机械手项目成为西湖湖底首个立体车库。为适应国际新能源汽车发展趋势，开发了充电式车板，并为 G20 会议服务，成为城市建设新亮点。

作为中国智能停车领航企业、静态交通规划师，作为停车设备工作委员会的副理事长单位，多年连获行业优秀企业、销售十强企业荣称，产品遍布海内外，已为全国 150 余大中型城市解决停车难题，在全国承建近五十万个泊位。

随着日渐激烈的车库市场竞争，公司以"贴心管家，专业服务"的理念，致力于打造并成为行业内服务标杆，用户满意是公司永远的追求。严格执行"产品销到哪里，服务跟到哪里，网点建到哪里"的西子模式。做到产品的销售、安装、维修、保养一条龙服务，开通了 24h 热线服务，免除用户后顾之忧。

二、生产经营及销售情况

公司自创立开始就专注于机械式停车设备行业，核心骨干人员从业经历较长，积累了丰富的行业管理及生产经营经验。

公司拥有包含车板自动轧制线、标准机器人自动生产线、柔性生产线（如图1）在内的多条生产线，生产过程智能化程度较高，大大地提高了生产效率，降低了生产成本；公司较早地开始实施运用 ERP 系统，对供应商开发、原材料采购、生产过程管理、发出商品管理、设备现场安装、维修保养等各个方面进行全方位、全过程的精确控制，确保公司高效运营。

坚持以精益生产管理为基础的管理理念，在生产模式、操作流程、质量管理、采购与物流管理方面不断寻找最佳解决方案，推动持续改善，现已形成完善而有效的管理体系。

公司始终注重对营销网络的投入和营销人才的培养，近年来建立起一套符合自身特点且行之有效的营销模式。公司在全国设立了四大销售区域，10 家分公司，33 个销售办事处，销售网络遍及北京、上海、广州、杭州、西安、贵阳、沈阳等主要城市，并以此带动周边地区市场拓展。总部设有市场管理部、产品工程部、售后服务部等部门，及时对市场信息、客户需求做出全面、迅速、准确地反应。

公司考核确定了一百余家代理商，建立起风险共担、收益共享、长期合作的关系，充分利用代理商在当地的市场营销渠道和信息获取优势，增强公司市场开拓能力；同时，公司完善的技术服务体系，为公司业务拓展提供了有力的技术支持和售后服务。

公司建立起的代销、经销和直销相结合的模式基本覆盖全国，市场营销网络在行业内具备较强的竞争优势。

图 1 柔性生产线

三、市场发展开拓情况

公司是国内较早从事机械式停车设备研发、制造、销售、安装、维修保养的企业，以研制、生产更安全、更高效、更创新的机械式停车设备为奋斗目标。经过多年的努力，公司产品获得了市场的广泛认可，机械式停车设备销售遍及北京、上海、广州、杭州等全国一百余个主要城市。公司完成多个行业标杆项目，多项指标实现行业第一：杭州市密度桥地下停车库是杭州市首个井筒式地下停车库，地下19层，深度达33.5m，拥有114个泊位，创造国内地下车库深度的最高纪录；杭州大华饭店新型PPY机械手项目成为西湖湖底首个立体车库，为适应国际新能源汽车发展趋势，开发了充电式车板，并为G20会议服务，成为城市建设新亮点。

公司生产的机械式停车设备被浙江省质量技术监督局认定为"浙江名牌产品"，公司连续多年获得中国重型机械工业协会停车设备工作委员颁发的"机械式停车设备行业优秀企业"，公司未来将进一步完善市场服务网络，强化安装维保能力，进一步提升市场美誉度。

机械式停车设备制造商应具有完善的售后服务体系，具备快速响应能力。机械式停车设备下游客户涉及住宅类地产商，医院、学校等各大事业单位，车站、广场等公共项目配建，大型商场、写字楼等，对于这些客户而言，设备运行的稳定性尤为重要，若设备在日常运行过程中出现问题不能及时进行维修，将给客户造成较大损失，因此设备制造商只有具有优秀的售后服务团队，才能及时有效地帮助客户应对日常运行过程中各种可能出现的问题。

公司作为最早涉足机械式停车设备行业的厂商之一，一直以来奉行"诚信服务、质量优先"的宗旨，严格执行"产品销到哪里、服务跟到哪里、网点建到哪里"的服务模式，做好产品销售、安装、维修、保养全流程服务。经过十余年的不懈努力，公司建立起由总公司售后服务部、10家分公司、100余个售后服务站点组成的售后服务体系，及时为客户提供设备日常保养与应急抢修、部件检修与更换、设备大修及升级改造等诸多服务，承诺只要一接到客户反馈的问题就会立即做出反应，并及时赶到现场排查故障，解决问题。快捷、专业的售后服务能力使得发行人在行业内具备较强的售后服务优势。

四、科技成果及新产品

公司始终坚持科技创新和高附加值新产品的开发，企业规模不断扩大，2016年企业拥有总资产78002.86万元，实现销售收入68816.49万元，投入研究开发费用3441.82万元，占2016年度销售收入总额的5.00%。公司现有职工总数627人，建有高新技术企业（2017年11月通过了高新技术企业专家评审和省认定机构综合审查（浙高企认〔2017〕4号）），建有浙江省级研究院（2017年通过认定），现有研发场地2500m²，其中研发人员办公场地1000m²，实验室500m²，试制车间1000m²，拥有数控三维钻床、KBK、立式加工中心、机器人焊接（如图2）等先进的研发检测设备，科研设备总资产达2207万元，企业的生产与研发设备齐全。企业研发中心以新产品开发为目标，采用光、机、电技术，不断更新换代智能化机械式停车设备，2016年公司主要开发了AGV小车设备、

图2 焊接生产线

超薄分体机械手、多通道圆周式智能立体车库、旋转巷道搬运车库、旋转机械手大轿厢车库、能源（充电式）车库、带旋转台车大轿厢塔库等项目。

升降横移类停车设备，在原有机型上，增加了更安全的措施，现直接选用一体式松链开关，不仅降低物料成本，而且增加现场安装效率，更方便后期维保更换。通用性能上增加充电装置，泊位配备相应的充电桩，新能源汽车在停放过程中即可实现充电作业，不用再为寻找充电桩而烦恼，从而更具人性化。

垂直升降类停车设备，也在原有基础结构上，增加了安全措施。如：①制动器抱闸磨损检测功能：原主机没有制动器抱闸磨损检测功能，当制动器的摩擦片磨损严重时，无法及时检测到。在不改变现有主升降电机所有参数的基数上，增加制动器抱闸磨损检测功能。在固定的常规维保基础上，增加一道自动抱闸磨损检测功能，能对设备的安全运行提供有效保护。当制动器的摩擦片磨损严重时，抱闸增大触发诊断器报故障，此时需要调整抱闸间隙或者更换摩擦片。②引导镜防雾功能：引导镜镜面为普通玻璃镜面，当镜面受到瞬间温差时，镜面上会产生一层水雾。导致镜面模糊不清，引导作用失效。将引导镜镜面改为防雾玻璃镜面，当镜面受到瞬间温差时，镜面上不容易产生水雾。另外，触摸屏等需要人工操作的玻璃、塑料制品中此类问题都迎刃而解。

多通道圆周式智能立体车库已经通过 2016 年第一批省级中小型企业扶持和科技发展专项资金及关键部件产品认定（杭科计〔2016〕40 号、杭财教会〔2016〕13 号）并列入杭州市重大科技创新项目。

超薄分体机械手核心创新技术是至今为止国内最薄的存取车机构。采用无线供电，摆脱了传统的随行电缆的限制，汽车搬运器可以在不同层间使用；Enthercat 网络运动控制，控制精度更高，操作更方便；承重 2.5t，可满足绝大部分的停车需求。新能源充电车库普遍投产，构建智能停车 APP，智能引导系统，结合远程监控系统，REM-X 远程检测系统，与智能停车设备联动，构建全生态智慧停车。

立体车库的控制技术也有了较大的发展，应用计算机网络通信技术、现场总线技术、PLC 控制技术、运动控制技术，设计了集中管理、分布式控制网络控制系统。主要体现在以下功能：①远程调试及数据监控。研发的工业互联网盒子连接车库控制器，将控制器的数据通过网络传至数据服务中心。数据服务中心实现大量远程设备的连接管理、数据采集、存贮和转发功能。公司的管理平台及 APP 软件通过数据服务中心提供的数据，对车库的运行、售后维护情况进行监控。②分布式控制系统。随着仓储智能库的发展，设备的控制及管理要求逐步提高，为便于设计的模块化、标准化，利用现场总线或网络技术，采用分布式控制系统，分级处理，统一调配，灵活性较高。③控制精度的提升。车辆存取的效率一直是机械车库厂家追求的目标。无车板搬运技术近年来发展迅猛，特别是机械手夹取轮胎技术受到了市场的认可。为提高机械手的定位精度，采用了机器人控制技术，多轴运动控制器与伺服放大器、伺服电动机的组合控制方式，将机械手的控制精度大幅度地提高了。④停车场管理系统的嵌入。将停车场管理系统技术，如车牌识别、收费管理、各种支付方式等，嵌入至车库控制系统，利用人机交互平台，实现车主自主操作，无人值守管理。

五、产品质量控制

公司严格按照国家、行业标准进行产品设计、生产和安装。

坚持"可靠、创新、高效、求精"的质量方针，制订了产品设计和开发程序、采购和外包过程控制程序、生产过程控制程序、产品安装和服务控制程序等内部质量控制体系，并已通过 ISO9001 质量管理体系认证。

通过贯彻系统完善的质量标准，对生产和服务进行全方位的质量监控，实现了质量管理的规范化、流程化、体系化，为提升产品品质、树立良好行业形象打下了坚实的基础。对产品从前期开发设计、生产制造、安装、验收及维修保养等各个环节提出了具体要求，对项目实施过程进行充分、有效的质量控制。

每个项目安装完成后，都会经过公司内部质检部门和工程所在地特种设备检验机构双重验收，确保质量符合国家质量标准、公司内部质量标准和客户定制要求。公司对质量信息进行持续收集、汇总、分析、处理，持续改进质量保证体系，增进客户满意度。在产品制造、安装过程中，公司会及时接收用户的反馈信息；产品运抵现场安装完成后，需经过公司内部质检部门、当地特种设备检验机构检验；产品交付后，公司一般会给客户提供 1-2 年的免费维修保养期，并在主要城市和重要项目地区设立常驻维保人员，及时为客户解决可能出现的问题，满足客户的服务需求。

六、优秀案例

陕西天竹大厦项目：单塔高 91.6m，共 52 层，可停车辆放 104 辆，该项目让公司成为全国首家制造生产超高层 PCS 塔库的企业，项目刷新了国内单塔容车最多的企业纪录。

杭州市密度桥地下停车库：杭州市首个井筒式地下停车库，地下 19 层，深度达 33.5m，拥有 114 个泊位，创造国内地下车库深度的最高纪录。

杭州大华饭店新型 PPY 机械手项目：西湖湖底首个立体车库，设备共 6 层，可停放车辆 132 辆。

东河 8 号地下公共停车库：位于杭州市上城区市三医院住院部和门诊大楼中间，北靠清泰街，西接城头巷，南为西湖大道，东邻东河，占地面积 4076m²，停车泊位 143 个，系杭州市鼓励社会力量投资建设公共停车场的试点项目，也是杭州市第一批利用绿地地下空间挖潜建设的地下公共停车库项目。在该项目上配备了为适应国际新能源汽车发展趋势而开发的充电式车板。

酒泉肃州区智能化立体停车场：在酒泉城区西大街酒泉影剧院原址上建设的肃州首个大型智能化立体停车场——肃州区智能化立体停车场，设备共 10 层，可停放车辆 228 辆。

佛山创意产业园：位于佛山市季华路，园区是"三旧"改造的典范，作为拥有佛山最多泊位的园区，西子智能停车运用高科技手段为佛山创意产业园定制智能化立体停车库，设备层高 25 层，可容车辆 300 辆，在寸金寸土的季华带上建造，彻底解决佛山创意产业园"停车难"问题。

山东莱钢泰达车库有限公司

一、企业基本情况

山东莱钢泰达车库有限公司（简称莱钢泰达）2001 年创立于山东省莱芜市，是依托大型钢铁企业集团而成立的集机械智能车库研发设计、生产制造、工程安装和售后服务于一体的专业化立体车库公司，国内首家取得机械立体车库制造资质的高新技术企业，注册资金 2936.66 万美元。山东莱钢、江苏沙钢、东方资产和中科招商等知名企业为股东。公司在瑞士设有艾利肯研发中心，拥有世界领先的智能车库技术知识产权。公司先后投入近 2 亿元建成了占地面积 200000m²（300 亩）且配套设施完备的现代化生态工业园，主要设施包括 1.8 万 m² 的厂房，近 1 万 m² 的多功能办公大楼，24 套专家公寓，3000m² 职工宿舍，1000m² 多功能职工餐厅，10000m² 原材料货场。厂房内配备有大型除锈抛丸机、三维钻、剪板机、折弯机、等离子切割机等高精密数控设备。

莱钢泰达是中国重型机械工业协会停车设备工作委员会副理事长单位。公司被认定为国家火炬计划重点高新技术企业、山东省高新技术企业、山东省智能车库工程技术研究中心、山东省企业技术中心、中国专利山东明星企业、特级信誉 AAA 级企业、山东省守合同重信

用企业、山东省科普教育基地，产品被评为山东省名牌产品。

2014 年中标我国迄今为止最大的机械式立体停车库项目：一万余个泊位的西安兴隆社区项目。

二、生产经营及销售情况

公司是业内第一家取得国家质检总局颁发的制造资质许可证的企业，主要产品有巷道堆垛、升降横移等七大类五十余种，各类车库机型都有样板工程。在生产规模、加工条件、原材料资源等方面具有明显优势。

公司自成立以来承建的立体车库项目遍布全国，已在二十多个省会城市和数十个重点二类城市承建车库 400 余座，产品还远销美国、俄罗斯、澳大利亚、新西兰等国家，并在华北、华南、西南、华东、西北、东北等地区的 15 个重点城市设立了分支机构，18 个城市设有维保点，形成了完备的销售渠道和售后服务网络。

仓储式停车设备是公司的拳头产品，在行业内一直处于领先地位。2004 年经国家商务部批准，公司在瑞士成立仓储式车库设备研发中心。同年开发出第三代 SILOMAT 智能搬运系统和控制系统，拥有知识产权 40 多项，已在国内建有近百余套，并远销美国和新西兰。

由于技术成熟、质量可靠、性能稳定，产品得到了客户和同行的一致好评。

公司设备工程项目：跻身世界八大名库的新西兰项目、山东省千佛山医院、山东省妇幼保健院、济南黄金99社区、济南凯旋新城、西安兴隆社区、西安创汇A区、济南高新控股、济南北胡社区、济南四建金海、武汉菩提金、湖北现代国际城、苏州科技城、郑州金水凯旋、临沂金鹰花园、青岛帝威大厦、太原三晋老年公寓、山西国瑞大厦、广州东山酒家、北京橙色年代、广西人民医院、广州佛山金碧海岸等，以及被誉为"中华第一库"的山西丽华苑项目等。

三、科技成果及新产品

莱钢泰达采用的动态梳齿型搬运器（如图1）核心设备——智能搬运器Silomat的技术，源自智能车库梳齿式搬运技术的鼻祖意大利ELECON公司，并与其合

图1 梳齿搬运器

资在瑞士成立了研发中心。

位于横向搬运器上的智能搬运器，是整个系统的核心设备，车辆搬运的关键执行机构，用于完成车辆在载荷平台和存车位之间的交换搬运。莱钢泰达所采用的智能搬运器是第三代系统，从被搬运车辆的底盘下纵向进入，通过梳型交换原理以直接托起车辆的四个轮胎的方式托起车辆，对各种车辆的轮距、轴距及轮胎大小，宽度等均具备自适应的能力。在运送车辆的过程中，通过一套独特设计的、拥有40国国际专利的技术，将车辆四轮的内侧柔性固定并不损伤轮胎，从而实现安全稳定且最高利用率的搬运车辆。

多层平面移动类智能车库、地下两层巷道堆垛智能停车设备等三项产品被列为国家火炬计划项目，先后完成了十六项省级科技成果，其中多层平面移动类停车设备获得2004年度中国机械工业科学技术奖三等奖，仓

储式巷道堆垛式车库获得2009年度中国机械工业科学技术奖三等奖。

公司发扬工匠精神，专注停车产业发展，拥有当今世界先进的仓储式智能车库知识产权。通过与我国国防高科技电子装备骨干研究所强强合作，目前具有世界顶尖水平的Parkrobot智能搬运机器人横空出世，为整个停车行业带来新气象。

四、产品质量控制

公司拥有健全的质量管理体系，通过了ISO9001质量管理体系认证、ISO14001环境管理体系认证、OHSAS18001职业安全卫生管理体系认证。

五、企业所获专利

公司拥有65项专利成果，独立承担了机械式停车设备唯一的国家产品标准《水平循环类机械式停车设备产品标准》编制，并参与编写了多项行业标准。

六、优秀案例

（1）新西兰立体停车库（如图2、图3）。世界著

图2 新西兰停车库外观

图3 新西兰停车库内部

名的八大机械立体名库之一，该立体车库采用当时世界最先进的第三代 silomat 系统，低碳、环保、节能与整个建筑的设计理念有机的融合在一起。设计师把先进的立体车库停车技术与奇特的建筑设计相结合，使建筑与汽车、人的生活形成了统一的风格。

（2）太原丽华苑小区机械停车库。该车库是目前国内泊位数最多的立体车库之一。丽华苑小区位于太原市长风西街以北、滨河西路以西，占地面积超过200000m²（300多亩），总建筑面积73万多平方米，总投资20亿元。小区地下车库总面积约7万 m²，层高5.7m，安装升降横移式机械停车泊位近4000个。车库共有12个汽车出入口，采用智能化 IC 卡管理方式，自动控制，安全可靠，存取车便利。

（3）山东省千佛山医院地下立体机械停车库。设备类型是仓储式平面移动类，泊位501个。车库建于山东省千佛山医院内科综合楼北侧地下，地面层为出入口层，共8个贯通式出入口。地下为停车层，配备8台辅助升降机（每个出入口对应使用1台辅助升降机）、4台主升降机、4台横移台车、4台活动梳齿搬运器。为解决南北楼面受力问题和便于维修，地下分为两部分，第一部分设置2层停车层，第二部分设置5层停车层，共计7层停车层；地下部分长80m，宽25m，占地2000m²。停车层采用钢筋混凝土框架结构，共设4个

防火分区，在车库南侧后面建设了钢结构消防楼梯。每个泊位均配置自动喷淋系统，停车层混凝土结构终生免维护。车库内部见图4。

停车设备采用活动梳齿搬运交换技术（无台板交接）。车库内只需安装轻型梳齿型停车架，寿命长，对楼板结构不会造成损坏；停车层净高要求1750mm，最大限度节约了停车空间；搬运器是可实现在运行过程中自动对中的产品，能适应任何轴距和轮距的汽车搬运，而且重心低、运转速度快；可以搬运≥3000kg的车辆。

（4）厦门市海沧区文化艺术中心沉井式机械停车库（如图5）。项目位于厦门市海沧区文化艺术中心，是厦门乃至全国首座沉井式立体车库项目。沉井式车库是将目前最先进的电梯智能化立体车库，安装在沉井内运作。目前，沉井式车库存取车是采用免取卡的方式，车主只要将车辆开进车库入口处即可离开，车辆会被传送到中央区域的电梯上，随后自动下沉，停放在空位上，取车时，只要在智能屏上输入车牌号，车辆一分多钟后将送达出口处。在工程建造方面，车库的沉井结构采用工厂预制、现场拼装方式建造，底板采用混凝土浇筑，是一个3m高的圆柱体，主要功能是压制地下水的浮力，保障底板上的智能停车库的安全。此外，整个沉井的四周井壁也做了技术处理，以防止地下水渗透，同时还能及时将地下水抽离。

图5 厦门市海沧区文化艺术中心停车库外观及入口

图4 山东省千佛山医院地下停车库内部

深圳怡丰自动化科技有限公司

一、企业基本情况

深圳怡丰自动化科技有限公司（简称怡丰公司）成立于 2003 年，占地面积 5 万多平方米，国家高新技术企业，专注于中国乃至全球的智能停车设备行业，并向智能机器人和智能物流领域持续延伸。

怡丰公司是中国重型机械工业协会停车设备工作委员会副理事长单位，是第二届停车设备行业品质促进委员会主任委员单位，参与起草多项行业标准。2017 年荣获中国机械工业名牌产品、机械式停车设备行业特别贡献奖，全国院士专家工作站认证、广东省工程技术研究中心认定。"怡丰"商标被广东省工商行政管理局认定为广东省著名商标，机械式立体停车设备被广东省质量技术监督局认定为广东省名牌产品，怡丰公司被停车设备工作委员会评定为优秀企业。

二、生产经营及销售情况

怡丰公司取得国家质检总局颁发的 A 级制造许可证的产品包括：巷道堆垛类（七层及以下）、平面移动类（十层及以下）、垂直升降类（二十九层及以下）、升降横移类（八层及以下）、简易升降类（四层及以下）、汽车升降机（二层）六大系列四十多个品种，适合各种场地及规模的建设，广泛应用于全国各大中城市。

从 2008 年起，巷道堆垛类、平面移动类停车设备市场占有率连续四年名列前茅。2014 年，垂直升降类停车设备市场占有率也位居国内前列。企业年销售额近八亿元，业绩名列行业前茅。在全自动类智能型车库销售业绩连续十年行业领先。

怡丰公司拥有从半自动类到全自动类产品共六大系列三十个品种。其中高端全自动类型四大系列停车设备产销量位居全国首位。产品不仅销往国内各大中城市（除

西藏自治区），还出口到美国、俄罗斯、澳大利亚、新西兰、新加坡、马来西亚、印度、伊朗、约旦等二十余个国家，目前怡丰公司正努力进入欧洲市场，并走向全世界。

三、科技成果及新产品

怡丰公司是以自动化立体停车设备、自动化立体仓库和自动化物流设备、工业机器人、自动引导运输车（AGV）、自动立体仓储系统的研发和生产为主的国家高新技术企业。公司开发的主要新产品有：

梳型搬运器（如图 1）。该产品采用的梳齿搬运技术是目前国内外先进、可靠的成熟技术，是速度较快的存取车方式。通过不断的改良和升级，公司现已拥有完全的自主知识产权，获得国家多项发明专利。

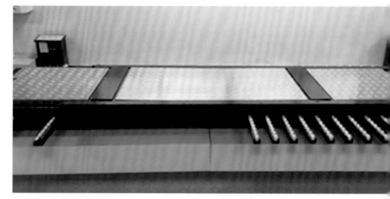

图 1 梳型搬运器

汽车搬运 AGV 机器人。利用激光自动导航核心技术，全球首创"激光导航 + 梳齿交换"式汽车搬运 AGV 机器人，攻克了"存量"停车场如何解决"增量"改造的世界难题，其成功研发、批量生产、广泛应用必将带来全球性的停车革命。怡丰停车机器人，可实现无人驾驶，采用计算机全自动控制技术，定位误差小于

5mm，行驶速度最高可达 1.5m/s，平均载重量 2.5t，取车平均时间约 90s。可实现全自动、无轨道、无人化的精准泊车，让泊位增加 40% 以上。

万向转动机器人，能够实现 1000 辆 AGV 同时调度，是目前世界上精准度最高、速度最快、最灵活的汽车搬运 AGV 机器人。该项目曾被中央电视台《新闻联播》和财经频道、路透社电视台、俄罗斯电视台、新华社和人民日报、凤凰卫视等深度报道。同时，在全国"双创"周的总理主通道上，受到李克强总理巡视，引起社会各界的关注。全国政协副主席、中国科协主席韩启德等领导现场体验并给予高度肯定。该产品荣获"2015—2016 年度十大 AGV 机器人创新产品"冠军。

四、产品质量控制

怡丰公司具有完善的内部管理体系，所有的管理标准均按上市公司的管理章程执行。2003 年，成为国内停车行业唯一一家通过 ISO9001 质量管理、ISO14001 环境管理、OHSAS18001 职业健康安全管理三套体系认证的企业以及欧盟的 CE 产品安全认证。公司严格执行"5S"管理体系标准，荣获"采用国际标准产品标志证书""标准化良好行为证书（AAAA 级）"。2004 年，获得国家质检总局颁发的"机械式停车设备制造许可证（A 级）"和"机械式停车设备安装改造维修许可证"，并历经复审。

公司先后购买了意大利五轴激光切割机（图 2）、意大利进口冲剪复合中心 S4Xe（图 3）、工业焊接机械人（图 4）、日本 AMADA 数控多冲头冲床、德国数控多冲头冲床等大量国外先进的加工设备，现已拥有 400 多台（套）国内外先进的专用生产设备，40 多项机械停车库设计专利技术，每年可生产 150000 个各类型机械式停车泊位，是国内乃至全球中高端机械式停车设备研发和制造的知名专业厂家。

五、优秀案例

（1）南京夫子庙怡丰机器人停车库。该车库是怡丰公司首个运营的机器人停车库（AGV）成功案例，也是国内乃至全球首个自动导引运输车机器人停车库项目。

该项目利用升降机 360° 旋转技术，解决了占地面积巨大的停车坡道问题；采用激光导航技术，解决了建筑物柱网结构复杂、停车操作紧凑、精度高的问题。驾

图 2 五轴激光切割机

图 3 意大利进口冲剪复合中心 S4Xe

图 4 焊接机器人

驶人将车辆行驶到车库出入口，车库门经线圈感应则可以自动开启，车辆停到出入口后驾驶人则可刷卡离开，停车机器人完成整个停车过程。取车时刷卡即可自动出车，给用户不一样的智能化停车体验。南京夫子庙停车设备见图5。

图5 南京夫子庙停车设备

（2）世界最奢华豪车"自动贩卖机"采用怡丰智能停车设备。新加坡ABM立体停车塔（图6）位于红山惹兰奇兰（JalanKilang），约46m（150ft）高，15层，

图6 新加坡ABM立体停车塔

有2个出入口，可容纳60辆高档汽车。这座形似自动贩卖机的立体停车塔，让你可以随心购买各种包括宾利，法拉利和兰博基尼等高档汽车。一辆辆价值不菲和经典汽车"叠罗汉"般地停放在陈列室供买家欣赏。

停车塔采用怡丰垂直升降类自动停车设备，通过升降机进行车辆的垂直升降动作，由每个泊位的横移梳齿架来完成车辆的水平方向交接，相互配合完成车辆的存取。通过与怡丰停车系统的联通，客户可在ABM的专网实现车辆的远程展示与预约存取，自助实现车辆租赁服务。顾客可以在展厅一楼通过触摸屏来选择想要了解的车型，随后"自动贩卖机"系统进行相关筛选，在不到2min的时间里即可将选定的车型送至顾客眼前。

（3）改造城中村停车场。深圳上沙村是典型的城中村，地面停车场靠近沙嘴路上沙东村九巷旁边，以前只有50个泊位，周围居住着大量在CBD上班的白领，私家车多，泊位紧缺，路边拥堵等。怡丰通过对旧停车场的改造，建成立体车库以后，可提供300个泊位，泊位增长近6倍，极大缓解了周边停车压力，节约利用了土地，同时减少汽车尾气碳排放，建筑体变成绿色、环保、生态建筑。

六、企业所获专利

怡丰公司注重源头创新，持续开展技术研发，每年将销售收入的5%用于研发。现已申报知识产权超过100项，已授权70项，其中发明13项，实用新型27项，外观设计1项，软件著作权29项。牵头起草国家标准1项，参与多项国家及行业标准的制订，另有3项国家及地方标准处于牵头制订中。

目前在研发的项目超过10种产品，能应用在各类智能物流领域，能降低产品成本、提升性能、促进绿色生产、低碳发展。怡丰公司始终围绕创新驱动，以"中国智造""深圳智造"为使命，努力成为一家能够改善人类生活质量的企业。

北京航天汇信科技有限公司

一、企业基本情况

北京航天汇信科技有限公司（简称航天汇信）成立于2001年1月，注册资本5000万元，现有员工300多人，是中国航天科技集团在特种设备领域，向社会提供应用性服务的国有控股企业。航天汇信以航天科技为依托，专业从事机械式立体停车设备的研发、设计、制造、安装，并提供完善的售后服务，秉承航天人"严谨务实、勇于攀登"的精神，经过近二十年的稳健发展，已成长为机电一体化设备制造领域的高新技术企业和停车设备行业的领军企业之一。

二、公司发展历程

2001年 北京航天汇信科技有限公司成立，成为中国停车设备协会首批会员单位、首批取得原国家机械总局颁发的《机械式立体停车库生产制造资格证书》、成为北京第二十一届世界大学生运动会的配套供货商，建成大运村公寓机械停车库

2002年 取得国家知识产权局颁发的《停车装置发明专利》证书

2003年 取得北京市《高新技术企业证书》

2004年 通过ISO9001质量体系认证，取得国家质检总局颁发的《特种设备制造许可证》和《特种设备安装改造维修许可证》

2006年 被评为2005年度停车设备行业先进企业

2007年 当选中国重型机械工业协会停车设备工作委员会副理事长单位

2009年 荣获2008年度停车设备行业优秀企业称号，国内第一个全自动平面移动式公共停车场（天津西安道公共停车楼）建成并投入运营，获得抱夹式搬运器巷道旋转国家发明专利

2010年 荣获2009年度停车设备行业优秀企业称号，被评为2009年度巷道堆垛类机械式停车设备全国销售第二名，水科院综合楼停车场及瑞士公寓停车场被评为"达标示范停车场"称号

2011年 荣获2010年度停车设备行业优秀企业，2011年10月 中关村文化商厦停车场被评为"达标示范停车场"称号

2012年 荣获2011年度停车设备行业优秀企业，被评为2011年度平面移动类机械式停车设备全国销售第二名

2013年 荣获2012年度停车设备行业优秀企业，被评为2012年度机械式停车设备全国销售十强

2014年 荣获2013年度停车设备行业优秀企业，被评为2013年度机械式停车设备全国销售十强

2015年 荣获2014年度停车设备行业优秀企业，被评为2014年度机械式停车设备全国销售二十强，荣获2015中城联盟绿色地产联合采购组织授牌，荣获2015年度优秀医院停车设备供应商

2016年 荣获2015年度停车设备行业优秀企业，被评为2015年度销售二十强企业，荣获停车行业共同促进奖，亚洲最大的全自动平面移动式机械车库（天津智慧山项目1235个泊位）完工并交付，荣获2016年度中国停车设备十佳科技创新奖。北京通州运河核心区市政综合配套服务中心工程智能立体车库工程荣获2016年度"中国停车设备十佳项目奖"

2017年 公司经营范围增加随车起重机的制造、技术开发、技术转让、技术咨询、技术服务、技术培训等内容。荣获中国立体车库十大品牌、中国立体车库十强企业、荣获2016年度十佳企业、被评为2016年度销售二十强企业，再次荣获计算机软件著作权专利证书

三、生产经营及销售情况

航天汇信生产制造基地（如图1）坐落在山西省长治市，拥有近50000m^{2}的现代化厂房。公司从德国、日本、美国、瑞典、韩国等地，引进200多台（套）具有国际领先技术水平的设备，包括数控加工中心、数控激光切割机、数控剪板机、数控折弯机等高端加工设备，最大程度地保障了产品的加工精度，缩短了产品的生产周期，为用户提供可靠的服务保障。基地已形成钢结构加工制造、载车板自动冷压与焊接、表面处理生产线，具备年产50000个机械式泊位的能力。

公司智能车库生产厂区主要进行平面移动类、巷道堆垛类、垂直升降类等全自动停车设备钢结构部分的下料、焊接、机加、表面处理，主要部件的组装、测试以及电控柜组装等，专门开发建设了智能搬运器检测平台，确保搬运器出厂前不低于400次的运行测试。

升降横移立体停车设备的加工件部分主要由钢结构、载车板以及一些附件、加工件等组成。结合新厂区的建设，公司引进十余台自动焊接机器人替代传统的手工焊接，是提高焊接质量、降低成本、改善工作环境、体现智能制造的重要手段，目前普通库70%以上的焊接量由焊接机器人完成。

作为国内机械式停车设备先锋，航天汇信建立起了以北京为中心，以南京、西安、太原、天津、成都、重庆、济南等十余个分公司或办事处为支点的辐射全国的营销服务网络。同时，凭借雄厚的实力与良好的口碑，赢得了北京城市副中心、外交部、国家数字图书馆、中国水科院、中国国际广播电台、江苏省级机关医院、中国保利集团、万科地产、招商地产等众多知名企业客户的信任与支持。累计承揽600多个项目，销售十余万个泊位。

四、科技成果及新产品

公司的技术团队融合航天科技集团的技术底蕴，以市场为导向，为产品打上航天的烙印，从技术引进、技术转化到产品开发，每一步骤都体现着航天汇信技术领先的一贯精神，让技术成为推动市场发展的引擎，带动立体停车设备行业快速发展。技术中心现有机、电、液、仪等各类专业技术人员65人，其中高级工程师14人、工程师42人。他们都具有多年从事机电一体化产品开发的经验和实力。核心技术人员从事机械立体停车设备

图1 生产制造基地

研究与开发工作的时间都在 10 年以上，开发出国内领先的科技成果和新产品。公司现已获 34 项发明专利及著作权。

（1）一机多板传动技术。由日本三好（株式会社）铁工所发明的"一机多板"技术，获得了日本、中国、韩国和新加坡等国家的发明专利证书。此类型设备已在日本销售二百多万个泊位。公司自 2000 年开始拥有此项技术在中国大陆的独家使用权。2000 年在国内最早采用该技术建成节能型一机多板的北京豪景佳苑立体车库。现在公司已生产出全新型二、三层升降横移停车设备十多万个泊位，并投入使用。

（2）平面移动智能库。公司综合考虑了停车设备的经济性、实用性、存取车时间、外观等多方面因素，2009 年 9 月，在天津建成国内第一个全自动平面移动式公共停车场——天津西安道公共停车楼，并投入运营。此工程建设取得天津市"市级文明工地"称号，工程建成后美化周围环境，缓解滨江道、南京路和附近医院等地的停车压力。

五、产品质量控制

公司于 2004 年通过了 ISO9001 质量管理体系认证，拥有三十多项具有自主知识产权的国家专利技术，是国内技术全面、服务专业、取得国家 A 级停车设备制造、安装改造维修许可证产品种类最多的制造企业。同时，航天汇信也是行业技术规范、升降横移类、平面移动类、简易升降类等设备技术、安全标准的编制单位之一。

公司拥有一支经过严格培训，拥有各专业上岗证的 60 多人的专业安装队伍。其中，具有丰富的安装实践经验的高级工程师 3 人、工程师 8 人。同时，公司工程部还配有从事机械立体车库安装的起重吊车等各种专用工具，并有 600 多个立体车库项目、八种库型、100000

多个泊位的停车设备安装经验，严格按照 ISO9001 质量体系和国家、行业、企业的相关标准要求进行施工和管理，可以保证设备安装的质量及工期。为用户提供合格的产品和满意的服务是公司的宗旨。公司制订了机械式停车设备通用设计标准、制造标准、安装工艺文件、定期检查规范等企业标准，建立了完善的质量保证体系，具备可靠的质量保证能力。品质源于责任，公司员工牢固树立了"下道工序即用户"的质量意识，遵循"自检、互检、专检"相结合的原则，确保交付用户的产品质量稳定、可靠。

六、优秀案例

1. 江苏省省级机关医院地下自动车库

该车库位于医院本部院内，为江苏省医疗系统首家投入使用的该类停车设备，停车泊位数 156 个，可容纳小汽车、SUV 常规车辆存放，操作简单方便，存取自动运行，安全可靠，极大地方便患者的就诊停车。

车库控制系统采用全电脑自动化控制，整个车辆的存取过程，只需车主刷卡确认，设备自动运行。

2. 天津西安道公共停车场

天津西安道公共停车场位于交通流量大、交通拥堵严重的繁华商业中心。周边医院、办公区停车一位难求，给百姓出行带来困难，给城市动态交通增加负荷，为了破解停车难，政府把"西安道停车难"列入"天津民心工程之一"，政府牵头，由航天汇信承建立体智能停车库，将原来 100 余个地面泊位改造成近 600 个泊位的智能立体停车库，同时配建部分商业设施，解决了百姓实际问题，更提高了政府的公信力。

2009 年 9 月，天津西安道公共停车场作为国内第一个全自动平面移动式城市公共停车场建成并投入运营。

浙江子华停车设备科技股份有限公司

一、企业发展基本情况

浙江子华停车设备科技股份有限公司（简称浙江子华）成立于 2010 年 4 月（原名浙江新艾耐特停车设备有限公司、浙江子华停车设备有限公司），是一家集机械式立体车库设计、生产、安装、销售、改造、维修服务为一体的专业企业，是中国重型机械工业协会停车设备工作委员会副理事长单位，参与起草多项行业标准及国家标准。2016 年 8 月 11 日正式挂牌新三板（股票代码：838299），成为行业内为数不多的新三板挂牌企业。

公司位于浙江省绍兴市柯桥区滨海工业区，交通便利，技术力量雄厚，现有正式员工 130 名、办公研发大楼 1080m²、综合生产加工基地 10556m²，拥有多条立体车库专用生产线，达到年产各类型泊位 20000 个的生产能力。

浙江子华 2010—2017 年连续 8 年荣获全国停车设备行业优秀企业奖，被认定为浙江省科技型中小企业、绍兴市企业研究开发中心，产品被评为绍兴市名牌产品，"子华"商标被评为绍兴市著名商标。公司专注于简易

升降类和升降横移类机械式停车设备的研究、开发、改进，不断提高产品的使用好感度，以满足不同客户群体的需求为己任，在行业经验、技术创新、专业服务等方面处于行业领先地位，是国内停车设备制造行业的著名企业。

二、生产经营及销售情况

公司主要产品取得了国家质检总局颁发的特种设备制造许可证和特种设备安装改造维修许可证，包括简易升降类（三层及以下）、升降横移类（五层及以下）两大系列十多个品种。

公司产品采用直销、经销、代销相结合的模式，始终注重对营销网络的投入和营销人才的培养，建立了一套符合自身特点且行之有效的营销模式。公司在全国设立了七大销售分公司，销售网络遍及国内主要城市，并以此带动周边地区市场拓展。公司拥有完善的技术服务体系，为公司业务拓展提供了有力的技术支持和售后服务，在行业内具备较强的竞争优势。

8年多来，公司机械式停车设备销往北京、上海、杭州、成都等全国六十多个主要城市，完成数十个企业标杆项目。

三、科技成果及新产品

多年来，公司先后研发并升级了新型二层（带地坑一层型）、三层（带地坑一层型）、四层（带地坑一层型）立体车库，升级了三层、四层、五层升降横移类停车设备的横移框等主要部件，特别是新型三层（带地坑一层型）升降横移类机械式停车设备的研制已拥有24项专利。公司获得科技部中科高技术企业发展评价中心专家近90分的高分评价。

四、产品质量控制

拥有健全的质量管理体系，已通过ISO9001质量管理体系认证、ISO14001环境管理体系认证和OHSAS18001职业健康安全管理体系认证。公司始终注重对产品质量及服务质量的持续提升，在贯彻落实TSG Z0004—2007《特种设备制造、安装、改造、维修质量保证体系基本要求》的基础上，制订了企业"质量管理手册"，按手册要求制订各项程序文件，并保持质量管理体系长期运行，有效地稳定并持续提高了产品的质量，提高了客户满意度，得到了客户的一致认可。

五、优秀案例

1. 杭州阿里巴巴西溪园区（淘宝城）项目

该项目位于知名互联网公司阿里巴巴集团的总部所在地，坐落于杭州市余杭区文一西路969号（高教路口），地下室采用了二层立体车库，共171个泊位，地面采用三层立体车库，共602个泊位。淘宝城入住员工数超过了15000人，内部的停车位严重供不应求，所以园区的机械式停车设备自2012年10月竣工以来，一直处于满负荷运行状态。

2. 成都川大华西第二医院项目

成都川大华西第二医院是国家卫生健康委员会预算管理医院和全国首批"三级甲等"妇女儿童专科医院。该项目建成于2017年，采用了二层升降横移类机械式停车设备，共计345个泊位，极大地缓解了医院内停车难的问题。

3. 成都奥克斯财富广场项目

成都奥克斯广场项目是总占地面积约53333.33m²（80亩），总建筑为近56万m²的超大城市综合体，由两栋国际甲级写字楼、两栋国际公寓、七栋新都市主义高层住宅约700户、一栋五星级酒店与17余万m²的零售商业及9万余m²地下停车场集合而成。地处"国际城南核心CBD"中央商务区，集商务、政务、金融为一体位置。项目周边建成及在建大型居住区众多，地铁及市政路网发达、交通便利，是城市发展与建设的重要区域。该项目建成于2013年，采用了二层升降横移类机械式停车设备，共计684个泊位。

4. 上海芦潮港项目

上海芦潮港项目用地47085m²，总建筑面积105817m²（其中住宅建筑面积82330.65m²；地下建筑面积21064m²）。工程建筑主要是由高层、多层住宅、一层商业及地下车库组成。该项目建成于2017年，采用了二层升降横移类机械式停车设备，共计732个泊位。

5. 浙江淳安时光心宇项目

浙江淳安时光心宇公寓项目，位于淳安县千岛湖镇老城区核心位置，总占地面积24984.07m²（约37.48亩），主要建设内容为商业、高层住宅、西园社区办公用房、社会停车场及相关配套设施。项目总建筑面积83455m²，其中地上建筑面积55805m²，包括商业建筑面积4946m²，高层住宅建筑面积33519m²，单身公寓建筑面积15947m²；地下总建筑面积26329.7m²。项目建成于2016年，采用了四种形式的机械式立体车库，分别是二层升降横移车库、三层升降横移车库、负一正一型立体车库、负一正二型立体车库，泊位数为227个。

6. 合肥灵江房产、新西茗阁项目

该项目位于合肥市高新区长江西路与科学大道交叉口，建成于2012年，采用了六种形式的机械式立体车库，分别是二层升降横移车库、二层升降横移（负一正一型）立体车库、三层升降横移车库、三层升降横移（负一正二型）立体车库、简易升降二层（二层同升降）立体车库、简易升降三层（三层同升降）立体车库泊位数为246个。

唐山通宝停车设备有限公司

唐山通宝停车设备有限公司（简称唐山通宝），是中国建材集团旗下的一家合资公司，1996 年进入智能立体车库行业，2004 年更名为唐山通宝停车设备有限公司，2006 年与中国建材集团旗下唐山轻工业机械厂进行合资重组。

唐山通宝通过近 20 年的经验积累，引进和吸收国际先进的停车设备技术以及经营管理理念，发展成为一家注册资本 5000 万元，占地面积百余亩，拥有职工700 多人的专业从事机械式立体停车设备研究、设计、生产制造、安装调试、售后维护、保养及停车设备和技术进出口的专业化公司，其先进的焊接机器人和整洁的车间（见图 1、图 2）。公司产品分为九大类、三十多个品种，包括智能互联库、平面移动库、垂直升降库和升降横移库等。2018 年上半年签订合同额 4 亿元，完成销售收入 2.3 亿元，营业利润 1200 万元，上缴税金2000 万元，现在平均月产 4500 个泊位。

公司积极推进产品研发和自主创新，已经成功取得80 多项发明、外观、实用新型等各类专利。先后被评为高新技术企业、河北省级企业技术中心、河北省工业企业研发机构。

作为国内大规模的专业性立体车库生产基地，具备

图 1 焊接机器人

图 2 车间内部

年产5万泊位的生产能力，生产规模和制造水平均居行业领先地位。2009年至今，公司连续多年被评选为机械式停车设备行业优秀企业。在2017年机械式停车设备公开招投标项目中，唐山通宝中标数量全国排名前三。目前，公司产品覆盖全国130多个城市，除西藏自治区以外，各个省份都有分公司或办较高事处。产品在北京、西安、兰州、郑州等地市场占有率较高，北京五环之内两公里半径就有通宝车库。通宝产品还出口到美国、俄罗斯、澳大利亚、乌克兰、中东国家等，并成功打入以色列市场。公司先后承建的立体车库代表项目有：

国家部委级项目：国家安全部、公安部、国防部、建设部、中央军委、中国解放军总参谋部、总后勤部、总装备部等重要机关单位的立体车库设计、建设工程。

北京奥运会：2008年北京奥运会期间，作为北京奥组委指定的奥运会立体车库供应商，唐山通宝先后建设了药检中心、安保指挥中心等立体车库项目。

政府机关及各大院校：郑州市政府、郑州市委、西安高新区、宁波市政府、北京海淀区政府等政府机构；四川大学、北京师范大学、天津大学、北京芳草地国际学校等院校。

大型医疗机构：北京协和医院、积水潭医院、陕西西京医院、湖北中山医院等。

大型地产：为万科集团、万达集团、恒大集团、保利地产等国内一线地产商提供了几万个泊位的项目工程。

还包括亚洲第一高楼武汉绿地中心和兰州第一高楼、北京潘家园古玩交易市场、北京西客站等大型车库项目。公司生产的升降横移类停车设备见图3，简易升降类停车设备见图4，垂直循环类停车设备见图5。

图3 升降横移类停车设备

图4 简易升降类停车设备

图5 垂直循环类停车设备

大洋泊车股份有限公司

一、企业基本情况

大洋泊车股份有限公司（简称大洋泊车）前身为潍坊大洋自动泊车设备有限公司，成立于2001年11月，是一家专门从事智能停车设备研发、规划、设计、制造、安装、维修保养及投资运营的高新技术企业，是国内最早的智能立体车库生产企业之一，停车设备工作委员会副理事长单位。

成长历程：

2001年11月，潍坊大洋自动泊车设备有限公司注册成立。

2004年，公司成为第一批取得国家质检总局颁发《特种设备制造许可证》和《特种设备安装、改造、维修许可证》的企业，同年通过ISO9001质量体系认证。

2008年，成功研发多层高速液压式立体停车设备，在车库层数、运行速度方面再上新台阶，并入围国家火炬计划项目。同时荣获山东省发明创业奖、中国专利山东明星企业、山东省高新技术企业、欧盟CE认证等评审荣誉资质。

2009年，成功研发智能高速高层液压驱动升降横移类立体车库，创造七项中国企业新纪录，引领国内立体车库行业发展。在世界上首次将液压驱动方式运用到高层高端车库领域，入围国家重点新产品计划项目。

2010年，荣获山东省著名商标，被评为中国专利

山东明星企业，年度科技进步先进企业。并当选为中国重型机械工业协会停车设备工作委员会副理事长单位、山东省停车设备工程技术研究中心。

2011年，荣获中国机械工业科学技术奖二等奖、山东省名牌产品、国家重点新产品，认定为山东省高新技术企业。

2012年，公司取得ISO14001环境管理体系认证、T28001职业健康安全管理体系认证。获得国家火炬计划重点高新技术企业、山东省专利创造力培育单位等荣誉。

2013年，公司获得山东省专利奖、山东省优秀成果一等奖，智能高速高层液压驱动升降横移类立体车库荣获山东省第四届职工优秀技术创新成果一等奖等荣誉。

2014年，潍坊大洋泊车设备有限公司正式更名为大洋泊车股份有限公司。

2015年，公司自主研发并建成了垂直升降类、巷道堆垛类和平面移动类停车设备，向智能车库的研发迈出了关键性一步，同时成立了立体车库外观造型的设计团队，使设备的外观更加靓丽，更好地融入到社会环境中去。

2016年新式平面移动类停车设备研发成功并推向市场，此类设备布置灵活，地上地下均可布置、正面侧面进出均可。同年取得潍坊市首届"市长杯"工业设计大赛二等奖、80余项车库外观专利；并连续八年被评

为行业优秀企业。

2017 年公司自主研发建成圆形垂直升降车库、轿厢垂直升降车库、垂吊巷道堆垛车库和公交智能堆垛车库,并取得国家商务部 AAA 资信认定、中国机械工业名牌产品和省级企业技术中心等称号。

经过多年发展,公司现有潍坊潍城区总部、潍坊高新区分公司、陕西汉中分公司、菏泽曹县分公司四大生产基地,面积达约 466667m² (700 余亩)。生产车间内部见图 1。

图 1 生产车间内部

二、生产经营及销售情况

先进的生产工艺是保证产品品质的先决条件。大洋泊车非常重视先进生产设备的引进与应用,投入重资引进喷砂除锈机、喷锌流水线、喷漆烘干流水线、零部件电泳流水线、全自动电脑焊接机器人(图 2)、液压冲床、数控火焰切割机、数控折弯机、数控打孔机等先进生产设备,年生产机械式停车泊位可达 20 余万个。

目前,公司的技术研发、产能、销量等各项指标和综合实力位居行业前列,连续多年被停车设备工作委员

图 2 全自动电脑焊接机器人

会评为“行业优秀企业”。2010 年度升降横移类机械式停车设备全国市场销售第三名;2011 年度升降横移类机械式停车设备全国市场销售第三名,简易升降类机械式停车设备全国市场销售第一名;2012 年度机械式停车设备行业销售十强企业第三名,升降横移类机械式停车设备全国市场销售第三名,简易升降类机械式停车设备全国市场销售第一名;2013 年度机械式停车设备行业年度销售十强企业;2014 年度机械式停车设备行业销售二十强企业;2015 年度机械式停车设备行业销售二十强企业;2016 年公司被评为械式机停车设备行业十佳企业和行业销售二十强企业。公司获得的专利证书及其他证书见图 3。

图 3 专利证书及其他证书

三、市场发展开拓情况

经过多年发展,公司智能立体车库依靠安全可靠、操作简便、外形美观、空间利用率高、安装方便、能耗低、噪声小等优势,逐步塑造起“大洋”品牌,并在国内建立了覆盖广泛、体系健全的营销服务网络,各地区分公司及办事处工作人员达 200 余人,并设有国际业务部和负责 PPP 项目投资运营的战略营销部。

目前产品已覆盖全国并出口到欧洲、非洲、东南亚、中东、澳洲及美洲等地区,全国承建项目超过 1500 余个,总泊位数突破 350000 个,产品获得各界一致好评。

四、科技成果及新产品

科技创新是企业发展的核心力量。公司非常注重研发团队的培养,视技术力量为第一生产力。拥有省级机械式立体停车设备工程技术研究中心 1 个、潍坊市企业技术研发中心 1 个,拥有专职研究与试验人员 63 人、中高级工程师 15 人。本科以上学历人员占技术中心总人数的 60%,研发队伍主要由中青年技术人员组成,来自机械、电气等各相关专业,凝聚了国内行业领域优秀的研发人才。公司多名骨干参与了多项国家标准的编制工作,4 人被聘为中国重型机械工业协会停车设备工作委员会专

家。每年以不低于销售总收入 3% 的研发投入开展技术创新活动，近 3 年研发总投入超过 5000 万元。

大洋泊车和山东大学本着"优势互补，资源共享，互惠双赢，共同发展"的原则，利用山东大学的数控编程及自动化控制平台软硬件等优势学科，展开全方位的科研合作。依托大洋泊车拥有的省级机械式停车设备工程技术研究中心、省级智能化停车设备产业技术创新战略联盟等科研平台，山东大学拥有的国家重点实验室、国家工程技术研究中心、国家工程实验室、国家工程技术推广中心等国家级科研平台建立了大洋山大停车设备技术转化中心合作基地。

近年来，研发中心积极开展国家、省市和自主立项的课题研究，取得许多重要成果。参与了国家标准《机械式停车设备分类》《机械式停车设备通用安全要求》《机械式停车设备术语》《汽车专用升降机》及行业标准《停车设备链条》《升降横移类机械式停车设备》《简易升降类机械式停车设备》的制定。

"创新不停，专利不止"，大洋泊车在提高自己、完善自己的过程中，发扬"敢为天下先"的创新精神，不断地走科技创新之路，已获得近 300 项专利，其中包括发明专利 53 项，实用新型专利 156 项，外观专利 84 项，是国内获得专利数最多的立体车库企业。同时，还获得中国机械工业科学技术奖二等奖、山东省科学技术奖二等奖、潍坊市科学技术奖一等奖、山东省职工优秀技术创新成果一等奖等各种奖项。

公司近年陆续推出的智能圆形垂直升降立体车库、智能轿厢垂直升降立体车库、新式平面移动类立体车库、智能堆垛公交车立体车库、智能垂吊巷道堆垛立体车库等产品智能化程度高、安全系数高、能耗低、操作简单，具有如车牌识别、空位显示、停车智能引导、车辆自动对中、故障自动急停等诸多功能，以满足市场需求。

五、产品质量控制

大洋泊车坚持"产品质量是恪守的职责和企业的生命"的理念，从原材料选择、生产到安装调试都严把质量关。大洋泊车质量管控措施：

（1）公司内所有自制、外购部件报检单均实行签名制，签名制是一种重要的技术责任制，每道工序的责任者都应该在相关记录档上签名，以示负责，并做好检验数据记录、检验单据等资料的存档，便于日后查阅。

（2）质量问题的统计和分析。质控部门每日对检验项目、检验部件、检验数据、检验不合格品等进行梳理汇总，及时召开"产品质量例会"，使公司领导及其他相关部门及时了解质量动态，及时纠正杜绝类似问题的再次发生，使得公司产品质量得到保障。

（3）公司的自制产品检验实行三检制，既实行操作者的自检、工人之间的互检和质量控制部专职检验人员的专检相结合的一种检验制度。

（4）生产工序严把质量关，进行记录控制，对每一过程进行监控，认真做好每一个环节、每一个步骤的工艺操作实施和监视测量工作，确保不合格的半成品、成品决不进入下一道工序。

（5）公司各类零部件在仓储、生产现场、包装和交付中均标识清楚，实现了过程工作的规范实施以及发生非预期情况时的可追溯性，做到有据可查、有源可溯，严格控制原材料、半成品、成品材料的质量。

大洋泊车通过对落料、生产、涂装等每个环节进行严格的质量控制，辅以良好的技术装备，为提供优质的泊车设备奠定了坚实的基础。

六、优秀案例

大洋泊车自 2001 年成立以来，产品以智能化程度高、安全系数高、能耗低、操作简单等优势获得各界一致好评。大洋泊车在各地的优秀案例见图 4。

潍坊高新管委会　　扬州仙鹤寺　　河南郑州市建设委员会

福州恒丰大厦　　福州市民中心　　哈尔滨道里区政府

广西医大开元垠东医院　安徽轻工大厦　海口汇通大厦

图 4　各地优秀案例

山东天辰智能停车有限公司

山东禹城高新区制造基地

一、自我驱动，开启发展之路

发展谋时更谋势。2001年，在天辰集团立足的高端装备制造业——铝工业加工设备发展风生水起、引领行业潮流之时，天辰集团创始人侯秀峰先生偶然接触到了立体车库，在国内停车市场尚未形成之际，他以企业家的前瞻眼光和战略思考，赴海外考察了立体停车项目，并决定依托天辰集团强大的研发和制造能力，进军立体停车行业。

山东天辰智能停车有限公司（简称天辰智能）成立于2002年，变更于2011年，注册资本8000万元，总部位于国家级高新技术开发区——济南高新开发区天辰路，制造基地位于山东禹城"天辰车库工业园"，园区占地面积162000m²（243亩），建筑面积16万m²。公司是中国重型机械工业协会停车设备工作委员会副理事长单位，是我国首批取得立体停车设备生产制造许可证和安装、维修、改造许可证的企业，也是国内较早从事立体车库出口的企业。

在公司16年的成长过程中，依托天辰集团多年的综合经营优势和数控机械行业的经验积累，实现了从智能化立体停车设备的研发、生产、销售到提供配套安装、维护等一体化的全产业链服务。目前拥有的七大类立体停车设备，主要为医院、商场、政府事业单位、房地产开发商等提供智能化停车解决方案。

公司秉承"建一个车库，树一座丰碑"的发展理念，坚持"高端配置、适中价格、完美服务"的产品标准，坚定"专业化、规范化、产业化"的发展方向，始终处于行业发展的前列，连续多年来荣获"行业优秀企业""销售十强企业"等称号。

二、强化根本，迈上发展之路

工欲善其事，必先利其器。创始人侯秀峰先生认为，制造业的根本就是研发和制造，一直倡导"创新是天辰发展的灵魂"，坚持"好东西不愁卖"的发展理念，并积极参与到公司的产品研发和生产建设中，为产品创新和品质提升，扩大用户信任，推动行业进步奠定了良好基础。

在公司发展过程中，为扩大生产经营规模、完善生产条件、更好地满足市场需求，公司在山东禹城建设的"天辰工业园"于2012年6月投入运营，工业园拥有完善的机加工配件生产设备，生产能力达到100000个/年，具备了从合同签订、设计、采购、下料、二次加工、零部件机加工、表面处理、包装、安装、布线、PLC编程、调试、试运转、配合验收、交付甲方、改造、维修等各个环节的运营管理能力。公司现已成为国内大型的立体停车设备生产基地之一，也是国内同行业为数不多的大型生产厂家。

求实求是，高配高质。公司在行业内较早实现了机械化、智能化、自动化的流水线生产（如图1），各道工序"无缝连接"，确保了产品质量和生产效率。在生产工艺方面，遵循"做精做细"的原则，小到一根电缆的走线路径、固定方式均要做出明确规定；钢结构全部采用先进的热镀锌工艺，即便潮湿环境也能确保产品使用寿命；控制系统、主要电器元件均采用国际知名品牌，装备精良，品质优越。

图 1 公司生产线

公司自主研发的三维数控钻孔生产线、边梁冲孔冷弯成形联合生产线、平板数控冲割生产线既提高了生产效率，又确保了产品质量的稳定性；功能部件试验台、电气元器件试验台的组建，为产品质量提供了可靠保证；功能部件均在试验台连续运行考核，关键元器件进行通电试验、检测，真正达到"不生产不合格品"。

加强体系建设，确立发展根本。公司严格执行GB/T 19001—2016《质量管理体系》、GB/T 24001—2016《环境管理体系》、GB/T 28001—2011《职业健康安全管理体系》的一体化管理和TSG Z0004—2007《特种设备制造、安装、改造、维修质量保证体系基本要求》，进一步强化了全员质量意识，从制度上和体系上保证了质量管理水平。公司三体系认证证书见图2。

三、科研带动，加快发展之路

为真正能够引领行业发展方向，实现公司自主创新、技术进步，公司充分结合社会发展趋势和先进技术，提高发展速度，并重新审阅自己的产品技术，积极与科研机构开展技术合作，逐年增加科研经费投入，使公司、产品技术均迈上新的台阶，提升了企业发展后劲。

在产品研发方面，"智能停车设备研究院"作为公司技术研发平台，聚集了很多行业专家和创新人才，加快推进停车产业的产品升级。通过对升降横移类、简易升降类、垂直升降类、垂直循环类、平面移动类、巷道堆垛类、汽车专用升降机等多系列车库设备改进升级，充分满足了市场需求。除了在传统领域的高歌猛进，企业对立体车库充电桩的研发与深耕同样全力以赴，目前已与德国、中国台湾等地的公司达成战略合作关系，届时可根据客户需求灵活配置，提高了产品实用性和品质。

近年来，为加快智能车库的研发应用，公司积极引进、吸收国外先进技术。2015年，公司在美国纽约组建智能车库研发机构，专门从事智能车库的设计研究，目前已取得良好进展。

2015年2月，公司与山东建筑大学进行产学研合作，成立山东建筑大学天辰停车设备研究中心。双方以"中心"建设为依托，借助山东建筑大学人才、技术优势和公司设备、市场、资金优势，协同创新。结合公司发展需求，围绕国家、省、市关于机电装备产业发展政策，通过建立省级、国家级创新平台，就停车装备制造及其

图 2 公司三体系认证证书

相关产业的新技术、新工艺联合进行深入系统地研究开发，确保公司在国内、国际停车设备行业中的引领作用。

四、引领市场，推动发展之路

随着停车市场需求不断扩大，公司发展基础不断扩充，经营范围不断扩张，在全国主要城市都设立了办事处，强化市场开发力度，巩固本地化服务。

经过 16 年的发展，公司实现了在停车设备市场从无到有，从小到大，从区域到全国，从国内到国际的规模扩张。公司以山东为核心，强化重点市场的占有率，覆盖全国市场，树立了"天辰智能"的知名度和信誉度。产能方面，在保证传统市场份额不降低的情况下，逐渐深入完善产业链，积极开发新领域新客户市场，尤其关注公共停车场项目，布局投资运营新模式。

公司始终把市场开拓作为重要的工作来抓。在公司层面树立"大市场、大营销、大服务"的观念，按照"巩固核心市场、开发重点市场、完善代理市场"的销售思路，形成了有效的市场开拓机制，采取灵活、主动的营销策略，积极挖掘新的业务增长点。

就市场开拓而言，一是拓宽销售渠道，制订详细的市场开拓计划，健全项目信息网络，做到信息通畅及时，跟踪到位有效，有效地推进市场整体开拓工作。二是拓宽经营渠道，加强与代理商的沟通交流，建立科学合理的激励机制；加强高端代理商团队的开发和建设，快速打开城市停车高端市场，对接城市和停车投资项目，通过合作，实现共赢。

五、追求品质，引领发展之路

公司在发展中，秉承"建一个车库，树一座丰碑"的发展理念，在政府机关、城市综合体、旅游餐饮、商业办公、居住小区等各个领域均打造了诸多现代化、高档次和性能好的标杆工程，并成为各地独特的风景点，为经济社会发展做出了贡献，也为公司的业务承揽建立了良好的口碑。

（1）国务院机关事务管理局项目。该项目是 2006 年中央国家机关政府采购中心最大的立体车库项目，也是当年国家政府机关楼中智能化程度最高的立体车库项目，公司以产品技术先进、设备性能最优、运行速度快等优势从 19 家投标单位中拔得头筹。项目车库类型为升降横移类，共计近 500 个泊位，单车进出时间仅需 40s。

公司还相继承揽了山东省军区、山东电视台、中铁太原设计院、福建省直机关、泉州农商行、山东银监局等众多项目，大力缓解了政府机关停车难的实际问题。

（2）南京中泰广场项目（图 3）。该项目是 2006 全国最大的立体车库工程，也是"国家级重点推广项目样板工程"。公司凭借出色的方案设计、完善的服务体系和良好的社会信誉顺利承揽。项目共计 944 个泊位，投入使用后立即缓解了周边的停车难题。

图 3 南京中泰广场项目

（3）河北医科大学第四医院项目（图 4）。该项目是河北省医院领域第一个立体车库项目，也是该院对外观摩、展示的形象工程。项目 2008 年建设，可容纳 426 台汽车同时停靠，有效解决了医院职工和患者的停车问题。

图 4 河北医科大学第四医院立体停车场

（4）兰州铁路局调度所项目（图5）。该项目是兰州枢纽线上的国家重点项目，2016年完工，共计200个泊位，车库为地下五层平面移动立体停车项目。设备采用准无人运行方式，车辆停放到地面车库入口层，停车设备自动运行。设备采用先进新型智能汽车搬运器、梳齿型四点升降式汽车智能搬运器，是现代停车设备行业的领先技术。

图5 兰州铁路局调度所项目

六、完美服务，夯实发展之路

公司自创立以来，坚持以客户为中心的发展思路，想客户之所想，急客户之所急，以产品赢得客户，以服务回报客户。坚持用户永远是正确的服务理念以及热情、高效、专业、规范的服务思想。为此，公司组建了一支高素质的专业服务团队，在服务过程中不断总结经验，深化服务内涵，运用灵活多样的服务手段，提高服务质量，形成了一套完善优质、遍布国内国际的售后服务体系。全国各地均有公司的服务热线及专车，任何时间需要服务援助，都可直接拨打400热线寻求支持，公司始终将星级服务和超值服务贯穿于产品的售前、售中、售后的全过程，以贴心服务实现多赢。

同时，公司配置了远程监控和远程诊断功能，技术人员通过特定网络平台监视、实时检测了解设备运行状况、系统信息，实现快捷、准确的设备维护、故障排除服务，彻底消除了用户对设备出现故障影响存取车的担忧。

目前，公司已与万科地产、保利地产、绿地地产、中海地产、融创中国、阳光100、天房、大唐西市、青岛海尔、河南正商等大型企业达成长期战略合作关系。同时，作为拥有自营进出口权的企业，为适应新的市场常态，公司提出了"引进来"和"走出去"的对外发展模式。

通过引进国外停车行业的成功经验与做法，加强与国际水平接轨，吸收国外先进水平，不断开发、改进安全、经济、高效、节能、省地的产品，进一步强化公司研发能力。同时，公司加快了"走出去"的发展步伐，凭借合理的价格，高端的质量，每年有价值近千万的产品和部件远销日本、俄罗斯、美国及其他国外地区。2017年，更是借助国家"一带一路"战略东风，实现产量和销售量的双突破。

七、开拓创新，提升发展之路

公司始终把技术创新放在主导地位，培养了一支强大的研发团队，凭借敢打、敢拼的优良传统，研发了许多具有先进水平的专利技术，其中五项产品被国家建设部列入"建设部重点科技成果推广项目"，四项产品被国家科技部列入"火炬计划项目"。研发的"智能化仓储式立体停车设备""平面移动类立体停车设备"，达到国内领先和国际先进水平，其多项技术填补了国内行业空白。

目前，公司拥有11项发明专利、32项实用新型专利、1项外观设计、6项著作权。每年还向山东省经济和信息化委员会申报3-5个省级创新项目。应用于产品方面的先进技术有：现代光通信传输、高精度激光测距定位、存车优先、取车优先模式及自识别切换模式、电缆恒力矩收放装置、自定位整体抱夹式智能搬运技术、车辆轮胎无气压存取、互联网＋接口。

同时，公司自主研发的车库钢结构数控联合生产线、边梁冲孔冷弯成形联合生产线、平板数控冲割生产线、三维数控钻孔生产线，以科技创新推动了产业的升级。

八、产业布局，保障发展之路

公司自成立伊始，就致力于成为停车领域集车位开发、停车运营、生产系统为一体的系统解决方案提供商，并为此搭建了以总公司为管理（战略）中心和研发中心、制造工厂为成本中心和质量中心、投资销售为品牌中心和利润中心的架构体系，逐步实现了管理与研发并举、产品和质量并重、品牌和市场并行的产业布局。随着城市车辆逐年增长，国家鼓励建设公共停车场，以缓解停车难。公司以从传统的生产制造商向系统的开发运营商转型为契机，开展 BT/BOT/PPP 的业务，投资开发公共停车场项目。目前已在北京、西安、大连、哈尔滨、武汉等多个城市进行了实地考察，与多家投资公司达成了初步合作意向，部分项目已进入筹划实施阶段。

2017 年初，公司成为上市公司徐州五洋科技股份有限公司全资子公司。借助上市企业平台和兄弟单位制造优势，通过不断改革创新，优化资源配置，提升产品性能、水平和档次，产业链布局进入发展快车道，加速推进了从传统设备制造向智能制造＋投资运营的转型升级。

纵观立体车库发展，基本上需要经历"停车难—难停车—车难停"三个阶段。这三个阶段也是停车产业化的三个发展阶段，天辰智能停车正致力于通过技术创新和产业化来解决这三大难题，坚持把立体停车库定位于整个城市智慧交通的大背景下解决城市停车难题，从长远角度规划设计立体停车库，而不局限于眼前利益。

基于此，公司一方面通过与国内知名建筑院校合作，将专业院校建筑设计优势与公司的制造优势相结合，建造立体式停车建筑；另一方面组建了国际研发机构，将世界先进智能技术与国内市场需求有机融合，通过整合吸收国外先进的技术资源，研发出更具智慧化的车库类型。

下一步，公司将积极实施"智慧停车系统运营解决方案"，大力发展智能制造，加速互联网、云计算、大数据、物联网等融入产品的研发、加工、品牌理念和形象塑造各个环节，推动停车行业的"智慧"新形象，为我国智能停车产业的发展和升级再立新功。

九、诚信经营，完美发展之路

多年来，公司坚持外塑形象铸品牌、内提品质谋发展，追求产品与内涵的结合，集中精力把企业做大做强，取得了经济效益和社会效益的双赢，在企业文化的感召

和带动下，一批又一批天辰人秉承"天道酬勤，辰辉同映"的企业精神，以"成为世界知名的中国立体车库专业制造商"为企业愿景，坚持"做新的，做好的"的企业方针，努力构建价值、绿色、诚信、和谐多位一体的责任企业。

在十余年的发展中，公司凭借"诚信经营"的理念立足于市场，致力于搭建一个良好的平台，为客户创造美好生活，帮助员工实现个人价值，与合作伙伴互利共赢。"得人心者得天下"，正是公司的"品牌价值"赢得了客户的信任，合作伙伴的极力支持和员工的一路追随，从而奠定了公司持续发展的基础，建立了"天辰智能"的良好口碑。

在公司经营不断发展壮大的同时，始终坚持依法经营，依法纳税，公司纳税金额逐年递增。2016 年，荣获禹城市颁发的"纳税先进企业"称号。

多年来，公司的企业文化得到社会的认可，先后获得守合同重信用企业、中国工业行业排头兵企业、AAA级优良客户、文明诚信民营企业、中国政府采购首选品牌、优秀医院停车设备供应商、中国停车设备十大信誉保障品牌、山东省著名商标、山东创新型民营企业等众多荣誉，董事长侯秀峰多次获得"优秀企业家"称号，在国内外市场享有广泛的知名度和良好的信誉度。企业获得的荣誉证书见图6。

图 6 企业获得的荣誉证书

"产品就是人品，人品铸就精品"。山东天辰智能停车有限公司将为社会贡献自己更大的力量，天道酬勤，辰辉同映！

上海赐宝停车设备制造有限公司

一、企业发展基本情况

中外合资上海赐宝停车设备制造有限公司（简称赐宝公司）于1998年成立，专业承接各类停车设备的设计、制造、改造、安装和维修保养业务，为首批获得国家特种设备制造、安装、维修保养资质的企业之一。是上海市高新技术企业，中国重型机械工业协会停车设备工作委员会副理事长单位，上海市停车服务业行业协会第三届理事会副会长单位。荣获信用等级AAA企业、纳税优秀企业等称号，连续多年被评为机械式停车设备行业十佳企业及全国销售二十强企业。

公司总部设在上海市黄浦区打浦路1号金玉兰广场，在常州工业园内拥有占地面积约5.5万m²的工厂，各种加工设备100余台。

公司的宗旨是让用户获得最大程度的满意，通过20年的努力，赐宝公司拥有了扎实的停车设备设计、制造、安装和售后服务能力，已通过ISO9001质量体系、ISO14001环境管理体系和OHSAS 18001职业健康管理体系认证证书。企业引进了德国KRUPP垂直升降设备和意大利INTERPARK水平循环设备等国外先进设备。引进的三条车板滚轧自动流水线为国内首创，使企业的工艺水平和产量都成倍提高。通过对产品不断更新完善，公司获得多项专利技术，其中"后悬滚珠螺杆和折臂伸缩型立体停车设备"被认定为上海市高新技术成果转化项目，该产品为赐宝公司主打产品，在整个停车设备行业中首屈一指。后悬设备因其外观简洁、停车方便、安全可靠深受用户青睐，目前市场上使用的后悬臂产品中，"赐宝"牌占有极高的比例。

二、生产经营及销售情况

通过所有赐宝人的努力，截至2017年年底，公司已承接了几百个机械式停车库的建设。公司采取"服务带动销售""与客户建立长期战略合作伙伴"的模式，业务遍及上海、苏州、无锡、南京、镇江、江阴、南通、合肥、天津、福州、西安等地区。业务量连年提高，超过6.5万个机械式停车泊位，60台汽车升降机和15套车库管理系统，其中80%已投入使用。这些项目中不乏优秀项目，如南京西堤国际（2005年承接的、当时全国最大停车设备项目，约3470个泊位）、南京朗诗地产（合作近5000个泊位）、无锡金科观天下（合作近4000个泊位）、上海中山医院、上海北外滩金玉兰、天津阳光星期八、嘉兴东方普罗旺斯等项目。多年来公司在全国市场销售业绩排名前十位。

公司也不断扩展海外市场，已成功完成了俄罗斯、越南、澳大利亚等停车设备项目。

三、市场发展和开拓情况

不盲目接单，立足每一块市场，做深做透、服务跟上是赐宝的服务宗旨。赐宝公司的衍生产品包括：停车收费系统、寻车系统、车库流量系统等，并正在配套车库户外指示系统。

在市场运作中，公司把客户分为政府类、医院类、教育机构类和商用类等几大类，并把各类客户的特殊要求进行分解和完善，形成了不同的洽谈方式，尽量满足他们的个性要求，从中积累了相当多的经验。

公司的二层升降横移滚珠螺杆式停车设备为独家专利产品，用户口碑极高，深受医院、机关、高端楼盘青睐。升降横移停车设备也是公司的强项，其传动方式有框架链条、后悬链条、后悬螺杆、钢丝绳，目前最高能做到7层，已安装的产品最长使用年限已达18年，且都在正常运行中。到目前为止，公司已申请二十多项停车设备技术专利,并成为上海高新技术企业。

四、产品质量控制

产品质量是企业的生命,它承载着每一台车甚至乘客的安全,公司以先进的质量保证模式进行规范管理,持续改进质量保证体系各过程,以增强适应性,不断满足顾客的要求;积极采用国内外先进的产品技术和最新科研成果,不断自我完善产品设计和产品质量安全保证水平,为顾客提供优质、安全、可靠的产品;树立以"顾客"为中心的观念,通过全方位周到服务,实现对顾客满意的承诺。

"优质的产品、专业的服务"是赐宝人一贯追求的目标,公司从采购原材料开始,在每一个环节都设置了质量检测。同时,也建立了完善的维修保养体系,为设备处于良好的运作状态打下扎实的基础。公司定期给施工人员和维保人员进行技术和质量培训,不断更新他们的技术知识。监控,是保证质量的关键,从采购到生产到安装直至调试维保,每一个环节都实施严格监控,并制作质量控制流程,严格按流程操作,杜绝一切安全隐患,为客户提供安全合格的产品。

五、成功案例

(1)上海复旦大学附属中山医院拥有三千余员工,看病人流量巨大,只有极少的地面停车位,但大多数人又都比较排斥立体车位,认为停车烦琐且需要比较高的驾驶技术。赐宝停车的后悬式停车设备前方无立柱和任何障碍物,停放空间、便捷性与平面泊车差不多,基本是即停即走,很好地解决了以上问题,从而缓解了停车难的问题。安全性也很好,使用至今从未发生一起质量事故。停车库内部见图1。

图1 上海复旦大学附属中山医院车库内部

(2)上海北外滩白玉兰广场地处北外滩黄浦江沿岸地区,与陆家嘴隔江相望,问鼎上海"浦西第一高楼",是北外滩的又一新地标。上海北外滩白玉兰广场及停车库内部见图2。

图2 上海北外滩白玉兰广场及停车库内部

(3)"800 SHOW"主题创意园区地处静安区中部,项目占地面积18000m²(27亩),紧贴地铁七号线,通过该线与世博会园区南北呼应,形成商业、商务互动。目标着力与南京路形成CBD商圈,打造集走秀、时尚发布、品牌展示的多功能秀场。作为专门为解决"800 SHOW"及周边停车问题而修建的机械式停车库,成为静安中部一个地标性项目。车库分为两期,共103个泊位。

(4)保辉国际大厦位于上海市杨浦区"新江湾五角场"城市副中心的核心位置。东临城市主干道淞沪路、西接民府路、南依国安路、北靠城市规划路,东隔淞沪路与"铁狮门"核心商务区相望。项目定位为5A甲级写字楼,机械车库就做在地下一层和地下二层。该车库使用双向轨道和台车锁定装置(如图3),增加了泊位,解决了后排停车存取车困难的问题。

图3 保辉国际大厦车库及台车锁定装置

六、专利

公司现有专利24项,其中发明专利1项,计算机软件著作权1项。

北京鑫华源机械制造有限责任公司

北京鑫华源机械制造有限责任公司（简称鑫华源公司）成立于1995年11月，国有独资企业，是国内最早开发机械停车设备的企业之一，是北京能源集团旗下的国有独资企业，定位为"现代城市服务产业链"的智能停车产业板块，专业从事智能停车设备研发、制造和维保。公司注册资本1 329亿元，资产总额6亿元。"十二五"期间，确立了1+N战略格局，以北京总部基地为中心，向京外扩张发展，先后在山西、安徽、河北投资建设了制造基地，同时在国内按照区域设立了五个销售分公司，形成了覆盖全国的营销网络。

鑫华源公司经过20多年的发展综合实力位居停车行业前列，成为停车产业"北京创造"的代表企业。公司是国家级高新技术企业、中关村高新技术企业、北京市企业技术中心，参与编制了六项国家标准。公司是中国重型机械工业协会停车设备工作委员会副理事长单位、北京市停车行业协会副理事长单位、中国停车行业品质委员会副主任单位。公司连续获得中国停车设备行业先进企业、十佳企业、十强企业、中国机械工业自主创新先进企业、中国机械工业名牌产品、首都文明单位、

北京市安全生产先进单位等多项荣誉。产品遍布全国20余省市并出口欧亚，有20余万泊位稳定运行。

公司持续通过了ISO9000质量管理体系、职业健康安全管理体系、环境管理体系的认证，是中国质量协会AAA认证企业。鑫华源公司秉承"务实、严谨、创新、诚信、感恩"的行为理念，"客户至上、诚信为首"的经营方针，坐拥首都北京良好的投资环境、便利的交通运输优势、丰富的人才智力资源，凭借技术先进、质量稳定、操作简便、外形美观、占地面积少、空间利用率高、安装方便、能耗低、噪声小的产品优势，产品销往北京、上海、天津、成都、河北、昆明、山西、辽宁、内蒙古、黑龙江等20多个省市和地区，并出口俄罗斯、西班牙等国际市场。

公司相继承建了中国人民解放军总医院、总参办公厅、国防大学、北京市国家安全局、最高人民法院、外交学会、歌华大厦等诸多项目。积极与北京市东城区合作建设了首都第一个胡同立体车库——车莘店项目，并建成了东北地区、西北、西南地区最大的智能车库等一批区域标志性项目，常年负责近10万泊位的维保工作。

在运行的典型案例如下：

（1）北京市第一个胡同立体车库（图1）——车辇店胡同立体车库。北京市东城区车辇店胡同位于北京市二环内，与著名的南、北锣鼓巷相连，周边道路狭窄，胡同居民停车和周边临时停车问题长期困扰着住地居民。

2011年建成的该车库有效破解了区域的停车难题。该车库共四层(地上一层、地下三层)，可存放车辆172辆，并已加装了鑫华源公司研发的立体车库专用充电桩。该设备自动化程度高、安全可靠、运行快捷、具有鑫华源自主知识产权。设备不工作时仅能看到地面泊位，与周边历史风貌协调。设备具有完善的防、排水系统和各项安全设施，运行良好，特别是经受住了北京60年一遇的7.21大雨的严峻考验，没有一辆车遭受损失。

（2）北京市第一个社区便民智能塔库。新桥家园小区位于门头沟核心区，是居住密度高、停车难问题突出的典型小区，小区建于2001年，有住户450户，常住居民拥有轿车500多辆，有300辆停车泊位缺口。

2017年建成的新桥家园智能梳齿塔库（图2），共有三组(一组20层、两组19层)，每组每层停车两辆，共停116辆。每组设备占地面积56 m^2，共占地180 m^2。该车库设备自动化程度高、安全可靠、运行快捷、具有自主知识产权。平均每辆车仅占地1.55 m^2，有效解决了小区停车难题，为解决社区停车矛盾积累了宝贵经验，建成了北京市第一个社区智能塔库。

（3）贵州安顺智能塔库与垂直循环车库项目（图3）。车库位于安顺市经济技术开发区，应用了占地面积小、容车密度高、存取车速度快的梳齿交换式智能塔库计150个泊位，垂直循环车库计84个泊位，共计234个泊位。该车库设备自动化程度高、安全可靠、运行快捷、具有自主知识产权，是西南区域地标车库与示范项目。

（4）官园地下平面移动智能车库（图4）。车库位于北京市西二环内官园桥东侧的"官园汇"，采用地下平面移动车库类型，有56泊位，建成于2015年。进入车辆均由搬运机器人运至地下停车库，有效解决了项目周边地面不能停车的问题。该车库自动化程度高、安全可靠、运行快捷、具有自主知识产权，为地下空间拓展增值建成立体车库树立了标杆和示范。

（5）育树胡同自走式车库（图5）——北京首个错层自走型停车场。北京市东城区育树胡同停车场原本只有100个泊位，在采用鑫华源公司的错层自走式车库

图1 车辇店胡同立体车库

图2 新桥家园智能梳齿塔库

图3 安顺智能塔库与垂直循环车库

后，停车数量从原来的 100 辆扩充为 289 辆。停车场错层设计，分为四层。第三层的一侧为胡同居住区，为了避免遮挡居民采光，向内挪了 2.5m，保证了建筑与居民房屋之间的合理距离。停车场在钢材平面灌注了厚度约 150mm 的水泥，车辆如同行驶在路面上，有效避免了噪声问题。停车场采用了刚度更大的 Q420 钢材来做车库横梁，不再需要承重立柱的支撑，避免了车库空间被分割，节省空间给更多的车辆。在设计时，宽度要比正常泊位宽出 20 ～ 30mm。这样减少了转弯半径，方便车主进出车，有效破解了区域停车难题。

(6)301 医院升降横移立体车库（图 6）。301 医院内科大楼立体车库建成于 2010 年。采用两层、三层升降横移类机械式停车设备共 685 个泊位。以优异的产品和服务质量，保障了车库高密度停车和长期连续运转。

图 4 官园地下平面移动智能车库

图 5 育树胡同自走式车库

图 6 301 医院升降横移立体车库

明椿电气机械股份有限公司

一、基本情况

明椿电气机械股份有限公司（简称明椿电气）成立于 1977 年，位于台湾工业重镇台中市大里工业区，注册资金 8500 万新台币，是中国重型机械工业协会停车设备工作委员会副理事长单位、台湾立体停车场协会常务理事单位、机械工业协会理事单位。公司的产品涵盖传动行业各个领域，特别是在机械式立体车库、数控加工机械、畜牧机械、物流机械等领域获得了较大的成功。其中在机械式立体车库行业的销售量和口碑一直是行业领先，产品遍及欧美、大洋洲、亚洲的各个国家，实现了有机械传动就有明椿电机的设厂愿景。目前正在使用中的明椿电机超过 150 万台，其中立体车库专用电机超过 130 万台。

2004 年明椿电气在上海注册成立丸井明椿电气（上海）有限公司（简称丸井明椿），专注在中国大陆市场的销售和服务工作。2013 年公司斥资 2500 万元新建上海松江厂房，以有效应对中国大陆庞大的市场增长量。丸井明椿公司成立 13 年，公司的销售业绩实现了 13 年持续增长，累计销售车库电机超过 120 万台，为中国立体车库事业的发展做出了自己的贡献。

中国大陆市场和东南亚新兴市场是世界最重要的停车设备市场，明椿电气在新建上海松江厂房 3 年后，做出了在上海周边建立新基地的决策，以应对中国市场和东南亚各国市场的快速增长。2017 年明椿公司又斥资 2000 万在江苏省南京市收购江苏川钿电气机械有限公司，作为生产、组装基地，策应支持上海公司的发展。

市场的扩大和品牌的提升，使明椿电机的产品销售量迅速增长。2018 年 1 月 22 日，台湾明椿斥资 5 亿新台币扩建的 7000m² 淞钿大楼在原台中厂区落成，最先进的工业 4.0 电动机制造设备悉数进场，一个自动化程度高、自制率高、产能大的现代化齿轮减速电动机工厂就此诞生。

未来发展中，台湾台中总部，将继续保持精密齿轮的制造和研发基地，对电动机的核心产品进行生产制造；江苏南京工厂将作为普通加工和组装基地，协力支持上海工厂，辐射东盟各国；上海公司将作为中国大陆总部，继续服务中国大陆市场。

二、生产经营及销售情况

明椿电气创始人魏金德先生在设厂之初，就确立了公司的厂训：品质、服务、责任，公司后来的所有管理都是严格按照这个厂训开展。为确保公司的产品品质一流，公司的经营管理者在购置一流设备中总是极尽所能、毫不吝啬，目前公司的设备投入在同业中少有媲美者。公司引进的德国刹车片双平面研磨自动线见图 1。

图 1 德国刹车片双平面研磨自动线

有了好的设备，还需要更好的员工来执行。为了强化管理，明椿公司通过各项认证资格，以提升管理和竞

表1 明椿电气管理和质量认证情况

认证类别	认证项目	名 称	认证单位	证书编号	初始认证时间	有效期
管理认证	ISO9001	ISO9001:2015	台湾检验科技股份有限公司	TW97/09859.01	1997/5/23	2020/5/23
管理认证	IS014001	IS014001:2004	台湾检验科技股份有限公司	TW97/00371	2009/8/19	2018/8/19
质量认证	CE		台湾检验科技股份有限公司	EZ/2009/80003C	2009/10/15	每年检查
质量认证	UL		优力国际安全认证有限公司	E220568	2002/3/14	每年检查
质量认证	CCC	齿轮减速三相异步电动机	中国质量认证中心	2004010401104662	2004/1/13	2021/7/8
质量认证	CCC	车库专用齿轮减速三相异步电动机	中国质量认证中心	2004010401104661	2004/1/13	2021/5/16
质量认证	CCC	齿轮减速三相异步电动机	中国质量认证中心	2008010401263371	2008/1/23	2021/6/15
质量认证	CCC	齿轮减速电容运转异步电动机	中国质量认证中心	2012010401543687	2012/5/24	2022/3/23
质量认证	CCC	双值电容异步电动机	中国质量认证中心	2013010401633026	2013/8/16	2018/8/16
质量认证	CCC	双值电容异步电动机	中国质量认证中心	2013010401611474	2013/4/26	2018/4/26
质量认证	CCC	齿轮减速三相异步电动机	中国质量认证中心	2014010401675595	2014/2/28	2019/2/28
质量认证	CCC	齿轮减速三相异步电动机	中国质量认证中心	2014010401710956	2014/8/7	2019/8/7
质量认证	CCC	齿轮减速三相异步电动机	中国质量认证中心	2015010401757131	2015/3/19	2020/3/19
质量认证	CCC	车库专用齿轮减速三相异步电动机	中国质量认证中心	2015010401761513	2015/4/8	2020/4/8

争的软实力。明椿电气管理和质量认证情况见表1。

1995年开始，明椿电气开始涉足立体车库市场，基于对品质责任的追求，产品质量和口碑一直稳步提升，销售量也是一路上升。2004年，明椿工厂扩建搬迁失火，导致当年产量下降。明椿车库专用电动机销售情况见图2。

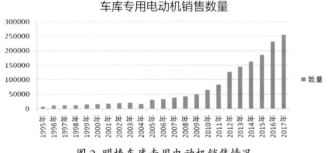

图2 明椿车库专用电动机销售情况

三、海外拓展

明椿公司除了重点布局中国大陆市场，并提供优质服务以外，还在乌克兰、韩国、印尼、泰国、越南、柬埔寨等国家设立代理商，努力拓展海外市场。韩国最大的机床厂斗山机床，指定使用明椿电动机，每年采购量超过10000台。在越南，明椿电动机已经成为减速电动机第一品牌，2017年越南采购明椿电动机超过15000台。

四、科技成果及最新产品

2005年，明椿电动机参加台湾岛内产品展，其车

库专用产品获台湾精品奖（图3），迄今为止，尚无第二家电动机厂产品获此殊荣。

图3 台湾精品证书

2016年广州、武汉、南京等多雨地区相继出现了地下立体车库被雨水淹没的情况，传统IP54的电动机无法适应相关环境。2017年为满足市场对防水电动机的需求，明椿公司开发研制了最新IP68全防水车库专用减速电动机，可以实现水下1.5m电动机仍然能够正常工作。2018年国内全部使用IP68防水电动机的大型车库将建成投入使用。

2010年，在3D打印机问世之际，明椿公司斥资100万元购买了当时最先进的3D打印机，还斥资150万元建立了齿轮切片实验室。2017年公司共获得专利20多项。公司每年投入600万元用于科技研发，将以更多更好的产品，不断满足市场对新产品的需求。

杭州友佳精密机械有限公司

杭州友佳厂区图

一、企业基本情况

台湾友嘉实业股份有限公司是台湾最大的立体车库专业公司，从事立体停车设备产业35年。杭州友佳精密机械有限公司（简称杭州友佳）是台湾友嘉实业全资子公司，1993年在杭州萧山成立，是2004年首批获颁国家质检总局特种设备制造许可和安装改造许可证的七家企业之一。24年来兢兢业业于本业，承接项目数超过1000个，安全运行中的机械式停车泊位超过15万台，是行业中资深的停车设备专业厂之一。

杭州友佳总部在萧山经济技术开发区，占地面积约5.67万 m²，车间面积57000m²。生产立体车库的车间在杭州经济技术开发区（下沙）14号大街431号，占地面积17.67万 m²，车间面积176000m²，立体车库专用生产车间18000m²。另在杭州江东工业园区有约46.67万 m²厂区与日本丰田公司合资生产数控机床、与日本 IWATA 公司合资生产空气压缩机，厂区面积667000m²。为了未来30年的发展，2013年在郑州航空港开发区购地3000亩，2014年10月开工建设，第1期投入10亿美元，开发200万 m²，建造50万 m²工厂，其中立体停车设备专用车间55000m²，建成后将成为全球最大的立体车库智能制造生产车间，年产10台立体停车泊位。郑州厂区规划见图1。

公司先后获得浙江省高新技术企业、浙江省先进技术企业、浙江省重合同守信用企业、信用等级 AAA 级企业、萧山区百强企业等称号；公司董事长现任杭州市台资企业协会常务副会长；获得国家质检总局颁发的特

图1 郑州厂区规划图

种设备生产、安装改造维修 A 级资质，通过 ISO9001 质量体系认证，ISO14001 环境管理体系认证。

2006 年 1 月 11 日，公司在香港联合交易所主板成功上市（股票编号：2398）。此次成功上市，开创了萧山乃至香港股市的三个第一：第一支香港联交所上市股票，第一家在香港联交所主板上市的萧山企业，我国数控机床、停车设备、叉车产业第一家股票上市的企业。

二、生产经营及销售情况

杭州友佳停车设备产品包括多段式系列、循环式系列、仓储式系列到停车塔系列等 30 余种机型，适合于各式建筑。无论是公共建设、现代化办公楼、住宅区乃至汽车制造厂都有友佳停车设备的踪影，并全天候为用户提供最佳服务。今后将结合电梯、电扶梯产品由国内市场延伸至世界各地，为社会大众创造更舒适快捷的停车体验。

秉持"以诚立业，以信立世"之经营理念，以企业文化为轴心、行事低调，不做虚假夸张的行销，专注于精密制造本业。近三年企业平均负债比低于 50%，平均净利润超过 1 亿元，从不积欠供应商货款，在业界享有美誉。1997 年安装在上海黄河路国际饭店、遵义路安泰大厦、仙霞路远东国际广场等项目至今已安全运行超过 20 年，并且仍由公司负责维修保养。公司管理严格，严把产品质量关，不允许设备发生严重安全事故影响企业声誉。坚持质量为长期经营立世之本，不做杀鸡取卵的短期经营、损人害己的事，更杜绝低价竞争、破坏市场竞争秩序。

三、科技成果及新产品

（1）电动汽车充电的功能。升降横移类设备，由于升降车台在下降到地面时，与上部的结构供电端脱离，又不可能有随行电缆供电，拟采用改良型电轨、电刷方式供电。在电轨侧加导向护板，以克服升降过程中的位置偏差；停车塔机型中，其载车板横移到位的距离是固定的，可采用扭簧触片式供电结构。此机构可使载车板在 PFL 层断电，升至指定格位并且横移到位后再供电。

EV 汽车整体设计符合国家标准 GB 17907—2010《机械式停车设备 通用安全要求》；充电桩部分满足 GB/T 18487—2015《电动汽车传导充电系统》和 GB/

T 20234—2015《电动汽车传导充电用连接装置》的要求。升降车台的对接供电装置经过 20000 次的耐久测试。已取得的实用新型专利：一种水平传送方向切换装置（ZL 01620589574.1）；一种旋转摆臂垂直升降式的立体车库架构（ZL 201620600168.0）。

（2）梳齿式停车塔是公司研发的新型的停车设备。梳齿式停车塔库取车速度快，存车容量大，安全性高。公司原有的停车塔属于载车板式机型，通过机械机构将此板输送到驻车室。但因汽车是停在该载车板上，所以每次取车之后都有一个送空板回驻车室的过程，消耗了大约 20s 时间。而梳齿是无板式机型，每一次送车回库位之后，没有送空板过程，对于连续出入库和清库效率的提升有很大的优势。梳齿式停车塔采用主副两台升降机，可以分别独立运作，所以取车和升降动作独立运行。采用的电梯式曳引驱动方式，可以节约能耗，符合目前节能减排的要求。该停车塔的安全保护设置全面，其中包括有上下限位保护、越程保护、车辆长、宽、高检测功能，超载保护功能，防重叠自动检测功能，开门联锁保护功能，防止载车板坠落功能，电力过负荷保护功能等等。

杭州友佳公司每年将销售收入的 3% 用于研发。现已申请专利 30 项，停车设备相关软件著作 3 项，参加起草的国家标准的有 11 项。

四、产品质量控制

杭州友佳坚持"诚信负责，品质至上，创新价值，持续改善，客户满意，永续经验"的质量方针，从产品开发设计、生产制造、安装、验收及维修保养等各个环节都严格遵守国家标准及停车设备行业标准。在完工交付使用后，提供每年 365 天、每天 24h 的紧急叫修服务及每月定期维保服务。在全国设有 31 个办事处与售后服务网点，在设备使用期间协助雇主方管理人员的工作，对用户进行指导和培训，并对可能出现的各种故障进行及时处理。

公司制订了产品控制管理程序、采购管理程序、生产计划管理程序、停车设备安装作业程序、客户服务管理程序等一系列质量控制程序，且这些程序都已通过 ISO9001 质量管理体系认证。此外，公司品保部门定期或不定期的召开品质政策、品质目标的审查会议来确保质量控制的有效性与适合性。

五、优秀案例

（1）南昌市团结路垂直升降式停车（塔）库（图2）是南昌市政公用集团倾力打造的第一座现代化全智能停车场项目。4座200个泊位，与世界领先的日本索道（Nippon Caple）技术联合。设4m环氧地坪人行安全区，超宽车道。可自动辨识车牌，红外车高检测，快速道闸，无人（智能）化、零停顿，停车（入场）一气呵成。远程泊位智能预约，自动派车，调取车台板，减少等待时间。液晶屏显示待停车辆信息，一目了然。以明镜搭配语音及LED等引导，简便易行，安全可靠。全光幕及日本红外热源活体检测，最大限度降低安全风险。采用德国（SEW）22kW品牌电动机，升降极速可达120m/min。远超国标7倍的8股16mm19芯电梯专用钢索传动，极安全可靠。

（2）山西金晖盛世风情项目（图3）。采用自有国家发明专利、具有国际先进水平的第五代工业汽车搬运机器人技术设计生产。在结构紧凑、运行安全可靠平稳的基础上，实现功能人性化、管理方便化、操作简单化、效率最大化。该项目分为6个全智能型平面移动机械车库，主要由18个高速升降搬运器，18个智能搬运小车，18个工业汽车搬运机器人和6套先进的集中分散控制系统和操作管理系统组成，共计1107泊位。该项目于2014年建成，至今运行良好，是国内至今为止使用中的最大单体智能平面移动类机械车库，首次采用超大型LED引导系统，首次具有等待时间屏显功能，首次具有3吨级汽车收容能力搬运机械人能力。

（3）河南省紫荆山宾馆车库项目。该项目规划为地下五层平面移动智能库（河南开挖最深车库-15m），车库分为四个出入口（图4），共305泊位，最短出车时间仅70s，平均出车时间为90s，四台升降机、五台横移台车均可同步运转，智能刷卡、一键取车、智慧APP远程叫车、监控系统互联互通实时查看车库动态等无不体现该设备的高效智能化。

（4）郑州市高新区翰林国际城项目是河南省单体机械泊位数量最大的车库项目（图5），机械式泊位数量在8000以上。采用底坑式三层升降横移式机械停车设备，设备成熟稳定，取车方便快捷，后期维护成本最低。该项目根据地下室的柱网大小及设备管道调整，以量体裁衣的方式设计最大容车量的机械式停车设备，避免了地下室空间的浪费，容车率是平面的2.7倍。

图2 南昌市团结路垂直升降式停车（塔）库

图3 山西金晖盛世风情项目

图4 河南紫荆山宾馆地下车库出入口

图5 郑州翰林国际城小区及车库内部

江苏金冠停车产业股份有限公司

一、企业基本情况

江苏金冠停车产业股份有限公司（简称金冠股份）成立于2005年12月，2015年3月完成股份制改制并更名为江苏金冠停车产业股份有限公司。公司是专业化从事立体停车方案规划、技术研发、设备制造、项目施工、设备安装、维护改造和技术服务的大型科技企业。现有数万平方米标准厂房和大型系列机械加工设备，配备现代化的开发系统，通过引进和吸收国外先进技术，自主研发了一系列拥有自主知识产权的产品技术与生产工艺，推出了五大系列近三十个品种的高科技立体停车设备，及时为客户提供最合理的停车规划方案，满足各种不同停车场地和空间的需求。

十多年里，公司规划设计、研发生产、销售服务的停车项目遍布全国，并已销往美国、新西兰、印度等国家，获得了积极的海内外市场效应。近年来，公司在市场信誉荣誉方面屡创佳绩，荣获中国技术市场协会"金桥奖优秀项目奖"，入选中国名特优产品信息库，并被认定为高新技术企业、江苏省民营科技企业、江苏省科技型中小企业、江苏省服务型制造示范企业、江苏省知识产权管理标准化示范先进单位、江苏省质量协会会员等。

金冠股份是全国起重机械标准化技术委员会停车设备工作组成员单位、中国重型机械工业协会停车设备工作委员会副理事长单位，先后参与了JB/T 8910-2013升降横移类机械式停车设备、JB/T 8909—2013《简易升降类机械式停车设备》、JB/T 10475—2015《垂直升降类机械式停车设备》、JB/T 10545—2016《平面移动类机械式停车设备》等多个行业标准的编制工作。

信誉至上，诚信为本，公司为南通市AAA级重合同守信用企业，被认定为南通市知名商标，产品被评为南通市名牌产品。公司是南通市首台（套）重大装备产品的生产企业，被认定为江苏省智能立体停车工程技术研究中心，获得过南通市科技进步奖。作为行业领先企业，公司已经连续五年获得机械式停车设备行业优秀企业、机械式停车设备行业销售20强等殊荣，得到社会各界的充分肯定。

二、生产经营及销售情况

金冠股份拥有高大、宽敞、明亮、通风的生产厂房，配备先进的自动化仪器设备，以及各类加工设备和表面处理设备，对各种类别和型号的立体车库部件都能进行自主加工。公司还配备了完整的检测仪器、计量器具和装配工装，能够满足产品技术开发、性能试验、质量检测和规范化生产的要求，保证质量的同时提高速度，高效强大的生产能力有效缩短了项目的实施周期。

公司采用引进和自主研发两条路并行，在引进日本、韩国及中国台湾等先进技术的基础上，加以改进、优化融合，以实现产品生产智能化、数字化，服务能力产业化的推进模式。金冠股份成立至今，销售额与市场占有率节节攀升，在全行业名列前茅。在全球经济增速减缓的大环境下，公司销售利税每年持续稳定增长，公司综合效益指数位于全国停车行业前列。生产车间及停车库内部见图1。

图1 生产车间及停车库内部

三、市场发展及开拓方面

金冠股份以建立地区代理机制和分公司营销及自主营销模式相结合的方式，在国内几十个省（市）建立了销售渠道，通过主动了解和拜访、加大广告宣传投入等多种宣传方式，积极开拓销售渠道。在积极进行

线下推广的同时，公司加强网络信息化线上推广力度，金冠股份成立之初就建立了企业门户网站 http://www.jgparking.com，通过加盟行业网站、搜索引擎以及积极参与网络招投标活动、技术论坛等方式扩大信息交流量，与各方面的专家、学者和用户进行交流，提高品牌知名度和扩大影响力，拓展销售市场。同时，以国际知名电商网络平台为依托，建立英文国际网站，向国外市场进行全方位的推广和介绍，吸引海外客户的访问和考察。目前，销售网点已遍布全国，并成功开拓美国、新西兰、印度等海外市场，赢得了客户的一致好评。

公司在精益管理、人才培养、技术创新、知识产权保护、基建设备等方面持续增加投入，使得企业在以上方面取得了突破性的发展。金冠股份以南通为根据地和主战场辐射全国，产品遍布大江南北，远销海外，赢得了良好的业界口碑。

四、技术创新、科技成果介绍

金冠股份在投资引进并消化融合了欧洲、日本、韩国和中国台湾等各地停车产业先进技术的基础上，走自主创新之路，倡导"科技解决停车难"。坚持以创新求发展的科学发展观和以人为本的人才培养理念，分别与南通大学、重庆交通大学等多所高等院校合作，先后建立了省级研究生工作站、产学研基地等科研机构。2011年成立了"南通市智能立体车库工程技术研究中心"，这是当时国内为数不多获认定的专业从事智能立体车库技术研究的工程技术中心。2017年又通过"江苏省智能立体车库工程技术研究中心"认定。公司现有外聘教授、博士、专家7人与各专业技术人员组成三十余人的研发团队，培养了一批高、中级技术人才。通过引进和培养，拥有各类中高级专业工程技术人员及各类管理人员50余名，引进省"双创人才"科技副总1名。

十多年的创新发展中，企业自立研发项目十多项，多次承担省、市、区科技计划项目，为公司的技术创新和产品升级提供了持续有力的保障。通过不断的创新研发，取得了一批具有较高价值的研究成果，申请专利百余件，获授权专利、软件著作权等六十余件。

公司还建立了完善的奖励机制，鼓励员工创新。加强研发管理工作，对研发项目从确立、调研、论证、立项报告、计划任务书等全流程，进行规范管理。建有包括研发投入核算规章制度、研发机构管理章程和研发人员的绩效考核制度在内的一整套研发管理体系，充分调动科研人员的积极性，确保研发投入得到合理应用。

公司自主研发设计的升降横移类立体停车设备产品先后获得中国技术市场协会金桥奖的优秀项目奖、江苏省高新技术产品、南通市科技进步奖、南通市首台（套）重大装备等称号和荣誉，并于2017年通过江苏省新产品新技术鉴定验收。

五、产品质量控制

"高品质高质量"是公司对"金冠"的注解，追求卓越"给汽车舒适的家"是全体金冠人对消费者的承诺和共同追求的目标和理念。

企业现已通过ISO9001质量管理体系认证、GB/T28001/OHSA18001职业健康安全管理体系认证、GB/T24001/ISO14001环境管理体系认证，并获得国家特种设备制造、安装改造维修许可证。公司注重实实在在的质量管理，将学习和实践相结合，从工程项目设计规划开始到生产、安装直至售后，各个环节安排专人层层把关，严格按照行业标准设计、生产、制造、安装和售后服务，并与行业优秀企业共同制订行业相关标准。2013年获得国家金桥奖，并先后两度获"南通名牌产品"殊荣。

公司始终将品牌视为企业的灵魂、产业的基石，积极利用有利条件，创品牌、强实力、调结构、提形象、增效益。2005年成立之初，以公司名"金冠"的拼音"JINGUAN"为商标及皇冠图标就随着公司的成立而诞生。目前，金冠股份的产品遍布国内各大省市，并已销往印度、美国、俄罗斯等国家。"JINGUAN"品牌商标在行业内取得较高的知名度，赢得了国内外客户的信赖和赞誉，产品销售额逐年攀升，创造了良好的社会经济效益。在未来的发展中，公司将会坚定不移的强化品牌战略意识。

六、企业所获专利介绍

创新研发成果离不开知识产权的保护，公司成立专职知识产权办公室确定了"创新引领，意识先行，规范管理，有效运用"的知识产权方针。2015年通过GB/T 29490—2013《企业知识产权管理规范》国家标准体系认证，并获省级知识产权管理标准化示范先进单位荣誉。

自2010年公司申请第一件发明专利以来，年均申请专利十余件。目前已获授权各项专利、软件著作权数十件，多数专利成功应用于产品，所涉及产品类别包括升降横移类、垂直升降类、平面移动类、简易升降类等。高价值科研成果的知识产权保护，有效地保证了产品的品质，同时提升了企业的品牌形象与市场竞争力。

七、发展前景

随着社会对立体车库需求的增长，立体车库建造呈现智能化、规模化发展趋势，更多的设计制造因素被考虑，其中降低成本、提高效率为关键因素，同时客户将更加注重完善的售后服务系统、远程监控系统、远程故障处理系统建设等。

停车设备行业处于上升期，未来5~10年产品市场需求量随着经济的发展将达到旺盛时期。为了满足不断增长的经营需要，公司投资数亿元进行新厂区建设以扩大生产规模。新厂区建设项目作为南通市2017年重大项目之一已开工建设，设计建筑面积数万平方米，并配备全自动生产线，2018年投产后金冠智能停车设备产能将再创新高。新厂区的建设规划中，金冠股份将引进全新自动化生产线、焊接机器人、激光切割机、数控锯等先进生产设备，生产效率与产品品质也将得到大幅提升。

广东三浦车库股份有限公司

厂区大门

一、企业基本情况

广东三浦车库股份有限公司（简称三浦车库）是立体车库行业首家在新三板创新层上市的企业（股票代码：838357），是中国立体车库制造十强企业，中国重型机械工业协会停车设备工作委员会副理事长单位。

公司自成立以来，秉承"让中国人停车不再难"的公司使命，一直专注于立体车库的研发与制造，产品遍布广州、深圳、香港、澳门以及新加坡、孟买和迪拜等地的各大城市，国内多个重点城市（如珠海、顺德、江门、梅州、湛江、丽江、三亚等）的第一个立体车库都是由三浦车库建造的。

公司占地面积近 60000m²，厂房及附属设施面积超过 40000m²，是华南地区最大型的立体车库制造企业之一。

公司是国家高新技术企业，连续 8 年被广东省工商局评为广东省守合同重信用企业，商标被评为广东省著名商标。公司拥有广东省院士专家工作站及广东省智能立体车库工程技术研究中心，2009 年通过了 ISO9001/ISO14001/OHSAS18001 品质、环境与安全管理三大体系认证。

公司拥有一支由多名资深高级工程师组成的专业技术团队，与清华大学、上海交通大学研发团队保持长期的技术合作与研发关系。

三浦车库以"缔造中国立体车库第一品牌"为目标，努力使产品做到零故障、无缺陷。在安全方面，三浦车库率先提出"机械防坠、结构抗压、阻尼卸力"的三重安全保障体系，独有的十项安全专利和整体焊接工艺，彻底保护每一台车辆的停车安全，真正做到让客户安全、放心、全程无忧。

二、生产经营及销售情况

三浦车库拥有 6 万 m² 生产加工车间和大型的物流库存区，能按时完成各类立体车库生产、制造。公司地处珠三角环城高速经济圈内的大旺国家高新区，在激烈的市场竞争中，公司坚持"树品牌、创优势、区域聚焦、稳步发展"的发展战略，以稳健的下沉式市场渗透方针，取代激进的外延式市场拓展模式，依托于珠三角地区业务配套企业齐全、高端专业技术人才聚集、交通辐射的便利性等优势，有效地提高公司的经营情况。

公司拥有行业领先的设计、制造优势，拥有国内领先的智能立体停车设备的设计、制造、安装、维护能力，拥有行业优秀的研发、设计、制造、安装专业人才，两名科技人员被中国重型机械工业协会停车设备工作委员会聘任为行业专家，建立了院士专家企业工作站；拥有先进的数控加工设备、自动化生产线和先进的检测试验设备。

三浦车库自登陆资本市场以来，营业收入连年快速增长。

前两年多层升降横移类产品占车库产品的 80% 左右，近两年塔库与平面移动产品占比逐年增加，2018年预计升降横移与塔库、平面移动比例为各占一半。2017 年数据显示 95% 以上车库为实用型项目。

公司根据市场需求，对部分项目采取投资运营及融资租赁模式。为解决投资运营资金，公司与部分大型央企、国企互为战略联盟，共同参与立体车库运营，合作项目相继在华南地区落地。

未来两年三浦车库将继续深耕华南市场，逐步向周边省市发展。作为行业屈指可数的上市公众公司，公司也将利用数据公开透明、管理规范有序的独特优势，积极参与各地立体车库 PPP 项目，同时大力推广空中充电车库与机器人车库。

三、科技成果及新产品

公司设有专门的立体车库设计研发中心，拥有多名最早从事立体车库研发的资深专家和以郭曙勤教授、刘春辉高工为代表的技术团队，多次获得国家科学技术进步奖、省科技成果奖，在国内外杂志上发表论文数十篇，自主研发的机械式停车设备，已获得多项国家专利。

三浦公用型立体车库广泛应用于医院、机关单位、商场、五星级酒店等，可实现无人值守、空中充电、手机终端智能预约存取车等功能，是目前应用最广泛的立体车库设备。

三浦公用型立体车库设计灵活，配以三浦完善的安全装置及控制系统，结构简单、标准化设计、规模化生产，安装速度快，运行非常成熟，适用于任何地形安装。所有地面泊位均为停车出入口，轮候时间较短。

三浦车库在关注社会停车难的同时，意识到充电汽车的充电难也将逐步成为社会问题。因此，早在 2011年就与清华大学何光宇教授团队共同研究将自然资源应用于立体车库，解决电动汽车充电难的问题，并申请了

首个专利。经过五年潜心研究，2016 年实现量产，新能源充电车库已被应用于贵阳理工大学、钟村医院、江门农发行、梧州红会医院等。

三浦车库将太阳能、风能等新能源应用于立体车库，减少充电汽车造成的大量耗能，让使立体车库更智能，更加符合各式场地的需求。

三浦车库为多个城市建造了当地第一个智能化立体车库，有效缓解了当地停车难问题。三浦车库率先实现"互联网＋立体车库"，创新性地将车库与互联网相结合，推出智能立体车库手机 APP 操作停车系统，实现车库预约空闲泊位、预约取车、预约充电及锁定，查询车库总泊位数、空闲泊位数、充电泊位数及计时收费等功能。

四、产品质量控制

三浦车库在 2009 年通过了 ISO9001/ISO14001/OHSAS18001 品质、环境与安全管理三大体系认证，独有十项安全专利和整体焊接工艺。

以工程质量为重点，贯彻本企业 ISO 质量管理体系，严格按高于相关工程验收标准进行施工，确保工程质量达到合格等级以上标准。由高素质的项目管理和质量管理人员组成工程项目管理班子，充分发挥企业的整体优势和专业化施工保障，运用企业成熟的项目管理模式，严格按照 GB/T19002—ISO9002 模式标准建立的质量保证体系来运作，以专业管理和计算机管理相结合的科学化管理体制，全面推行科学化、标准化、程序化、制度化管理，以一流的管理、一流的技术、一流的施工和一流的服务以及严谨的工作作风，精心组织、精心施工，履行对业主的承诺。

产品质量不仅仅是生产制造或品质管理部门的职责，更是一个公司管理水平与能力的综合体现，三浦车库为实现一流产品，一流质量，自成立以来便坚持如下规则：

团队专业化。在三浦团队核心成员中，苏农是建筑结构高级工程师、国家一级建造师，黎嘉殷是建筑工程师、停车设备工作委员会专家，郭健是电气高级工程师，刘春辉是机械制造高级工程师，每个人都在做自己最擅长和专业的事情。

管理专业化。让三浦车库从一开始就步入了现代企业管理的良性轨道。不看关系看能力，不用庸才用人才，能上能下成常态，由此聚集了越来越多的专业型人才，

打造出一支专业化的员工队伍。

技术专业化。与多所大学建立起企校合作关系，在保证三浦技术与世界同步的同时，大胆创新，已有的 20 项国家专利技术处于行业领先地位，另有 10 多项国家发明专利正在申请中。

设计专业化。三浦车库的"机械防坠、结构抗压、阻尼卸力"的三重安全保障体系，凸显了三浦专业设计人员的高水准。

加工专业化。三浦车库拥有现代化的加工、检测设备和自动化生产线，保证了产品零故障、无缺陷，彻底保护每一台车辆的停车安全，真正让客户做到安全、放心、全程无忧。

五、经典案例

（1）广州宝马集团宝马专用停车场（图 1）。该项目是宝马汽车集团在广州的宝马车辆专用停车场，车库利用现有的土地环境，实现车辆与车库合理化配置，多个存取车入口，达到存车辆最大化，为宝马提供上百个机械泊位，有效解决宝马新车车辆停车问题。同年还为凌志、东风日产等汽车生产企业建设了样车存放车库。

（2）广州锦绣文化中心立体停车库（图 2）。该

图 1 广州宝马集团宝马专用停车场

项目周边交通四通八达，平日车流量极大，原地块是一个门窗加工厂，业主见周边商业氛围日益浓厚便将门窗厂拆除，所有地块全改造成了六层智能停车库。车库投入使用后，白天停放周边购物、办事车辆，晚上停放周边用户过夜车量，一天 24h，随时过去，每个泊位都停

得满满的，堪称成功转型的典范。

（3）南方医科大学附属医院立体停车库（图 3）。

图 2 广州锦绣文化中心立体停车库

该项目为六层智能立体车库设备，车库建成后，每个泊位每天平均停放频次达 3.8 次以上，是广州使用频率最高的车库之一。该车库合理的车流改造方案，大大缓解了停车拥堵状况，为患者打造安全舒适的就医环境。

图 3 南方医科大学附属医院立体停车库

六、企业所获专利

三浦车库现已获得的 33 项专利，以安全性专利为主，致力于为广大用户提供更为安全、便捷的车库产品。所有安全保障设施与专业程序设计，可确保用户在误操作情况下，设备也能自我检测并实现运行急停。三浦独创的载车板斜边梁、层层拦截超高、防开门检测等设计，最大程度体现了使用设备的优良特点。

上海浦东新区远东立体停车装备有限公司

上海浦东新区远东立体停车装备有限公司（简称上海远东停车）是集设计、制造安装、改造、销售和售后服务于一体的民营骨干企业。公司创建于 1994 年，坐落于上海浦东新区东海之滨，距浦东国际机场 6km，离外高桥保税区 15km，地理位置十分优越，交通十分便捷。公司占地面积为 18900m²，研发、生产及流水线面积为 14800m²。生产和开发团队、安装、维保员工计 300 余人，其中，高中级工程师 18 名，技术专业人员 35 人。现有先进生产流水线 3 条，配有进口及国产精加工、检测等设备和 80 多台（套）仪器。

公司原有的厂房、设备已陈旧和落后，很大层面上阻碍了生产的需求和发展。为满足市场发展的需要，公司决定在江苏启东滨海工业开发园区成立启东公司，新辟基地 20 万 m²，建造集开发、试制、生产于一体的现代化工厂，添置全新的先进检测和生产设备，全部引进先进自动化生产流水线，预计产能将在原来的基础上有大幅度提高，新的环境优美的园区现代化工厂将于 2018 年投入使用，为企业腾飞注入了新的活力。

上海远东停车生产的各种机械式立体停车设备，是博采国内外同类产品之精华，具有技术先进、结构合理、安全可靠、外形美观等特点。产品获得国家专利，且经国家级部门检测，系列产品达到国际先进水平，部分形式的产品被评为国家级重点新产品。1998 年度被上海市人民政府高新技术认定办公室批准为"高新技术成果转化项目"，次年被列入国家级"火炬项目"。公司是中国重型机械工业协会停车设备工作委员会的理事单位之一，参与行业标准编制工作，通过了 ISO9001—2008 管理体系与安全体系认证。且以每年生产 10000 个左右的泊位投放市场，受到用户较好的评价和认可。

公司成立的以专家、教授、高级工程师为主的技术研发中心，力求以科技创新优势占领行业，洞察行业，与同行业共享停车设备产业的成果。坚持"创新"和"以科技为先导，顾客为中心"的企业理念，走出一条全新的发展之路、创新之路，力争跻身于全国同行 30 强之前列。面对机遇和挑战，远东人将以崭新的面貌，一如既往服务于社会，为我们美好的明天，锐意进取，争创一流。

北京天宏恩机电科技有限公司

一、企业基本情况

北京天宏恩机电科技有限公司（原北京恩菲科技产业集团）是国内第一家车库企业，由中国有色工程设计研究总院国有公司改制而来。1984年率先进入立体停车设备领域。1988年建成中国第一台自动化机械车库。1993年成立北京恩菲自动化停车设备公司；1999年更名为北京恩菲科技产业集团；1996年公司被建设部和国家科委同时列为智能化停车设备国家级技术依托单位和指定生产厂家。这在当时是具有先导意义的事件。

2002年在大连建成国内难度最大的全自动机械式停车库（平面移动类），并获得多项专利权和部级科技进步奖二等奖，并获得国家科技创新基金的无偿资助。与此同时，根据当时升降横移设备自身存在的问题，比如前立柱和前端上托板链条本身的结构，侵占了人员行走空间，影响车辆存取，防坠器故障多发等现象，公司在2层升降横移设备的基础上，进一步设计研发了后悬臂液压型式的机械车库停车设备。将前横梁、前立柱防坠器取消，利用液压驱动进行托板升降，后立柱既是支撑，同时也是上托板运行的升降导轨。这种设备，是没有结构缺陷的升降横移类设备，具有前端出入口开阔、存取车辆便捷、上板运行稳定、安全、噪声小、故障率低、维修成本低等诸多优点。几乎所有的用户在使用了此设备并与其它设备比较后，都有非常好体验感。

公司擅长高端智能车库、液压车库、大型循环类车库的建设，其中高端智能平面移动仓储式停车设备，是具有核心竞争力的产品之一。2004年公司在北京城建集团总部建成了当时全国最大的平面移动类停车设备。该设备运用激光测距、无线数据计算通信等最先进的技术，一直具有领先的水平。

2008年在北京国际汽车博物馆，承建了世界上最大的汽车展示平台，即垂直循环展览装置。这套装置在设备规模、钢结构高度、运转的稳定性以及控制系统的技术要求和施工安装的复杂程度等方面，都是世界首屈一指的。目前，这套设备已经成为国际汽车交流的主要平台。

经过几十个工程以及多年对设备设计的不断完善，停车设备制造技术越发成熟可靠，多项指标已到达或者超过世界先进水平，始终保持着停车行业里设计制造最大最难车库的记录。2015年公司在中国质量协会大厦安装了目前世界上技术最先进的首个滚轮式平面移动类机械停车设备车库，并获得国家发明专利。该设备具有运行平稳，安全可靠、故障率低等特点。由于是无托板辊轮驱动形式，设备运行时，省掉了存取空车板的空载运行时间，运行效率大幅提高。辊轮的驱动型式，不存在像梳齿、夹轮等设备出现抬高车辆等动作，能够明显节省车辆存放空间，更有可能实现泊位串联，能够大幅增加车辆的存放数量，节省更多的土地资源。同时，滚轮式停车设备的使用寿命是其他形式的3～5倍，真正意义上达到四五十年长久稳定舒服的使用体验感。

一个公司的形象和产品的品质，是需要几年十几年甚至几十年的长期维护，才能够在用户心中形成稳定的地位。尽管公司这些年的在经营方面遇到了困难，但是在产品品质保障方面，却从来没有放松过。鉴于此，公司在20世纪80年代生产的产品，现在还在正常地运行，至今还与用户在进行良好的合作。许多建设单位在考察了企业各个工程之后，完全相信公司产品的品质保证。

公司是全国停车行业当中首个机械停车设备投入使用的厂家。在升降横移产品即将普及的阶段，公司是第一个改进设备构造、制造液压形式设备的厂家，也是首个将彩色触摸屏技术应用到车库操作系统、首个将滚轮技术研发应用成功的厂家。

致力于高端无缺陷液压和滚轮智慧完美车库，是企业不断追求和努力的目标。长久的使用寿命和舒适的体验感是为用户服务的最佳诠释。精益求精、实实在在为解决用户之忧是企业宗旨，天宏恩人真诚的努力始终在路上。

二、生产经营及市场开拓

公司拥有自主知识产权的产品包括升降横移类、垂直升降类、垂直循环类、平面移动滚轮类和有板式等六大类十一种停车设备，年生产 20000 个泊位。

公司擅长高端智能库的设计制造，尤其是非标产品。目前滚轮车库、液压直顶车库、循环展览装置已达世界先进水平，产品已经销售到北京、天津、上海、厦门、海南、东北、兰州、河南、河北等国内大部地区，还出口到俄罗斯、中东等地，形成了从设计、制造、安装及售后服务一条龙服务的完整体系。

公司在北京、邯郸、内蒙古、新疆、天津等地将建世界级滚轮示范工程，推动行业向高层次、好体验方面发展，同时树立停车库四十年还能长寿命使用的典范。

三、科技成果及新产品

经过多年的科技研发，公司开发出几款独具特色的产品：

1. 汽车垂直循环展览装置（图 1）

该装置建于北京汽车博物馆，可存 20 辆车，约 50m 高。在国际上，此类产品仅有几台。该装置无论是高度，还是展车数量都属世界第一，有十几项科技创新，攻克了许多技术难关，并且还增加了装卸车装置，提高了装卸车的安全性。

该装置可供观众多角度、多方位的观察、欣赏汽车，并与博物馆多层展厅协调呼应，形成完善、生动、新颖的立体展示效果，使之成为一个现代工业艺术品，为博物馆增加亮点。

2. 液压悬臂二层升降横移停车设备（图 2）

采用悬臂式上托板，通过四个导向轮与机架立柱连接，在任何情况下，上托板均处于水平状态，不会发生上托板倾翻事故，杜绝车辆从上托板滑下事故。悬臂结构的上托板进出车面两边没有障碍，设备尺寸短，视野开阔，进出车方便，可缩短存取车时间，提高车库使用效率。龙门架支撑不会有任何安全隐患。采用低压系统，

图 1 北京汽车博物馆垂直循环展览装置

图 2 液压悬臂二层升降横移停车设备

液压系统寿命长，安全稳定。

3. 滚轮平面移动停车设备（图 3）

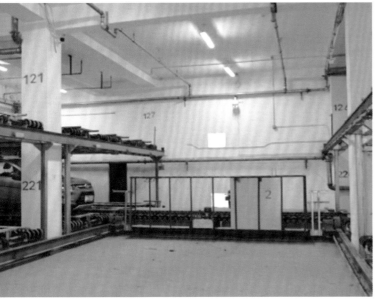

图 3　滚轮平面移动停车设备

过程简单高效。不需要改变车辆的高度，故障率低且处理容易。可以前后多排并列，一个巷道实现大容量。前轮滚道设计成凹槽滚道，既可以防止滚道转动过程车辆歪斜，也可以有效防止搬运器运行过程中可能发生的车辆前后窜动。搬运器上设有动力传递装置，泊位上不需要动力。

4. 有托板式平面移动停车设备

占地面积小；存取车效率高，清库时间短；容错能力强；出入方便；设备维修保养方便，保护车辆及驾驶人安全装置可靠；易满足消防要求。

安全可靠的系统设计；先进的分布式控制方式和数据通信技术；准确无误的泊位识别；设备故障应急措施到位；清晰明了的故障定位，便于设备维护保养；实时的动态画面设计及人机交互系统；语音及字幕的实时播报提示，先进的停车管理与视频监控系统。

具有停车设备常规安全检测、人员误入检测、减速和停车都设置多重保护及四点防坠装置。

该设备达到世界级先进水平，集其他车库形式之优点而避开缺点，获发明专利。滚轮式设备克服了其他类型设备需伸到车下面的空行程，没有任何空行程，动作

四、产品质量控制

（1）确保产品的质量能满足客户、法律法规等方面所提出的质量要求，如适用性、可靠性、安全性等。

（2）产品质量控制贯彻预防为主与检验把关相结合的原则，专人负责。在产品质量形成的各个环节，对影响工作质量的人员、相关设备、材料、法规、环境五大因素进行控制，并对产品质量的成果进行分阶段验证，以便及时发现问题，采取相应措施，防止不合格产品重复发生，尽可能地减少损失。

（3）要确定每一个产品质量控制点应采用的检验方法。如计数检验和计量检验。

五、企业所获专利

拥有发明专利、实用新型专利、软件著作权等 11 项。

上海天地岛川停车设备制造有限公司

【求索之路】

伴随着人民生活质量的提高，国内汽车保有量持续攀升，与日俱增的车辆与有限的停车空间两者的矛盾越来越深化，城市停车难的问题随着车辆的不断增长更加的突出，尤其是在现代化水平较高的大城市，静态交通拥挤的问题尤为严重。面对日益严峻的停车问题，当时机械工业部重点骨干单位上海东风机器厂决策层敏锐地预测到机械式停车设备领域有着极为广阔的发展前景，这一产业必将成为中国现代化进程中推动城市发展的关键组成部分。

在 20 世纪 90 年代末，机械式停车设备还是一个新鲜事物，全国范围内建成的机械式停车设备寥寥无几，且都为相对简单的升降横移类停车设备。上海东风机器厂决策层很快做出决定，派遣大量工程师前往日本学习考察，并率先引进日本日成工业建筑株式会社最先进的垂直升降类机械式停车设备技术资料，调拨大量工程师与管理人员成立停车设备部，重点攻关立体停车设备的研发与制造，上海东风机器厂停车设备部的成立正式开启了我国机械立体停车设备研发与制造之路。

立体车库能够很好地利用地面以上的空间，将停车场往空中或者地下发展，建立占地面积少、停车率高、布置灵活、高效低耗、性价比高、安全可靠的立体停车库，这是最大限度利用空间解决大城市停车问题的有效办法。

1994 年，上海东风机器厂停车设备部攻克技术难关，主持建设的国内第一台垂直升降式（电梯式）高层停车库——上海黄河路塔库落成。这种空间利用率高、智能化控制、防雨防晒，且平均存取车时间不超过 2min 的停车库一经落成便成为行业内的焦点。在历时两年的研发过程中，由于中日两国制造标准的差异与中国工业基础等问题，研发进度一度陷入僵局，上海东风机器厂停车设备部研发人员夜以继日的不断组装测试，标准差异、材料零部件形状，以及设备精度等难关纷纷被攻克，项目最终于 1994 年 4 月落成。

作为中国首例智能型机械式停车设备，上海黄河路塔库的落成填补了我国智能立体库研发制造领域的空白，奠定了当年上海东风机器厂在停车设备研发制造领域的领军地位。同时，也标志着中国垂直升降式停车时代的来临。

【乘风之势】

随着市场经济的不断发展，为提升产品质量与适应市场的发展，上海东风机器厂、上海市机电设计研究院、上海电气自动化研究所、上海市机电实业公司于 1995 年联合投资成立上海天地成套设备制造有限公司，专注停车设备的研发与制造，原上海东风机器厂停车设备部正是上海天地成套设备制造有限公司的核心骨干力量。1996 年，国内第一台三层升降横移类机械式停车设备应用于福苑公寓项目，上海天地成套设备制造有限公司再一次走在了行业的前列。1997 年国内第一台四层升降横移式停车设备（图 1）。

2002 年，"全球化"现象在世界范围内日益凸显。面对风云逐鹿的市场经济，上海天地成套设备制造有限公司改制为民营，确立了"创新发展，拥抱世界"的发展理念，并大量派遣技术人员与中高层管理前往日本、德国等国际一流的停车设备制造企业学习考察，以求推动中国停车设备行业的突破与发展。上海天地成套设备制造有限公司随之步入了高速发展时期，开始批量出口机械式停车设备钢结构至日本（图 2），成为国内立体停车设备领域最早开拓海外市场的中国企业之一。次年，

图1 国内第一台三、四层升降横移式停车设备

图2 批量出口停车设备

上海天地成套设备制造有限公司获得上海市质量技术监督局制造安全认可证、上海市质量技术监督局安装资格认可证以及国际标准化组织ISO9000质量管理体系认证。通过权威组织严格的审核，上海天地成套设备制造有限公司各项指标均与国际标准接轨，这为公司后期大力开拓海外市场奠定了坚实的基础。

2004年，凭借丰富的研发生产经验与在行业内的突出影响力，上海天地成套设备制造有限公司成功收购上海岛川停车有限公司，重组为上海天地岛川停车设备制造有限公司（简称天地岛川），注册资本近5000万。上海岛川停车设备有限公司当时是一家专业从事停车设备出口加工的企业，主要为日本日荣公司（日本三大停车设备公司之一）提供停车设备加工服务。当年的强强联合使天地岛川的综合实力飞速提升，在融合双方优势后，天地岛川迅速发展成为当时中国最具国际竞争力的停车设备制造商之一。

2005年，天地岛川公司与比亚迪股份有限公司达成合作，主持开发建设比亚迪上海公司新能源电动汽车开发实验大楼内汽车专用升降机类机械式停车设备，该设备采用双液压缸间接式技术，使用PLC控制，这项技术在当时属于行业内领先水平。同年，天地岛川与世界顶尖汽车电子研发机构上海德尔福中国技术中心达成合作，主持建设德尔福中国技术中心的实验室内6套零下30℃环境中运作的特殊简易升降类机械式停车设备，该设备远远大于普通的停车设备对于温度的适用范围，天地岛川强大的研发能力再次得到了证明。

2008年，青岛海尔集团旗下青岛海尔地产集团有限公司车库交由天地岛川主持设计和建设，该项目单次签约泊位数达1500个，是当时极大规模的项目。同年，天地岛川与复旦大学附属肿瘤医院签署了新院址二层机械式停车设备BOT合同，开创了行业内机械式停车设备新的投资建设模式，为行业发展提供了新的参考模式。儿科医院车库见图3。

图3 儿科医院车库

【海外之声】

凭借先进的管理经验、一流的研发制造能力，以及高品质的产品，天地岛川于2008年成为上海唯一一家入围"中国停车设备制造十强企业"，其产品更是代表中国研发制造走向海外与世界先进停车设备制造企业在国际市场上展开激烈角逐。

2009年，经过多次洽谈，凭借优秀的产品质量与合理的价格，天地岛川与布宜诺斯艾利斯华侨城在阿根廷首都布宜诺斯艾利斯签署了承建机械式停车设备工程的合约。2010年，天地岛川在美国拉斯维加斯完成最后一轮谈判，签署了拉斯维加斯停车设备工程项目。这两份合约的签订，正式吹响了天地人征战美洲市场的号角，也为中国停车设备行业在国际市场上发出了荣耀的呐喊。匠人之心，与日月同辉。

2012年，为进一步开拓海外市场，天地岛川公司与亚洲停车场投资有限公司（日资）共同投资成立了专业性停车场投资有限公司——上海天地日成停车场管理有限公司，上海天地日成停车场管理有限公司的成立进一步加快了天地岛川开拓海外市场的步伐。同年，凭借丰富的项目经验与在停车设备领域突出的影响力，天地岛川成为停车设备领域国家标准、行业标准制定中华东地区唯一参与单位，参与停车设备领域各项标准的制订与改革工作，为推动中国停车设备行业走向国际化，更快更好的发展贡献自己的力量。

2013—2014年，天地岛川转战非洲与东南亚市场，分别与黎波里国家移动公司（利比亚）、吉隆坡市政府（马来西亚），以及曼谷市政府（泰国）等海外政企单位达成合作，并取得了圆满成功。期间，国内市场天地岛川也一路高歌猛进，分别与万科、恒大、绿地等地产巨头达成战略合作，企业实力得到了国内外合作伙伴的广泛认可和赞誉。

【变革之时】

随着"互联网＋"时代的来临，天地岛川公司推陈出新，运用互联网技术大力进行产品革新升级。2015年，天地日成停车场管理有限公司与上海天天国际旅行社有限公司达成战略合作，共同建设天地浦机停车场，并由天地日成自主运营管理。天地浦机停车场主要提供到达机场的过夜停车服务，该停车场是浦东机场周边最大的室内停车场，可同时容纳1000辆车辆停泊，为全室内停车泊位，加上24h巡视服务，大大降低安全隐患。有完善的配套设施，配有快餐店、洗车房、电动车充电桩、充气、零时休息室、办公场所等并提供24h班车免费接送。同时，提供点到点的定制服务，可根据客户需要代为泊车，并在浦东机场航站楼指定进出口处办理停车交接手续。该停车场的启用，可分流大量浦东机场停车场内过夜停车车辆，有效缓解了浦东机场的停车难问题。目前，该项目已实现用户线上预约、线上支付，以及现场接驳的服务模式。

与此同时，天地岛川与国家电网浙江公司签订新能源汽车垂直升降类停车设备共同开发协议，该项目涉及的停车设备具有为新能源汽车更换电池的功能，且采用机械手自动更换，极大地降低了运营成本。

机械式立体停车设备作为特种设备，其安全性直接关系到人民生命财产的安全。国家质检总局专门设立了特种设备质量监督机构，对机械式立体停车设备实行生产、安装、使用、维修的许可证制度，天地岛川通过了国家质量监督检验检疫总局的型式试验和评审认证，是我国较早取得立体停车设备生产制造许可证和安装、维修、改造许可证的厂家之一，也是我国较早按照国家质检总局颁布的《特种设备制造、安装、改造、维修质量保证体系要求》通过体系认证的厂家之一，为今后在国际角逐上保驾护航。天地岛川一直以来高度重视研发投入，并围绕城市智能运转、企业智能运营、生活智能便捷、研发以智能城市建设为基础的智慧停车系统及解决方案，向"设计－制造－安装－维保"一体化的高端市场竞争新模式发展。

2016年，国家"十三五"规划纲要提出"建设一批新型示范性智慧城市"的国家战略。"智慧城市"的提出，凸显了国家对民生问题的高度重视，而智能停车与立体停车库等设备亦如二十多年前上海东风机械厂决策层的预料，不仅成为城市建设的关键组成部分，更成为停车设备制造行业的发展趋势之一。结合"智慧城市"建设理念，天地岛川与上海国际汽车城集团签订多功能停车设备联合开发协议，该项目采用的升降横移停车设备除具备常规的基本功能以外，还具备更多高新技术和功能，如：太阳能供电、与新能源汽车自动对接充电、远程无线操作和监控停车设备，以及APP管理停车车辆等。

2016年，备受瞩目的"长江之心"项目正式对外揭开了面纱，这座606m的世界第三高车库，作为武汉全新的名片展现在世人面前。2017年，该项目停车场设计与建设项目正式对外招标。武汉历史悠久，底蕴深厚，标志性建筑停车场项目的建设对于整个项目来说至关重要。该项目花落谁家顿时成为国内外各界关注的焦点，也成为国际顶尖停车设备设计制造服务企业争相角逐的连城之璧，这不仅是经验与技术的较量，更是理念与眼光的比拼。最终，天地人凭借雄厚的实力得此桂冠。

天地岛川优秀项目徐汇日月光项目见图4，张汇园创中心项目见图5。经过二十多年的发展，天地岛川公司已经发展成为集停车场运营管理、停车设备研发与制造，以及停车场建设方案提供为一体的综合服务商。目前的天地岛川拥有3位享受国务院特殊津贴的教授级高级工程师、12位高级工程师、30多位工程师，以及数

图 4 徐汇日月光项目

图 5 张汇园创中心

百名专业技术工人。天地岛川不仅为全国各省、市、自治区提供了十万多个优质停车泊位，每年还大量出口停车设备至世界各地。

天地岛川也获得了全国起重机械标准化技术委员会停车设备工作组组员单位、中国重型机械工业协会停车设备工作委员会理事单位、上海市停车服务行业协会副会长单位、绿地集团战略合作伙伴、2009—2012 年度机械式停车设备行业优秀企业、2015—2018 上海市高新技术企业等诸多荣誉。一直以来，天地人牢记上海东风机械厂时期艰苦奋斗，勇于创新的优良传统，在对外开拓市场的同时，也大力发展企业科研能力。经过多年技术积累，天地岛川 2016 年先后进行了九宫格平面移动停车设备、梳齿伸缩式汽车智能搬运器、分体式滑板式平行抱夹汽车轮胎智能搬运器、抱挟及推升整体式汽车智能搬运器、左右平行推升式汽车横向智能搬运器、梳齿式四点升降汽车智能搬运器等项目的研发并获得成功，同时研发出便携式太阳能安全停车警示装置（专利号：201420059898）、升降横移类机械式停车设备控制系统（专利号：2016SR092952）、华谌 H 型钢弯曲残余应力检测控制系统（专利号：2016SR352859）等系统装置。天地岛川与日本 M.P.E 株式会社在立体车库方面长期进行技术合作，合作内容包括停车设备技术合作与交流、机械车库设备研发与改进、技术人员培训。公司产品采取引进与自主研发相结合，创下多项国内第一。

经过多年技术积累，公司已形成 12 项专利技术及 12 项专利著作权。通过赋予产品更高的技术含量、安全性以及更智能化的操控系统，使其对空间利用率更充分。此外，公司突破旧有立体车库格局，利用技术优势，研发多种产品款式，满足了市场的灵活性、方便性、多样性等需求。

【革新之魂】

立体停车库所产生的社会效益及经济效益均高于其他方式停车设备，尤其是对于特大城市繁华商业用地，其意义更为显著。机械停车库可以较彻底地解决城市繁华路段用地紧缺、交通拥堵、停车难等问题，代表着缓解商业繁华路段停车难的发展方向，因此，立体车库必将迎来一个辉煌的发展时代。天地岛川作为停车设备制造领域的领军者，将与社会各界一道携手并进，推动中国停车设备行业的发展，为"中国制造"在国际化市场上成为有力竞争者贡献力量。

二十余载岁月，弹指一挥间。天地人秉承"精工于心，卓越无尽"的发展理念与"严谨务实，不断创新"的企业价值观，风雨兼程，不断前行。

深圳市伟创自动化设备有限公司

一、始于1993——伟创品质走向世界

深圳市伟创自动化设备有限公司（简称伟创自动化）成立于1993年，是专注于工业自动化设备生产制造的国家级高新技术企业，2015年11月成功登陆深交所上市，母公司为江苏五洋停车产业集团股份有限公司（简称五洋停车，股票代码：300420）。

伟创自动化专注智能立体车库业务20余年，集研发、设计、生产、制造、安装、售后服务于一体，能生产制造安装九大类型车库产品，包括充电智能车库、公交车立体车库、AGV智能机器人等，拥有五大生产基地，面积超30万 m²。与国内知名企业万科、万达、中海、碧桂园等多家企业建立了长期合作关系，并将业务拓展到了美国、澳大利亚、新加坡等国家，为政府机关、医院、学校等多家组织提供智能停车整体解决方案，承建的停车项目泊位数超过30万个，创造了多个行业经典。

二、规模及实力——五大生产基地布局全国

公司注册资金20000万元，总资产70000万元，拥有大型生产设备300余套，6家子公司和2家分公司，现有800多名员工，在全国设30多家办事处，并有产品进出口权。2017年公司销售合同额超10亿元。在东莞清溪、东莞常平、合肥、徐州、山东禹城的五大生产基地，南北遥相呼应。其中，清溪伟创工业园基地1期占地面积30000m²、2期占地面积20000m²；

合肥生产基地面积60000m²；东莞常平基地面积70000m²；徐州生产基地面积100000m²；山东禹城基地面积40000m²。大型生产基地保证了绝大部分车库产品核心部件可自主生产，减少了中间环节，且产品质量严格可控，同时降低了运输成本，使得产品在成本价格上具有极强的竞争优势。

三、产品类型——九大类产品，三大安全保障

经过20多年的砥砺奋进和不懈努力，伟创车库产品线越发丰富，车库产品类型分为升降横移类（PSH）、平面移动类（PPY）、垂直升降类（PCS）、垂直循环类（PCX）、巷道堆垛类（PXD）、简易升降类（PJS）、充电智能车库、公交车立体车库、AGV智能机器人九大类型。

伟创自动化实行目标管理，为客户及时提供技术先进、设计科学、存取方便、价格合理的立体车库停车设备是企业的宗旨。公司始终坚守"安全耐久"的产品理念，围绕人的安全、车的安全以及经久耐用，为客户提供全面安全保障的立体车库解决方案。决不为任何利益降低产品安全标准，伟创自动化相信，安全耐用的产品才是企业长期发展的根本。自2007年立体停车设备投放市场至今，始终保持零事故。

四、产品特色——技术之美与艺术之美相结合

除了考虑停车本身，保证车库的技术领先、实用性及安全性外，伟创自动化还兼顾外观设计的艺术之美。一些特殊位置的车库，如公园、旅游景区、城市核心区，项目的外观自然而然融合了周边的自然环境、当地人文历史以及城市自身特色，使项目与环境相生，体现当地的历史文化与城市自身固有元素，为车库注入更多"生命力"。伟创自动真正把车库当作一件艺术品，潜心打磨，用心创作，历经时间洗礼，愈品愈有味道，成为当地的地标。如杨府山项目（图1）。

图1 杨府山项目

五、科技发展——伟创永不止步

技术创新推动了公司产品不断升级，以技术求创新，以改革促发展，伟创自动化依靠强大的科研开发能力，研制出一系列国内外领先的自动化产品，多次获得专利技术证书。每年公司都推出多个发明和实用新型专利技术。目前，公司拥有专利200多项，其中发明专利20

余项，自动化控制软件著作权20项；拥有专业技术人员近200余名。在深圳设有研发总部，每年投入7%以上的销售额作为研发费用。为了鼓励科技创新，公司设有专门的研发奖励基金。此外，骨干技术人员还享有员工持股计划。

伟创自动化拥有大批自动化设备行业的资深研发和设计人才，公司与合肥工业大学、东南大学、国防科技大学等知名院校和行业权威机构定期进行技术交流，不断丰富知识，吸收权威和最新资讯，并且通过了国家高新技术企业鉴定。公司建立了产品试验室，保证推向市场的均是成熟的产品。目前，公司已经成立了链条（钢丝绳）拉力试验室、车库寿命试验室、电器开关寿命试验室、破坏试验等。

六、业务规模——在国内设有30多个办事处

公司在国内设有30多个办事处，设有7×24h响应机制。在各个区域销售、代理、业务投资三者并举，公司可通过发行股票、自有金融公司融资贷款、停车专项基金等多种方式为具备大型项目及城市整体停车项目做后备保障。

如今伟创自动化已步入高速发展的轨道，在"创一流品牌，成为受人尊敬的百年企业"的愿景下迈出了跨越性的一步。为更好地满足客户需要和业务拓展需求，在全国建立了广泛的销售与服务网络，在全国主要大中城市均设有直属办事处及服务中心。同时，公司产品已成功进军国际市场，同欧美、东南亚等20多个国家和地区建立了良好的业务往来关系。

国内知名客户有世贸集团、万科、金地集团、万达集团、京基集团、首创置业、碧桂园、融创、合生创展、保利地产、富力地产、俊发地产、中海地产、金融街、中航地产、合肥城建、中房集团、京基地产、佳兆业地产、世纪金源集团、佳华地产、华侨城地产集团等。国外客户分布于美国、意大利、澳大利亚、波兰、墨西哥、巴西、俄罗斯、叙利亚、印度、伊朗、泰国、越南、印度尼西亚、尼日利亚、马来西亚、新加坡、埃及、巴林等国家。

七、优秀案例——开创多个行业经典

1. 政府资本与社会资本共建样板工程。整合了高铁、旅游、商业、政府平台、路边停车等南平停车资源，创建停车经济新模式，打造智慧南平。

2. BOT 经典案例。北京空军总医院垂直循环立体停车泊位"BOT"工程，已经投入运行五年；已建设完毕试运营的云南省阜外心血管医院 BOT 项目，泊位数达 1430 个，立体车库建成后，完全满足医院对停车泊位的需求。

3. 国内最美智能立体车库。2017 年 1 月，广东珠海横琴项目（图 2）成功交付。车库类型为 5 层平面移动类，4 个进出口，采用目前最先进的双车板交换技术，存取车时间快，外观呈海天一色，一经面世便引起社会一致好评，2018 年 1 月获评"国内最美立体智能车库"奖。

4. 国内最大的"塔库群"。由首创地产投资，公司承建的无锡首创车库，由 18 个塔库连成一片，形成蔚为壮观的塔库群，开创了国内最大塔库群建设纪录。

5. 国内最大的垂直循环库。广东省医学院附属医院车库项目，车库总层数为 7 层，每组 12 个泊位，共有 500 多个泊位。全部为钢结构设备，通过旋转实现停取，犹如"摩天轮"。

6. 立体可充电智能大型车车库（图 3）。2018 年 5 月，伟创自动化研发的立体可充电智能大型车车库，通过国家级型式实验，标志着伟创智能立体充电大型车车库研发成功。该车库不仅解决了大型汽车停车难问题，还可实现有线无线两种充电模式，另外可手机存取车，在家即可查看汽车充电情况。

7. EPC 项目最大单。2017 年 8 月，伟创自动化与南平市延兴停车场建设有限公司进行了停车场项目签约仪式，签约项目总造价 1.87 亿元，其中，项目之一的杨真停车场总投资金额为 1.2 亿元。该项目创下 2017 年 EPC 项目最大单纪录。杨真停车场地下三层为平面移动智能库，负一层是自走式停车场，地上四层有青少年活动中心、图书馆、乒乓球馆、休息室，还有公交停车站、室外运动场等。可以解决区域停车难题，还可以休闲、娱乐、锻炼身体，盘活地块带动周边经济发展。

图 2 珠海横琴项目

图 3 立体可充电智能大型车车库

淮安仲益电机有限公司

一、企业发展基本情况

1978年郭健胜董事长在台湾创办晃业有限公司，从事螺钉、传动件及电动机等买卖业务。1983年晃益齿轮工业股份有限公司成立，从事电动机、减速机、精密齿轮等制造及销售业务。2005年组建成立台湾仲益公司，生产"晃益牌"立体车库专用减速电动机，除延续以往经营经验，还成立跨国事业贸易部，台湾仲益公司成为各事业体的研发、控管中心，并且为台湾的生产基地。

2006年投资成立苏州工厂——苏州仲益电机设备有限公司（简称苏州仲益），成为全球市场的生产基地。同年在上海成立中国市场销售及售后服务中心，并在各地成立多处销售联盟，服务广大客户。

2016年8月，淮安仲益正式成立，占地面积30亩（20000m²），兴建厂房18000m²。投产后，公司将完成上、中、下行业生态链整合，为客户提供更具成本优势与技术领先的车库电机解决方案，全面实现全系列车库电机的自制生产、组装，库存、配货一站式经营服务，极大缩短出货周期，快速响应客户需求。

公司先后获得了国家高新技术企业、苏州市中小型科技企业、苏州政府颁发的技术创新奖，目前拥有20个实用新型专利，3个外观设计专利等。

二、市场发展开拓情况

在来大陆投资设厂之前，国内知名立体车库厂家已经将"仲益"牌立体车库专用减速机，从台湾引进到中国大陆地区，并得到了各方赞美。自大陆工厂成立以来，苏州仲益电机便承担起了台湾仲益电机的重任，尽心尽力地为客户提供各项服务，以满足国内市场需求。以专业经营团队投入减速机制造行业，同时开发一系列减速机相关产品，为提供客户多重选择。仲益公司生产及销售产品为与传动件相关产品：如各类减速机、电动机、制动器、升降器及机械式立体车库专用减速电动机，公司延续多年的设计及生产经验，同时也为各产业提供CTO、OEM、ODM等配合生产开发模式。

仲益电机（晃益减速机）经过近40年的发展，已在国内立体车库减速电动机行业享有知名度，仲益牌减速电动机自2006年在苏州投资建厂生产开始，至今已为400多家立体车库制造商提供配套服务。产品销售数量将会随着国家政策扩大，刚性需求增长，呈持续向上趋势。

公司积极拓展国外市场，产品现已出口泰国、迪拜等国家。在"互联网+"的时代，公司已和电子商务平台、电子机器人等自动化信息领域的相关企业达成战略协议，并将自身减速电动机的专业知识投入应用，为公司今后向机电一体化发展做准备，以提高仲益产品在国内外市场上的占有率。

仲益电机公司透过企业资源e化系统，掌控企业内部资源的管理，利用便捷的国际网络，将公司国内外营运据点连成一体，即时掌控企业资源及经营资讯，为管理执行者作出准确的判断。公司秉承台湾晃益、台湾仲益40年的经营理念，不断提高产品品质，持续改善售后服务，继续提升仲益品牌在同行业的知名度。

三、科技成果及新产品

不断优化产品设计方案、并结合实际使用，不断改进产品，仲益公司研发设计的减速电动机已经历五代更新：蜗杆副减速机—强力型减速机—轻巧型减速机—高效率减速机—防水电动机—K系列的NAP-JYR、JNAP-JYF、JNAP-JYK、JNAP-JYS系列产品。

四、技术改造及优秀案例

一种高强度减速器箱体：实用新型、结构简单、成本低廉、可靠性高、安全系数高、构思巧妙，能重点加强减速器箱体中承受力集中的位置，能有效提高减速器箱体的强度，从而降低了减速器箱体出现裂纹的概率。

一种防水接线盒：一是通过在接线部内灌胶将第一接线端和第二接线端隔绝，确保液体无法从第一接线端的插口处流入第二接线端处，以及将第二接线端经过接线转接头的转移，将容易渗水漏电的连接头转移到接线盒外部，从而大大增加了接线盒的防水性。二是在接线盒上对应插口的位置处设有一段密封凹槽，对应接线转接头前端设有至少一段密封凸圈，当接线转接头插入该插口中，接线转接头上的密封凸圈密封在插口处的密封

凹槽中，从而有效防止外部的液体从插口处进入接线盒内部。三是在接线盒的内壁上部固设有一接线部，该接线部的两端分别设有一个接线端，通过第一接线端和第二接线端的隔绝，以及将第二接线端经过接线转接头的转移，大大增加了接线盒的防水性，加强了接线盒中接线端子的可靠性以及安全性。

一种防水减速电动机：包括制动器、电动机和减速器，通过将罩壳的底部向外翻折，形成类似法兰盘结构的环状连接面，并将该环状结合面贴合定位于托架上，由此可增加罩壳与托架的结合面积，更通过在环状连接面与托架之间设置一环状防水垫片，从而产品的防水效果得以大幅提升。

为达到车库专用减速电动机的特性要求，在设计上全方位考虑，如选用材质较轻的铝材料作为机壳的选材，代替原先的铸铁件材料，机壳可减重66%；加强机壳的强度设计，改用蜂巢式的结构支撑，增加支撑断面积的受力，这些改进创新都是公司独创研发，并取得多个国家专利。

五、企业履行社会责任

公司积极参与公益事业，经常向社会献爱心。长期为灾区、贫困地区的人民捐款捐物，为西藏贫困儿童捐赠书籍、书包等学习用品。2016年10月以公司名义参与政府组织的企业公益联盟，为贫困家庭送上温暖。2017年3月自愿加入青海囊谦大乐苑寺庙建筑设计工程，整合人力、物力、财力资源奉献爱心；2017年重阳节为3名百岁老人、20名孤寡老人送温暖；2017年10月资助三名贫困儿童，助力他们能顺利完成学业。2018年2月春节给贫困儿童、孤寡老人节日慰问。

仲益始终坚持"以技术为导向，以选材精湛为标准"，秉持"品质第一，速度第一，服务第一"的服务宗旨，打造"志存高远，追求卓越"的品牌理念，用专业和真诚与客户携手并进，共创共赢！

安徽马钢智能立体停车设备有限公司

公司车间一角

一、企业基本情况

安徽马钢智能立体停车设备有限公司（简称马钢智能停车）位于安徽省马鞍山市，属国家特大型钢铁企业马钢股份公司旗下。公司成立于 2004 年 3 月，注册资金 5790.7 万元，是国内第一批立体车库生产厂家。引进世界机械式立体停车行业日本、欧美两大体系技术，具有材料、智能研发技术、国家品牌三大资源，集研发设计、制造安装、维保管理等服务为一体。公司通过 ISO 国际认证，产品质量居于停车设备行业前列。

公司拥有一支精诚团结的科技开发、工程施工队伍，下辖市场营销部、设计研发部、制造安装部、质检部、新产品开发部及其他职能管理部门，现有员工 216 人，工程技术人员 69 人，其中高级工程师 8 人，工程师 54 人。

二、生产经营及销售情况

马钢智能停车主要产品包括：巷道堆垛类（五层及以下）、平面移动类（六层及以下）、垂直升降类（二十五层及以下）、升降横移类（六层及以下）、简易升降类（四层及以下）、汽车升降机（二层）、垂直循环类（七层及以下）七个系列五十余品种，均取得了国家质检总局颁发的 A 级制造许可证和中华人民共和国特种设备安

装改造维修许可证。

公司拥有 400 多台（套）国内外先进的专用生产设备，20 项机械停车库设计专利技术，各类型泊位的年生产能力达 150000 个，年销售额近 2 亿元。公司销售平台和售后服务网络遍布全国，在北京、上海、广州、哈尔滨、大连、乌鲁木齐、太原、青岛、济南、苏州、宁波、南京、合肥、海口等地均有合作案例。有中国东方航空、华东医院、上海电力医院、华北电力、马鞍山公路局、广州羊城晚报社、新加坡（出口）等重点工程成功案例。

三、主要产品及特色

马钢智能停车成立以来，始终坚持科技创新和高附加值新产品的开发。主要产品特色如下：

升降横移类停车设备，采用以载车板升降或横移存取车辆的停车设备，一般为准无人方式，即人离开设备后移动汽车的方式。

简易升降类停车设备，用设备的升降或俯仰使车辆存入或取出的简易的机械式停车设备，简易升降车库应用广泛。

垂直升降类停车设备，是通过提升系统升降，并通

过搬运器实现横移,将汽车停放在井道两侧的停车设备。由金属结构框架、提升系统、搬运器、回转装置、出入口附属设备、控制系统、安全和检测系统组成。

垂直循环类停车设备,垂直循环类停车设备是指搬运器在垂直面内作循环运动的停车设备,由金属结构框架、搬运器、驱动系统、控制系统、安全和检测系统组成。

巷道堆垛类停车设备,是采用以巷道堆垛机或桥式起重机将进到搬运器的车辆水平且垂直移动到存车位,并用存取机构存取车辆的停车设备。主要由进出口设备、库内搬运设备、车辆存放设施、电控系统、安全检测装置等组成。这是一种技术含量和智能化程度较高的停车设备。可根据场地的不同设置在室外(一般采用全封闭形式)、室内、地上或地下,存车容积率高,安全可靠。

平面移动类停车设备,是指在同一层上采用搬运台车或起重机平面移动车辆,或使载车板平面横移实现存取停放车辆,亦可用搬运台车和升降机配合实现多层平面移动存取停放车辆的机械式停车设备。

四、产品质量控制

"放心车库"是马钢智能停车设备的核心理念,放心的基础是质量放心,马钢智能停车对每个零件进行择优选型,全部产品通过台架试验;钢结构原料选用马钢特级优质 H 型钢,并进行理化检验,同时对车库关键系统进行上万次载重试验,确保出厂产品的质量全部达到一级优质。从原材料到生产、安装严格执行国家各项标准和公司内部质量管理规范,已出厂投入使用产品故障率为 0。公司拥有正版机械专用设计软件系统,车库结构采用有限元设计,保证出厂产品质量和降低制造成本。

公司拥有健全的质量管理体系,通过了 ISO9001 质量管理体系认证、ISO14001 环境管理体系认证、OHSAS18001 职业安全卫生管理体系认证。公司在中国太平洋保险有限公司为客户订购了产品责任险,完全打消客户的后顾之忧。

五、优秀案例

1. 合肥首个机械式智能立体停车楼——金都楼智能停车楼

合肥市都市广场金都楼智能停车楼是合肥市首个智能立体停车场,地处老城区的淮河路和六安路交叉口,

周边道路狭窄,建筑密集,交通压力颇大,停车场改造困难。停车场规划区域位于十字路口附近,出入口及行车道空间要求严格,停车等待时间较短,且附近树木年份已久,遍布电缆高压线,停车场高度及存取车速度皆是改造难点。

公司利用地下及地上空间结合的方式,设计地下三层,地上两层的智能停车楼,采用平面移动式停车设备,满足泊位需求。停车楼位于道路交叉口,存取车等待时间易造成道路拥堵,因此停车楼设计了南北两个出入口,车辆驶出停车楼后也设计了一圈自走车位及行车道,方可驶出停车场,缓解道路交通压力。金都楼智能停车楼投入使用以来,有效缓解了周边停车压力。

2. 上海市武夷路皮肤病医院智能立体车库——解除了医院零停车位的困境

上海市皮肤病医院分设长宁、闸北两处门诊,均处上海市繁华地段,停车一位难求,马钢智能停车联合上海市汇销停车管理公司承担了改善医院停车环境项目。经过仔细勘察医院周边环境,在门诊楼附近一条长 30m、宽 7m 左右的通道上,设计了一座五层立体车库,采用了五层单边巷道堆垛类机械式停车设备。

项目充分利用了医院附近的空间,投入使用以来,解除了医院零停车位的困境,缓解了交通压力,也为车主提供了便捷、安全、高效的停车体验,引起社会热烈反响,媒体争相报道。

3. 南京市水务局——面积不够,高度来凑

南京市水务局位于南京市鼓楼区繁华地段,周边道路狭窄拥挤,单位内停车位有限,无法满足单位停车需求。2016 年马钢智能停车承担了在南京市水务局建设立体车库项目,在院内开辟了一块 400m² 的空地,建设立体停车位,自投入以来,车辆停放有序,出入方便,缓解了内部停车难的问题,受到广泛好评。

六、企业所获专利

公司注重源头创新,现已申报专利 23 项,已获授权 20 项,其中发明 2 项,实用新型 17 项,软件著作权 1 项。

马钢智能停车将继续本着为广大客户提供放心车库、长寿车库、品牌车库的发展思路,全方位提供卓越的停车管理技术、优惠的系统配件价格和全面的售后服务,探索一条停车设备标准化、系列化、规范化之路。

深圳中集天达空港设备有限公司

一、企业基本情况

深圳中集天达空港设备有限公司（简称中集天达）是中国国际海运集装箱（集团）股份有限公司（简称中集集团，A股代码：000039，H股代码：02039）的全资子公司，于1992年7月18日成立于深圳蛇口，经过20多年的不断发展，2016年的年产值已达25亿元，其中机械立体车库的销售额达4亿元。

中集集团于1980年1月创立于深圳，1994年在深圳证券交易所上市，目前主要股东为中远集团和招商局集团，是一家为全球市场提供"现代化交通运输装备和服务"的企业集团，是改革开放初期成立于蛇口工业区的高端重型机械装备制造企业，被国家领导人称为"国之重器"，并被视为振兴中国高端机械装备制造的重点企业。目前涉足的行业还有全类型集装箱、深海钻井平台、道路运输车辆、LNG全产业链、金融、地产等，已经成为综合性跨国集团。

目前，中集集团总资产643.62亿元、净资产186.28亿元，在中国以及北美、欧洲、亚洲、澳洲等国家和地区拥有300余家全资及控股子公司，员工超过6.4万人，初步形成跨国公司运营格局。经过多年的发展，中集集团已经成为根植于中国本土的全球交通运输装备制造与服务业的领先企业。中集获得的部分荣誉：

(1)2007年9月"CIMC中集"牌集装箱被国家技术质量检验检疫局评选为"中国世界名牌产品"；

(2)中集集团名列2007中国制造企业500强第48名，2006年度中国企业效益200佳第40名；

(3)中集集团名列2007中国企业500强年度排行榜第113位；

(4) 中集集团名列 2007 广东省企业 100 强第 9 位；

(5) 中集集团名列福布斯全球 2000 领先企业第 1475 位；

(6)《商业周刊》选出亚洲 50 佳企业，中集集团名列第 21 位；

(7) 中国 500 最具价值品牌第 28 位；

(8) 中集集团荣获"中国最佳创新企业"称号；

(9) "中集"商标被国家工商总局正式认定为中国驰名商标；

(10) 中集集团荣获 2006 影响中国十佳上市公司；

(11) 麦伯良总裁当选 2006 度中国十大并购人物；

(12) 中集集团入选 2006 年度中国上市公司价值百强位列第八名和 2006 年度中国主板上市公司十佳管理团队；

(13) 中集集团是国家级企业技术中心；

(14) 中集集团是北京大学光华管理学院 MBA 实习基地。

全资子公司中集天达是一家专门从事空港设备和现代停车物流仓储设备（核心设备为穿梭车）开发、设计、制造、成套设备工程、咨询及安装维修的专业化高新技术企业，注册资本 1350 万美元。

中集天达设有三个加工基地，其中深圳福永中集天达工业园占地面积约 13 万 m²；工业四路厂区占地 4.2 万 m²，厂房面积达 1.7 万 m²；海湾路厂区占地近 6 万 m²，厂房面积达 3 万 m²。中集天达聚集了近 1000 名来自祖国四面八方的优秀人才，其中三分之一以上拥有博士、硕士、学士学位，其他研发人员达 160 多名，各类技术工人有 500 多人。目前，公司主要产品有立体停车系统、旅客登机桥、航空货物处理系统（核心设备为穿梭车）、自动化仓储物流系统、飞机泊位引导系统、食品车及运输平台车等。

中集天达的产品全部拥有自主知识产权，至今公司已申请的各项专利有 323 项，获得授权的有 199 项，其中发明授权 108 项，这其中还有多项是在美国和欧洲申请并授权的发明专利，技术在世界同行业遥遥领先。中集天达还率先自主研发生产了接驳全球最大客机 A380 上层舱门的登机桥，其核心技术为四轮独立驱动技术和辅助支撑技术，属于全球首创，并且拥有核心自主知识产权。

2003 年由中集天达承建的北京团结湖公寓 352 个泊位自动车库项目，成为国内第一家采用自主知识产权技术兴建的大规模全自动化立体车库。其核心技术——"巷道穿梭车 ETV + CIMCPARKER 机械夹持机器人"技术得到了实践的检验，随后在自动仓储式技术的起源地德国获得了权威机构 PCT 的技术论证。该认定表明中集天达的这项技术达到国际领先水平，实现了更快、更强、更高的台车交换模式，填补了国际技术空白。目前该项技术在包括美国、法国、西班牙、意大利、英国、韩国、日本、印度等国家和地区得到知识产权保护。

中集天达制造的机械式立体停车设备，荣获"中国立体车库十大品牌""中国立体车库十大顶级品牌""中国立体车库十佳售后服务企业"荣誉称号。在一些战略合作伙伴（如：德国西门子、施耐德、诺德、SEW、日本欧姆龙、瑞典 Crawford 和中国宝钢、明椿等）的协助下，已完成标准化、模块化建设，大大缩短了施工工期以及设计周期，使产品变得更加美观，并且降低了成本，在运行稳定性、操作便利性方面也得到长足进步，真正做到产品简单化、易用化、标准化，在立体车库行业取得爆发性业绩增长。中集停车库外观见图 1。

中集在全国有 200 多家全资子公司，其中钢结构加工厂就有近 100 个，产能在车库行业遥遥领先。

图 1 中集停车库外观

江苏润邦智能车库股份有限公司

一、企业基本情况

2012年润邦集团正式进入停车设备行业，组建江苏润邦智能车库股份有限公司（原江苏润邦智能停车设备有限公司，简称江苏润邦），注册资金10800万元，占地面积70000m²，建有完善的现代化生产厂房和办公配套设施，拥有先进的生产、检测设备。是一家集产品研发设计、制造、安装、改造、维修、服务和经营为一体的专业化停车设备制造商。公司总部坐落于南京国家级江北新区星甸工业园内，紧邻G40沪陕高速公路，拥有十分便利的水陆交通运输条件。

公司是国家高新技术企业、2012年国家重点产业振兴项目扶持建设单位，先后获得南京市智能车库工程技术中心、市级认定企业技术中心、市级工业设计中心及江苏省最具发展高新技术企业、银行信用AAA企业、江苏省民营科技企业等多项荣誉，申请并获授权国家专利三十多项。

二、生产经营及销售状况

公司2012年取得国家质检总局颁发的特种设备制造许可证和省质监局颁发的特种设备安装改造维修许可

证资质。短短几年，公司生产实力不断扩大，生产总值连年攀升，销售市场不断扩展，销售总额持续增长，连续三年销售总额年均增长40%以上，公司经济效益连年增长，利润稳步健康持续提升。经过六年多筹备与运作，公司市场网络已基本建成，市场局面已全面打开。2015年销售额突破1亿元。2016年度公开中标数全国排名前十，荣获2016年度机械式停车设备行业"销售二十强企业"奖和"最具成长性企业"奖，2017年荣获年度机械式停车设备行业"销售三十强企业"奖。

公司依托强大的销售覆盖网络、先进的生产设备、领先的生产技术，完善的管理、过硬的质量、良好的品质优势，实现了企业的快速发展，在生产规模、产品质量、市场占有率、经济效益等方面一直处于行业前列。公司在全国设有数十个办事处，拥有一批业务拓展能力极强的精英团队，产品行销全国20多个省、市，基本全覆盖江苏省，是江苏停车行业的领先企业。

公司经过不懈的努力，积累了大量的客户群，与国内众多知名公司（其中包括恒大集团、碧桂园、富力地产、弘阳集团、中建八局、明发集团、浦口区康居集团、金地集团、南京安居保障房、中建三局等等）建立了长久的合作关系，并在业界书立了良好的口碑，多次获得业界的表彰。

三、主要产品及特点

近年来，润邦与中科院、南京工业大学、南京工程学院、南京林业大学和南京信息工程学院等 10 余所科研院所签订了战略合作协议，在新产品新技术研发方面取得了一定成绩，公司先后研发了多个停车设备相关的新技术、新产品，应用于停车设备大类的升降横移类、简易升降类、垂直升降类、平面移动类和垂直循环类立体车库产品，润邦停车设备产品有以下新特点：

①整机零部件生产专业化。停车设备系统稳定可靠、正常运行是用户的基本要求。因此，必须提高设备结构的稳定性、传动机构的可靠性、安全保护系统的全面性，才能保证整机可靠性，这就要求智能停车设备软硬件设施的生产、制造及配套应当由专业化企业承担。

②整机机电液磁光一体化。停车设备已经脱离了单纯机械设备的属性，包含了当今机械、电子、液压、光控、磁控、互联网、计算机、结构工程等领域的各种先进技术而使其日趋复杂，成为一类大型复杂的高技术装备。如汽车出入停车设备时采用声光引导和定位、汽车尺度及重量自动检测，停车牌照图像识别、载车板限速保护与多重机构互锁、停车泊位自动跟踪管理、链绳变形自动补偿和长度超限报警等等。

③整机智能化。一批新技术正在迅速渗透升降横移类智能停车设备领域，如先进变频技术、导航定位技术、图像识别技术、传感器技术、光纤通信技术、防火防盗技术、停电及电源故障自诊断及排除技术等等。对于处于升降横移类智能停车设备核心的全电脑自动控制系统，要开发设计专用硬件系统和专用软件，使之适用于存取车全过程的管理和控制。系统安全装置要与动态过程安全检测形成闭环，确保存取车过程的安全稳定。

四、科技成果及新产品

公司先后引进欧洲、日本和中国台湾领先的立体车库核心技术，消化、吸收、再创新，结合本国国情研发、制造出满足各种用户需求的多种系列的智能立体停车设备。公司通过高端人才引进计划，吸纳了多位国内知名专家，同时培养出了一批高、中级职称技术人员和各类专业工程管理人员。

2015 年研发完成的一种可移动载车装置，该设备新技术于 2016 年授权发明专利。

2015 年研发完成的一种基于大气激光通信技术的智能停车设备。该设备获批 2015 年江苏省高新技术产品。

2016 年研发完成的一种升降联动智能停车设备，减少的开关点数量，大大降低设备的故障率；解决了现有升降横移类停车设备电机滥用，信号点众多导致成本高昂却稳定性不高的缺点。该设备获批 2017 年江苏省高新技术产品。

五、产品质量控制

信誉是企业的命运，质量是开拓市场的基础，安全是企业生存的根本，优质的服务是企业发展的持续延伸。江苏润邦始终围绕这个宗旨，不断开发和生产出质量过硬的产品，提高产品的知名度和信誉度。企业对员工每年进行全面质量安全生产管理培训，把员工的质量教育贯穿到生产经营活动的全过程，通过对员工广泛开展质量管理和安全生产管理知识以及相关法律法规的培训，提高的全员的质量、安全及法律意识。企业先后获得多次殊荣，被评为"江苏省质量管理先进企业""守合同重信用"企业，今年又获得安全生产标准化证书。

为了保证立体停车设备的制造、安装改造维修质量，公司按照 GB/T19001《质量管理体系要求》、TSGZ2004—2007《特种设备制造、安装、改造、维修质量保证体系基本要求》和 TSG Z2005—2007《特种设备制造、安装、改造、维修许可鉴定评审细则》的要求制定了质量手册，确定了质量管理、质量体系结构和质量体系要素。完善特种设备质量保证体系，确保公司生产的机械式停车设备产品满足特种设备安全技术规范及产品技术标准要求。对内作为严格控制各项质量活动的依据，以满足国家相应法规要求；对外以取得顾客的信任并向顾客提供达到预期质量水平的产品和服务，使顾客满意。通过制订质量保证手册，力求建立一个符合企业实际、完善的质量保证模式，全面贯彻以用户满意为中心的宗旨，确保向用户和社会提供合格、安全的立体停车设备。

公司从生产加工到安装完成，严把原材料检验、生产过程检验、成品检验这三关，售后定期对设备进行年检和保养，确保设备能够正常运行。因此维保人员不但要具有良好的工作态度，而且须具有一定的专业知识，对整个车库的性能要了如指掌。公司维保人员经过系统专业培训，基本掌握了电气、电子、计算机、机械方面的基本知识，以及停车设备原理、车库安装维保等有关方面专业知识，然后通过理论和实际考试合格后派驻各地负责维保工作。公司设置一年365天、每天24h提供客户服务，建立了定期保养、维护和事故快速抢修制度来处理突发故障事故。在设备验收后，公司还要对操作、维护人员进行培训，培训资料由公司免费提供。为确保安全操作，未经培训的车库管理人员，不得对车库进行操作使用，这样不但可以确保设备的正常运行，而且可以解除客户的后顾之忧。数万台设备在稳定的使用中，真正做到了零事故。

六、优秀案例

1. 雁城宾馆立体停车库项目（图1）

该项目采用联动垂直升降类停车设备，其特点是采用了润邦最新的既快速又平稳的横移联动传动机构、高速曳引提升传动机构和精准的定位控制系统。库内任意泊位存取车时间均小于60s，首层位置均可同时进出库，可以轻松应对在宾馆举行大型会议时，车辆密集存取车辆作业。设备外墙均为广告位，可以增加设备投资回报。

图1 雁城宾馆立体停车库及内部

2. 龙池广场停车设备项目（图2）

该项目是福建漳州第一个停车设备项目，采用四层升降横移停车设备，其特点是远在福建的设备停车信息可以实时的同步在南京的智慧车库运营平台上，包括泊位停放信息、故障信息、使用时间数据等。可实现"预约+现场确认"的方式取车，减少现场取车等待时间。

设备外墙采用铝板+百叶封装，美观大气，成为城市的风景线。

图2 龙池广场停车库

3. 垂直升降智慧车库项目

该项目是应用梳齿型交换技术的垂直升降停车设备。项目特点是采用江苏润邦最新开发的设备控制系统和运维系统。设备可以通过润邦的APP、微信公众号、微信小程序完成泊位的预约存取。当定位系统检测取车人在设备50m范围内时，可通过手机直接取车操作。同时包括有计费功能，取车前，车主通过手机直接完成停车费支付。车库门在车辆离开后自动关闭，在车辆入库前，入库后通过号牌识别记录车辆信息，推送信息至润邦的运维系统，实现车库24h无人值守。

七、企业所获专利

公司每年将销售额的4%～6%作为产品研发和技术创新的专项资金，拥有专业的技术团队，由从业10年以上的行业专家组建，申请并授权三十多项国家专利。其中发明专利五项，软著三项，实用新型专利二十多项。近年来公司在淘汰旧专利的同时不断申报技术更加先进的新专利。随着知识经济的兴起，知识产权已成为市场竞争力的核心要素。企业是自主创新的主体，更是知识产权创造、运用、管理和保护的主体，提高企业的知识产权管理工作水平是增强自主创新能力的重要保证。公司贯彻《企业知识产权管理规范》国家标准，促进企业建立生产经营活动各环节知识产权管理活动规范，加强知识产权管理，提高知识产权获取、维护、运用和保护水平，公司建立了知识产权管理制度。

陕西隆翔停车设备集团有限公司

一、企业发展基本情况

陕西隆翔停车设备集团有限公司（简称隆翔停车集团）成立于2012年，注册资金1亿元，是隆翔投资控股集团旗下的全资子公司，总部位于西安市高新区CBD中心。公司是集研发设计、生产制造、安装维保、建设运营、投融资为一体的静态交通全产业链、轻、重资产高度融合的专业化机械停车装备企业。现有员工300余人，其中具有高级职称的专业技术人员5人，中级职称专业技术人员23人。隆翔停车集团示范产业园位于陕西省武功县工业园区，占地面积252000m²(378亩)，建筑面积16万m²。

二、生产经营情况

公司拥有全球顶尖的技术研发团队和先进的生产检验设备，包括：全自动数控三维钻生产线、喷塑工艺生产线、机器人焊接生产线、全自动边梁、波浪板辊压生产线、数控加工中心、折弯剪板机、等离子火焰切割等大型生产设备。公司拥有自主建设的研发平台，60多

名车库行业顶尖设计人员组成研发团队，率先提出并践行大大高于同行业的"SGS"精工标准，不断提高产品精度与使用寿命。通过与日本、德国及中国台湾等国内外知名企业、科研单位、大专院校展开深度技术交流与合作，不断促进产品研发和科技创新。最新合作研发的AGV机器人停车系统、MAX大型智能停车设备系统、应用于机械式停车设备的新能源汽车充电技术、智能公交车停车系统、智能自行车停车系统等等，均达到了国际先进水平。目前公司申请专利一百余项，分别应用于智能交通各个领域。

隆翔停车集团融合互联网技术，将城市孤岛停车场互联互通，打造城市级停车综合服务平台。通过停车数据库的建立，在最大限度地监控、调度、盘活存量停车资源，科学有效地进行车辆快速引导与错峰调控，力求实现停车资源共享、存量与增量并举。同时用户可通过APP进行泊位快速查找、智能推荐、预约导航、反向寻车、无感支付等便捷停车体验。

隆翔停车集团推行政府倡导的PPP合作模式，充

分发挥金融杠杆作用，根据各现场的实际情况，因地制宜地采取了相应的措施。对不具备大规模新增条件的停车场，充分利用地上、地下空间加大对机械式停车场的投资建设力度，对优质存量停车资源进行优先收购或年限整租等。

三、市场发展及经营模式

（1）公共停车场建设，是大势所趋。停车位主要有住宅配建及公共建筑配建两种，对于住宅配建停车位来说，一方面老旧小区停车场建设需求强烈，但改造问题困难重重；另一方面，房地产市场萎缩，新建住宅停车配建不够理想。公共停车场泊位可达上百甚至近千个，对缓解日益突出的停车难、停车混乱问题十分重要，政府引导的公共停车场建设将是大势所趋。隆翔停车集团通过停车项目PPP投资、城市级项目直投（合理规划、多点布局、市场取费模式）、地下空间开发利用（定向开发、低价拿产权）、P+R转换、公交车与自行车立体车库（政府购买服务或融资租赁直投）等方式，加大机械式停车场建设力度。对于停车难尤为突出的城市商业中心区域，受地价、规划等因素限制，不具备大规模新增停车场条件，建设停车设施应向立体化、智能化、集约化方向发展，在停车特别紧张的黄金地段、商业街区优先建设立体停车场。隆翔停车集团与中国二冶等单位联袂中标的"西安市公共停车场PPP项目"一期I标段，共建设5988个泊位，涵盖雁塔、高新、长安三大区域，利用"互联网＋智能停车管理平台"与西安城投现有4万多个泊位互联互通，三年内再新建10万个泊位，全面打造智能交通。

（2）停车场智慧升级改造，资本收购泊位产权、特许经营权及委托运营权，利用互联网技术将医院、商业、住宅等第三方孤岛停车场的停车数据上传至城市指挥中心，打造城市级智慧云停车管理运营平台，建立城市交通大数据库，通过停车数据的建立，实现资源共享，提高泊位利用率，避免资源浪费，引导快速停放。通过互联网＋大数据进行车辆快速引导、停放及错峰调控。利用大数据把全部泊位资源进行收集，对城市现有停车资源摸底调查，最大限度监控、调度、盘活存量停车资源，真正实现增量与存量并举。同时将共享单车、网约车、出租车等联动配合，推动现代交通产业发展，为公司创造更多的经济增长点。

四、科技成果及新产品

（1）AGV机器人停车系统。AGV-自动导引车（智能搬运型机器人），是集自主路径规划、智能导航、自动充电、主动避障技术为一体，并通过上位机自动控制，实现无人操作存取车的智能设备。可实现密集式停车，停车数量增长40%以上。多出口设置，多台AGV小车同行，提高存取车效率。人车分离，自动存取，避免事故发生。

（2）MAX大型智能停车场系统。包含多个车辆出入口、多部出入库升降机、搬运小车及停车区，独立完成车辆出入库。可根据建物高度及场地环境设计多层使用，扩大停车规模。车辆出入口位置可任意配置，规划弹性大。取车速度快，采用履带输送，搬运小车最高可达300m/min，出入库时间最大为40s。容车率高，只需平面停车场1/10的空间。安全便捷，车辆自动校正入库，人车分道，减少意外发生。无需交换车台板，省1/3设备耗能。

（3）立体车库专用充电桩。隆翔停车集团与青岛特瑞德（股票代码：300001）进行战略合作，汇聚行业内200余名顶尖科技人才，共同合作建立了充电桩研发中心，实现立体车库有线式、无线式、磁感应式充电技术。隆翔停车集团已与特瑞德下属的特来电公司合资成立隆翔特来电公司，致力于立体车库专用充电桩的研发制造。

（4）公交车及自行车智能停车系统。随着国家治霾政策的推行，新能源公交车将成为城市公共交通发展的主流趋势。隆翔停车集团自主研发的公交车智能停车系统将新能源公交车的立体停放、自动充电、自动更换电池系统等融为一体，在行业内处于绝对领先地位。此外，共享单车乱停乱放现象也是政府主管部门头疼的事情，隆翔停车集团自主研发的自行车智能停车系统将有效解决该疑难问题，为社会的缓堵保畅贡献力量，市场空间广阔。

五、产品质量控制

从产品研发之初，公司就坚持以人为本、高效便捷的理念，全程智能化的管理手段，实现私人订制。在质量和服务的标准上提出了高于行业标准的"SGS"标准，例如40年的使用寿命、噪声低于60dB，故障率低于2‰，每月2次强制维保等措施，站在客户的立场，进行产品和服务的改良和升级。公司质量检测中心秉持公司质量方针，贯彻国家质量体系的同时，不断细化管理，从产品原材料采购到生产加工的每一道工序以及产品外观、运输包装、现场安装都要进行严格的质量检验和控制，保证产品从生产、装配、运输、安装的每个环节都能满足产品的设计要求，从源头上保证产品的质量符合国家标准和企业标准。

六、优秀案例

隆翔停车集团在全国建设的项目中，涌现出多个优秀案例。

1. 金台大道西部阳光公共停车库（图1）

该工程为宝鸡市金台大道提升改造工程，车库总占地面积约 51m²，总投资约为 400 万元。车库类型

图 1 金台大道西部阳光公共停车库

为公司设计制造的 15 层垂直升降停车设备，共 1 座、1 个控制单元，控制单元可独立运作，设计总高度为约 34.4m，共计 30 个泊位。塔库结构类型为钢结构，内部设有消防、通风监控系统，并设有广告位。其优点为占地面积小，容纳车辆多，建设周期短。项目建成后缓解区域停车难、交通拥堵等问题。

2. 栾川县兴华路智能立体停车场项目

该项目是 2016 年县委、县政府确定实施的一项惠民工程，位于栾川县兴华路中段，由栾川县城市管理行政执法局牵头承建，隆翔停车集团投资建设。计划建成 8 层、166 个泊位的全自动智能停车库，用地总面积 1020m²，立体停车库结构类型为钢结构，优点为占地面积小，容纳车辆多，建设周期短。智能立体停车场的建成，缓解了栾川县停车难问题，为群众出行提供便利。

3. 西安铁路局立体车库项目

该项目位于西安市南二环，共计 110 泊位，车库型式为塔库。整体外形呈现出一座大楼样式，采用先进的立体全自动智能化存取车方式，合理的解决附近的停车难问题。

4. 冠森路智能停车场

该停车场是由隆翔停车集团投资兴建的智能化停车场，位于宝鸡市金台大道冠森路南口，由两座 25 层垂直升降式智能机械工车库并联组成，共计泊位 100 个，其中小汽车泊位 68 个，SUV 车泊位 32 个。车库占地面积 165m²，主体高度 51.8m，项目占地面积小，空间利用率高，有效解决当地停车难问题。

该库采用垂直升降式智能机械停车设备，采用双曲柄摇杆技术生产制造，以电脑控制、矢量变频调速，运行平稳、省电、噪声低。存取车速度快，内置回转实现前进入库、前进出库。只需按泊位相应按钮或刷卡，即可快速存取车辆，设置多种安全保护装置，并应用光电检测装置充分体现智能性，车库每个泊位上部设有二氧化碳气体消防设施，确保人车安全。车库升降运行速度可达 2m/s，最快 70s 可存 / 取一辆车。

车库外观设计为欧式建筑风格外观，大气恢宏、华丽美观，极具设计感，充分体现了机械与艺术的完美结合。

苏州联发电机有限公司

一、企业基本情况与经营理念

苏州联发电机有限公司（简称苏州联发电机）成立于2006年，是永元绿能集团的全资子公司，位于苏州相城经济开发区，公司主要以生产精密的减速机为主，并于2008年至2009年先后取得中国CCC、美国CE、欧洲UL和加拿大CSA的安全规范标准认证。为达最佳的客户服务质量与资源管理，公司除了着手导入ERP资源管理系统外，还于2010年取得ISO9001国际品保认证。2011年成为中国重型机械工业协会停车设备工作委员会理事单位。2013年蔡明轩总经理的到任，加大投资力度引进精密加工具设备与德国先进检测仪器，优化设计理念，积极推动产品优化进阶2.0；以模块化齿轮设计系统为主轴，让苏州联发电机生产的减速机能达到客户所期盼的质量并通达全球。是台湾重要企业和三大电动机知名品牌之一，为国际知名起重机企业台湾中钢、中船、核能电厂、台塑集团、Black Bear(黑熊)等的合格供应商。

苏州联发电机本着"专业服务 永续经营"的经营理念，以生产高效产品为宗旨，做到节约能源、绿化环境、爱护地球。专业制造及服务是联发电机公司全体员工努力的目标，每一制造过程均经过严密控管，保证产品质量零缺陷，不断提升企业价值。诚信踏实是公司永续经营的原则，以诚信实用服务客户，以笃行实践相待员工，使联发电机在稳健踏实中走向更好更远的未来。

二、生产经营及销售情况

苏州联发电机拥有生产基地4000m²；厂区另设办公大楼两座共1000 m²，员工总人数350人。拥有4条生产线并设置自动入线机两台，月最大产能可达2万台减速机。引进先进生产机械设备，从芯轴加工开始，到最后电动机与减速箱组装，以用100%成品检测与产品出场测试报告，所有的减速机均采用先进设备量身定做，并满足精密规范的要求。

公司主要市场涉及起重机、车库、排屑机、纺织、食品、自动化设备和畜牧业等传动市场。销售经营总部设立在苏州相城区，还在东莞、深圳、安徽、湖北、山东等其他区域设置办公室，以更好的服务客户。计划2018—2019年将陆续在四川、重庆和山西等区域设置办公室，以贴近当地客户，以专业优质的销售服务满足客户要求。

公司已与100家以上国内与国外企业成功开展合作，所经营区域除中国大陆与台湾外，亦出口到美国、加拿大、日本以及中南美洲等地区。

三、技术发展与新产品

专业研发能力是苏州联发电机能满足客户创新需求、提供协同研究及个性化服务的重要因素，在自身钻研与客户互动发展的过程中，公司陆续申请了四十多项国内外新型发明专利。联发机电强有力的技术支援，为客户提供了最有力的技术支持。

除现有的斜齿轮、锥齿轮等四大系列产品外，高效节能一直是联发电机坚定秉持的发展方向，公司开始把节能60%以上的永磁变频减速机投入相关行业市场，将伺服电动机产品与系统应用于智能车库。在材料选取上，公司投入相当的人力物力，加强产品的使用安全系数与寿命，增强产品硬度与强度，让客户能放心、安心与有信心的使用联发产品。

四、产品情况

联发减速机设计结构新颖，箱体坚固，齿轮采用独特的研磨加工技术，使其寿命更长并可降低运转噪声。通过专业制造与国际认证，使产品畅销全球。此外机电刹车系统佳，标准化的接线与润滑油防漏措施，让减速机易于安装使用并达最佳使用效果。主要产品线如下：

（1）适用于升降横移与简易升降与垂直升降类型减速机。从0.2～3.7kW联发电机有着完整的产品系列，除标准的立式、卧式产品线外，还开发了立式偏心系列，以满足客户的全面需求。

（2）适用于垂直循环、塔库、大轿箱类型的减速机；梳齿式平面移动车库。斜齿轮、锥齿轮（LGR、LGF、LGK、LGS）四大系列减速机为联发产品的主要系列产品，并已取得国内CCC、强制认证TX、美国UL、加拿大CSA、欧洲CE与ISO9001质量管理认证。

（3）其他传动产品。只要有传动就需要减速机。联发电机的小齿系列减速机可应用于各种传动领域，经高精度、高硬度和可靠认证，产品适用于各领域。

五、产品的质量控管

联发团队相信，卓越的管理和先进可靠的设备是优异质量的基础，故为达专业制造与精密组装，公司陆续引进各项管理机制与精密设备。在实验室按国际水平的要求配备了高精密齿轮检测仪、硬度检测仪、德国WENZEL高精密三次元检测仪和实负载检测设备，因此，产品的质量控制与分析报告数据严谨、完整，可快速为客户提供所需的数据与改进方案。

六、专利介绍

为让联发产品畅销全球，联发电机本着控好质量、做好产品、务实踏实的精神完成了各项认证并取得四十多项专利。专业与精湛的技术和沉淀厚实的经验积累，让联发电机在欧、日、美称霸的电动机/减速机市场，取得如此多的专利与业绩。

上海禾通涌源停车设备有限公司

一、企业基本情况

上海禾通涌源停车设备有限公司（简称禾通涌源）成立于 1999 年，注册资金 5000 万元。2006 年公司投资 8000 万元在上海松江进出口加工区建厂，专业从事立体停车设备的研发、设计、制造、安装、维保及售后服务，在车库软件和硬件上拥有多项自主知识产权和专利，并通过了国内外多项生产管理资质认证，被评为国家高新技术企业。

公司车库产品的市场占有率始终名列前茅，连续多年获得行业优秀企业、销售 20 强等荣誉称号，产品遍布海内外，已为国内 100 余个大中型城市的用户提供安全、便捷、舒适的停车设备，并出口至美国、澳大利亚、肯尼亚、伊朗、俄罗斯、阿曼、韩国等世界各国。

公司以"创造最具价值的停车空间，和谐停车生活"为己任，组建了优秀的设计团队，引进、融合了欧美等发达国家的立体停车先进技术，并根据国情，优化了产品设计，推出了智能化升降横移、简易升降、全自动化平面移动、垂直升降（塔库）、单臂悬挂（巷道堆垛）停车 AGV 及汽车升降机等高技术的系列产品，能满足各种不同停车场地和空间的需要。

"客户不仅是上帝，更是合作伙伴以及朋友"，在与客户合作过程中，为客户解决问题是我们的职责。

二、科技和技术发展

禾通涌源拥有一支具有丰富设计经验的运营团队。

多年的宝贵经验积累，让企业认识到安全是核心，在安全的面前没有商量的余地，多年来保持零质量问题，零事故发生，给中国城市带来专业、安心的产品保证。

禾通涌源在以安全为核心的基础上，根据不同空间、场所及地形研发出 20 余款可定制的智能立体停车设备，为不同需要的客户群提供从个人到大型商业、学校、银行、飞机场等不同层次的解决方案。拥有独特的一点就是愿意倾听顾客的需求，为顾客定制独一无二合适的产品解决方案。

公司一直坚持不断创新、主动适应社会变化、突破自我、思考进取，力求创造生态城市绿地，让中国进入智能立体停车时代。

三、生产和制造实力

公司生产厂位于上海松江，占地面积 23000m²，制造车间 20000m²，生产厂房与综合办公大楼紧密相连，配备有专业化、先进的各类生产加工设备 50 余台（套），其中进口加工设备 30 余台（套），关键设备全部为进口产品。

禾通涌源现有各种大型设备：全自动边梁生产线、全自动波浪板生产线（图 1）、全自动钻孔设备、机器人焊接设备、（400t）数控折弯机、大型数控火焰等离子切割机、数控剪板机（图 2）、数控加工中心、大型车床、大型钻床以及各类机械加工设备，确保产品加工精度，优化缩短生产周期，确保产品品质。

图 1 波浪板加工自动线

图 2 6m 数控剪扳机

强大的制造实力为公司的精品工程奠定了坚实的根基，十多年生产经验的积累是丰厚的，公司一直严格追求产品质量与品控管理，不断提高员工素质与归属感，确保每道生产流程生产出质量超群的产品。

公司拥有一大批具有中、高级职称的技术人员，技术人员占总人数的比例为 50%。无论是甲方或设计院的初步方案，还是项目结束后的使用验收，公司都可以提供全方位的服务。在上海市区设有设计部和维保部，实行 24h 的应急服务。

四、公司主要产品

公司在引进国外先进技术时，结合我国的实际情况，推出了一系列较为成功的停车设备，具体有：①二、三、四、五层升降横移设备；②二层简易升降设备、二层无避让停车设备；③二层汽车专用升降机、二十五层垂直升降停车设备、平面移动停车设备。

五、市场发展和开拓情况

公司以上海总公司为依托，先后成立了江苏、杭州、重庆、温州、广州 6 家分公司。这 6 家分公司立足于本地，因地制宜满足客户需求。各个分公司积极拓展海外市场，近 2 年出口业务迅速扩展到美国、澳大利亚、阿曼、肯尼亚、韩国和俄罗斯等国家。

六、主要业绩

与华夏幸福签订的大运河孔雀城 7.2 期和 5.1 期项目，泊位总数 3083 个。项目正在建设中。

与万达房地产签订并顺利建成上海金山万达项目，共计 1072 个泊位；与苏宁集团签订的南京软件谷项目，共计 1103 个泊位；与南京天华百润投资发展有限责任公司签订的南京天润城项目，共计 1275 个泊位；与温州生态园开发集团有限公司签订的温州生态园三郎桥 C 地块项目，共计 822 个泊位。这几个项目都已交付使用，设备运行良好。

2016 年在重庆建成使用的重庆和泓无避让项目，证明了公司的创新与技术实力。

七、安装施工力量

公司拥有一支经过严格培训，并持有各专业上岗证的 60 多人的专业安装队伍。其中，具有丰富的安装实践经验的高级工程师 8 人，工程师 12 人。同时，工程部配有从事机械立体车库安装的起重吊车等各种专用工具，并有着 500 多个立体车库项目、八类库型、57000 多个泊位的停车设备安装经验。施工、管理严格按照 ISO9001 质量体系和国家、行业的相关标准要求进行，可以确保设备安装的质量及工期。

为用户提供合格的产品和满意的服务是公司的宗旨。公司制订了机械式停车设备通用设计标准、制造标准、安装工艺文件、定期检查规范等企业标准，建立了完善的质量保证体系，通过了 ISO9001 国际质量体系认证，具备可靠的质量保证能力。品质源于责任，公司员工牢固树立了"下道工序既用户"的质量意识，并遵循"自检、互检、专检"相结合的原则，确保交付用户的产品质量稳定、可靠。

八、售后服务保障

公司在引进、消化、吸收国外先进停车技术的同时，引进了相应的售后服务体系和成熟的管理经验，建立健全了售后服务操作规范及管理制度，为用户能够放心满意地使用我公司的产品提供了可靠的保障。

公司售后服务部设有多个售后服务站和售后服务专用电话，现有售后服务人员 30 多人，其中机械、电气工程师各 4 名，售后服务车辆 2 辆，并配备有全套机械立体停车设备的维护保养工具。

安徽华星智能停车设备有限公司

安徽华星智能停车设备有限公司（简称华星智能停车）成立于2009年，坐落于美丽的科教名城、包公故里——合肥，是集研发、设计、生产制造、销售、安装、维保、投资运营管理于一体的智能停车设备企业。注册资本4000万元，占地面积20.4万 m²，属国家高新技术企业，是停车设备行业20强企业、停车设备工作委员会理事单位，安徽省停车服务行业协会副会长单位、省名牌产品企业、省质量奖企业、省守合同重信用企业、省专精特新企业，合肥市品牌示范企业、知识产权示范企业、市先进单位。公司拥有安徽省工业设计中心、安徽省认定企业技术中心，公司研发的基于CAN总线技术的立体停车产业化项目荣获合肥市科学技术进步奖。

公司现有员工413人，技术人员42人，其中教授级高级工程师11人，行业专家3人。公司通过了ISO9001质量管理体系认证、ISO14001环境管理体系、OHSAS18001职业健康管理体系认证，并导入了精细化管理模式。公司研制的"华星智能"牌系列智能停车设备已逐步形成标准化、系列化，主导产品有垂直循环类、垂直升降类、升降横移类、简易升降类、平面移动类等。

公司产品性能处于国际先进、国内领先水平。2013年引进国际先进的12条全自动生产流水线，在全国停车设备行业中处于领先地位；一期建设已形成年产80000台（套）泊位的产能，二期厂房已竣工，年生产能力将达到210000台（套）泊位，首条AGV生产线将正式投产。

公司拥有76项专利，其中发明专利10项，特别是

先进的安全自动柔性载车技术、防坠落装置和行程控制装置等多项专利填补了国内市场的空白。产品技术水平处于行业一流水平。为保证产品的核心竞争力，公司与中国科学技术大学合作建立联合实验室和博士后工作站，进一步提升停车产品的智能化、可靠性、稳定性、安全性和用户使用的便捷性。

公司自2009年成立至今，累计交付近10万台（套）智能停车设备。先后与上海绿地集团、浙江海亮集团、福建融侨集团、安徽徽商集团、香港利港集团建立了长期战略合作关系。承接了江西景德镇第二人民医院、九江市第三人民医院、甘肃兰州市疾控中心、安徽宣城市中心医院、河南通许中医院、河南新乡第一人民医院、湖北武汉江汉区建设局、江西吉安市城乡规划局、合肥市瑶海区政府、江苏扬州科技馆、陕西西安市铁路局、上海复威集团、云南月星商业广场、湖北寿康生活广场等智能车库项目，为医院、公共事业、房地产开发商等不同客户群体提供智能化的停车服务。销售网络覆盖全国，并成立20个直属办事处。产品出口巴西、印度、菲律宾等国家，并在美国及东南亚成立了海外销售分公司。

公司参与制定了《升降横移类机械式停车设备》(JB/T 8910-2013),《简易升降类机械式停车设备》《JB/T 8909-2013）《汽车专用升降机》(JB/T 10546-2014) 行业标准。作为行业标准的起草者，公司用自身的实力和对社会的责任，用科技和品质真正塑造"智慧停车，华星引领"。

浙江东海减速机有限公司

浙江东海减速机有限公司已有二十多年制造减速机、减速电动机的发展历程，并在上海投资一家工贸一体化的上海特国斯传动设备有限公司（简称东海·特国斯、DHC·TGS），是国家高新技术企业，主要研发高端传动产品，拥有一支精干的高技术人才团队，为全球智能工业成套装备提供符合欧洲标准、国家标准及企业标准的精密机电一体化高性能减速机。全面推行实施各类产品认证及国家重型机械装备行业行政机构认可认证。现产品已获得CE、CCC、CQC、XT等各类权威认证。作为国内传动减速机驱动装置的领先品牌，公司以做百年制造企业为目标，先后被评为浙江制造精品品质企业、全国停车设备行业优秀配套企业、全国起重机行业优秀配套企业。入选中国重型机械工业协会理事单位、中国重型机械工业协会停车设备工作委员会和桥式起重机专业委员会理事单位、全国齿轮标准化技术委员会理事单位。

公司拥有的专业技术人员占总员工的30%。2013年公司在机械式立体停车库设备配套用传动减速机方面投入巨资，组建专业技术研发团队，引进德国传动减速机技术，制造各类停车设备专用减速机，并且全面应用CAD/CAM/POM/CAPP计算机设计软件，同时购买国际先进制造加工装备，如大中型五轴联动卧式加工中心、数控磨齿机、智能齿轮检测中心等精密仪器与设备。目标每年为15万个泊位配套，第一期7万个配套产品已全面投入生产并且投放市场使用，第二期8万个配套产品即将完成投产。

"东海·特国斯"具有生产各类减速机、减速电动机专业技术经验，产品达到起重机械装备专用减速机技术标准要求。而停车设备专用减速机、减速电动机制造

公司配套的立体车库

全过程则按照德国技术标准执行，各项零部件指标要求严格，采用欧洲标准锻造齿轮钢、精密铸铁机体、铜线电机工作制S1、整体100万次寿命制动器配置，对减速机电动机、制动器做30年使用寿命测试。例：风漠碱酸试机、冷霜雾湿检测，起重力矩、冲击负载型式试验，升降快速制动时间与寿命测试等项目，各项技术达到设计要求。公司专门制造一台特殊的停车设备专用减速机检验测试平台，该平台已经通过国家检测机构验收认可。公司在确保每台减速机、减速电动机出厂合格率达到百分百的前提下，还下功夫做好售后咨询技术服务，确保产品零故障。

"东海·特国斯"停车设备专用减速机，将产品质量认证推广到各类型立体停车设备中。特别是在重型机械装备行业中，为国家重点工程配套的项目有：海洋山深水港码头装备、黄浦江隧道工程、上海红色纪念馆四行仓库停车库、嘉定汽车城停车库、陆家嘴上海中心大厦、中央电视台新楼、天安门广场国庆花坛、哈大高速铁路建设等等，创造了多项新纪录。

无锡许继富通达车库装备有限公司

无锡许继富通达车库装备有限公司成立于2002年，是我国较早从事自动化停车设备系列产品研发、营销、生产、安装、维修、保养的专业制造企业，是中国重型机械工业协会停车设备工作委员会会员单位。企业经营理念是：不断创新、持续改善、超值服务、永续经营。

公司专业从事机械式停车库制造已有10余年，拥有一支精良的管理团队、一批高级科研人员和高素质的员工队伍，公司员工具有大专以上学历的占40%以上。公司以人性化的设计理念、专业的生产制造工艺、精细的安装调试过程、完善的售后服务为宗旨，将"富通达"牌机械式停车库打造成行业卓越品牌。目前拥有升降横移类、简易升降类、平面移动类、巷道堆垛类、汽车专用升降机等二十余种产品，适于多种场地及规模建设，

公司已建造各种停车设备3万余个。

公司具有国家质检总局颁发的机械式停车设备《特种设备制造许可证》和江苏省质检局颁发的《特种设备安装改造维修许可证》。通过了GB/T19001—2008质量管理体系认证、GB/T24001—2004环境管理体系认证、GB/T28001—2011职工健康安全管理体系认证。荣获无锡市人民政府授予的"无锡市AAA级重合同守信用企业"称号，连续多年荣获"AAA级资信等级证书"。

随着市场需求的增强，公司研发团队积极学习国内外先进技术，不断进行技术创新，大力推进自动化停车设备新产品的开发，力争在为城市腾出空间，为人民创造舒适生活上做出应有贡献。

山西东杰智能物流装备股份有限公司

一、企业基本情况

山西东杰智能物流装备股份有限公司（简称东杰智能）成立于 1995 年，并于 1999 年在北京圣都大厦、国电调度中心等多地建设了多座智能立体车库，是行业从业时间最长的企业之一。公司于 2015 年 6 月 30 日在深交所创业板上市，成为业内首家以立体车库为主业上市的企业。

经过多年努力经营和发展，东杰智能先后获得了山西省高新技术企业、省级技术中心、重合同守信誉单位、太原市民营企业 50 强、停车设备采购 30 强等多项荣誉。公司从进入停车设备制造行业以来，积极以创新为公司的核心战略，不断开发新的智能停车设备，先后开发了 9 层垂直循环式立体车库、25 层垂直升降类立体车库、12 层平面移动立体车库、巷道堆垛立体车库、简易升降立体车库、8 层升降横移立体车库、手机软件管理系统等新产品，以满足市场不同客户群体、不同地质条件和场地环境的需求。

公司借着上市春风，大力推动城市智慧停车产业的发展，积极为太原、北京、天津、深圳、昆明、济南、沈阳、长春等各省会城市建言献策，坚持立足国内，面向世界，大力推动立体停车设备和智慧停车管理系统在城市中的使用，帮助各地政府解决城市停车难题。至 2017 年 12 月，公司先后在北京德外大街、天津冠福大厦、武汉儿童医院、杭州富阳新登、太原市北宫花园、太原市财富大厦、安徽铜陵长江路、云南大理河畔人家等建设了数十座大型高端智能立体停车库项目，并将项目的停车数据纳入公司研发的智慧交通大数据云平台上，实现各地停车库的统一智慧管理，抢先进入智慧停车行业，为停车行业未来的智能化发展探索做出自己的贡献。

二、生产经营及销售情况

经过 20 多年不断的创新及发展，公司现已发展成拥有近千名正式员工的大型制造业上市公司，拥有 12000m² 的办公研发大楼、40000m² 的综合生产加工基地，60000m² 的立体车库专用智能化生产车间，拥有大型数控加工中心、立体车库专用生产线、立体车库机器人焊接生产线等各种大型自动化设备，可高质高效地完成客户订单，年产 30 万泊位的智能立体停车库，综合实力大幅提升，可满足不同客户、不同场所的不需求。

质量是一个企业发展的根本，公司在保证质量的同时，还积极研究创新工艺，努力提升停车设备通用零件的标准化、系列化开发设计，努力提升智能停车设备的生产效率，通过新设备、新工艺、新材料等的大胆尝试，公司的设备在生产效率、外观、综合性能、稳定性方面都有了显著的提升。公司制定的企业生产管理标准是企业生产规范的直接体现，在保证产品性能、稳定性等重要指标的前提下，生产的精细化管理更能保证产品的质量，体现产品的规范和标准化，对将来设备的维护和保养也提供了更加便利的条件。

销售方面，公司主要通过参与投标、发展代理商、与运营公司的关联交易三条途径来实现，投标的项目和代理商参与的项目，公司主要根据招标文件中规定的条件、现场情况以及价格综合考虑，推荐最合适用户需求、具有优越体验感的产品，保证方案的可行性和建成后产品的安全性、可靠性、便捷性及交通的顺畅性。通过对东杰智能的运营公司的投资项目的建设，有效地解决了城市停车难题。投资项目主要是根据场地和运营条件、收费条件、停车紧张程度等，规划建设高端智能化立体车库。通过运营公司的停车管理、广告租赁、光伏发电、新能源汽车充电以及汽车后市场服务等，实现项目的快速盈利。

三、市场发展开拓情况

通过 20 多年的努力发展，东杰智能已在国内成功建设数百座智能立体车库，项目遍及全国各地，用户群体包括政府、企事业单位、小区、酒店、公共停车等各种停车难的场地。随着公司新产品的不断研发，技术实力、资金实力的不断提升，公司的知名度也在不断地提高。公司将以国内为基础，向国外发展，利用智能立体车库的优势，帮助国内外各城市解决停车难题。

太原是公司总部的所在地，作为本地企业，东杰智能主动承担起社会责任，利用公司智能停车设备和软件系统，在省、市、区各级政府的大力支持下，成功选址并建设了多处高端智能立体车库，为太原市解决城市停车难问题做出了自己应有的贡献。

对于太原市外部的区域，公司通过发展代理商等方式，与当地代理商共同努力，积极为当地政府提供解决方案，大力推动立体车库在城市静态交通系统中的应用。目前公司的代理商已遍及全国各地，它们都在积极为公司寻找优质项目资源，帮助公司在全国各地推广公司最先进、最合适的产品。一座座带有东杰智能标识的智能停车产品拔地而起，并发挥着其最大的能力，为周边提供大量泊位及优质的服务。

另外，公司还在积极向国外市场发展，推荐公司的智能立体停车设备，例如：公司已成功和美国、泰国、新加坡、印度尼西亚、巴基斯坦等国家的一些当地机关单位和客户取得联系，并且积极推进当地的项目。相信不久的将来，这些项目也会开花结果，使得东杰智能的产品销往国外。

这几年，东杰智能的立体车库业务在不断地增长，特别是公司标准化生产的各类立体停车库，因其可靠性高、稳定性好、成本低等各种优势，一直处于供不应求的状态。随着公司产品不断的优化，新产品的不断加入，东杰智能停车设备的市场空间一定会更加的广阔。

四、产品质量控制

东杰智能高度重视产品的质量。从公司成立起，公司就制定了"追求世界级质量，我们要做精品"的质量目标，以及"品质第一，速度第一，服务第一"的质量方针，并通过国家 ISO9001 质量管理体系认证。

公司质量检测中心在秉持公司质量方针、是贯彻国家质量体系的同时积极细化管理，从产品的原材料采购到生产加工的每一道工序以及产品外观、运输包装、现

场安装，都要进行严格的质量检验和控制，保证产品从生产、装配、运输、安装的每个环节都能满足产品的设计要求，从源头上控制产品的质量符合国家标准和企业标准。

另外，公司还加大投入，采购大量智能生产线、检测设备，用机器代替人工，用智能检测设备代理原有老旧设备，从硬件上保证部分工序的加工质量。

产品的外观也是产品质量的一部分。为此，东杰智能采用更环保、防腐效果更好的、外观更漂亮的喷塑代替喷漆，坚持用喷塑作为零件及产品的表面处理。

细节见真章，东杰智能的质量检测部门不放过任何细节上的缺陷，从细微处体现公司的品牌和质量文化，脚踏实地地发展，逐步实现公司的继续强大。

五、优秀案例

东杰智能建造的数百个项目中，涌现了诸多行业的优秀案例。例如：

1. 安徽铜陵长江路公共停车项目

该项目（图1）采用平面移动类立体停车设备，最大的特点是车库的 1 ~ 2 层是商业配套面积，3 ~ 8 层为立体车库，共计 182 个泊位。项目采用了东杰智能最先进的升降机、平移台车以及取车器等关键部件。为了最大程度上增加商业面积，避免存取车时浪费宝贵空间，该项目将车库的旋转动作与平移动作都放到平移台车上，实现了平移和旋转同时进行，缩短了车库进出车的整体节拍，存取车速度更快。该项目还首次实现了平面移动立体车库配置自动充电桩，解决了平面移动类车库不能为电动汽车自动充电的问题。项目外装修全部采用玻璃幕墙，美观大方。整个车库建筑放到城市商业中心，解决了城市商业中心停车难的问题。

图 1 安徽铜陵长江路公共停车库

2. 太原北宫花园立体车库项目

该项目（图2）是太原市首座投入运营的高端智能立体车库，采用垂直升降类立体车库，高 12 层，共计

272 个泊位。最大的特点是，车库的进车室和出车室分开，实现了存车和取车车流的分流，避免了拥堵，整体停车效率更高。项目采用无人值守的管理方式，通过手机应用软件实现车库的取车、收费等管理，更加智能化、人性化。配以高端外观装饰和消防配套，既安全又美观，现已成为太原北城的一座地标。

3. 云南大理河畔人家立体车库项目

该项目（图 3）是东杰智能在云南大理建设的一座智能立体车库，采用垂直升降类立体车库，共 11 层，222 个泊位。最大的特点是公司首次创造性的在垂直升降类立体车库中加入了商业面积，使得车库的整体外形多了一些层次感，既美观大方，又增加了车库的收入，有利于投资方快速回收成本。

4. 武汉儿童医院立体车库项目

该项目（图 4）是一座大型垂直循环类立体车库，使用 34 套九层垂直循环类立体停车设备，共计 544 个泊位。如此大规模的垂直循环类立体停车设备群，目前在国内还非常少见，公司仅用两个月的时间就完成了 34 套垂直循环类停车设备的安装，平均 1.7 天安装一套，创造了垂直循环类停车设备安装速度的新纪录。

5. 山东滕州公共停车项目

该项目（图 5）采用了公司最新型的垂直循环类立体停车设备，最大的特点是采用了公司最新型的无人值守系统，可以实现车库的无人化管理，仅需通过手机公众号缴费，即可取车出车。另外，该项目采用网眼板进行了外部修饰，比起不做任何修饰的垂直循环类立体车库，更加美观大方。

六、企业所获专利介绍

东杰智能对产品的创新和知识产权的保护非常重视，每年都有数十项专利产生。目前，公司已获得发明专利 20 项，实用新型专利 62 项，外观专利 2 项。为了保证公司专利能为公司创造利润，有效保护公司的知识产权不受到侵犯，公司非常重视专利质量，近年来公司不断淘汰技术已经落后的旧专利，申报一些技术水平更高、保护价值更高的新专利。在保证公司专利数量快速增长的同时，专利的质量也有了大幅提升。公司最近两年发明专利的数量不断增加，发明专利所占的比例也越来越大，并且新研发产品的发明专利授权率达到 90%以上，实现了公司从新技术开发到专利申报等成套的知识产权管理体系，有效保护了公司先进技术，为公司创造了巨大的价值。

图 2 太原北宫花园立体车库

图 3 云南大理河畔人家立体车库

图 4 武汉儿童医院立体车库

图 5 山东滕州公共停车库

天马华源停车设备（北京）有限公司

一、企业基本情况

天马华源停车设备（北京）有限公司（简称天马华源）成立于2004年，是国内较早从事立体车库建设的骨干企业之一，注册资金9000万元，总部位于北京经济技术开发区，拥有自有物业独立工业园。

公司生产基地位于河北定兴汽车工业园，占地面积13万 m²。目前，公司产品已涵盖升降横移类、平面移动类（有板、无板）、垂直升降类、简易升降类、汽车升降机、汽车充电桩等6大系列，10余种产品，是一家集设计、研发、制造、营销、安装、维保、售后服务于一体的专业机械式立体停车设备企业，已在成都、天津、石家庄、太原、西安、常州、南京、武汉、广州、南昌等城市设置了直属办事处。

公司聘请从事机械式车库行业30余年，享受国务院政府津贴的教授级高级工程师姜勇作为技术带头人，目前研发团队有高级工程师5人、工程师30多人，有2位从事立体停车行业几十年，有着丰富工作经验的总工程师，3位分别从日本、英国和加拿大留学归来副总工程师。

公司与国际一流配件供应商保持了长期的合作关系，包括明椿电气、西门子公司和欧姆龙公司等，为保证停车设备的高质量、高稳定性打下坚实的基础。

二、生产经营及销售情况

包括PSH5D型四层及以下升降横移类机械式停车设备、PPY69D-19K型七层及以下平面移动类机械式停车设备、PQS3D型二层汽车专用升降机类停车设备、PJS3D型三层及以下简易升降类机械式停车设备、PCSY型十三层及以下垂直升降类机械式停车设备、PSHS型四层及以下升降横移类机械式停车设备在内的天马华源主要产品，都取得了国家质检总局颁发的A级制造许可证和中华人民共和国特种设备安装改造维修许可证。

近两年天马华源的销售量以32%的复合增长率增长，远远高于经济发展增长速度，并已建成多个标杆性项目：国内第一个无人值守的车库北京社科院项目、顺义白辛庄回迁房项目、北京正阳市场老旧小区改造项目、国内第一家产融结合智能车库北医三院项目（图1）、科技部的立体车库加装充电桩等。已生产各类型泊位达150000个，年销售额1亿元。

三、科技成果及新产品

天马华源立足自身能力，努力开拓市场，针对市场需求开发新的产品。

（1）单侧停车塔——老旧小区、办公场所等狭小

图 1 北医三院立体停车库

地带停车的福音。该设备占地面积小、组合灵活，可无线遥控自动存取车，具有多重适应性。

（2）横移梳齿交换式。该设备不同于市场常见的梳齿交换类产品，它的交换空间非常小，是横搬交换车板的替代设备，可应用于大跨栏、平面移动、垂直升降、巷道堆垛类横向停车设备的智能车库中。具有以下特点：交换空间小、节省停车面积，减少取板还板的环节、减少等候时间，连续存取车时间仅为有板智能车库的一半。

（3）钢结构自走式。根据目前市场的需要，钢结构自走式立体车库在国内有着很强的市场需求，天马华源与日本名古屋永丰集团进行战略合作，研发钢结构自走技术，目前此项技术已经非常成熟，将在国内广泛推广。

（4）升降横移类。由于升降横移类机械式停车设备的市场占有率达 75% 以上，为了适应市场，天马华源在原有技术基础上对升降横移设备进行了全面技术革新，推出了自己的拳头产品，在市场上得到了广泛好评。同时，经过进一步的成本控制，使产品在市场上更有竞争力。随着国家对环保要求日趋严格，设备表面处理采用镀锌、镀铝会大幅度地增加成本，相对于此，天马华

源采用喷塑工艺的成本优势将更加明显。

（5）平面移动类。根据我国建筑柱网间距普遍在 8m 左右，为适应柱间距，天马华源自主研发了横向搬运式平面移动类机械式停车设备，把设备对建筑的影响降到最低，并在多个项目中安装此类设备，引领了行业发展的新潮流。

（6）垂直升降类。由于 25m 以上属于超高附属建筑，很难获得市政规划建设管理部门的批准，天马华源主要推广 13 层以下垂直升降类机械式停车设备。2013 年天马华源在咸阳建造了第一台 13 层无人值守垂直升降类机械车库。

为了提高土地利用率，适应不同地块，天马华源研发出自己的独有专利技术"双栏提升和三栏提升式垂直升降类机械式停车设备"。2010 年天马华源第一代双栏提升机械式停车设备落户中国社会科学院，被北京电视台等多家媒体广泛报道，经过 8 年的高频使用，目前设备仍运行良好。

四、产品质量控制

公司拥有健全的质量管理体系，通过了 ISO9001 品质管理体系认证、ISO14001 环境管理体系认证、OHSAS18001 职业安全卫生管理体系认证及欧盟 CE 认证。

各流程严格把关，控制产品质量。

五、优秀案例

1. 多项专利融于一体的第三代智能停车设备解决北医三院停车难之痛

经与国家发改委、卫生部、北京市规划委等部门历时半年多的沟通，北京大学第三医院最终确定使用由天马华源提交的立体停车库设计方案，这是北京市海淀区支持社会资源投资建设停车设施的第一个工程项目。

该项目采用多项专利技术，集智能化、便捷化、自动化于一体，实现了多进多出互不影响功能，同时具备高度的安全稳定性，大大节省患者寻找泊位、存车等候的时间。

2. 中国社会科学院垂直升降智能车库项目

中国社会科学院位于东长安街，该项目在单位内部，早晨集中存车，下午集中取车。根据这种情况，将车库设置为上午存车优先状态，下午取车优先状态，大大提

高了使用效率。车库总占地面积 558m²，选用 6 套平面移动停车设备，可以停放 162 辆车，设 6 个出入口，能实现半小时全部出库，2010 年投入使用以来，一直满负荷运行，被中央电视台、北京电视台等多家媒体称为"国内首个无人值守车库"。中国社会科学院垂直升降智能车库出入口及内部见图 2。

图 2 中国社会科学院垂直升降智能车库出入口及内部

3. 海军某研究院公寓地下机械立体停车库

该项目于 2012 年 9 月正式建成，由 6 套平面移动类设备组成，共有 216 个泊位。每套设备独立运行，可同时存取。同一套设备内每层可同存取，平均取车时间为 80s，大大提高了存取效率。2016 年天马华源与北京市科委共同研发的课题充电桩装置，已在该项目实施完成，目前运行良好。

4. 武警某部与正阳市场项目

武警某部项目（图 3）为负一正二基坑的三层升降横移式机械车库，2014 年建成投入使用后运行良好。

图 3 武警某部项目的车库内部

北京市正阳市场三层升降横移机械车库项目（图 4），该项目地块东西全长 370m，最宽处 11m，最窄处 6m，总面积 3700m²，共计 146 个泊位，三个月建

图 4 正阳市场三层升降横移机械车库

成使用。有效解决了困扰丰台街道的停车难问题。

老旧小区类型多样、建造标准不统一，有其各自的复杂性，通过老旧社区改造来解决交通问题，就要求立体车库的设备供应方要能因地制宜，为不同的小区量身定做适合的车库来解决静态交通问题。天马华源以其个性化的定制服务及过硬的产品质量拿下了这个项目。项目竣工后，正阳市场的便民立体停车场成了北京市老旧社区改造解决交通问题的标杆项目，吸引了北京卫视、北京晚报、京华时报、北京青年报、丰台新闻、河北新闻等多家媒体持续关注并陆续报道相关进展情况，多地派员来这个项目考察学习。

丰台正阳市场地块进行升级改造后也为政府解决老旧社区交通问题找到一条可复制的出路。

六、企业所获专利

天马华源公司已经取得自主知识产权专利 9 项，其中实用新型专利 6 项、发明专利 2 项，以及 9 项停车系统应用方面软件的著作权。各项专利产品广泛应用于天马华源的机械式立体停车设备中，

"双栏提升装置"为公司两位提升车库中的关键性技术，现已经用于社科院立体车库和北医三院立体车库。"载车板电插座连接器"主要应用于为公司的平面立体车库加装充电桩，并已成功用于海军某研究院的立体车库。

山东九路泊车设备股份有限公司

一、卓越领军创九路，前瞻模式谋未来

山东九路泊车设备股份有限公司（简称九路泊车）系中国航天科技集团战略合作单位、军地集团战略合作单位、中央电视台《品质》栏目入围企业。公司致力于提供垂直循环类智能立体停车设备全方位解决方案，专注于垂直循环类机械式停车设备的研发、设计、制造、安装及维护保养服务。

九路泊车以"建一座车库，树一座丰碑"的企业发展理念，为解决城市停车难提供完美的解决方案。公司依托集团15年的起重机械研发生产经验，自主研发四位一体模块化生产工艺，打破行业内组合机架一体化的传统模式，提高了结构精度，保证了产品质量的稳定和规模化生产，解决了行业内同类产品噪声大、电耗高、载车板摆动和维保费用高等技术难题，制造的垂直循环类机械式停车设备广泛应用于小区、银行、医院、停车场、商场、机关单位等场所，产品在业内形成了"源自德国技术，源自德国工艺，不输德国品质"的良好口碑，销售遍及海内外，深得客户广泛好评。

在创始人、董事长陈金水带领的管理团队的领导下，基于对经济与企业的深刻理解，九路泊车总结并形成了颇具特色的投资理念与管理体系，通过前瞻性布局、灵活的投资策略以及持续的增值服务，依托"战略投资＋财务投资"双轮驱动的商业模式，已形成起重设备研发制造、智能仓储生产研发、停车设备研发制造和停车产业投资管理、城市静态交通管理四大业务板块。公司积极响应山东省委、省政府关于《山东省新旧动能转换重大工程实施规划》，结合自身特点，自主研发了"闪泊车"云平台停车管理系统，实现了从传统制造企业到物联网应用型企业的成功转型。

截至2017年年底，九路泊车的综合营业额约10亿元，综合总资产50亿元。公司5年发展规划拟定2022年6月在国内主板上市。

二、大国匠心保质量，科研创新促发展

对一个企业而言，有一批技术精湛、爱钻研、搞创新，具有匠人的锲而不舍、精益求精精神的工匠是企业之幸。在九路泊车就有一批这样的"工匠"，他们被公司陈金水董事长称为九路的"核心技术"。

董事长陈金水说，工匠和一般技术工的区别就是懂技术、有技能，在消化图纸的基础上还能二次创新。在公司十多年的发展过程中只培养出6名这样的"工匠"，可见工匠的稀缺程度。在技术研发上遇到任何难题，只要交给他们，一定能解决并且工艺和技术都能大幅提升。工匠就相当于特种部队的尖子兵，一旦成了战队，将具备无与伦比的战斗力，整个公司的产品质量就有了保证，在行业中就能立于不败之地。

正是有了这样一支精干的"特种部队"，九路泊车创造了70项专利，打造了十四大安全保障。一些技术处于行业领先地位，有利推动了垂直循环类立体车库的发展。

九路泊车的十四大安全保障如下：

1. 高强度、模块化组合机架（图1）

组合机架的高强度、高刚度设计是保障垂直循环类机械式停车设备安全运行和使用寿命的先决条件（强度安全系数设计大于3，机架安装垂直度控制在±2mm）。

模块化、标准化组合机架设计、制造，将焊接应力引起的焊接变形控制在0.5‰之内，克服传统"整体式"机架在长期使用后因焊接残余应力的不断释放而导致的

机架变形失效，甚至整台设备的报废隐患。

图 1 高强度、模块化组合机架

2. 自研、自制安全提升大链条

提升大链条（图 2）为垂直循环类机械式停车设备的核心部件，其质量优劣直接关乎设备和人员的生命安全。九路开发研制的大链条应用德国技术、创新材料、升级制造工艺、独创科学装配工艺，工艺和品质领先行业先进水平，具有安全、低噪、耐磨、长寿的特点。

图 2 安全提升大链条

高分子塑钢复合导向链轮（图 3），颠覆了传统刚性运行原理，实现了免润滑、无噪声、无污染，有效延长了设备的使用寿命。

图 3 高分子塑钢复合导向链轮

3. 智能安全防刮蹭装置

运用安全档杆（图 4）+ 合推器装置（图 5），实现存取车时安全档杆的自动起落，有效防止车库运行时车门不慎打开而造成的车、机受损，以及设备运行时滞留车内人员推门下车而发生的安全事故隐患。

图 4 安全档杆　　图 5 合推器装置

4. 地感智能车库安全门

安全智能门联锁系统（图 6），双门联动、智能升降、自动防夹、低噪高速。存车状态时，通过智能地感、车牌识别系统、联锁系统，车库安全门及行人安全门自动联动开启，取车状态时，通过人机交互系统、联锁系统，双门联动开启，实现人、车无感出入库。待机时处于关闭状态，防止人员误入，保证安全。

图 6 安全智能门联锁系统

5. 超高安全护栏

采用超高安全护栏（图 7），栏体高度 2.7m，围栏底部距地面间隙 12cm，围栏护板间隙 4cm。该安全护栏基于国家特种设备标准要求，经特殊设计优化，安全美观。

图 7 超高安全护栏

6. 安全防风抗震装置

配装安全防风抗震装置（图 8），解决垂直循环停车设备载车梁运行至顶端因强风荷载和地震荷载作用下的失稳难题。经第三方专业机构鉴定，达到了抗 10

级风和 8 级地震的使用环境要求。

图 8 安全防风抗震装置

7. 安全车轮止退装置

安全车轮止退装置（图 9），运用重量压陷 + 杠杆原理，实现 360°轮胎抱死，有效避免强风、地震或手制动失灵等极端工况下，因车辆横移或滑动而对车、设备产生损害。

图 9 安全车轮止退装置

8. 安全双闭环式防摆系统

独创安全双闭环防摆系统（图 10），彻底解决载车盘在上下极限位置存在的"防摆空挡"缺陷，使载车盘运行的稳定性、安全性得到可靠的保障。该技术的应用使设备的安全运行速度比同类设备提高一倍以上。

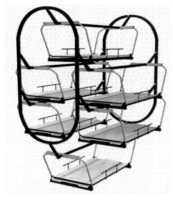

图 10 安全双闭环式防摆系统

9. 安全断电手动取车装置

安全断电手动取车装置（图 11），可在非正常停电或险情停电、无法电力驱动取车的情况下，通过该装置将车辆顺序安全取出。

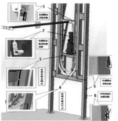

图 11 安全断电手动取车装置

10. 安全出入库旋转载车盘 360°无障碍

安全出入库旋转载车盘（图 12），通过对驾驶人出入库习惯人性化设计，实现开车入库、开车出库、通过式出入库、90°侧向出入库，360°无障碍，保障存取车驾驶安全。

图 12 安全出入库旋转载车盘

11. 安全智能随机充电系统

安全智能随机充电系统（图 13），通过滑触、滑环不间断充电设计，实现入库即充、出库电满，实现车辆随机安全充电。

图 13 安全智能随机充电系统

12. 安全流线型防雨棚

安全防雨棚（图14）顶面运用弧形流线美学的设计理念，经雪荷载和风荷载的科学设计计算。架体既符合力学原理，又安全美观，达到抗10级风效果。该装置可有效保护设备和车辆免受冰雹、酸雨等极端天气或高空坠物造成的伤害。

图14 安全防雨棚

13. 战狼团队 金牌服务战

九路泊车战狼安装服务战队（图15）是国内停车行业以战狼文化、战狼精神打造的铁军服务团队。主要任务是按照规范的技术标准完成停车设备项目的安装、施工和后期维保服务。

战狼安装服务战队自组建以来战果累累，足迹踏遍祖国大江南北、世界各地，深受业内外称赞！

图15 战狼安装服务战队

14. 智慧物联 无人值守

"享泊车"通过"车牌识别一体机"停车场管理系统、集团化管理平台、手机管家和停车APP四大产品组成完善的智慧停车平台（图16），帮助停车场智慧化升级改造。

图16 大数据云平台

三、谁敢横刀立马，唯我九路铁军

有好的品质和品牌是成功的一半，另一半也同等重要，那就是售后保障团队。但凡国内外好的品牌都是两者兼具，像国外的博世、三菱，国内的格力、海尔，都有着一流的技术团队作为承载。

在九路泊车，还有一个以军事化的著称，把自己的每一个项目地区称为战区、现场施工团队被称为"战狼"的团队，它是九路泊车战狼安装服务战队，也是军人出身的陈金水董事长将军队精神融合在企业管理的硕果。

对战狼战队来说，每一次的安装施工，都是一次无硝烟的战场，他们带着九路泊车的使命和担当，用自己的勤恳态度和匠心执着，不断续写着一座座地标，一段段佳话。而他们在施工过程中的不扰民、高素质也赢得了项目和当地百姓的赞誉。

正是有了以董事长金水为首的九路泊车团队的艰苦创业，高瞻远瞩的企业情怀，有了九路泊车匠人精益求精，敢于创新的工匠精神，有了战狼团队的高效执行，追求完美的部队标准，才铸就了九路泊车如今的品质。

建一座车库，树一座丰碑，永不自满的九路人，一直在以匠人匠心的行为准则和严格的军事化管理要求自己，坚持专业专注，坚持创新引领。永远以为客户提供超值的高品质服务和高端精细产品为导向；大力弘扬大国工匠精神，产品不断创新升级，努力将企业打造成有责任担当，能为社会发展做出积极贡献的良好企业。

无锡市三爱电器有限公司

一、企业基本情况

无锡市三爱电器有限公司（简称无锡三爱）成立于1995年8月，是我国生产机电一体化产品的特色企业之一，长期致力于电气自控产品的开发与研制。自1995年开始，为我国立体停车设备行业专门配套车台板安全钩的牵引电磁体，随后又开发了具有自主知识产权的轴伸式、垂钩式和各种自落式防坠器等专用产品。现已成为一个集销售、开发、设计、制造、调试、安装、维保、售后服务于一体的，拥有产品的自营出口权，并为多个专业机械式立体停车设备企业配套的专业防坠安全器以及电气控制箱生产企业。公司现有职工总数近100人，加工车间5000m²，拥有数控精密钻床、精密磨床、四轴加工中心，大型龙门铣等先进的机械加工设备，设备总资产达3000万元。2014年公司搬迁至无锡扬名产业园。

作为无锡市高新技术企业，公司目前有产品共计百余种，连续多年居安全防坠器市场占有率首位，连续多年获行业优秀企业、销售10强企业荣誉称号，产品出口日本、美国和东南亚诸国。

二、生产经营及销售情况

公司始终专注机械式停车设备行业，核心骨干人员从业经历较长，积累了丰富的行业管理及生产经营经验。公司坚持以精益生产管理为基础的管理理念，在生产模式、操作流程、质量管理、采购与物流管理方面不断寻找最佳解决方案，并且推动持续改善，现已形成完善而有效的管理体系。

公司始终注重营销网络的建设和营销人才的培养，建立了一套符合自身特点且行之有效的营销模式，及时对市场信息、客户需求做出全面、迅速、准确的反应。

2015年公司完成20万套防坠器的生产，2016年完成26万套防坠器的生产，2017年完成30万套防坠

器的生产，目前产品市场占有率极高，并随主机远销海外。公司具有完善的质量保证体系，积累了丰富的设计制造经验，以产品的高品质、高可靠性保证了立体停车设备的安全运行。

三、市场发展开拓情况

公司机械式停车配套设备的销售遍及北京、上海、广州、杭州等全国100余个主要城市，完成了多个行业标杆项目，多项指标实现行业第一。

公司生产的机械式停车设备配套被无锡市质监局认定为"无锡名牌产品"，连续多年获得中国重型机械工业协会停车设备工作委员会授予"机械式停车设备行业优秀配套企业"称号。

四、科技成果及新产品

公司始终坚持科技创新和高附加值新产品的开发，在原有产品基础上，不断研发创新，先后开发了多种型式的防坠安全器，如MQB牵引式像、FQB1轴伸式、FQB2自落式、FQB3垂钩式、FQB4侧装式、FQB5顶面安装自落式等。

五、产品质量控制

早在20世纪70年代，无锡三爱就有核心技术人员设计出了机械安全防坠器。经过长期的技术累积、创新和发展，无锡三爱于1995年开始正式将防落钩产品运用于立体车库的停车设备中，成了行业元老之一。如今市场上的立体车库配套设备中的防坠器，多采用无锡三爱的产品，用同行的话说就是，产品能保证安全，用着踏实。

安全，对于停车设备而言，是一个关键词；对无锡三爱而言，那就是企业的命脉。立体车库的安全，系挂

在无锡三爱的防脱钩上；而无锡三爱的品牌和口碑，系挂在每一个用户的人身安全上。群众安全无小事，更非儿戏，无锡三爱清醒地认识到这点，所以在公司的企业文化上，把"产品第一，质量先行"刻入了员工的骨髓，铸成了企业的"神"。

公司严格按照国家、行业标准进行产品设计、生产和安装，坚持"可靠、创新、高效、求精"的质量方针，制定了各种详细的内部质量控制体系，并已通过ISO9001质量管理体系认证。

公司通过贯彻系统完善的质量标准，对生产和服务进行全方位的质量监控，实现了质量管理的规范化、流程化、体系化。对产品从前期开发设计、生产制造、安装、验收及维修保养等各个环节提出了具体要求，对项目实施过程进行充分、有效的质量控制。

每个项目安装完成后，都会经过公司内部质检部门和工程所在地特种设备检验机构的双重验收，确保质量符合国家标准、公司内部标准和客户定制要求。公司对质量信息进行持续收集、汇总、分析、处理，持续改进质量保证体系，增进客户满意度。在产品制造、安装过程中，公司会及时接受用户的反馈信息；产品交付后，公司通常会给客户提供为期半年的免费维修保养。

随着车库市场竞争的日渐激烈，公司以"爱事业，爱产品，爱奉献"的理念，致力于打造并成为行业内服务标杆。

"爱事业，爱产品，爱奉献"是无锡三爱名字的由来。为什么要爱事业？因为事业让渺小的个人变得伟大。一个事业就是一种信仰。无锡三爱的事业，是守护人们安全的事业，关系生命，由此变得伟大。为什么要爱产品？因为产品反映的是无锡三爱人的职业操守，只有注重细节、追求完美的职业精神，才能生产出过硬的防坠产品，才能确保安全。为什么要爱奉献？因为奉献精神是服务的基础。要想巩固自己的行业地位，树立良好的品牌形象和企业口碑，只卖产品是不够的，要把更多的心思放在对顾客的服务上。

无锡三爱的员工从一系列"传帮带"的企业传承中深刻理解了这个企业文化的内涵："传"，是要传输企业理念，对员工的生产工作提出高标准严要求，力求产品的质量有保证；"帮"，是帮新员工解决生产生活过程中的疑问和困惑，帮每一位员工快速成长；"带"，是指师傅带徒弟，从不会到会，再从会到精，一次次言传身教，让每一位新员工最终成为游刃有余的老手。在这样的传承中，无锡三爱把一个看似无足轻重的防坠挂钩做到了极致，做到了行业的翘楚，做到了有口皆碑。

北京大兆新元停车设备有限公司

北京大兆新元停车设备有限公司（简称大兆新元）是集机械式停车设备产品的研发、制造、安装、维护保养为一体的现代化专业生产厂家，是中国重型机械工业协会停车设备工作委员会的会员单位。公司先后获得北京市高新技术企业、中关村高新技术企业、北京市守合同重信用企业、全国质量合格用户评定用户满意十佳品牌、质量管理先进企业及全国质量信得过单位等多项殊荣，并被延庆县政府确定为入园明星企业、纳税信用 A 级企业。公司总部设在北京海淀科技园区，经过多年的发展，拥有现代化生产基地——北京延庆生产基地、河北邢台生产基地，总占地面积 100000m²，投资总额1.2 亿元，年生产能力达 50000 个泊位以上。

公司已取得国家质检总局颁发的特种设备制造许可证和特种设备安装改造维修许可证，并且是行业内较早通过质量、环境、职业健康三项体系认证评审的企业之一。公司严格按照体系要求进行企业的运营和管理，保持认证的持续有效，为北京市首批通过安全标准化三级认证评审工作的企业之一。公司被评为 2014—2016年度销售 20 强企业，获 2014 年度科技创新成长奖和2015 年度优秀医院停车设备供应商等多项殊荣。

公司拥有自己的自主知识产权和优秀的设计团队，拥有各类专业技术人员 150 余人，其中工程师 26 人、高级工程师 8 人，有停车设备工作委员会在聘专家 1 人。公司各生产基地生产及检测设备齐全，其中包括大型剪板机、大型折弯机、数控火焰机等各类机床，CO_2 气体保护焊、超声波探伤仪、喷砂机等生产设备及各类检测设备。公司充分利用各地的人力资源及地域优势，所承接项目订单遵循区域性辐射、就近加工的原则，将所承接的项目按照所处地域合理分配到相应的生产基地进行生产制造，这既缩短设备的交货周期，也为保质保量地完成所承接的每一个工程奠定了坚实的基础，实现资源共享。

公司的北京延庆生产基地（图 1）位于风景秀美、交通便利的延庆经济技术开发区，工厂占地面积约33333.33m²（50 亩），现有厂房 20000m²，总投资5000 万元。工厂的生产及检测设备齐全，并将喷漆车间升级为高效环保的自动喷漆房，满足停车设备生产加工的需要。

图 1 北京延庆生产基地

公司的河北邢台生产基地（图 2）是根据我国北方市场近年来对泊位需求的不断增长，于 2012 年与河北煤田地质局下属辰光集团共同投资建成的河北辰光大兆

图 2 河北邢台生产基地

新元停车设备有限公司，双方各持股50%，位于河北邢台市辰光工业园区内，占地面积约6.7万 m²，紧邻 G4京港澳高速，生产车间占地面积超过3万 m²，拥有全套的自动化剪板机、折弯机、钻床、全自动边梁生产线和新型环保抛丸、喷漆生产设备等，有效地保证了立体停车设备的生产。

公司的四川绵阳生产基地（图3）是借助公司强劲的发展势头，于2010年建立的。公司投资5000多万元在四川省绵阳市购置土地3万余 m²，修建办公楼、生产车间、员工生活区，并购置高端的生产设备，将绵阳生产基地打造成公司在西南地区的高端现代化生产厂。绵阳生产基地生产的产品以垂直升降类（塔库）、平面移动类等高端产品为主，以升降横移类、简易升降类等中低端产品为辅，产品销售辐射四川、重庆、贵州、云南、甘肃等地。

图3 四川绵阳生产基地

公司的湖北武汉生产基地（图4）是2010年与仙

图4 湖北武汉生产基地

桃市清园机械有限公司采取合资经营方式，共同成立的湖北广兴机械有限公司。公司持股30%，随着市场的发展及公司投资力度的加大，2012年公司的持股比例已达到50%。武汉生产基地坐落于湖北省仙桃市湖北广兴停车设备产业园内，南靠沪蓉高速，北邻318国道，交通便利，占地面积8万 m²，生产车间面积2.8万 m²，办公楼、宿舍等基础设施总面积1.5万 m²。装备了大型数控剪板机、数控折弯机、抛丸机、数控火焰切割机、数控平面钻床等先进生产设备，2011年5月正式投产。

公司技术源于韩国和中国台湾，并结合我国国情进行了多项改进和创新，获得了多项国家实用新型专利和发明专利。2007年公司与韩国专业立体停车设备公司合作，引进韩国先进的技术资源，生产具有世界先进水平的智能化高端停车设备——多层平面移动类及垂直升降类（塔库）停车设备。

随着经营规模的日益扩大，公司产品已在全国50多个大中城市投入使用。公司在全国的各大区域中心城市和部分二线城市设立了办事处和售后服务分支机构，产品销售和售后服务网络覆盖全国大部分地区。

另外，凭借优秀设计团队的技术创新能力及国内人力资源成本优势等，公司开发出了专门适用于欧洲市场的平面移动类停车设备，获得了国家发明专利，完全拥有自主知识产权，并已远销以色列、乌克兰、俄罗斯、德国等国家。由于产品优越的性能及合理的市场售价，公司产品在海外市场中具有明显的竞争优势。公司已与以色列客户建立了长期友好的设备供货合作关系，随着出口产品的逐年增加，公司在海外市场拥有了一席之地，力求在海外市场打造中国的立体停车设备知名品牌。

公司具有健全的质量保证体系，能够为客户提供停车方案规划、产品设计、制造、安装调试、维护保养等全方位服务，还可为客户提供技术咨询和投资分析，为同行业或相关行业企业提供外协加工服务。

大兆新元以诚实守信、固本创新、品质取胜、携手共赢为经营理念，愿同各界同仁亲密合作，共创中国停车行业之未来。

兰州远达停车产业有限公司

兰州远达停车产业有限公司前身为中国石化集团第五建设公司机械厂。

2014 年公司实行分业经营，组建成立兰州远达停车产业有限公司专业从事机械式停车设备研发、制造、安装和销售、维修保养等业务。公司注册资金 6000 万元，位于兰州市西固区西固西路 35 号。

中国石化集团第五建设公司机械厂始建于 1957 年，是一家以生产非标设备、压力容器为主要产品的企业。随着计划经济被市场经济取代，企业为了自身发展的需要，不断扩大了产品生产范围，生产的产品除了非标设备、压力容器外，还包括机械加工、设备抛光、钢结构，2000 年正式立项生产机械式停车设备。2004 年 6 月 15 日公司取得了国家质检总局颁发的机械式停车设备制造和安装改造维修许可证，为国内首批取得停车设备生产资质的企业之一。

到目前为止，公司已申报多项国家专利，研发出适用于公共停车场、机关单位、商业住宅小区的多种智能化机械车库。其中平面移动类、升降横移类、垂直升降类和简易升降类机械式停车设备技术均处于国内技术领先水平。

经过在立体停车行业十多年的耕耘，公司本着敬业、求实、创新的经营理念，坚持质量第一、信誉第一的宗旨，为广大客户提供了优质的产品和服务。以质量求生存，以顾客为中心，以管理求效益，以市场求发展是公司的经营方针，公司全体员工以更加优质、及时快捷的服务，以敢为先和艰苦创业的精神，使企业得到了迅猛发展。

截至 2015 年年底，公司不但在国内多个省市开设了分支机构，而且以合作共赢为目的，以专利授权和投资入股的形式，在全国建立了四个生产制造基地：位于宁夏青铜峡嘉宝工业园的西北生产基地，位于重庆江津德感工业园的西南生产基地，位于辽宁本溪小市镇工业园的东北生产基地和位于北京昌平的华北生产基地。一个以市场为先导，以技术为后盾的强大的机械式立体停车库研发、生产及销售一体的大型产业集群已初步形成，为公司进一步发展奠定了坚实的基础。

"以人为本"为宗旨，服务用户为己任，在成长与发展中回报社会，远达人将本着精益求精、追求卓越的精神不断进取，为社会为用户提供一流的产品和服务。

青岛茂源停车设备制造有限公司

一、企业基本情况

青岛茂源金属集团有限公司成立于1997年，坐落于美丽海滨城市青岛，主要从事立体车库、钢结构、暖通等业务。2004年茂源集团开始进军立体车库行业，先后取得了国家质检总局颁发的特种设备制造许可证以及特种设备安装改造维修许可证，2009年集团斥巨资成立全资子公司——青岛茂源停车设备制造有限公司（简称茂源停车），专业从事立体车库设备的研发、设计、制造、安装和售后服务等工作。

青岛茂源停车设备制造有限公司拥有八大类五十多个品种的机械式停车设备，业绩名列行业前茅。公司实力雄厚、技术领先，拥有发明专利12项，实用新型专利216项，是国内机械式停车设备研发和制造的知名专业厂家。

公司参与起草多个行业标准，先后通过ISO9001:2015国际质量管理，OHSAS 18001:2007职业健康安全管理，ISO14001:2015环境管理、SGS合格供应商等多个体系认证。公司先后荣获国家级诚信守法企业、国家高新技术企业、山东省百强私营企业、山东省"光彩之星"企业、山东省省级重合同守信用企业、AAA级信用企业等荣誉。

公司产品现已遍布各大城市，已经完工的停车位约50000个，这些成就了茂源停车在行业内的领先地位。

二、生产经营及销售情况

茂源停车始终遵循现代化企业的生产经营理念，以市场需求为导向，坚持以"追求卓越、创立品牌"为企业宗旨，以"以诚为先、以信为本、整体意识、协同作战"为企业精神，以"质量第一、服务满意、信誉第一、真诚协作"为经营理念，"客户100%的满意"永远是茂源人追求的目标。

茂源停车始终以树立品牌为目标，注重管理，重视质量，看重信誉，凭借着优秀的队伍、精良的设备、先进的工艺、一流的标准、严格的管理、完善的服务赢得客户的信赖，产品畅销世界各国，并得到海内外广大客商的一致好评。

公司拥有两个工业园，占地面积共 40 余万 m^2，现拥有的生产设备主要包括全自动焊接机器人、全自动边梁生产线、全自动浪板生产线、数控离子火焰切割机、全自动喷漆流水线、数控转塔冲床、龙门移动式平面钻床、折弯机、剪板机等。企业严格执行行业、国家相关检测标准及企业标准，保证出厂产品合格率达到 100%。公司车间全景见图 1。

图 1 车间全景

三、科技成果及新产品

公司产品门类齐全、安全可靠、操作简便、外形美观，具有占地面积少、空间利用率高、安装方便、能耗低、噪声小等特点，适用于各种场所。公司充分利用人才、技术和设备优势，研制生产出了一系列适合中国国情、高性价比的产品。主要有：升降横移类（二至七层）、负一正 × 升降横移类、负二正 × 升降横移类、后悬臂升降类二层、地上二层简易升降类、液压俯仰式简易升降、垂直升降类、底盖板举升机、龙门式举升机、平面移动类和巷道堆垛类等。

（1）智能搬运器（图 2）。公司 2008 年引进意大利具有 50 多年停车行业从业经验的威亚帕克公司第 4 代智能机器人搬运技术。经多年的不断研发、试验及项目验证，结合中国实际情况，成功地研发出了具有国际领先水平的第 5 代超薄智能机器人搬运技术。

（2）远程控制平台。公司 2011 年独立研发建立了基于 Internet 大数据的立体停车设备远程维护和故障诊断系统监控平台，并申请了软件著作权。该系统可以自动监控停车运行，自动分析故障原因并报警，亦可实

图 2 智能搬运器

现工程师通过网络进行调试、维护及故障排查、状态数据监控等功能。

四、产品质量控制

茂源停车的质量目标是"以合理的成本，以先进的工艺和持续不断的改进，制造出精细化的产品，出厂合格率达到 100%，安装工程合格率达到 100%，顾客满意度达到 95 分以上，社会美誉度达到 90% 以上"。为实现此目标公司严格按照国家及行业标准进行设计、生产、安装等工作。

公司使用先进优良的加工设备，确保了加工部件的精度和美观性，可满足机械式停车设备研发中的造型、零件设计、分析模拟、试验等研发需要，为新产品的开发、试验、鉴定提供了可靠的保证。目前公司已形成了从市场调研、产品规划、造型设计、模拟计算、结构设计、产品试制等科研开发能力。

质量是企业生存和发展的根本。为提高产品质量，公司要求全员参与，每位员工都有义务和责任做好产品

质量，牢固树立质量意识，严格控制和执行好产品的操作流程；要求领导和每位员工全身心地投入到产品质量管理当中，把质量目标灌输到每位员工的心中。从进料检验、生产过程检验、出厂检验、安装调试、售后服务等方面去控制，从而确保产品的整体质量。

五、优秀案例

1. 青岛香江路智能停车场工程（图3）

该停车场为青岛首个全自动、智能化的公共停车场，位于香江路北、庐山路西，拥有停车泊位150个，停车场一层为商业网点，二至七层为停车楼层，其中二至四层停车楼层可停放小型轿车和SUV车辆，五至七层用于停放小型轿车。该停车场为采用纯机械化操作，通过人车分离的自动化存（取）车，实现了智能停车。

2. 泉州玛珂迩医院项目（图4）

项目位于泉州市丰泽区东海街道云鹿路252号泉州市博智文化用品有限公司综合大楼，为地下平面移动项目，无须坡道，节省占地，容车密度大，最大化地提高了土地利用率，缓解了医院停车难的问题。

3. 临沂大爱家园项目

该项目是临沂中心城区获批的首个室外智能机械式立体停车库项目。该项目具有投资小、占地少、建设快、存取车辆方便等特点，是民政局招商引资项目大爱家园健康养老医院的重要配套设施。整个停车库长13m，宽7.4m，占地面积96.2m²，采用梳齿式垂直升降类设备类。整个车库有16层，单层面积只有一个普通家庭住户那么大，却可以停放60辆车，极大缓解周边停车紧张局面。

4. 南京保利西江月项目

公司与保利地产集团合作，成为保利地产集团机械式停车设备年度供应商。保利西江月项目位于南京市浦口区江浦街道珠江工业区瑞韵路3-95#，项目为地下停车场共计608个泊位。

5. 华夏幸福项目

公司与华夏幸福房产达成合作，先后为华夏幸福枫景苑、华夏幸福高尔夫南区进行机械车库设备的供应。供应泊位数达1600多个，解决了小区内居民的停车困难问题。

六、企业所获专利

茂源集团注重产品发展、创新，投入大量精力致力生产安全、高效、先进的停车设备。公司现已拥有发明专利12项，实用新型专利216项。

图3 青岛香江路智能停车场

图4 泉州玛珂迩医院停车库出入口

深圳精智机器有限公司

一、企业基本情况

深圳精智机器有限公司（简称精智）由国家电网公司许继集团有限公司停车设备事业部于2012年改制设立。公司位于深圳市南山区高新科技园，是国家级高新技术企业，核心团队自1993年起致力于提供智能停车设备系统、智能机器人等智能装备的全方位解决方案。

精智秉承"精湛技术，智能卓越"的产品理念，以增值服务为宗旨，凭借先进技术、自主创新的专利产品在所涉及领域均为技术排头兵企业之一。智能停车设备领域，精智取得了国家质检总局颁发的停车设备A级制造资质，完成了多种类型的项目实施，也成了机械停车设备行业被学习效仿的标兵。精智依托先进的制造设备，融合了ISO9001、ISO14001、OHSAS18001三大管理体系，为精智打造全球最高端的产品提供了保障。

公司现有员工205人。拥有138名科技人员，其中博士1人，硕士3人，本科学历57人，大专学历77人，占员工总数的67.31%；其中研发人员75人，占员工总数的36.59%。研发团队平均年龄32岁，核心

人员均具有科研院所或大型企业的工作经验，为公司自主研发的科技成果顺利转化起到极为关键的作用。

近年来，公司获得了2016—2017年度广东省守合同重信用企业、国家商务部AAA级信用企业、中国重型机械工业协会停车设备工作委员会颁发的"最具成长性企业"等荣誉。2017年9月公司王俊总经理、梁虎常务副总经理、管大功副总经理被中国重型机械工业协会停车设备工作委员会任为"行业专家"。公司参与深圳市科技创新委员会发布的技术攻关项目："普20150106：智能AGV搬运机器人的研发""重20160567：电动汽车集约式只能充换电站系统的研发"取得深圳市科技计划项目合同。

"智慧空间塑造者"是精智企业的定位，"打造精智机器、创新品质生活"是精智的企业使命，"精智世界，卓越价值"是精智的企业愿景，"精诚智慧"是精智企业精神，"以人为本，与客户、员工共同成长"是精智的经营理念。精智秉着"尊重知识，珍惜人才，激励创新"的管理理念，朝着国内领先、国际知名的智能立体停车

设备供应商和服务商的目标而努力。

二、生产经营及销售情况

精智生产基地设于河南省许昌市，由许继集团结构车间改制而成，现有厂房面积 20000m²，5t 起重机 10 台，电控车间、配房 1080m²，另有样机试验场地 10000m²。年生产能力达 60000 个泊位。是目前国内历史悠久、工艺先进、设备专业、配套齐全、人员结构成熟的现代化工厂。

公司主要产品取得了国家质检总局颁发的 A 级制造许可证和中华人民共和国特种设备安装改造维修许可证，包括：八层及以下巷道堆垛类、八层及以下升降横移类、六层及以下巷道堆垛类、十六层及以下平面移动类、七层及以下垂直升降类、三层及以下简易升降类、三十层及以下垂直升降类、二层升降横移类、五层及以下巷道堆垛类机械式停车设备。公司还获得广东省质量技术监督局颁发的 B 级特种设备安装改造维修许可证。

精智在全国多地设有分公司及代理，实施项目遍布全球，国内项目北至哈尔滨南至深圳，从沿海的上海、青岛至内陆的乌鲁木齐、武汉等地。作为最先出口智能车库的中国企业，国外项目主要在美国、新西兰、澳大利亚、俄罗斯、以色列和东南亚各国。连续多年荣获优秀企业奖、行业海外拓展奖、行业销售二十强等荣誉。

三、科技成果及新产品

精智汽车搬运机器人（图 1）采用的是多传感器融合导航技术，具有适应白天、夜间、阴雨天气等的全天候导航能力。与现有各种车辆搬运器相比，精智汽车搬运机器人离地间隙大，通过能力强，适合各种场地路面条件，如有需求，还可通过定制具备爬坡和过沟能力。汽车搬运机器人不需要在地面设置任何车辆承载平台，对各种车辆长度、宽度、重量、底盘离地间隙等的乘用车都能搬运。汽车搬运机器人还可根据工作时段要求，配备充足的动力电池，保证全时段工作，不需要间歇充电。

四、产品质量控制

精智新厂区位于河南省许昌市开发区，占地面积 20000m²，年生产能力达 60000 个泊位。

公司现拥有 16 支安装队伍，安装人员一百多人，他们大多随公司一起成长，积累了十几年的安装经验。所有安装人员全部具备国家技术监督总局颁发的特种设备作业从业资格证，确保通过精细化安装实现产品的优异品质。

新厂房的建成，带给员工是整洁有序的生产和工作环境、环保人文的生产布局及设施、宽敞明亮的食堂和温馨的休息场所。精智生产车间见图 2。

图 2 精智生产车间

同时精智在生产设备上也进行了较大的投入，主要包括智能停车设备及充换电机器人等。这为公司进一步

图 1 汽车搬运机器人

升级产品和长远发展打下坚实的硬件基础，是公司寻求大发展、开创新局面的又一长久立足举措。

五、优秀案例

1. 上海宾馆项目

上海宾馆毗邻著名的淮海路、南京路商业和娱乐中心，地处商圈核心地带，楼高91.5m，共30层。针对周围高楼林立、人口密集、车流量大、交通拥堵等问题，新静安集团承建上海宾馆智能立体停车库，通过采用精智的全智能巷道堆垛式立体停车设备，泊位由原来的约110个增至468个，极大缓解了宾馆周边区域停车难的状况。上海宾馆全智能巷道堆垛式立体停车设备见图3。

2. 都匀人民广场项目

都匀人民广场位于贵州省黔南苗族布依族自治州首府都匀市城市中心地带。该项目停车库（图4）存取车频率高、设备运行速度快，为项目投资方带来了巨大的经济效益，也是深圳精智技术先进、产品性能优越的典型代表。

3. 雅居乐总部大厦项目

该项目依照大楼整体弧形结构设计，建设而成弧形巷道堆垛式智能立体车库（图5），是精智因地制宜，按照用户需求研发及实施的典型案例。这种设计方法极大提高了停车密度，公司也因此而获得行业协会颁发的创新奖项。

4. 新西兰GEYSER项目

2012年12月，精智在新西兰GEYSER市政停车场智能停车设备（图6）招标中，凭借先进的技术、高的存取车效率、可靠的配置，击败德国、瑞士、日本、韩国等多个竞争对手，一次性中标新西兰市政1072个智能停车位。之后，深圳精智在澳大利亚、俄罗斯、马来西亚先后完成多个智能停车设备。

六、企业所获专利

公司开发了多项自有自主知识产权的技术产品，其中智能车库、换电机器人项目已在国内建立了多个实用工程。公司成立至今获得发明专利66项，实用新型专利70项，软件著作权7项。

图3 上海宾馆全智能巷道堆垛式立体停车设备

图4 都匀人民广场停车库

图5 雅居乐弧形巷道堆垛式智能立体车库

图6 新西兰GEYSER市政停车场智能停车设备

北京四季快安科技有限公司

一、企业基本情况

北京四季快安科技有限公司（简称四季快安）是一家创新型公司，团队成员分别具有工程设计、高铁、地铁、公路、市政、港口建设、机械制造，自动化控制等专业经验，共同致力于打造现代化一流企业。公司瞄准经济发展前沿，抢滩绿色经济的制高点，高标准、高质量、高效率开发绿色环保的科技项目，为广大客户提供专业服务。

公司主要研究与开发深层地下智能停车场。与当前世界地下智能停车场技术最领先的意大利 TREVI 集团公司，签署技术转让与合作协议，成为大中华区该专利产品的唯一使用单位。公司以创新与应用并举为核心思想，组建了专业技术团队，以世界顶尖的技术和软件系统为保障，以独一无二的资源优势为基础，以超前敏锐的市场眼光，以及专业精到的服务水准，为广大客户提供专业、实用、高质量的智能停车场建设服务。与国内一流的设计、施工、制造单位合作，构成了强强联合体，形成了建设和管理地下深层智能停车场全流程的综合能力，实现了互联网＋立体智能停车库，成为我国建设新型停车场的主力军，为加快形成安全、便捷、高效、绿色、经济的综合交通体系做出贡献。

二、圆形智能停车场的优点

四季快安地下圆形智能停车场（图1）在国外被称之为"停车公园"，在欧洲已有近三十年历史，其建造管理和运营维护技术均很成熟。其优点是：

（1）选址灵活，占地面积小。适应环境，单筒施工面积仅 350m²，建成后出入口为 35m²，筒内 7 层可停放 84 台车（按不同需求可建 5 到 9 层），在城市中可以见缝插针选址，根据实际条件进行设计建设。建成后地上部分周围可以建设成花园或建筑小品，与周围环境相协调。

（2）设计灵活多样。根据用户需求，可设计成单圆或多圆组合，泊位从几十到上千个不等，出入口可根据需要选择不同角度，根据具体项目的不同地形、不同需求、不同环境做多样化设计。

（3）装配化程度高，建设速度快。机械、预制构件、

图 1 地下圆形智能停车场

电气等在工厂模块化生产，与土建施工同时进行。土建施工约需 100 天，机械安装和运营调试约需 80 天。

（4）智能化程度高。集机、光、电、自动控制为一体的全自动化停车设备，有完善的消防、排水、通风、监控、收费系统。

（5）节能环保。耗电少，每一个单一的汽车取车或存车操作（完整周期）电消耗平均约为 0.08kW•h(最大 0.125kW•h、最小 0.03kW•h)；节省人工，只在设备维护时人员下井；运行噪声小、有害气体排放少。

（6）安全性高。人车分离，封闭式管理，人不进入停车库，防盗、防晒、防火、防冻、防雨、防剐蹭、防破坏、防污渍。

（7）使用寿命长。土建设计使用年限为 99 年，机械为 50 年，零配件磨损更换频率低。

（8）可实现维保，服务多元化，库内备有充电桩。

（9）泊位设计载重和净空，完全满足当前市场上各类小型车辆停放，符合国内停车市场需求。

四季快安地下圆形智能停车场非常适合人口及建筑密度高、土地资源紧张的大城市建设，建成后将极大地改善城市环境，增加绿化面积。汽车停放在地下，不但保证了汽车的安全性，更加保证了在冬季汽车的防寒性。地面停取车平台根据城市的建筑特色，进行个性化设置，如与配套商业结合，不仅融入了周边环境，也增加了商业收入，可成为现代都市一道新的靓丽风景。最终让车有位停，让人有路行，让景更美丽，让路更畅通。

三、典型案例

1. 福州市鼓楼区观风亭、南营项目

福州市鼓楼区观风亭公共立体停车库位于观风亭街，东临五四路商业圈；南营公共立体停车库位于津泰路，北临东街口商业圈。这两个地下停车场共 168 个停泊位，成本约 4200 万元（不含前期征迁安置补偿费、土地费用及建设利息，最终建设成本确认以建成后鼓楼区财政评审中心审核的结算造价为准）。

福州观风亭项目采用 PPP 模式（公私合营模式），政府方和私营方共同成立项目公司，进行投融资、建设、运营管理、移交等合作。观风亭项目平面图见图 2。

2. 北京市西城区右安门项目

北京市西城区右安门智能停车场（图 3）项目位于右内大街与右安门西街交叉口的西北角，二环以内。项目建设三个地下停车场共 252 个泊位，成本约 6300 万元（不含前期征迁安置补偿费、土地费用及建设利息）。该项目采用政府全款投资模式建设、运营。

3. 太原市杏花岭区桃园二巷项目

太原市杏花岭区桃园二巷项目拟建设 2 个地下停车场共 168 个泊位。项目拟由政府投资模式建设、运营。

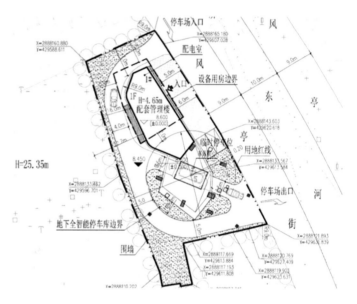

图 2 观风亭项目平面图

图 3 右安门智能停车场入口

深圳市中科利亨车库设备股份有限公司

一、企业基本情况

深圳市中科利亨车库设备股份有限公司（简称中科利亨）创立于 2005 年 3 月，坐落在深圳大前海创新区——深圳沙河 U 中心智慧园区，为国家级高新技术企业、广东省守合同重信用企业、深圳市自主创新百强中小企业，2018 年中科利亨荣获广东省名牌产品称号。十几年来，公司始终致力于城市静态交通和城市空间的发展和利用，矢志不渝的以解决城市停车难为己任，借鉴国际最先进的停车理念与技术，创新中国制造。2006 年，中科利亨拥有完全自主知识产权的"智能化多出入口圆形塔式立体停车库"在深圳问世，使中国智能立体停车库技术挺进了世界前三甲之列，并且在存取车速度和效率等方面位居世界前列。2017 年成功研发并建设以比亚迪 K8 作为试停样车的 8 层智能停车充电一体化公交车库，于 2018 年初通过了国家起重机械质量监督检验中心的型式试验和国家质检总局颁发的制造资质证书，为城市的公交车停车难和充电难提供了一种新的解决方案。

公司已与重庆等城市探索出成熟的 PPP 合作模式，并携手中安安产集团、中建集团、奥特迅、复星集团、鞍钢集团、中兴通讯等进行全面战略合作，共同打造城市静态交通"国家物联网"和"工业 4.0"智能制造的基础平台，着力解决城市"停车难""充电难""如厕难"和"停机难"等城市顽疾，实现导车入库、还路于民、低碳环保、节能省地、安全快捷的停车新概念，将和谐智慧城市建设推向新的高度。

二、生产经营及销售情况

中科利亨是国内能生产目前世界上最先进的圆形塔式立体车库的主要企业，也是目前我国立体停车行业拥有完全的自主创新知识产权及专利技术的企业。目前在国内没有强大的竞争对手，为公司的发展提供了得天独厚的外在条件。

目前，公司的"新型智能化多出入口塔式立体车库"产品被政府认定为自主创新产品，该产品被列入深圳市政府采购目录。利用这一契机公司与深圳市各级政府达成进一步合作，以形成最初的产品规模及市场竞争力，并争取尽快成为国家级自主创新产品，并进入全国政府采购项目。

中科利亨产品与国外类似产品相比，具有极高的性价比。深圳具得天独厚的经济和地理环境，生产和管理已经与国际接轨，为企业向市场提供优质产品创造了条件。这也是中科利亨能做到好产品、高质量、低成本的一个得天独厚的条件。公司将永不停止地去开发新技术，保持技术进步优势，最大限度地满足客户的需要。

三、科技成果及新产品

目前，全世界的立体车库升降系统只有三种提升方式，第一种是曳引方式，即现在的电梯提升方式；第二种是链条提升方式；第三种是钢丝绳卷筒提升方式。第一种曳引方式是最安全、速度最快、最节能和噪声最低的方式。第二和第三种属于在电梯中早已不能再用的落后淘汰技术。因立体车库升降机轿厢尺寸大，如果套用原来电梯上传统吊点布置方式，存在着轿厢升降时有晃动和平层后水平度误差大的缺点，中科利亨现已完美地解决了该问题并拿到了该技术的发明专利。

在平移搬运系统方式上，全世界的立体车库目前只有载车板、搬运小车式和输送带式。因载车板在连续存取车时需要升降机去交换空载车板，所以是效率最低的。搬运小车式又分为轮胎抱夹式和梳齿交换式（轮胎抱夹式的优点是几乎不占用泊位高度尺寸和泊位成本最低，缺点是对车型的适应能力较差，对于轴距太大或太小以及轮胎没气时就无法搬运；梳齿交换式的优点是对车型适应能力强，轮胎没气也可以搬运，缺点是泊位高度每层需增加约300mm，另外泊位造价稍高）；搬运小车式的共同优点是在连续存取车时不需升降机去交换，虽然比载车板效率高，但它每次搬运时需先钻到车辆下面将车顶起再回来，所以每次存取车，都有两次空走行程，浪费的时间共计30多秒。两者还有一个共同的缺点就是小车在升降机上与泊位之间移动需拖着电缆，增加了故障率；传送带式既不需要交换又没有空行程，而且搬运小车本身不需移动，也就不用拖着电缆走了，所以是速度最快、效率最高和可靠性最好的平移搬运方式。输送带式最大的缺点是每个泊位都要两条输送带，输送带下面又需要密集的带轴承的托辊，所以成本很高。中科利亨因发明了空心托辊、冲压轴承座和滚压成形的泊位边梁而获得了发明专利，所以大大降低了采用该方式的设备成本，使得该方式能在中国得到应用。

在自动控制系统上，中科利亨是行业最先实现无人值守车库自动运行的企业之一，在车库智能控制和停车引导以及智能监控方面发明了多项关键技术并先后获得了发明专利。

因此，中科利亨拥有世界领先的升降系统、平移搬运系统和自动控制系统，赢得了客户（特别是政府客户）的一致认同，对产品拥有了一定的定价权，产品毛利至少高于同行10%以上。而且，中科利亨拥有的一系列专利技术，都是传统物理范畴的技术，不会像电子技术、新材料技术或生物技术一样，有可能被一种颠覆性的技术所突破，因此，可保证中科利亨的智能车库产品在立体车库领域长时间的领先能力。

四、产品质量控制

严格按照国家标准进行产品设计、生产和安装。制订了产品设计和开发程序、供应商审核标准、采购和外包过程控制程序、生产过程控制程序、产品安装和服务控制程序等内部质量控制体系，并已通过ISO9001:2015质量管理体系认证。

公司通过贯彻系统完善的质量标准，对生产和服务进行全方位的质量监控，实现了质量管理的规范化、流程化、体系化。对产品从前期开发设计、生产制造、安装、验收及维修保养等各个环节提出了具体要求，对项目实施过程进行充分、有效的质量控制。

每个项目安装完成后，都会经过公司内部质检部门和工程所在地特种设备检验机构双重验收，确保质量符合国家质量标准、公司内部质量标准和客户定制要求。公司对质量信息进行持续收集、汇总、分析、处理，持续改进质量保证体系，增进客户满意度。在产品制造、安装过程中，公司会及时接收用户的反馈信息；产品运抵现场安装完成后，需经过公司内部质检部门、当地特种设备检验机构检验；产品交付后，公司一般会给客户提供1~2年的免费维修保养期，并在主要城市和重要项目地区设立常驻维保人员，及时为客户解决可能出现的问题，满足客户的服务需求。

五、优秀案例

1. 天津华苑国际创业中心智能停车楼（图1）

该项目位于天津市高新区华苑国际创业中心，采用公司第五代"智能化多出入口方圆组合塔式立体车库"，占地面积530m²，21层钢架结构总高45m，4套升降系统，340个泊位，10个出入口。该项目于2015年6月建成，被媒体称为"天津智能车库之最"是当时世界第一个方圆组合智能车库。

图1 天津华苑国际创业中心智能停车楼

2. 株洲天元区政府智能停车楼（图2）

该项目采用单套"智能化多出入口圆形塔式立体车库"，占地面积260m²，13层（33.5m高）。1套升降系统，4个出入口，100个泊位。停车楼主体为钢结构，外立面采用隐框玻璃窗和干挂石材。

图2 株洲天元区政府智能停车楼

3. 株洲神农城智能停车楼（图3）

该项目位于株洲神农市城水心楼旁，是目前中国最大的圆形塔库项目，采用公司四套"智能化多出入口圆形塔式立体车库"组合，占地面积977m²，为13层（33.5m）。停车楼设4套升降系统，16个出入口，400个泊位。停车楼设有环保卫生间，东侧设有一套智能自动洗车机，地面配备5个充电桩泊位。项目于2017年7月投入使用。

图3 株洲神农城智能停车楼

4. 铜陵淮河路智能停车楼（图4）

该项目位于铜陵市城区淮河北路电大旁，采用公司两座"智能化多出入口圆形塔式立体车库"，为13层钢架结构，共设2套升降系统，8个出入口，200个泊位。停车楼外立面采用隐框与穿孔铝板相结合的幕墙形式，外观高档大气。停车楼连接部内设办公场所及环保卫生间，东侧设一套智能自动洗车机，南侧配备8个充电停车位等配套设施。该项目于2017年7月正式投入使用。

图4 铜陵淮河路智能停车楼

六、企业所获专利

公司专利共47件，24件发明专利，16件实用新型专利，2件著作权，5件PCT国际专利。

宁波邦达智能停车设备股份有限公司

　　宁波邦达智能停车设备股份有限公司（简称邦达公司）成立于2010年12月，坐落于宁波国家高新区，是专业研发、生产智能停车设备的国家级高新技术企业。公司自创业以来，十分注重品牌建设和高科技产品的研究开发工作，与中国科学院、浙江大学、宁波大学等科研院所建立了良好的科技合作关系。

　　邦达公司研发的设备拥有完全自主知识产权的原创性技术，已获得中国发明专利授权65项、欧美日等国外PCT授权专利22项，学术论文3篇，软件著作权2项。

　　邦达公司发明的"薄壁冷弯嵌套型钢技术"是一项颠覆传统的停车设备行业和建材行业"革命性"的创举。停车设备工作委员会会长明艳华女士对邦达停车设备给予了高度评价："该设备在结构设计、制造工艺、传动装置和控制系统等方面都有重大的创新，是停车设备的一次革命。"

　　邦达公司的"嵌套型钢技术"是将精选的镀锌钢用在公司已研制的专用生产线，一次加工成型"嵌套钢"，生产过程、安装过程和使用过程都不需要焊接，也不需要再进行表面处理。因为型材结构优化和加工工艺重大变革，大幅度降低了料、工、费，且环保性能卓越，该技术创新充分体现了"低碳、环保、节能"的优势。

一、科技发展历程

　　2018年，邦达公司申报的"原创性新一代模块化智能停车设备的研发及产业化"项目获得宁波市科学技术奖二等奖。

　　2017年，公司申报的"冷态辊压成型嵌套复合结构升降横移类智能停车设备"项目通过了国家科技部技术创新基金支持项目验收。同年，邦达"新一代模块化智能停车设备研发及产业化"项目通过了宁波市市级重大攻关项目验收。

　　2016年，邦达公司成为中国老旧小区暨建筑改造产业联盟副理事长单位，被中国采购与招标网评为2016中国城市停车场建设立体停车设备首选品牌（升降横移类）。

　　2015年朱建华董事长被国家科技部评为创新人才推进计划科技创新创业人才。

　　2013年，公司获得中国重型机械工业协会停车设备工作委员会颁发的年度最佳进步奖。

　　2012年，经宁波市组织部和科协审批设立了院士工作站。邦达与中国科学院、浙江大学、宁波大学等共建智能停车设备工程（技术）中心。

　　2011年，邦达被宁波市科学技术局评为高新技术企业。

　　公司愿景：实现"智慧停车"，打造"高科技、人性化、绿色节能的智慧停车设备的专业制造商"标杆企业。

　　技术路线：高品质、低成本、差异化。

　　技术手段：模块化、智能化；以模块化实现系列化、标准化、通用化，实现高产能、低成本、好品质；以智能化实现使用管理简便，运行管理低成本。

研发创新着眼点：提供停车库建设整体解决方案，系统解决停车难问题，达到各方合作共赢。

企业的立足点：注重细节、提升品质、降低成本。

二、公司产品品质与成本优势

邦达公司通过产品结构优化设计和系列化、标准化、模块化和自动化生产经营方式，有效降低了各项制造费用、包装运输费用和安装维保费用（仅机械部分比常规产品低20%左右）；同时利用后置式提升机构的独特优势，可选用悬挂式无框架机械停车设备，又可降低产品机械部分成本10%～20%。

邦达停车设备（图1）在30年内无须再做任何防腐处理，每年可为用户节省200元/泊位维护费用。通过

图1 邦达停车设备

实现自助操作和智能化管理，平均每年可节省设备运行管理费用1000元/泊位。邦达智能停车设备主要优势是：

安全：具有良好的稳定性、可靠性、安全性好；

好看：具有良好的产品艺术设计；

好用：具有良好的使用便捷、舒适性佳；

耐用：具有良好的防腐性能、使用寿命长；

好管：可借助遥控、有无车检测、泊位锁等技术和手段，实现自助操作和智能化管理，可实现投资者、管理者、使用者和制造商的合作共赢；

环保：具有良好的环保性能；

保值增值：具有良好的设备升级配置，实现智能停车和智慧停车，从而实现设备保值和增值；

价格低：可有效控制生产成本和销售价格；

运行养护成本低：可大幅度降低运行成本和养护成本；

人性化：具有良好的人性化设计和便于操作使用维保的特点，充分关注各方整个停车过程中产品操作使用和维护便利性的需求，体现了其产品维保服务的优势。

三、绿色建筑建材领域

公司在立体车库领域所研发的超低能耗嵌套钢及其连接技术，在环保、节能、节材、耐用、易安装等诸多性能处于国际（国内）领先地位，具有"高品质、低成本、差异化"的优势，受到了业界专家极大的关注。

2013年，上海现代建筑设计集团资深总设计师、中国工程院魏敦山院士带领上海建材行业专家及同济大学教授前来邦达公司对邦达绿色建筑建材进行考察和专题研讨。

2016年，在第十二届中国国际绿色建筑与建筑节能博览会上，国务院参事、住房和城乡建设部原部长、中国城市科学研究会理事长仇保兴博士对邦达绿色建材建筑给予了高度评价，并高兴地说："邦达绿色建材不仅美观而且不会生锈，市场前景十分广阔，特别适合老旧小区改造。"

四、知识产权领域

目前公司已经获得中国发明专利授权65项、国外发明专利授权22项，其中《用于机械车库的嵌套结构承重柱梁的特种紧固装置》发明专利，同时获得美国（专利号13/808953）、欧洲（专利号1085460.9）、日本（专利号2012-525855）以及韩国（专利号10-2013-7000842）的四个国家共同授权。这创造了同行业在国外发明专利授权的先例。

公司将奉行"追求卓越、崇尚一流"的经营宗旨，不断创新和发展，提高产品和服务的质量，提高研发水平。展望未来，公司将利用自身优势，打造"高科技、人性化、绿色节能的智慧停车设备的专业制造商"标杆企业。

青岛齐星车库有限公司

办公区全景

一、企业基本情况

青岛齐星车库有限公司（简称齐星车库）注册资金2.01亿元，坐落在青岛胶州九龙工业园区，占地面积33万 m^2，具有立体车库的研发、设计、生产、销售和投资、管理全方位的综合运营能力。其母公司中泊科技有限公司是一家城市级智能立体停车运营商，专注于城市停车场的投资、建设、运营。具有综合的智能立体停车设备设计、制造、维护、停车场建设运营、停车产业投融资及资本运作能力。

齐星车库拥有全球最大的立体车库生产能力，在国内率先引进自走式大型停车场相关技术，是国内少数拥有九大类机型全系列产品的企业。公司具备了全产品、全样机优势，整体技术水平、研发实力和硬件设施居于行业前列。

公司拥有一支技术精湛、经验丰富、结构合理的立体停车业务管理、技术研发和营销团队，在立体停车设备领域积累了丰富经验。

"智慧齐星，立体科技"，公司建立了覆盖全国的营销网络，承建了包括郑州万达广场、北京中石油设计院、山东淄博市公安局、陕西省肿瘤医院、青岛火车站、通化市公共停车场等若干停车场工程。

齐星车库作为国内立体停车设备制造企业，依托强大的资金实力和技术优势，以先进的热浸镀锌工艺、电控系统模块化、齐星远程平台、标准化、低成本为亮点，投入巨资在厂区内部建立了九大样机体验中心（图1）。该体验中心是涵盖所有机型的体验中心，可让来访客户亲自操作所有机型，亲身体验，切实感受齐星车库产品的卓越品质和无限魅力。

图1 九大样机体验中心

二、科技成果及新产品

国内有些搬运器又称之为立体停车设备的灵魂，它的先进程度与性能好坏直接决定立体停车设备的智能化水平，性能优秀的搬运器在结构上具备以下几个特质：速度快并具有同步对中功能；举重量大，能举起两吨多以上的汽车；对汽车及轮胎无损伤。公司研发的搬运机器人采用无人、无线控制，具有速度快、停位准确、自动化程度高等特点，属于立体停车行业前沿技术。

三、产品质量控制

作为大规模的专业立体车库生产基地，齐星车库具有业界领先的设备，大大提高了生产质量和效益。车间内部全景见图2。

公司拥有日本竹田机械数控型材加工线，意大利全自动型材加工线，意大利先进环保全套热浸锌，日本CBF全自动型材加工线、PLUS型数控激光切割机、全自动载车板浪板生产线、全自动载车板边梁生产线、自有热镀锌、全自动粉体涂装生产线及等国际一流的生产设备，以及全方位检测设备，充分保障产品的高效率、高精度、高品质要求。公司的焊接机器人见图3，数控折弯机 见图4。

四、优秀案例

（1）郑州金锣湾项目，项目泊位数逾5000个，项目占地面积40多万 m^2，总建筑面积183万 m^2，项目全部采用两层升降横移与负一正二机型，该项目是行业内签订单体泊位数较多的项目之一。

（2）吉林通化项目，包含万通酒店广场、国土资源局、市医院、地质大厦、二建批发市场、金城商厦后身、集贸市场、华翔山下和通化广场九个停车项目，总停车位5630个，根据项目不同，设计层数3～6层不等，涵盖平面移动、升降横移等多种机型，项目总投资2.69亿元，是国内首屈一指的立体停车项目。项目签订时为中国最大的立体停车项目订单。

五、企业所获专利

公司注重源头创新，每年将销售收入的5%用于研发。现已申报知识产权超过100项，已获授权70项，其中发明13项，实用新型27项，外观设计1项，软件著作权29项；牵头起草国家标准1项，参与国家及行业标准多项，另有3项国家及地方标准处于牵头制订中。

图 2　车间内部全景

图 3　焊接机器人

图 4　数控折弯机

衡水奇佳停车设备有限公司

一、企业基本情况

河北奇佳集团下属的衡水奇佳停车设备有限公司成立于2012年，占地约160000m²（240余亩），拥有北方地区最大的专业生产停车设备的现代化厂房。公司注册资金9000万，资产1.8亿元，资金实力雄厚，并取得了国家质检总局颁发的特种设备制造许可证及特种设备安装、改造、维修许可证，是一家集科研、设计、生产、销售、售后服务为一体，专业生产机械式立体车库的企业。

公司于2015年与韩国知名的高西宅公司成功合资，引进了先进的管理理念与技术，生产的主要产品包括：升降横移类、简易升降类、垂直升降类、垂直循环类、平面移动类、多层循环类、巷道堆垛类等七大类产品。奇佳停车库模型见图1。

图1 奇佳停车库模型

公司持续通过ISO9001质量管理体系、OHSAS 18001职业健康安全管理体系认证、ISO14001环境管理体系认证。公司拥有大型等离子切割机、数控车床、三维钻、大型数控剪板机、折弯机、全自动载车板流水线（图2）、浪板边梁生产流水线、大型抛丸除锈流水

图2 全自动载车板流水线

线及全自动喷涂流水线等先进的设备，各生产线按照功能需求配置裁板、折弯、数控、切割、机器人焊接工作站等各种大型精密设备。年产停车设备2万台（套）。

公司秉承"永远的奇佳，不变的真诚""以质量求生存，以信誉求发展"的公司理念，坚持"合作、共赢"的经营思路，抓住机遇，勇于创新，把奇佳公司做大做强，为解决中国停车难问题做出更大的贡献。

二、生产经营及销售情况

公司拥有工程技术人员100余人，员工总人数达300余人。拥有一支由30余名技术骨干组成的研发团队和一支拥有熟练安装经验的高素质的专业安装服务团队。坚持"细节改变质量，智造引领未来"的管理理念，在采购与物流管理、生产制造、质量管理、售后服务等管理方面不断寻找最佳解决方案，现已形成完善而有效的管理体系。

公司自主开发了具有自主知识产权的高新技术设备，在前沿技术开发上，率先推广智能停车产业化模式。凭借尖端的技术和强大的生产能力，塑造出一个全新的、系统的、包容的、强大的新实体，为国内立体停车设备市场的发展注入了强大的推动力。

在市场发展方面，公司采用代销、经销和直销相结合的模式，业务发展遍布全国各地，建立了一套符合自身特点并且适应市场要求的经营模式。在全国设立了办事处，广州、西安、上海、南京、贵州等销售网点延伸至全国各地等主要城市。各办事处全部配备售后维保网点，并具备24h服务和承担所有维修服务的能力。

经过长时间业务拓展，公司已经与近百家代理商确定合作关系，充分利用代理商在当地的市场营销渠道和信息获取优势，增强公司市场开拓能力，建立起风险共担、收益共享、长期合作的关系。同时，公司完善的技术和售后服务体系，为公司业务拓展提供了有力的技术支持和售后服务。

三、主要产品销售情况

（1）机械式立体停车设备。2015 年公司完成 13121 个泊位，实现销售收入 15439.25 万元；2016 年完成泊位 15378 个，实现销售收入 15568.27 万元；2017 年完成 25536 个，销售收入 26036.82 万元

（2）机械式停车设备维修保养。2015 年公司维修保养收入为 521.74 万元，2016 年为 756.38 万元、2017 年为 859.38 万元。

四、市场发展开拓情况

目前立体停车设备行业呈飞速发展的趋势，公司在广州、西安市场已经趋于稳定，仅这两个区域近三年的市场占有率在全国所占比例达 50%，2015 年公司承接的大连站北广场塔库为停车设备行业首个 23 层地上塔库项目，在行业中具有代表性意义。

2018 年公司荣获 "2017 年度机械式停车行业最佳进步企业"、"销售三十强企业" 等荣誉。

五、科技成果及新产品

公司拥有一支完整的、高水平的设计、制造、安装和售后服务队伍，其全过程均按 ISO9001 质量管理体系运行。公司全面引进和消化中国台湾、日本等地最先进的停车设备技术，结合国内市场现状以及客户的实际需求，为客户量身定做的产品共有六大类 30 多种，拥有的停车设备技术成熟、可靠，具有安全性能高、故障发生率低、运转噪声低、防腐性能好、使用寿命长、运营成本低等显著特点。

"诚信经营、精益求精、与时俱进、持续发展" 是公司的经营方针；"团队合作精神、产品质量第一、售后服务到位、客户满意保证" 是公司的经营目标；从顾客的前期咨询到产品的售后服务，始终坚持 "最佳技术主义" 和 "顾客满意主义"。

根据客户现状以及实际需求，在满足客户需求的基础上最大限度地减少客户投资，实现设计最优化、使用最人性化、产品最高性价比。

公司按照《特种设备制造、安装、改造、维修质量保证体系基本要求》以及国内设计制造特种设备多年以来质量控制与保证行之有效的运行实践，结合公司具体情况，制订本公司的特种设备质量手册，以确保产品符合国家相应标准、法规及安全可靠要求，为用户提供优质产品。

六、产品质量控制

公司坚持 "用细节改变质量，用制造引领未来，共创奇佳新时代" 的质量方针，制订了设计控制程序，材料、零部件控制程序，工艺控制程序，工装控制程序等内部质量控制体系，并已通过 ISO9001 质量管理体系认证。车间以环环相扣的检验法则进行检验，质检人员和工人双向把关对加工的产品进行检验。

公司通过贯彻系统完善的质量标准，对生产和服务进行全方位的质量监控（配备了远程监控系统监测车库的运行），实现了质量管理的规范化、流程化、体系化。对产品从前期开发设计、生产制造、安装、验收及维修保养等各个环节提出了具体要求，对项目实施过程进行充分、有效的质量控制。

公司拥有一流的安装队伍，可从事多种车库的安装，在安装过程当中，不定期的去工地检查安装质量。每个项目安装完成后，都会经过公司内部检验人员和工程所在地特种设备检验机构双重验收，确保质量符合国家质量标准、公司内部质量标准和客户定制要求。公司对安装的每个项目的质量信息进行持续收集、汇总、分析、处理，以持续改进质量，增进客户满意度。在产品制造、安装过程中，公司会及时接受用户的反馈信息；产品交付后，公司一般会给客户提供 1 ~ 2 年的免费维修保养期，并在主要城市和重要项目地区设立常驻维保人员，及时为客户解决可能出现的问题，满足客户的服务需求。

七、优秀案例

中国农工民主党中央委员会 PCX 项目，位于北京市东城区安定门外大街中国农工民主党中央委员会办公楼西侧，共计两座室内的 9 层垂直循环机械车库，一座为轿车车库，一座为 SUV 车库，刷新了衡水奇佳停车设备有限公司在北京的影响力。

湖北钟祥市委大院 PCX 项目，为钟祥市为数不多的大型垂直循环类的车库，项目共计 10 组 7 层垂直循环类机械式泊位，共计 120 个，建成之后大大降低了市委大院的停车压力。

安康城投西津城项目，为安康中心城市建设投资开发有限公司投资开发的城投逸园、城投佳境小区的配套工程，共计建设地下 1268 个机械式泊位，2018 年 4 月验收完成投入使用，衡水奇佳停车设备有限公司又一次地在陕西省树立了一个标杆项目。

广东明和智能设备有限公司

一、企业基本情况

广东明和智能设备有限公司（简称广东明和），是由上市公司东菱集团（股票代码：002705 新宝股份）投资控股，是一家专业从事智能立体车库研发、制造、安装、改造、维修的国家高新技术企业，总部位于广州。公司引进和自主研发了一系列先进的智能立体停车技术，在广州、顺德等地建立了近 10 万 m² 先进的专业制造生产基地，仅顺德研发制造基地占地面积达 6.6 万 m²，并配置国内先进的立体车库全自动生产线，能生产经营各种类型的立体停车产品。

公司专注于智能立体停车领域，关注客户停车"痛点"，赋能创新切实解决停车难题，已经发展成为国内领先的智慧停车方案设计者与设备建造商，不但让客户有泊位可停，更要好停好用。广东明和研发的高科技的智能管理系统，实现了停车智慧化、管理可视化和运营高效化，能够为车主提供泊位查询、泊位预约存取、电子支付、泊位导航和远程监控、远程诊断等，智能化的管理系统大大提升用户的停车体验，保障设备安全运行，有效地减少了停车场运营成本。

多年来，广东明和先后获得国家高新技术企业、广东省工程技术研究中心和广州市研发机构认定，先后获省长杯工业设计大赛银奖、中国十大立体车库企业、中国十大最美车库、中国十大最具投资价值立体车库、2013 中国最受欢迎停车设备企业、中国质量信用 AAA 级企业等多项荣誉。

二、生产经营及销售情况

明和拥有全面的立体车库特种设备生产制造 A 级资质和中华人民共和国特种设备安装改造维修许可证，包括平面移动类（十四层及以下）、垂直升降类（二十五

图 1 新型二层平面移动停车库

层及以下）、新型垂直升降（十一层及以下）、升降横移类（六层及以下）、简易升降类（二层）、垂直循环类（七层及以下）、无避让车库（二层）七大系列九个品类。

公司拥有健全的质量管理体系，通过了 ISO9001 品质管理体系认证、ISO14001 环境管理体系认证、OHSAS18001 职业安全卫生管理体系认证。广东明和配置了国内先进的立体车库全自动生产线，年产值超 2 亿元，已成为行业发展最快的先进装配制造业企业之一。截至 2017 年，公司在全国建成近 200 个立体车库项目，泊位数累计超过 4 万个。广东明和已成为众多注重客户停车体验的房地产企业和政府机构的首选品牌。客户的停车体验，是广东明和不断创新的核心所在。多年来，公司与万科、华发、旭辉、敏捷等房地产企业达成战略合作，成为其首选的高端智能立体车库供应商。

三、科技成果及新产品

广东明和因地制宜研发，拥有丰富齐全的产品链，突破关键领域核心技术，全方位解决城市停车难题，开发出以下独具特色产品：

（1）新型二层平面移动类车库（图 1）。构造简洁大方，既不影响现有地上停车位，甚至可以横跨绿化带建空中车库，最大的好处是实现了无人值守功能，售后维护费用极低。车主把车停好后，只需要自助刷卡或者通过手机 APP 操作，车库自动搬运装置把车辆送到二层对应的泊位，非常方便。采用架空而设的新型二层平面移动设备，一层存取与传统停车场一样，二层泊位通过搬运装置升降平移存取车，设计非常灵活，可以多个搬运装置、多个升降台组合。同时二层的存取与一层泊位相互独立，存取车可同时进行，因而总体运行效率非常高，平均取车周期很短。整个停车过程最快只需要45s 的时间，大大节约了停车时间，适用于对高度限制严格的医院、机场、广场、地铁口附近。

（2）智能魔方组合车库（图 2）。广东明和专门针对住宅小区独创研发的小型组合式车库，完全零泊位占用，只需要一个泊位空间即可存放最多 12 辆车，攻克了老旧城区由于面积局限造成无法增量的世界难题，因此一举揽获了"省长杯"工业设计大赛银奖。融入环境的智能魔方组合车库以设计为驱动，以资本为引擎，以智能化模块化产品为载体，以社区化产业化经营为路径，以大数据平台经营为目标，打造小区停车产业立体式商业生态圈。运用抽屉式原理搬运车辆，对空间利用更合理，智能魔方组合车库仅利用一个泊位面积，可变成 3 ~ 12 个泊位，并可根据场地自由组合，非常灵活，车库存取车速度快，最快仅需 45s。底层可巧妙运用为咖啡店、茶吧、充电桩等，成为小区的商业配套，为车库增加一笔可观的收益。

（3）磁驱（磁悬浮）塔库。传统的垂直升降类立体车库运行噪声大、存取车速度慢、故障率频繁、耗电多，因此推广难度较大。广东明和对传统垂直升降类产品进行大胆改革，反复实

图 2　智能魔方组合车库

践，创新研发了多项专利技术，并成功把磁驱技术应用到垂直升降立体车库系列产品上，彻底解决了噪声大、存取车慢、电耗高、故障率高及维保费用高等困扰行业已久的技术难题，成功研发出新一代成熟稳定、存取车快捷、故障率低、节能静音、性能优良、安全可靠的垂直升降智能立体车库。应用广东明和与西南交通大学联合研发的磁驱技术，定位更精准，实现无接触传递驱动力，机械摩擦损耗几乎为零，功耗低，故障少，存取车速度快且运行无噪声。

（4）垂直循环停车库。占地面积小，设置灵活，利用地面两个泊位空间可停放 10 ~ 12 辆车。广东明和在传统传动技术上经过多次革命性创新升级，产品采用最前沿的模块化设计思想研发制造，安装简便，更可循环使用，实现集生产自动化、模块标准化、运行柔性化、高度智能、抗风防震等 5 大核心优势于一身，弥补了行业多项空白。

（5）平面移动停车库。两款平面移动类停车设备：一款采用第三代梳齿交换搬运技术，每层设置一台搬运小车，存取速度快。另一款则采用自主研发的磁驱＋轮胎夹持存取技术，是目前国内先进的平面移动类停车设备。

（6）升降横移停车库。广东明和新一代的升降横移产品，是和西门子战略合作的最新成果。不但在整体框架和局部的结构上作了优化，保证设备安全扎实、牢固耐用，还采用西门子公司与明和联合研发的 PLC 控制系统，既保证了车辆设备的安全可靠，还大大提升了设备的稳定性与存取车效率，使存取车更快，故障率非常低，维护简便。客户停车体验一直是明和创新的原动力，在对大量的车辆尺寸进行分析，经过无数次的调试，明和研发团队得出最好用最易停的载车板数据。

四、产品质量控制

广东明和坚持匠心智造，产品的每个环节、每道工序、每个细节都精心打磨、精益求精，专注、精确、极致、追求卓越。

钢结构数控联合生产线：保证了加工产品的精准度，工件尺寸精度可以保证在 0.02mm 以内。同时通过高精度等离子切割技术，能完成传统加工方式不能完成的繁杂零件，显著地提高工件切割面质量，使零件的曲面形状亦能更高品质的加工完成。

边梁冷弯成形生产线：采用齿轮箱传动系统的边梁冷弯成形自动生产线，实现了在线成形、冲孔、切断功能。该传动系统结构紧凑、运转平稳、可靠，能够高标准保证边梁的型材尺寸，同时公司研发的数控冲机构可以实现 7 种孔型的冲孔，X 轴、Y 轴任意位置实现快速冲孔。

平板数控冲割生产线：联合冲剪机器采用欧洲顶尖加工技术，是高效率、高精度、高可靠性的热切割设备，经高温淬火处理，使工件具备高刚性，高强度；配以切管模还可以对管材切断和开坡口，效率高，切断面漂亮。

抛丸除锈生产线：将焊接加工完成的工件通过大型抛丸机进行整体抛丸处理，清除焊接件表面锈层及熔渣，强化金属机体表面强度。工件经清洗后采用法国最先进环保的喷粉工艺喷粉，再用高温使粉末熔融、流平、固化，即在工件表面形成坚硬的涂膜，保证涂膜均匀耐腐、耐用、外形美观。

五、企业所获专利

多年来，作为中国立体停车行业领军企业之一，广东明和一直致力于通过创新技术，让客户停车更便捷！到目前为止，公司已经获得 158 项国家专利，其中发明专利 15 项，实用新型 141 项，软件著作权 2 项。

南京特种电机厂有限公司

南京特种电机厂有限公司始建于 1965 年，1970 年起制造三相异步电动机，其产品为全国起重机械、建设机械及停车设备配套。公司是中国重型机械工业协会、中国建设机械协会会员单位、中国重型机械工业协会起重葫芦分会理事单位、中国重型机械工业协会停车设备工作委员会会员单位。是全国起重机械行业生产起重电动机的知名龙头企业。

公司占地面积 66000m²，建筑面积 41000m²，现有员工 430 人，其中工程技术及质量检验人员 74 人。公司拥有国内最大的起重电动机生产线，具有较强的设计、研发、生产能力。公司与东南大学、江苏大学、上海电器科学研究所、佳木斯防爆电机研究所等科研院校建立长期合作关系，走研发、生产于一体的发展模式，年产生产能力 180 万 kW，产品覆盖全国 30 多个省、市、自治区。

公司生产的电动机产品通过了国家起重运输机械质量监督检验中心型式认证、中国质量认证中心 3C 及 CE 认证。企业通过 ISO9001 质量体系认证。电动机产品注册商标为"合力"，"合力"牌电动机 2012 年荣获南京名牌产品称号、2014 年荣获江苏名牌产品称号；"合力"牌商标 2011 年评为江苏省著名商标、2013

年被认定为中国驰名商标。公司被评为江苏省工业企业质量信用等级评价 A 级企业。多年来公司持续稳定发展，取得良好的经济效益的同时还荣获"南京市劳动关系和谐企业"称号，被评为南京市"文明单位"。

公司生产的起重电动机产品性能优越，主要技术指标（温升 ≤ 70℃，制动力矩 ≥ 390N·m，过载能力 125%）均优于国内同行业水平，产品装配一次合格率 99% 以上，具有结构紧凑、运行平稳、制动安全、操作简便的特点，广泛应用于工矿企业、城市停车、港口桥梁、建设工地等场所需间歇、重复方式工作的起重机械和停车设备。

产品销售率达 96.5%，高于国内先进水平，历年产销量都稳居同行业前列。多年以来，"合力"牌起重电动机以其过硬的质量和优良的产品售后服务，受到行业内广泛推崇，被许多国内知名主机厂指定为配套用电动机。由于该品牌电动机在起重行业有 40 多年的生产历史和良好的口碑，2004 年 11 月南京特种电机厂有限公司被推选为中国重型机械工业协会葫芦、单双梁起重机专业委员会理事单位，2010 年当选新成立的中国重型机械工业协会起重葫芦分会理事单位。

公司坚持"以顾客为导向，以市场需求为目标，追求卓越、制造精品，科学利用宝贵资源、营造清洁环境，诚实守信、以人为本、协调发展、持续改进，确保公司永续经营"的生产经营理念，不断进取，使公司得以持续发展壮大，以实现把公司建成一流的现代化中小型起重电动机生产企业，始终保持行业龙头地位。

公司始终坚持"质量第一，用户至上"的原则，在员工中坚持贯彻"质量是企业生命""质量与企业共存亡"的质量意识，在生产经营中恪守"诚信经营，以质量取胜"的准则。坚持按标准采购原材料、按标准生产、按标准检验产品，从而保证每台产品的出厂质量都能够符合标准要求。

公司技术力量雄厚，生产工艺先进，检测手段齐全，拥有各类专用及通用机械加工设备300多台（套），检测设备50余台（套），专业化程度高，凝心聚力为用户提供优质产品。公司生产车间见图1。焊接机器人见图2。"合力"牌电动机在行业中享有很高的知名度，有近310个销售站点分布于全国各大城市，产品还配套出口到南非、西班牙、俄罗斯、韩国及东南亚等多个国家和地区。

图1 公司生产车间

图2 焊接机器人

公司建立的ISO9001质量体系已在企业内部正常运行，并持续改进、提高。2016年公司按新的标准对质量手册、程序文件进行了修改，提出了"以顾客需求为动力，以满足顾客需求为目标，坚持创新，不断改进，打造精品，追求卓越"的质量方针，标志着公司的质量管理跨上了新的台阶。生产经营过程中严格执行质量手册、程序文件和第三层次文件的规范要求，由技检部加强质量体系运行监督和检查，综合部每年至少组织一次质量管理体系内部审核，总经理亲自主持管理评审活动。公司每年组织第三方进行质量体系运行外部审查，对查出的不合格项制订严格纠正、预防措施，举一反三进行认真整改，确保质量管理体系在公司运行的科学性、适宜性和有效性，使各项工作始终处于受控状态。

公司一直致力于产品的创新升级，在YSP系列齿轮减速制动电动机成功投入市场后，又联合佳木斯防爆电机研究所开发研制了ExdIIcT4级别的隔爆型锥形转子三相异步电动机，系列产品中的11个型号电动机已批量生产，取得了较好效益。公司还根据市场需要，及时推出了YDE系列实心转子电动机等产品满足客户需要。公司投资开发的为起重机械配套的高效、环保、节能的NTD-JS系列电动葫芦驱动机构试制成功，已进入市场开发阶段。公司坚持进一步从产品的电磁与结构设计上进行优化，力求与国际先进产品的性能接轨，适应国内市场发展的要求。

公司积极推进和实施品牌战略，不断提升名牌价值，走品牌、效益、发展之路。成立了以总经理为组长的名牌培育领导小组，制定名牌产品发展培育规划，经过公司上下齐心努力，在江苏省著名商标的基础上，又将"合力"商标培育成为中国驰名商标。

公司严格履行产品质量承诺，严把产品质量关，从电动机的外部包装到内在质量，从设计到原材料采购，再到组织生产、产品销售和售后服务都作严格的控制，绝不简化工艺、杜绝劣质材料、杜绝偷工减料、杜绝弄虚作假，切实保证以优质产品供应市场。坚持全面树立以顾客满意为中心的经营理念，走以质量求生存，以品牌促发展的经营之路，不断改进和提高售后服务水平，依托强大的售后服务网络，为客户提供更方便快捷的服务信息渠道，提高用户满意度，提升品牌美誉度，保持"合力"品牌产品在用户心中的完美形象。

唐山宝乐智能科技股份有限公司

一、企业基本情况

由唐山连创实业（集团）2015 年投资建设的唐山宝乐智能科技股份有限公司（宝乐智能），占地面积约 11.33 万 m²，建筑面积 8 万 m²，总投资 5.5 亿元，产品囊括了目前停车行业的七大类，几十余种类型。

宝乐智能集研发、设计、销售、制造、安装、调试、售后服务于一体，是一家产品覆盖全产业链的生产制造高新技术企业。

宝乐智能具有雄厚的加工制造实力，尤其在大型钢结构制造、焊接、表面处理等领域有独特的优势。经过技术和设备的不断改造、引进先进的管理体系，公司已具备年产 7.5 万个泊位的生产能力，生产规模和加工水平居同行业上游。

宝乐智能拥有专业的技术研发团队，具备较强的技术开发和创新能力，拥有丰富的生产经验。与清华大学院士团队、天津工业大学及德国、日本、韩国等各大知名车库制造商都有着紧密技术合作。

宝乐智能目前拥有数控激光切割机、焊接机器人、数控折弯智能生产线、立体车库自动化智能喷涂生产线等大量自动化工业装备（图 1），具备较强的加工生产能力和试验检测能力。

图 1 自动化生产设备

二、生产经营及销售情况

宝乐智能已取得国家质检总局颁发的制造资质许可证,主要产品有平面移动、升降横移、垂直循环、简易升降和垂直升降等七大类。目前用于研发和制造的样机占地面积1万㎡,厂内已拥有七大类型停车设备样机。

宝乐智能以全产业链核心竞争力为依托,在降低生产制造成本的同时迅速扩大市场占有率。并将与停车设备制造相关的配套行业引入园区,打造智能立体停车设备产业园,实现多元化战略发展。

宝乐智能虽成立时间不长,但在生产规模、加工能力、原材料资源等方面具有明显优势。公司引进和自主研发两条路并行,在引进日本、韩国及德国等先进技术的基础上,加以改进、优化融合,以实现产品生产智能化、数字化、清洁化,服务能力产业化的推进模式。成立至今,公司销售持续稳定增长,综合能力显著提高。

三、科技成果及新产品

由宝乐智能自主创新的智能车库小型化设计技术,利用了低压轨道供电技术,使得载车板的移动就像横移载车板一样,没有距离限制,非常灵活方便。其优点在于:单程移动,所以移动距离短,相当于提高了速度;移动距离远近随意设置,很容易满足各种设计需求;载车板与结构没有引线连接,故障处理简单;各自独立的载车板系统,很容易实现并行工作,内部工作更流畅;不需要采用搬运器,技术要求低,成本、故障率也降低。

宝乐智能与专业充电桩公司合作开发了多层升降横移类自动充电技术,用户根据需要给车辆插好充电枪,此时并没有开始充电,当升降车板上到位后开始自动充电;车板下降时自动脱离供电。

四、优秀案例

公司自成立以来,立足于企业,一切以客户为中心,生产的产品具有高智能化,低能耗、操作简单等优势。主要案例如下:

1. 廊坊市第四人民医院项目。项目全部采用七层垂直循环类,是目前廊坊市垂直循环类最大的项目,于2017年11月建成。在高频率上下车的使用情况下,至今运行平稳,具有停车、取车速度快等特点。建成后解决了就医患者停车难的问题。受到用户的一致好评。

2. 珠海新濠润酒店项目。该项目为四层升降横移智能立体车库设备,坐落于珠海拱北口岸南侧,交通繁华,又处在拱北口岸附近,停车位紧张,经常导致交通拥堵。项目建成后既解决了酒店来往客人停车一位难求,又缓解了该地段交通拥堵的问题。

3. 四川成都东城之星小区地下室智能立体车库项目。此项目根据地下室的柱网结构的大小进行设计,采用了负一正二设备形式,存取车方便快捷,后期维护费用低。最大限度发挥了机械停车设备效能,减少了地下室的空间浪费,为小区地下车库,普及立体停车设备提供了值得借鉴的经验。

4. 北京海淀区交警大队智能立体车库项目。此项目全部采用五层垂直循环类型,全部为SUV库型,节省占地面积,缓解停车难、路边拥堵现象。

五、产品质量控制

公司拥有健全的质量管理系统,拥有质量管理工程师和具有多年检验经验的检查员数名。通过了ISO9001质量管理体系认证、ISO14001环境管理体系认证。严格按照GB 17907—2010《机械式停车设备通用安全求》、JB/T 8910—2013《升降横移类机械停车设备》、JB/T 10475—2004《垂直升降类机械停车设备》及JB/T 10545—2006《平面移动类机械停车设备》等国家、行业标准进行产品的设计、加工、制作、安装。实行下道工序检验上道工序,层层把关、在每一个环节都设置了质量检测,确保质量符合国家质量标准与公司设计要求。公司定期给施工人员和维保人员进行技术质量培训,不断提高和更新他们的知识和技能。

六、企业所获专利

目前已获得和申报的发明专利有4项,实用新型专利23项,广泛应用于公司各类产品。其中,实现小型化设计思想的智能循环类设备,包含了10项专利,两项发明专利、8项实用新型,有效提高公司的产品性能和市场竞争力,为广大用户提供了更为安全、便捷的车库产品。

人物风采

30

周水妹

**杭州西子智能停车股份有限公司
董事长**

　　周水妹董事长作为杭州西子智能停车股份有限公司领导人，潜心停车设备行业二十余年。对智能停车行业的发展变化有比较深入透彻的理解。面对市场上逐渐激烈的竞争，周水妹董事长提出"贴心管家，专业服务"的理念，致力于打造并成为行业内服务标杆，受到客户一致好评，公司连续多年位居车库市场占有率首位。连续多年荣获行业优秀企业、销售十强企业荣誉称号，产品遍布海内外；已为全国150余个大中型城市解决停车难题，在全国承建近50万个泊位；并出口世界各国。

　　杭州西子智能停车股份有限公司作为省级高新技术企业，技术研发和创新是企业的核心竞争力。周水妹董事长积极促成了公司与浙江大学西子研究院、浙江大学等院所的合作。公司目前已拥有各项专利技术150余项，产品百余种，是全国首家制造超高层PCS塔库的企业并刷新了国内企业新纪录；建设了当时最深沉井式立体车库；大华饭店新型PPY机械手项目成为西湖湖底首个立体车库；为适应国际新能源汽车发展趋势，开发了充电式车板；并为G20会议服务，成为城市建设新亮点。

　　在周水妹的领导下，公司注重技术开发创新，设立了企业技术中心，是国内较早开始从事机械式停车设备研究的企业。经过十余年的发展，公司具备了深厚的技术积累，成为国内少数几家拥有九大类机械式停车设备制造资质的企业。公司是浙江省高新技术企业、省级高新技术企业研究开发中心、杭州市企业技术中心。公司无车板全自动平移（PPY）停车设备研发和产业化项目被杭州市科学技术委员会认定为重大科技创新专项，多通道圆周式智能立体车库的研发与产业化被认定为浙江省重大科技专项。

吴昊

**深圳怡丰自动化科技有限公司
总经理**

吴昊，深圳怡丰自动化科技有限公司总经理、广东怡丰智能车库有限公司总经理、深圳怡丰机器人科技有限公司董事长。他注重源头创新，带领企业持续开展技术研发，每年将销售收入的 5% 用于研发。现企业已申报知识产权超过 100 项，已获授权 70 项，其中发明 13 项，实用新型 27 项，外观设计 1 项，软件著作权 29 项；牵头起草国家标准 1 项，参与制定国家及行业标准多项，另有 3 项国家及地方标准处于牵头制定中。其中，吴昊以第一人或第二人申请的已授权专利共 8 项：《机械式立体停车库及其汽车搬运方法》《用于机械式立体停车库的升降系统》《一种集装箱立体车库》《一种立体车库》《一种大面积高密度的智能立体车库控制系统》《一种可侧向搬运汽车的智能机器人》《一种 AGV 载车板交换汽车搬运机器人》《一种 AGV 梳型搬运机器人》。吴昊以第一人申请的国外专利 3 项：《一种可侧向搬运汽车的智能机器人》《一种 AGV 梳型搬运机器人》《一种 AGV 载车板交换汽车搬运机器人》。已申请未授权的专利《一种可侧向搬运汽车的智能机器人》《一种 AGV 载车板交换汽车搬运机器人》等 11 项。

吴昊牵头与中国科学院、深圳技术大学、华南农业大学工程学院、深圳大学、香港中文大学机器人研究院、香港中文大学（深圳）、北京理工大学、浙江科技学院等 15 所科研院所签订了战略合作协议。与北京理工大学共同成立了院士专家工作站并共同筹备省级工程中心；与浙江科技学院成共同设立立省级重点实验室、德国 Fraunhoferiml 实验室。怡丰公司成了深港科技合作及大学生创新创业的典型案例，不断创新的深港合作机

制，促进了香港教育、人才、科研等优势与深圳创新创业环境的有机融合，同时促进了深港大学生自主创新创业，以及进行科普教育，启发学生的科技思路，履行社会责任，为科技强国贡献应有的力量。

吴昊带领的研发团队成功研发出世界首创的停车机器人 GETA，攻克了"存量"停车场如何解决"增量"改造的世界难题，其成功研发、批量生产、广泛应用必将带来全球性的停车革命。

在担任政协委员时，吴昊提交多项重点提案和民意信息，其中的"关于抢抓深圳'东进战略机遇'加快深圳建设'东部中心'的建议"被列为 2016 年 1 号重点提案，"关于加快城市质量提升，实现龙岗有质量可持续发展的建议"被列为 2017 年 1 号重点提案。2017 年获得深圳市海外高层次人才证书。同年，被授予 2016 年度"参政议政先进个人"荣誉称号。2016 年 12 月，荣获深圳市机器人领域"深圳市机器人行业风云人物"；2015 年，获得政协深圳市龙岗区委员会 2014 年度优秀提案。2014 年，参加"九三潮青第二届爱与和平"西藏行活动，为西藏先天性心脏病和白内障患者捐助 30 万元。

吴昊自担任总经理一职以来，成立"怡丰编辑部"，定期发行"怡丰企刊"。刊物所有内容均来自公司员工原创作品，同时，设立了"优秀作品"奖励金，不仅增进员工对企业归属感，丰富员工文化生活，同时激励员工努力学习，创造出更多优秀作品。吴昊还设立"怡丰精英班"，每期定期组织学员培训，不仅提高员工综合素质，还能源源不断地为企业输送高素质人才。

李祥啟

大洋泊车股份有限公司
董事长

　　李祥啟董事长注重泊车领域中技术的研发与创新，带领企业积极参与产品技术合作研发及相关行业国家标准的制定，在他的带领下，大洋泊车所属的研发中心分别参与了《机械式停车设备分类》《机械设备通用安全要求》《机械式停车设备术语》《汽车专用升降机》及行业标准《停车设备链条》《升降横移类机械式停车设备》《简易升降类机械式停车设备》的制定。

　　"创新不停，专利不止"是李祥啟董事长的核心领导思想，在带领大洋泊车不断提高自己、完善自己的过程中，坚持走科技创新之路。目前，企业已获得近300项专利，是国内获得专利数最多的立体车库企业。同时，还获得包括中国机械工业科学技术奖二等奖，山东省科学技术奖二等奖、潍坊市科学技术奖一等奖、山东省职工优秀技术创新成果一等奖等在内的各种奖项。

　　大洋泊车和山东大学双方本着"优势互补，资源共享，互惠双赢，共同发展"的原则，利用山东大学的数控编程及自动化控制平台软硬件等优势学科，展开全方位的科研合作。依托企业拥有的省级机械式停车设备工程技术研究中心、省级智能化停车设备产业技术创新战略联盟等科研平台，以及山东大学拥有的国家重点实验室、国家工程技术研究中心、国家工程实验室、国家工程技术推广中心等国家级科研平台建立了大洋山大停车设备技术转化中心合作基地。

孙书寨

北京鑫华源机械制造有限公司
党委书记、董事长

北京鑫华源机械制造有限公司是北京市国资委系统唯一以制造"立体车库"为主导支撑产业的企业。作为中国智能停车设备行业领军企业的领军人，正在把代表着智能停车"北京创造"从门头沟区推向全国市场，把城市停车产业万亿元的行业机遇，更多地引进门头沟区，繁荣区域经济、回报家乡。

孙书寨带领企业抢抓住新兴产业爆发增长的机遇，实施"高端化、精品化、标准化"工程，以身作则发扬"想千方百计、克服千辛万苦"精神，跑市场、抓项目、拓渠道、扩队伍、强激励、揽业务，提高销售支持流程效率，形成了全国六大分公司同时运营上亿元项目的市场渠道。

孙书寨发扬国企人勇于担当、勇于超越、产业报国精神，带领企业转型升级，如今已经成为国内机械停车设备的领军企业，市场范围从北京扩展到国内20省市及欧亚五国，在内蒙古、山西、安徽和门头沟区已有四家子公司。近两年，鑫华源公司累计签订合同12亿元、营业收入6.2亿元、利税总额5100余万元。

孙书寨倡导诚实守信、合作共赢，在服务首都、服务民生中实现企业价值。质量第一、诚信厚德，不断创新城市停车形式。在孙书寨带领下，公司以实力赢得信誉和市场，成功晋级中国停车行业协会副理事长、北京市停车行业协会副理事长、行业品质委员会主任单位，连续获得行业优秀企业、十佳企业、十强企业表彰，孙书寨也得到了市国资委系统优秀共产党员、中国停车行

业突出贡献个人等表彰。公司车辇店胡同车库、大兴"红木林"车库得到市级区级政府和用户好评。

面对全国5000余万、北京市129万余个停车位缺口的市场，孙书寨正在带领鑫华源公司在门头沟区投资建设中国静态交通科技创新总部，在全国布局5个销售制造基地，打造规模数十亿元的智能停车研发制造运营为一体的企业集团。孙书寨带领全体员工引领行业科技前沿，在新一代AGV自主导航机器人、自适应载车机器人、互联网＋远程控制前沿技术领域不断扩大领先优势。公司成功晋级国家级高新技术企业、中关村高新技术企业、北京市企业技术中心，获专利50项，编制六项国家标准。"鑫华源"停车设备实现国内一流、连续跨越，智能车库产品载荷、速度等指标超过德国品牌，取得了"中国机械工业名牌产品"认证。在行业内率先成功研发出第三代至第五代产品，包括25层双排纵搬及横搬塔库、圆形塔库、平面移动和巷道堆垛车库、自走式车库、无搬运器车库、立体车库专用充电桩。各类型产品均实现了数字化设计、智能化操控、信息化运维。

孙书寨带领管理团队贯彻兴企富民理念，不断改善员工生产作业、休息、住宿环境，不断增强团队凝聚力、执行力。作为一名国企人，为了企业做强，他历经奔波、艰辛探索、辛勤工作，为实现企业迅速发展壮大，他挥洒汗水、奉献青春，为本企业创新发展找到适合的方向道路，赢得了员工群众赞许、信任、支持，凝聚起创新超越的强劲动力。

陈兴国

北京航天汇信科技有限公司
总经理

自 2001 年公司成立以来，陈兴国总经理率领公司不断突破创新，坚持以航天科技为依托，致力于实现"人·车·城市"三者的和谐共存与发展。凭借领先的核心技术、先进的管理理念、优质的产品质量及良好的社会声誉，使公司屹立于行业前沿。

陈兴国总经理远见卓识，带领技术团队勇于攀登，知难而上，率先引进"一机多板"式升降横移专利技术，通过不断技术升级及创新，使产品具有节能环保、安全可靠等特性，迅速占领市场，获得斐然的业绩。

陈兴国总经理秉承"追求卓越、不断创新"的"航天人"精神，始终坚持以科技创新为核心，不断加强技术研发专项投入。作为公司掌舵人，陈兴国总经理亲自带领研发团队先后开发了平面移动式、巷道堆垛式、垂直升降式、AGV 机器人等高端智能停车设备，获得 30 余项专利技术，并取得了国家机械式停车设备全部八大类特种设备制造及安装改造维修许可证。

"路遥知马力，积厚而薄发"。20 余年来在陈兴国总经理的带领下，企业得到了社会各界和客户的认可，先后取得"高新技术企业""行业副理事长单位""国内销售十强""行业优秀企业""中国立体车库十大品牌""AAA 企业信用等级"等多项殊荣和业绩。

随着市场竞争严峻，行业发展遇到瓶颈期，企业如履薄冰。面对现状，他敢于打破束缚，带领企业完成了从简单的机械立体停车设备供应商向城市"智慧型静态交通系统"建设者的升级转型。将 AGV、IR、泊车智能导航、手机泊车 APP、互联网远程管理等先进技术和 BOT、BT、PPP 等商业模式深入地有机融合。

迄今为止，航天汇信公司在全国已累计建成各类机械式、智能式立体停车库千余个，总泊位数达 10 余万个。

林伟通

**深圳市伟创自动化设备有限公司
创始人、总经理**

1993年，林伟通和另外两名创始人一起创立了深圳市伟创自动化设备有限公司。他带领团队从零开始一路拼搏，如今公司拥有资产超过10亿元，并成为一家上市企业。

刚开始，厂房设在一个月租400元的校办工厂里，下雨天，雨水倒灌，机器都浸泡在水里；一天跑销售走三四十公里路是常有的事；既当老板又当工人，什么都干。为了节省开支，还要自己拿切割机切割钢件。在最艰难的时候，付了租金后，三个合伙人身上的钱已所剩无几。但是，他们不放过任何一线希望，跑市场、谈业务，靠自己的努力，接到了一笔7万元的订单，企业由此获新生！

从那时起，公司渐渐进入到正常发展的轨道，每3~5年一个大变样，从当初的免费办公间，到今天的甲A级写字楼；从400元/月的厂房到如今三大生产基地超过20万m²；从名不见经传的小公司到在智能制造行业占有一席之地；从当初的3人到现在过千名员工，伟创自动化发生了翻天覆地的变化。

20余年来，林伟通既负责公司销售、研发、管理等各个环节，又扎根一线，时刻以身作则，带领团队紧抓公司产品质量不放松，要求把"产品当作品"来潜心打磨，才能经得起市场的考验，对得起客户的信赖。同时，紧抓研发不放松，在他的带领下，目前公司拥有专利200多项，其中发明专利20余项，自动化控制软件著作权20余项，公司的各项车库技术位居行业前列。

不弄虚作假，不夸夸其谈，形成了伟创自动化独特的企业文化，不浮夸，不吹嘘，实事求是，对客户、供应商严谨负责，承诺必达。所以，在客户面前，公司做到的往往比承诺的要好得多，时不时让客户惊艳；在供应商面前，讲信用，不拖欠，不赖账，常常让合作商刮目相看。他的一个手机号从创业开始至今未变，他希望和客户、供应商也能保持这种长久不变、数十年如一日的合作关系。

2012年，公司就开始实行员工持股，让员工共享企业发展的胜利之果。正是因为领导心系员工，让发展成果惠及团体，大家才愿意跟着公司一道，南征北战、开疆拓土，才有了伟创自动化今天的胜利成果！林伟通总经理常说，小孝可以治家，中孝可以治企，大孝可以治国。作为儿子，他是孝子，无论多忙周末都经常会抽空回老家陪陪老母亲。作为伟创领导者，他没有私心，心系所有员工，一心为了伟创的明天不断奋斗，劳心劳力。2017年，伟创自动化在母公司五洋科技的带领下，又开启了第二轮员工持股计划。

在林伟通总经理和核心团队的带领下，公司相继获得了国家级高新技术企业证书、广东省著名商标证书、广东省守合同重信用证书、AAA资信等级证书、中国经营管理创新奖、中国商业模式创新奖、全国医院智能停车示范企业、销售十佳企业、中国高端智能立体停车设备十大品牌等多项荣誉。

周 卉

**山东莱钢泰达车库有限公司
董事长**

周卉，高级经济师。20世纪90年代起从事证券业务，积累了丰富的投融资经验。自2001年进入泰达车库，始终坚持以专业的技术和可持续发展的理念，在加强自主创新同时，加强产学研合作，引进欧洲先进技术，增强本单位的技术综合实力，使公司技术水平始终在行业内保持领先地位。2010年开始，带领莱钢泰达开始二次创业历程，并取得了骄人的成绩。

在企业管理方面，优化调整企业的组织机构，建立了完善的激励机制，在公司内部营造尊重人才、尊重创新的良好企业文化氛围。在项目运作、投资管理、商业决策、风险控制、投融资等方面积累了丰富的实战经验。

从金融家跨界到企业家，周卉董事长将"自主创新、合作共赢、发展中国自主知识产权的高新技术"作为产业结构调整中的重要改革措施，在智慧停车领域增强协同合作，共享科研成果。不但携手国内军工行业"梦之队"中国电子科技集团第三十八研究所，促成智慧停车项目的技术合作与创新，更将智慧立体停车行业的核心技术产品——PARKROBOT梳齿式汽车搬运停车机器人面对全世界销售，将世界上最薄最安全的梳齿式汽车搬运机器人供应给全体同行，有效配置市场资源，消除产品技术壁垒，避免重复研发浪费。

蒋玲华

上海赐宝停车设备制造有限公司
董事长

　　20世纪90年代，在服装进出口公司工作的蒋玲华总经理发现，改革开放后人们的生活水平得到了显著提高。当时，她所在的城市并非一线城市，然而大街小巷跑满了家用轿车。那种阵势真是"千树万树梨花开"。这让她敏感地意识到，在不久的将来，停车问题将随着我国人均汽车的保有量提高而成为大家关注的焦点。因此，她便辞去了当时的工作，于1998年注册成立了上海赐宝停车设备有限公司，自此开始了她在起重机械行业领域充满艰辛与自豪的辛勤探索。

　　"一切以品质为核心"，多年的从业经验，让她认识到无论做什么产品，产品质量就是企业的生命，是企业可以永续发展的根本和保证。其实这是一个非常简单的道理：只有产品和服务质量过硬，才能赢得顾客的口碑，以此产生的影响力，就是含金量很高的企业品牌。然而，在那个大开大合的年代，能禁得住眼前的利益，坚守产品质量的企业真的不多，毕竟客观地看，产品的质量和企业的成本成正比，与企业的利润成反比。但她始终坚持自己的想法，不惜成本引进国外先进成熟的生产技术，这些技术都是经过国外几十年的市场检验的。虽然生产成本提高了，但产品质量被顾客称道。比如1999年在南京五台花园安装的第一个车库，至今使用情况良好，甚至都没有更换过零部件材料，产品故障率极低。为此，企业还荣获银城地产颁发的金牌合作伙伴证书，这也是让赐宝人一直引以为傲的事情。

　　通过立足每一块市场，做深做透，通过服务来建立行业口碑，力争每一个城市、每一个项目都做成为一个样板工程。一分耕耘，一分收获，因在停车设备行业的成绩突出，蒋玲华受到业内的肯定和赞誉，多次荣获"机械式停车设备优秀个人"荣誉。

　　凭着持续创新的经营理念、严谨务实的经营作风、灵活多变的经营思路、敢创善攀的敬业精神以及追求卓越的经营品质，运用现代先进的管理方法和理念，赐宝公司由最初的十几人，扩大到现在的100多人。如今，公司是上海市高新技术企业，申请了多项专利技术。公司积极参与国家标准的制定，成为全国起重机械标准化技术委员会停车设备工作组的组员单位。公司多次获得全国机械式停车设备行业优秀企业、全国共同促进奖、机械停车设备维修保养诚信建设服务质量试评价优秀企业、机械停车设备制造安装诚信建设服务质量试评价优秀企业、停车行业最具影响力机械式停车设备品牌、中国机械行业名牌产品、机械式停车设备行业十佳企业等荣誉称号。

王忠利

**唐山通宝停车设备有限公司
董事长**

由王忠利一手创办的唐山通宝停车设备有限公司,是目前国内较大的机械式立体车库生产商之一。公司拥有员工 700 余人,厂房近 20 万 m²,数百台加工设备,中高级技术工程师 80 余人。拥有一支 100 多人的研发团队,并在唐山、北京设立了产品设计研发中心。在王忠利董事长带领下,公司积极推进产品研发和自主创新,目前已经成功取得 100 多项发明、外观、实用新型等专利。公司先后被评选为高新技术企业和河北省级企业技术中心、河北省工业企业研发机构,2017 年公司被评为唐山市丰润区纳税前十名单位,产品被评为河北省中小企业名牌产品。公司业绩遍布全国,产品出口到美国、俄罗斯、澳大利亚、乌克兰、中东等国家并成功打入以色列市场。2009—2012 年,公司产品连续 4 年全国销售量名列前茅。公司当选中国重型机械工业协会停车设备工作委员会副理事长单位,参与制定了 JB/T 8909—2011、JB/T 8910—2011 等立体停车行业标准。

公司在国内立体车库高端市场占据近乎垄断地位,客户群体包括国家安全部、国家公安部、中国解放军总参谋部、总后勤部、总装备部等重要机关单位;郑州市政府、西安市政府、宁波市政府、北京海淀区政府等政府机构;四川大学、北京师范大学、天津大学、北京芳草地国际学校等院校;潘家园古玩交易市场、北京西客站等集散中心;还包括万科集团、万达集团、恒大集团、保利地产、金隅国际等房地产开发商。2012 年,开始与华润集团、中国科技投资集团等投资机构合作开展立体停车场运营管理。

个人主要成就

中国重型机械工业协会停车设备工作委员会专家

2005 年获得唐山市职工经济技术创新工程优秀成果

2012 年度获得停车行业特殊贡献奖

2012 年获得机械式停车设备行业优秀企业家奖

2015 年度获得唐山市技术创新先进工作者

2018 年获得唐山市丰润区第五批专业技术拔尖人才荣誉证书

侯秀峰

**山东天辰智能停车有限公司
董事长**

　　侯秀峰 2011—2014 年 4 月，任济南天辰铝机制造有限公司董事长；2014 年 4 月至今，任济南天辰铝机股份有限公司董事长；2011—2016 年 3 月，任山东天辰智能停车设备有限公司执行董事、总经理；2016 年 3 月—2017 年 9 月，任山东天辰智能停车有限公司董事长；2017 年 11 月至今，担任江苏五洋停车产业集团股份有限公司董事。承担完成国家、省部市区科技攻关重点项目 47 项，拥有发明专利等 78 项，荣获"中国优秀民营科技企业"等多项国家及省市区荣誉称号。

　　他提出的"建一个车库，树一座丰碑"的发展理念，坚持高端配置、适中价格、完美服务的产品标准，坚定专业化、规范化、产业化的发展方向，带领天辰智能完成了从停车设备制造商到城市智慧停车系统运营商的转变。侯秀峰董事长带领着 1800 名天辰人，把产业做成国内最大、世界知名；实现技术水平和市场占有率等多项全国及世界第一，形成高端装备制造为主、能源冶金投资并行的国家级高新技术企业集团。

　　在市场开发方面，天辰智能一直以山东市场为中心，加强向周边 800km 地区辐射，强化重点市场的占有率，全面向全国市场覆盖；在产品方面，加大了创新力度，加强了智能车库的研发，多种产品升级齐头并进；在产能方面，逐渐深入完善产业链，积极在投资运营方面进行布局探索，在保证传统市场份额不降低的情况下，积极开发新领域新客户市场，尤其关注公共停车场项目，布局投资运营新模式。

邱荣贤

**杭州友佳精密机械有限公司
停车事业部总经理**

邱荣贤，台湾友嘉实业股份有限公司子公司——杭州友佳精密机械有限公司停车事业部总经理，同时担任中国重型机械工业协会停车设备工作委员会专家委员会专家。作为杭州友佳精密机械有限公司停车事业部的领导人，他坚持"诚信负责，永续经营"的公司经营理念，以专业创造价值、回馈客户。在他的带领下，杭州友佳精密机械有限公司先后获得浙江省高新技术企业、浙江省先进技术企业、浙江省重合同守信用企业、信用等级 AAA 级企业及萧山区百强企业等荣誉称号。

自主研发＋国际合作，专业领航，立志成为全球最大立体车库制造企业是企业发展目标。为了迈入国际化领域，邱总经理促成了与日本索道株式会社的产品技术合作和共同研发。同时，他还鼓励公司技术部门自主研发，朝着更先进的国际化停车产品而努力。产品从多段式系列、循环式系列、仓储式系列到停车塔系列等 30 余种机型，适合于各式建筑，并且全天候为用户提供最佳服务。

邱荣贤参与研发并获得的相关专利：一种用于立体车库的载车板升降装置（ZL2006 2 01088415）、一种立体停车设备遥控操作的安全系统（ZL2009 2 0193185.7）、一种用于立体停车设备的电池汽车充电收费系统（ZL2011 2 0039747X）、一种水平传送方向切换装置（ZL201620589574.1）、一种自动矫正汽车停车位置装置（ZL201620599210.1）、一种旋转摆臂垂直升降式的立体车库架构（ZL201620600168.0）机械式强制平层装置（ZL2017210342520）、一种双升降机式梳齿交换塔库（ZL201720157378.1）和 一种应用于立体停车库的存取车系统（ZL201720943199.0）9 项专利。此外，他还带领公司积极参与相关行业国家标准的制定，其中参与起草的停车行业国家标准有 11 项。

"以人为本，科技创新"，杭州友佳停车设备使用微电脑控制系统进行设计，达到自动检测全自动化设备，对现代化都市节省时间，提升土地使用价值和文明社会有显著的贡献。

洪伟泉

**浙江子华停车设备科技股份有限公司
党支书记、董事长、总经理**

　　洪伟泉，复旦大学工商管理学硕士。坚持以"生存第一　发展第二"的企业经营理念，稳健发展，不急于求成。管理上坚持"经营第一　管理第二"思路，充分发挥企业自身优势，简化流程，实施短平快式管理，公司于2016年8月8日在全国中小企业股份转让系统挂牌。

　　注重创新发展，带领企业积极参与行业国家标准的制定，分别参与《机械式停车设备术语》《机械式停车设备分类》《机械式停车设备通用安全要求》《简易升降类机械式停车设备》《升降横移类机械式停车设备》《起重机械 检查与维护规程第11部分：机械式停车设备》《机械式停车设备使用与操作安全要求》标准的制定。公司拥有绍兴市企业研究开发中心，是浙江省高成长科技型中小企业。2018年1月18日，经中科高技术企业发展评价中心专家评审，公司自主研发的新型三层升降横移类机械式停车设备，在构型设计上达国际先进水平，通过科学技术成果评价。公司先后承接阿里巴巴（中国）网络技术有限公司总部一、二期项目582泊位、652泊位；成都乔治希顿房地产开发有限公司1218泊位项目；成都奥克斯财富广场投资有限公司919泊位项目；上海朗信房地产开发有限公司732泊位项目；四川大学华西第二医院锦江院区一期工程等停车设备项目。

朱志慧

江苏金冠停车产业股份有限公司
董事长

朱志慧，本科学历，高级工程师、高级项目管理师，中国重型机械工业协会标准化工作委员会工作组成员，南通市特种设备协会副秘书长。有着严谨务实、雷厉风行和刚毅激情的军人气质，在部队期间，曾先后7次荣获部队各级嘉奖。后又荣获江苏省诚信企业家、南通市劳动模范、十佳企业英才等多项个人荣誉。

多年来，朱志慧董事长在企业的精益管理、人才培养、技术创新、知识产权保护、基建设备等方面持续增加投入，使得企业在以上方面取得了突破性的发展，造就了产品质量品牌，成就了市场。金冠股份以南通为根据地和主战场辐射全国，产品遍布大江南北，远销海外，赢得了良好的业界口碑。

在朱志慧的带领下，江苏金冠先后获得第六届中国技术市场协会金桥奖（国家级）、高新技术企业、江苏省民营科技型企业、江苏省科技型中小企业、江苏省优秀创新示范企业、江苏省服务型制造示范企业、江苏省企业知识产权管理标准化示范先进单位、南通市"瞪羚"企业、南通市AAA重合同守信用企业、南通市名牌产品、南通市知名商标等荣誉和称号。先后参与了JB/T8910—2013《升降横移类机械式停车设备》、JB/T8909—2013《简易升降类机械式停车设备》、JB／T10475—2015《垂直升降类机械式停车设备》、JB/T10545—2016《平面移动类机械式停车设备》等多个行业标准的编制工作。

朱志慧董事长坚持以创新求发展的科学发展观和以人为本的人才培养理念，分别与南通大学、重庆交通大学等多所高等院校合作，先后建立了省级研究生工作站、产学研基地等科研机构，并设立了江苏省智能停车设备工程技术研究中心，先后申请专利百余件，为公司的创新研发和产品升级提供了持续有力的保障。公司产品先后获得中国技术市场协会"金桥奖"的优秀项目奖、2项南通市科技进步奖、8项高新技术产品、2项南通市首台（套）重大装备等荣誉，并于2017年通过江苏省新产品新技术鉴定验收。

"路漫漫其修远兮，吾将上下而求索"。荣誉面前，朱志慧董事长不忘初心，勇于承担起一个优秀企业家应有的担当和责任，以运用科技手段改善、解决切实的社会民生问题为己任，带领金冠人主动积极地为城市的静态交通规划提供最专业的一站式服务解决方案，为城市的简单停车，市民的快乐生活，做出了积极的贡献。

苏 农

广东三浦车库股份有限公司
董事长

苏农，1993年自湖南大学结构设计专业毕业后，开始在设计院从事设计工作。2000年开始了自己的创业生涯，在这期间，他拿下了高级工程师、一级注册建造师、国家注册造价师、一级注册监理工程师、注册咨询师多个专业职称证书。2008年，苏农决定做立体车库产品；2013年，将企业迁到肇庆大旺国家级高新区，成为肇庆市唯一一家生产立体车库的企业。

苏农董事长从一名技术员做起，经历设计师、公务员、再到董事长，让公司成为华南地区首家新三板上市的立体车库企业。2010年，在全国同行中第一个拿到充电式立体车库专利，2016年开始第一批新能源车库如期上线。

在苏农董事长的带领下，三浦车库一直致力于立体车库的安全性和科技创新，现拥有18项安全专利。建立了广东省智能立体车库工程技术研究中心、广东省院士专家工作站，连续8年被广东省工商局认定为守合同重信用企业，其商标被认定为广东省著名商标，产品被评为广东省名牌产品。在做好传统立体车库的同时，大胆创新，将新能源技术与立体车库完美结合，其拳头产品多层升降横移车库成为新能源车库的代表。

公司自成立以来，一直专注于立体车库的研发与制造，广东省半数以上地级市的第一个立体车库（如珠海、顺德、江门、潮州、梅州、湛江等）都由三浦车库建造。

三浦车库率先提出"机械防坠、结构抗压、阻尼卸力"三重安全保障体系，坚持"安全第一，质量为先"。同时，独创"层层拦截超高""四点防坠"等安全措施，努力将三浦车库打造成为中国最安全的立体车库。

苏农认为，做企业是一件很严谨的事情，要很用心，他带领三浦公司在质量和产品安全管理上花了很多精力。为了保障产品的质量和安全，他还亲自编写了生产现场管理等很多管理流程和制度。在管理企业方面，他始终认为，一个企业的管理最重是要落实到人的身上，一定要实施人性化的管理，让团队员工感觉到这个企业是一个温暖的组织，人与人是互相关心和关爱的。

在互联网时代，企业创新发展面临着很多变量，三浦车库顺应"互联网＋"新趋势，将立体车库与互联网完美融合，通过手机终端系统，实现智能预约存取车功能，自动存取和支付停车费用，形成智慧停车新理念。苏农的梦想就是让中国人停车不再难，一如从当年对立体车库的研发，到现在对新能源车库的执着，严谨务实又不缺激情活力。苏农董事长勇于跟随时代潮流的精神，必将使他带领三浦车库，在立体车库智能化发展的道路上，创造更美好的前景。

魏大椿

**明椿电气机械股份有限公司
董事长**

台湾明椿电气机械股份有限公司成立于公元1977年，至2017年刚好满40年，在秉承创办人魏金德先生"品质第一"的精神下，产品行销中国大陆、欧洲、美洲、日本及东南亚各国。

早在30年前，台湾地区经济迅猛增长，家用小汽车开始普及，停车难的问题开始在一些地区显现。正是在这个阶段，明椿公司派员与台湾停车协会及一些有识之士，纷纷去日本东京等人口密度大、空间相对拥挤、停车难的问题特别突出的城市考察取经。在第一次去日本考察归国后，魏大椿董事长就制定了以后的工作重点：研制车库专用高品质电动机，并重点推广市场。此后，明椿车库专用电动机在迅猛发展的台湾立体车库市场中确立了行业领导地位。当年，魏大椿董事长判断中国大陆市场将是未来世界最大市场。为此，公司于1998年将车库专用电机引入中国大陆，并先后与深圳怡丰、唐山通宝等行业先行者合作，为后来20年持续引领行业发展奠定了坚实的基础。当前，世界最大的机械式车库需求市场在中国大陆，至少有5000万个泊位的空缺，这是公司最大的机遇。

随着行业的发展，公司看到智能泊车一方面是行业发展的必然趋势，一方面是产业初期衍生的产品质量缺失。虽然目前立体车库市场发展迅速，但因为门槛低、竞争激烈，导致这个行业的生产商家良莠不齐：大批取证企业没有业绩，更有相当的车库建好后没有投入使用，甚至有一些车库事故不断，质量问题频出，这些都是行业发展中急需解决的问题。为此，明椿公司始终坚持"品质＋责任"，努力铸造精品，认为唯有被市场检验过的产品才能自立于市场。自在台湾开始建造立体车库至今，正在运行中的立体车库专用电动机已经超过130的万台。如果您路过台中的如本SOGO百货，你会看到1996年建成的立体车库，至今仍在运行使用中，它用的也是明椿电动机的产品。

任何企业的发展都应该有永续经营的理念，特别是机械式立体车库行业，事关民生，对老百姓的生活有举足轻重的影响，更应该把"永续经营、用心服务"的理念注入行业。

永续经营的理念，运用在用人体制和文化传承上：明椿公司目前在台员工约160人，大陆员工40人，在公司服务超过10年的员工占公司比例30%；超过5年的员工60%；从员工入职第一天起，公司就灌输永续经营、永续服务的概念，强调每个员工都是公司的主人，通过资深员工的有效传帮带，企业的要求标准和运营理念得以传承，产品质量得以保证，市场口碑也得以永续。

永续经营体现在技术研发方面，是不断开发新产品，不断更新进设备，以此确保公司的技术产品永续发展。2017年，公司投入达到了1000万欧元，新添了德国制造的双面研磨机和LC380硬齿面精密加工机等设备。2017年，公司申请的新专利达到27个。

在时代的大背景下，明椿电机抓住的机遇，通过严格把控产品的质量铸造业内精品，通过人力、物力、财力的合理配置和新产品设备的积极运用研发，实现永续经营的目标。

冯小隆

**陕西隆翔停车设备集团有限公司
董事长**

冯小隆，2012年毕业于西安交通大学，工商管理硕士（EMBA），现任陕西隆翔停车设备集团有限公司董事长、陕西隆翔能源发展有限公司法定代表人兼董事长、陕西省电梯业协会副会长职务、凤翔县青年企业家协会名誉理事长、西安市凤翔商会副会长、西安市停车设备行业协会会长。

冯小隆董事长具有较强的创业意识，于2007年投资2亿元成立了陕西隆翔投资控股集团有限公司。经营中，他本着公平友好的理念，卧薪尝胆、稳扎稳打、诚信合作，先后完成与陕西省交通厅、陕西宾馆、延长集团、陕煤集团、西安铁路局等知名企业及政府机构的签约执行，在电梯、塔库、立体车库等项目上取得了重大进展，年销售收入达到4.5亿元。

作为陕西隆翔能源发展有限公司创始人，冯小隆董事长殚精竭虑、身体力行地推动集团平稳快速发展。面对城市用地的紧张和社区停车难的窘境，他果断提出发展立体车库项目。谋思路、跑规划、看企业、学业务，在他带领下，2012年又成立陕西隆翔停车设备集团有限公司。公司引进国际同行业先进技术和科研人才，致力于立体停车设备研发、设计、制造，以海纳百川的胸怀谋求企业创新发展，以精益求精的行业品质锐意进取，倾力打造全球立体停车设备新基地、树行业标杆。

冯小隆董事长非常注重人才培养和现代化管理，不断引入新技术，积极推进新跨越。在项目设计、施工过程中植入速度、个性化的概念，推进项目可持续发展；在同事眼中，他是"感恩常在心，崇尚儒家思想'上善若水'"的好伙伴。他善于学习、善于用人，是一位具有全局视野的企业家；始终把社会责任看作是义不容辞的职责，怀着一腔热忱和对智慧城市建设的钟爱，不断借鉴先进设计理念，大胆使用新材料、新工艺，努力提升项目品质和产品质量。他倡导的"向善向上、学习创新、诚信敬业、责任担当"是集团的共同价值财富。

冯小隆董事长始终把感恩、孝道、慈善记在心中，积极践行。他常说，"感恩是最大的财富。"自觉坚守"向善向上、学习创新、诚信和谐、责任担当"的信条，把"用感恩的心做人，用专业的心做事"融入公司企业文化。他长期致力于慈善事业，2014年6月，得知25岁的女孩韩晓青患尿毒症3年，期间治疗费花了20多万元后，他第一时间前往医院看望，并代表集团捐助2万元；他还多次向赣南边远山区小学爱心捐助，共20多万元。隆翔集团还成立了爱心基金会，资助贫困家庭，让爱心和热情传承延续，温暖更多的人。

2012年4月，冯小隆董事长获得凤翔县首届"十大青年楷模"荣誉称号；2015年12月，获得陕西省"杰出青年企业家"荣誉称号；2016年5月，获得陕西省"陕西五四青年奖章"。企业先后被评为了陕西省电梯行业年度先进单位、陕西省电梯行业协会副会长单位、2009年陕西省工商局"重合同守信用"企业、陕西省企业信用协会理事单位、西安凤翔商会副会长单位、西安凤翔商会先进会员单位、西安市停车设备行业协会会长单位。2015年，公司成为全国起重机械标准化技术委员会停车设备工作组成员单位、中国重型机械工业协会停车设备工作委员会会员单位、工业化和信息化两化融合试点企业、中国质量协会会员单位、陕西省工信部品牌培育示范企业、国家工信部品牌培育试点企业。2016年1月，公司成为中华全国工商业联合会会员单位。

面对经济发展新常态，他将带领员工一路追赶，不断超越，立足陕西，放眼全球，"树行业标杆，做全球停车服务商"！

刘 伟

深圳中集天达空港设备有限公司
副总经理

刘伟副总经理带领企业潜心研究机械式立体停车系统的开发、设计、制造和安装。1998年，建成第一个五层升降横移立体车库；2003年，建成第一个智能化巷道堆垛立体车库。在企业的发展过程中，刘伟始终把技术研发作为企业发展的重要战略，在立体车库方面投入了大量的技术研发力量，成功研发了多层升降横移、简易升降、平面移动、垂直升降、巷道堆垛、垂直循环等多种类型的汽车停车设备。近年，更是率先成功研发了充电一体化、试验载重可达20t的智能新能源公交立体停车库。

如今，在刘伟的带领下，中集智能分别取得2014年度、2015年度的车库行业的"十大品牌"和"领军品牌"。更成为国家标准《巷道堆垛类机械式停车库》《垂直升降类机械式停车库》和《机械式停车设备通用安全要求》的起草单位。

自2011年开始，基于对自己产品质量的自信和中集天达的实力，在政府鼓励的政策背景下，刘伟带领中集天达开始摸索多种市场模式，并率先采用BOT合作运营模式建造机械立体车库，在合肥、龙岩、十堰、贵阳、深圳和北京等地区成功打造了多个精品案例。随着业务的发展和各地多个精品项目的落成，中集品质的车库产品也得到了社会及业界越来越多的关注和青睐。

张丽娟

**上海浦东新区远东立体停车装备
有限公司总经理**

张丽娟总经理坚持"创新"和"以科技为先导，顾客为中心"的企业理念，带领公司成立了以专家、教授、高工为主的技术研发中心，集众家之长，使企业生产的各种机械式立体停车设备，具有技术先进、结构合理、安全可靠、外形美观等特点。产品多次获得国家专利，且经国家级部门检测，该系列产品达到国际先进水平，部分形式的产品被评为国家级重点新产品。

经过十年如一日的潜心发展，张丽娟总经理和远东人一起，终于把企业打造成行业标杆。如今，上海远东已成为是中国重型机械工业协会的理事单位之一，参与编制多项行业标准。企业通过 ISO9001—2008 管理体系与安全体系认证。每年生产约10000 左右的泊位投放市场，受到用户较好的评价和认可。

为满足市场发展的需要，张丽娟总经理决定，在江苏启东滨海工业开发园区成立启东公司，新辟基地 20 万 m^2，建造集开发、试制、生产为一体的现代化工厂，购置全新的先进检测和生产设备，引进先进自动化生产流水线。预计产能将在原来的基础上有大幅度提高，环境优美的启东现代化工厂将于 2018 年投入使用，界时将为企业腾飞注入了新的活力。

胥思勇

北京天宏恩机电科技有限公司
董事长

胥思勇，1986 年毕业于昆明理工大学，毕业分配到原北京有色冶金设计研究总院，在电器所从事自动化控制的设计工作。在设计院工作的十几个年头里，因为酷爱技术，别人不愿去的现场，他都主动请缨，深入现场零距离学习取经，很多大型的控制系统设计和调试工作给了他锻炼和成长的机会。

几年下来，胥思勇的辛勤付出没有白费：1994 年，在参与株洲冶炼厂过程控制系统工程中，他获得了国家科技进步奖二等奖；2004 年，在高端的停车设备技术方面收获国家科技进步奖二等奖，这一项目还得到了国家科技部创新基金 100 万元的资金支持。

胥思勇总经理出色的工作得到了设计院的极大肯定。设计院委派他负责原恩菲科技产业集团的车库设备管理工作，经过他和大家的共同努力，车库设备经营得有声有色、卓有成效，一个又一个代表性项目在全国各地落地：1989 年，在北京建成中国第一座塔式车库；2002 年，在大连建成国内第一台旋转 90° 的智能车库；2004 年，建成中国最大的升降横移立体车库，泊位达到 1155 个……就在停车设备经营的风生水起、订单络绎不绝时，2005 年，设计院面临和中冶集团合并的问题，北京恩菲科技产业集团将要变成三级公司，并且被要求主辅分离。当时，设计院里决定卖掉这个公司，让大家回到设计院从事老本行。但在停车设备行业里摸爬滚打了多年的技术人员，已经掌握了行业的着力点，并对行业有了深厚的感情。他们明白停车行业是一个新兴的前景广阔的行业，在未来 30 ~ 40 年里会呈现蒸蒸日上的发展态势。他们看到，中国的高端停车设备业将会迎来快速发展。当时，北京拥有 300 万辆车，停车位只有 120 万个；短短 3 年时间，北京车辆发展到了 500 万辆，

而停车位还在 200 多万个上徘徊。胥思勇和他的技术团队达成共识，决定留在停车领域，并且要将中国停车装备的头把交椅牢固坐稳，将世界一流的停车装备技术向国内大中城市上海、广东、深圳等地延伸，将技术做实做深……

2007 年，北京天宏恩机电科技有限公司成立，一班人马正式从原北京冶金设计研究总院转制出来。公司发挥人才优势，将来自电器、机械、工艺等专业的技术人才们独到的思维和高超的水平有机融合，形成了高超的集成创新。这些年，随着停车设备技术的不断落地，智能化的技术已经掌握于公司技术团队的手中。即使在市场低迷的情况下，公司仍然大胆出击，一举攻下甘肃报业集团投资几千万元的车库合约工程。目前，这一高端技术工程扎实落地兰州，在西北五省形成了强大的震撼力和辐射力。

天宏恩公司仅用 5 年时间，实现了注册资金从 2007 年的 50 万元，到 2009 年通过技术入股达到 1500 万元，再发展到 5000 万元；年产值从 1000 万元，做到 4000 万 ~ 5000 万元，数据的背后是胥思勇积累宝贵的经验：人性化管理，让技术领跑行业，"御寒"巧抓先机。

在二十多年发展历程中，胥思勇带领天宏恩在技术研发方面获得多项成果，包括设计研发了后悬臂液压型式的机械车库、首个滚轮式平面移动类机械车库等先进项目，并获得了国家专利。在服务运营过程中，使用激光测距，无线数据计算通讯等先进的设备和方法，提高项目的效率和准确率。通过坚持打造高质量产品，坚持技术创新开发，北京天宏恩在业内形成了自己的口碑，成就了在业内的标杆地位。

陆 斌

**上海天地岛川停车设备制造有限公司
董事长**

陆斌，1968 年出生于上海，1989 年毕业于上海海运学院（今上海海事大学）。

1989 —1995 年，供职于中海集团海运公司，主要负责远洋运输航线，多次完成复杂环境下的重大机电产品和钢材等战略物资的出口运输任务，在国际贸易和远洋运输领域积累了丰富的经验。

1995 年辞职下海，创办民营企业华谌科技股份公司，先后从事钢材贸易以及港口机械和矿山机械的研发制造，在冶金行业和重工制造业方面贡献突出。期间，主持开发了 H 型钢弯曲残余应力检测控制系统，高性能结构钢 Q550GJ 的 CO_2 气体保护焊焊接工艺，高层建筑双塔楼间钢结构施工用悬挂起重机等重要研发课题。

2015 年起，全面收购并接管上海天地岛川停车设备制造有限公司，对天地岛川公司传统产品垂直升降类以及平面移动类停车设备进行技术升级，并启动了新制造研发基地的产能扩建，新研发基地将致力于攻克人机协同、自主无人系统等核心课题，提升超高层、超静音、低功耗的智能停车设备主机交付能力。

天地岛川公司，秉承工匠精神，深耕产品多年，在人才和技术储备方面积累了雄厚的实力，具备高端库的天然基因。20 多年来稳健的发展，培育了良好的市场拓展能力和产品交付能力，并且率先在上海浦东机场以及临港新区的停车运营领域进行了积极的布局。2017 年，随着国内高端主流投资机构—江苏毅达的注资，使天地岛川的高端产业发展路径更加明朗。智慧引领，空间突破，以天地岛川为代表的大型品牌设备商将是未来现代停车产业发展的引领者和主力军！

周 庄

安徽马钢智能立体停车设备有限公司总经理

周庄，数十年来，以解决城市停车难题为己任，带领资深研发团队，进行科研考察和技术创新，主要研制了垂直升降类立体车库、平面移动类立体车库、垂直循环类立体车库等多种产品。

在注重研发、力求创新的指导思想下，马钢智能停车致力于解决日趋严峻的停车问题，受到社会各界的好评，先后获得了安徽省高新技术企业、守合同重信誉单位、政府采购立体停车设备十大品牌、优秀医院停车设备供应商、停车设备行业最具成长性企业等多项荣誉。公司从进入停车设备制造行业以来，以创新为公司的核心战略，不断开发新的智能停车设备，先后开发了7层垂直循环式、25层垂直升降式、6层平面移动式、巷道堆垛式、简易升降立式、升降横移式立体停车设备，以满足市场不同客户群体、不同地质条件和场地环境的需求。周庄作为马钢智能停车公司的总经理，从业20年来，为立体停车设备行业的发展付出了艰苦的努力，被中国重型机械工业协会停车设备工作委员会评为的优秀个人。周庄总经理还兼任马鞍山市政协委员，马鞍山市青年联合会副会长。

如今，在不懈的运营和周到细致的服务下，马钢智能停车已完成数百座智能立体停车库项目，其中包括北京环球财讯中心立体车库、北京曙光行政服务中心立体车库、上海华东医院立体车库项目、上海皮肤病医院单边巷道堆垛立体车库项目、南京市人民政府防汛抗旱指挥部总部立体车库、南京市浙商大厦立体车库、安徽铜陵龙山湖苑立体车库项目、云南西双版纳州景洪市立体车库项目、广州市羊城晚报立体车库项目、深圳市卓越梅林中央广场立体车库项目、哈尔滨银行总部立体车库项目、哈尔滨奥威斯大厦立体车库项目等多项案例。

史和庆

**江苏润邦智能车库股份有限公司
董事长**

史和庆，企业策划师、中共优秀共产党员、江苏省优秀企业家，曾荣获 2011 年度江苏省科技技术奖、2016 年度中华百名优秀徽商称号，从事科技型实体制造企业经营管理 26 年，具有丰富的管理经验和创新能力，尤其是在人才团队建设和智慧车库项目产业化建设方面经验丰富。在史和庆董事长带领下，公司先后获得过江苏省科技进步奖和国家授权专利 20 多项（其中发明专利 5 项），特别是"一种停车设备全程升降防坠安全装置和一种路面双层停车设备"等填补了国内市场的空白。2014 年，史和庆董事长参与研发完成的"一种可移动载车装置"，于 2016 年获得授权发明专利；2015 年，研发完成的"一种基于大气激光通讯技术的智能停车设备"被评为江苏省高新技术产品；2016 年，研发完成的"一种升降联动智能停车设备"，减少了开关点数量，大大降低了设备的故障率，解决了现有升降横移类停车设备因电动机滥用、信号点众多导致的成本高昂、稳定性不高的缺点。该设备被评为 2017 年江苏省高新技术产品。

在史和庆董事长带领下，润邦集团凭着孜孜不倦的努力和务实精神，秉承"关注人类生活空间，打造优异品质车库，构建车库顶级品牌"的理念，按照整合资源、产业提升、创造价值、回馈社会的原则，积极提升产品竞争力。公司先后通过了 ISO9001 质量管理认证、ISO14001 环境管理认证、OHSAS18001 职业健康安全管理认证、GB/T29490—2013 知识产权管理认证，树立了立体车库行业的标杆。

2015 年，公司销售额突破 1 亿元，并被批准为国家级高新技术企业。2016 年度公开中标项目数在全国排名前十，并荣获 2016 年度机械式停车设备行业销售 20 强企业和最具成长性企业，同时，还被认定为南京市智能车库工程技术中心和南京市认定企业技术中心。公司参与南京大院大所合作项目，成功签约中国科学院团队。在公司员工的不懈努力下，2017 年，公司荣获机械式停车设备行业销售 30 强企业，被评为 2017 年度南京市工业设计中心。与中国科学院合肥智能机械研究所、南京林业大学等知名院校开展"产学研"合作，为新产品研发和产品升级提供持续有力的保障。

何 炯

上海禾通涌源停车设备有限公司
董事长

数十年来，何炯董事长以"创造最具价值的停车空间，和谐停车生活"为己任，带领优秀的研发团队，进行科研考察和技术创新，引进、融合了欧美等发达国家的立体停车先进技术，并根据国情，优化产品设计，推出了智能化升降横移、简易升降、全自动化平面移动、垂直升降（塔库）、单臂悬挂（巷道堆垛）、停车 AGV 及汽车升降机等高技术的系列产品，能满足各种不同停车场地和空间的需要。

作为公司的领头羊，何炯董事长的思维是跳跃和敏感的，他始终用客户的视角来洞察停车设备行业。在他的带领下，禾通公司不断推陈出新，用专注、专业、卓越的精神，为客户提供更优质的服务，以增强客户对产品的满意度及对企业的信任度。

禾通涌源地处上海，在华东市场的优势显而易见，众多成功案例中的上海金山万达项目、上海胜悦嘉苑项目和南京软件谷项目，都是泊位超过 1000 个的大项目，在业内也颇具影响力。但何炯董事长高瞻远瞩，早已经在全国布局，先后在国内成立了 6 家分公司，并且产品已经远销到美国、澳大利亚、肯尼亚、伊朗、俄罗斯、阿曼、韩国等世界各地。

产品质量是企业的生命，这是何炯董事长的一贯理念，现在公司已经取得了 13 项专利技术，以更好的产品，更具竞争力的价格回馈给我们的客户。

2013—2017 年，何炯董事长连续 5 年荣获"机械式停车设备优秀个人"，还被停车网授予停车行业"十大风云人物"。

何炯董事长个性随和，但又不失管理者的威严，思维跳跃而又开阔，能捕捉和把握千变万化的市场规律，既有前瞻性和远见卓识，又能迅速把想法付诸实践。有这样的领导人，禾通涌源公司一定会更加强大。期待禾通人在何炯董事长的带领下，不忘初心，砥砺前行，为中国的停车行业贡献自己的一份力量。

马金华

安徽华星智能停车设备有限公司
董事长

马金华董事长在担任安徽华星金属结构工程有限公司董事长期间就开始关注智能立体停车行业发展。2008 年，与合肥工业大学进行产学研合作，成立"智能立体停车设备研发技术中心"，研究开发立体停车设备产品，并于 2009 年正式成立安徽华星智能停车设备有限公司。公司每年销售收入保持 30% 的增长，利税年增长率均超过 25%。

马金华董事长始终把"创新"作为公司发展的第一要素，始终坚持技术创新、管理创新、工艺创新，公司因此获得了安徽省创新型试点企业、合肥市科技进步奖、合肥市工程技术研究中心等荣誉称号，公司产品被认定为安徽省重点新产品、安徽省新产品、安徽省高新技术产品。

一直以来，马金华董事长将企业可持续发展作为工作动力，2013 年 7 月，与东兴证券、华普会计事务所、天禾律师事务所 3 家机构签署了 IPO 上市辅导协议；2015 年 7 月，安徽省政府壹号基金支持司 IPO 上市，进行战略投资。

在企业发展的同时，马金华董事长在公司推行孝子入企，给员工父母发放"孝老资金"，即对于进入公司工作满 3 年父母健在的员工，发放"孝老资金"100 元 /（人·月）。同时，积极参与慈善活动，2017 年，向肥东石塘镇老年活动中心捐款 120 万元。

马金华董事长计划在五年时间里，将华星智能停车设备公司打造成为一个公众性企业，并在中小板进行上市。

马金华董事长获得的荣誉：

2010 年度 获得安徽省发展非公制经济推进全民创业领导小组授予的"发展非公有制经济优秀创业者"称号。

2012 年 政协提案中，被政协肥东县委员会评为"优秀提案"。

2013 年 被评为合肥市委、市政府开展"合肥市第二批'228'产业创新团队带头人"。

2014 年 获肥东县第三届道德模范"助人为乐"称号。

2014 年 获得合肥市人民政府颁发的"合肥市科学技术进步奖三等奖"。

2015 年 被安徽省委组织部评为"安徽省技术领军人才"。

2017 年 被聘为中国重型机械工业协会停车设备工作委会专家委员会专家。

刘焕年

无锡许继富通达车库装备有限公司
董事长

刘焕年，无锡许继富通达车库装备有限公司董事长。数十年来，带领企业用心做产品，用情做服务，从无到有，从小到大，一步步在行业内站稳了脚跟，树立了口碑。如今，公司发展成为国家高新技术企业，是中国重型机械工业协会停车设备工作委员会理事单位，先后获得"守合同重信用企业"，"行业最具成长性企业"等荣誉称号。公司"富通达"商标被无锡市工商行政管理局认定为无锡市知名商标。

"抓质量、促创新"是刘焕年董事长的核心管理思想。在他的领导下，企业从上至下，全面贯彻全员质量管理理念，并为此建立起一套以工程质量管理为核心的管理体系，将质量管理落实到设计、生产、安装的每一个具体环节，设立节点和综合质量检查制度，专人负责，各部门联动监督落实质量管理工作，真正做到"全员管质量、环节严把控"。在严把质量关的同时，刘焕年董事长不忘科技创新，在他的领导下，企业采取"多措并举、内外兼顾"的创新举措，内部搭建研发创新平台，引进人才，制订激励措施，鼓励研发团队申报专利，目前企业已成功申报 30 余项实用新型专利，2 项发明专利。公司还与江南大学、无锡职业技术学院等高校建立产学研合作平台，全方位展开科研合作。同时，以项目为抓手与兄弟单位合作，在项目实施过程中不断学习探索。

姚长杰

**山西东杰智能物流装备股份
有限公司董事长**

　　姚长杰是东杰智能的领头羊，数十年来，以解决城市停车难题为己任，带领超过150人的研发团队，进行科研考察和技术创新，主要研制了垂直升降类、平面移动类、垂直循环类、地下圆井式、停车AGV、智慧城市停车管理平台等多种产品。现已发展成为山西省高新技术企业，建立了省级企业技术中心，并设有省级实验室一处。公司是至今为止国内唯一以立体车库为主业的主板上市公司。

　　在姚长杰董事长注重研发、力求创新的指导思想下，东杰智能先后获得了山西省重合同守信誉单位、太原市民营企业50强、停车设备采购30强等多项荣誉。自进入停车设备制造行业以来，公司以创新为核心战略，不断开发新的智能停车设备，先后开发了9层垂直循环式立体车库、25层垂直升降类立体车库、12层平面移动立体车库、巷道堆垛立体车库、简易升降立体车库、8层升降横移立体车库、手机app软件管理系统等新产品，以满足市场不同客户群体、不同地质条件和场地环境的需求。

　　如今，在不懈地运营和周到细致的服务下，东杰智能已完成数十座大型高端智能立体停车库项目，其中包括北京德外大街、天津冠福大厦、武汉儿童医院、杭州富阳新登、太原市北宫花园、太原市财富大厦、云南大理河畔人家和安徽铜陵长江路等立体车库项目。

王国华

天马华源停车设备（北京）有限公司
董事长

　　王国华总经理现为中国交通运输协会静态交通产业分会理事，国际绿色建筑运营与维护系统认证工程师，中国重型机械工业协会停车设备工作委员会专家组专家。

　　王国华总经理是一位理论与实践经验兼备的企业家。在清华大学总裁班学习后，学以致用，加之十几年机械设备制造的行业经验，在立体车库蓬勃发展的今天，不断赢得佳绩，使天马华源品牌从默默无闻到小有知名度。北京晚报曾报道天马华源在社科院建设的首个无人值守立体车库，北京电视台、渤海早报采访报道天马华源无人值守 1min 停车入位的智能车库，天马华源的品牌影响力得到广泛提升。同时，王国华总经理与时俱进，紧跟国家"产融结合"的大政方针，成功承建了北医三院 PPP 项目，这个项目的完成是产融结合的典范，已成为业内的一段佳话。

　　王国华总经理一手抓订单，一手抓售后，保证"两手抓，两手都要硬"。巨大的汽车后市场，没有过硬的"两手抓"是站不住脚跟的。在过去的十多年中，王国华带领着自己的团队在市场拓展、技术研发、售后服务领域等积累了大量的经验，在实践中形成了自己独特的理论和方法。在他带领下，公司分别获得由中国重型机械工业协会停车设备工作委员会颁发的"2014 年度最佳进步奖""2016 年度机械式停车设备行业最具成长性企业奖""2017 年度机械式停车设备行业共同促进奖"，以及由中国质量认证监督管理中心、中国企业信用评估中心颁发的"中国机械停车设备行业十大品牌"。

　　王国华总经理在创造经济效益的同时，秉承着"有理想就有空间"的现代化企业管理理念，知人善任，引进人才，并人尽其才，塑造了同他个性一样鲜明的，催人奋进的企业文化。他率领着一支有热血、有激情、有能力的团队，讲述着天马华源自己的立体停车设备的品牌故事。

陈金水

山东九路泊车设备股份有限公司
董事长

"为将之道，当先治心。"在陈金水董事长当士兵的时候，他具有较强的执行力；当排长的时候，他具有良好的统筹力；如今，做了执行董事，他又将前瞻性发挥到了极致。他既能够利用底线思维，宏观把控市场脉搏，又能够通过忧患意识，微观掌握发展主动。

未战养其财——打造军旅文化

20世纪90年代的北京，建机行业竞争激烈，陈金水凭着永不服输的刚强性格，凭着勤奋、务实和诚信，他挣得了第一桶金。随后乘着北京奥运会的东风，他捕捉市场信息，通过品质保证开拓市场，通过科技创新进军高端，通过人文关怀强化管理，经过十几年的摸索与打拼，从建厂初期仅有职工7人、固定资产不足20万元、产品单一、销售网络不健全的小厂子，一跃发展成了涵盖建筑机械加工制造、停车产业投资管理、城市智能静态交通管理、智能仓储研发生产等领域的中国航天战略合作单位、军地集团战略合作单位、中央电视台品质入围企业、中国AAA企业信用等级、国家高新技术企业。

陈金水感慨道："令行禁止、官兵一致、发扬民主、训管结合、各司其职、以身作则，正是由于这种军事化理念的渗透，把刚的纪律与柔的执行有机结合起来，九路泊车才能更大激发员工的凝聚力和创造力，勇争行业第一。"

将战养其力——组建战狼团队

2018年6月，广州市项目施工现场，一种特殊的停车设备——智能垂直循环立体车库正在紧锣密鼓地施工。提起自己的"战狼团队"，陈金水有自己的见解：狼有敏锐的嗅觉，有不屈不挠、奋不顾身的精神，有群体奋斗的行为。企业的发展，同样需要"战狼"精神。

在九路，"战狼"精神无处不在。公司成立20多年来，共从当地吸引各类退伍军人30人，分布在公司的行政、销售、一线、后勤等多个岗位。凭借着战狼精神，九路泊车在行业内行走，一路所向披靡，几年的工夫，就已做到行业翘楚。

每一个项目，不管规模大小、不管距离远近，在项目结束前夕，陈金水都要亲力亲为，带上心意去看望远在他乡奋斗的项目"战友"。

既战养其气——新旧动能转换

2018年伊始，九路泊车借用商业地产模式开发城市停车地产，引入金融资本推动停车产业升级，用物联网思维建立停车产业生态环境，成功申请专利50余项，成为了新旧动能转换的行业先驱。除此之外，革新永不止步：集工业物流、密集柜于一体的"九一智能仓储"项目、集观光与环保研发应用的特种设备的"九虹中工"项目和以人为本、以能为本，重树儒商文化的"九路商学院"项目，正在有条不紊地进行，用战略投资、财务投资，培育新动能，打造新产业，实现新发展，逐步实现九路控股新模式。

既胜养其心——优化商业模式

仅用了3年的时间，就从一个机械制造的供货商，转型成长为一个机械智造的引领者。集资本运作、高端智能、精细管理为一体的全产业生态体系是引领九路人不断前进的一盏明灯。陈金水带领的战狼团队，早已明晰，企业的发展，追求利润不再是唯一的目标，而是要以环境保护、安全生产、人文关怀为依托，以产业升级、产能优化为抓手，以生态理念为指引，努力做到产业与环境的和谐发展。

车明群

**青岛茂源停车设备制造有限公司
总经理**

车明群总经理在近 10 年的机械式停车库制造经历中依托在业界积累的良好口碑，带领团队，迅速开拓市场，并向智慧停车上下游纵向发展。不但使企业业绩持续高速增长，而且依托具有自主知识产权的立体车库大数据后台监控系统，完善了产品质量售后体系，为产品的稳定使用提供了坚实基础。公司先后被评为山东省"重合同、守信用"企业、企业信用 3A 级企业、机械式立体停车设备售后服务五星级企业。入选全国起重机械标准化委员会停车设备工作组成员单位和中国重型机械工业协会停车设备工作委员会理事单位，成为行业内的领军企业。

车明群总经理带领公司实现了技术上的跳跃式前进，先后成为《机械式停车设备使用与操作安全要求》《平面移动类机械式停车设备》《起重机械检查与维护规程第 11 部分：机械式停车设备》《升降横移类机械式停车设备》国家标准的起草单位和山东省企业技术中心。公司自主研发的 AGV 智能停车系统和基于 Internet 大数据的立体停车设备远程维护和故障诊断系统在业内具有领先优势，极大地提升了企业的竞争实力。

王 俊

深圳精智机器有限公司
董事长

　　王俊总经理，是深港产学研基地自动控制领域研究员，深圳市科技计划项目评审专家，中国重型机械工作协会停车设备工作委员会专家组专家，中国空间光学学会会员。

　　2000 年王俊总经理于中国科学院长春光机所获得博士学位。参加工作后，一直致力于运动控制、数控系统、光学检测、停车系统智能搬运机器人等方面的研究。自2006 年起，一直与长春光机所合作进行"载人飞船空间相机稳像系统设计与控制"的研究。2011 年 7 月至 2014 年 10 月，在北京大学香港科技大学深圳研修院及哈尔滨工业大学电气工程学科（领域）从事博士后研究工作，并完成在站期间的科研任务；参与国家科技部 863 项目："电池组快速更换系统集成技术研究与装备开发""换电机器人标准体系的研究工作"。2016 年，取得深圳科技创新委员会技术攻关项目"重20160567 电动汽车集约式智能充换电站系统的研发"。

　　王俊总经理曾作为项目总负责人主持了多个实际工程项目的研发，包括海上专用高精度陀螺稳定平台跟踪与瞄准系统；从事高性能运动控制系统的研究，并主持进行通用数控系统的开发；主持大型立体停车与立体物流仓储系统中关键技术的研发与产品化的工作。

　　王俊总经理不仅有很强的研发能力和项目管理组织能力，并具备很强的创新理念和开拓能力。从公司 2012 年 7 月成立至今，带领研发人员完成多个研究成果，并在市场开拓方面取得突破性进展。

夏健鸣

深圳市中科利亨设备股份有限公司董事长

夏健鸣董事长是世界智慧交通研究院专家、停车设备工作委员会专家、中国起重机械标准化委员会专家、广东省科技厅专家、深圳市企业家协会理事、深圳市投资商会理事、深圳市专利协会理事、深圳市宝安区高层人才。

来深圳前，夏健鸣在湖南老家的一个县级机械厂担任技术厂长。1999年初，他申请了立体车库的第一项专利，当年11月来到深圳，曾在几家大型外企从事技术工作。2005年，同两位朋友一起成立了中科利亨公司。

自公司成立以来，夏健鸣董事长带领公司研究中心一直处于高强度的研发与技术完善工作中。技术出生的他更是一直致力于最符合中国人停车习惯的智能立体车库研发，研发的持续投入保证了新产品的迭代推出。他埋头于自己的"技术＋市场"的模式，把所有力量都放在自己最擅长的领域上，自主研发的"智能化多出入口圆形塔式立体车库"产品，在存取车速度和效率等方面位列世界首位，被评为"全国百强创新中小型企业"。现在，"智能化多出入口圆形塔式立体车库"已获国家科技部创新基金专项支持，被国家建设部载入《"十一五技术公告"推广产品手册》，列入《深圳市建设局四新产品目录》《深圳市政府采购目录》和《深圳市自主创新产品目录》，并荣获特种设备安全主鉴一级、最具潜力的深圳品牌和行业最佳进步奖。

在公司快速发展的同时，夏健鸣董事长并没止步。他发现城市中许多地块因面积太小，建不了大型智能车库，在土地越发紧张的今天仍然没有有效利用起来。成立专题研发小组，研发出一种占地面积只需1～3个泊位，既停车方便又能在1min内存取的——中科利亨智能小型车库。该产品一经问世，就以良好的使用效果得到客户的欢迎，很快就在广东惠州、重庆渝北、安徽铜陵、湖南株洲、陕西安康、山西太原等地应用。

夏健鸣董事长非常注重企业的研发和创新，坚持在智能泊车领域自主研发系列的创新产品，近期更是隆重推出了研发的最新成果——智能化公交车立体停车库，展现出了中科利亨在高端车库领域研发的技术水平，也使我国高新技术产业在建设智慧城市的道路上迈出了重要的一步。

经过13年的积累，夏健鸣带领中科利亨人终于迎来了2016年爆发式成长。公司已与重庆、青岛等城市探索出成熟的PPP合作模式，并携手复星集团、鞍钢集团、中建集团、中安控股集团、中兴集团、奥特迅等知名企业展开战略合作，共同打造静态交通"国家物联网"和"工业4.0"智能制造的基础平台，着力解决城市停车难、充电难、如厕难和停车难等问题，实现导车入库、还路于民、低碳环保、节能节地、安全快捷的停车新概念。中科利亨秉承"以工业化手段解决城市停车难问题"这一理念，率先在产品模块化生产组装方面取得重大突破，使公司智能车库项目快速建设不仅成为现实，也得到德国、美国和瑞士停车行业专家的高度认可。

薛之桂

北京四季快安科技有限公司
董事长

　　薛之桂董事长，福建省福清市人，大学本科学历、中共党员、高级经济师。1969年入伍，历任铁道兵第七师三十三团连政治指导员，营政治教导员，团政治处组织股股长，政治处副主任、主任。兵改工后，历任中铁十七局集团远通公司总经理、中铁十七局集团总经理、中铁建电气化集团董事长、北京四季快安科技有限公司董事长。2014年6月11日，与世界地下智能停车场技术最领先的意大利TREVI集团公司董事会主席特莱维·萨尼先生，签署大中华区独家引进TREVIPARK地下圆形智能停车场专用技术转让与合作协议，成为大中华区该专利产品的唯一使用单位签署。

　　北京四季快安科技有限公司是一家创新型公司，团队成员分别具有工程设计，高铁、地铁、公路、市政、港口建设，机械制造，自动化控制等专业经验，共同致力于打造现代化一流企业。

　　公司主要研究与开发深层地下智能停车场，以创新与应用并举为核心思想，组建了专业技术团队。以世界顶尖的技术和软件系统为保障，以独一无二的资源优势为基础，以超前敏锐的市场眼光，以及专业精到的服务水准，为广大客户提供专业、实用、高质量的智能停车场建设服务。与国内一流的设计、施工、制造单位合作，构成了强强联合体，形成了建设和管理地下深层智能停车场全流程的综合能力，实现了互联网＋立体智能停车库，成为我国建设新型停车场的主力军，为加快形成安全、便捷、高效、绿色、经济的综合交通体系做出贡献。

　　公司愿意与全国有关部门和机构，与各类型投资人合作，共同为缓解城市停车难、出行难、为建立美好城市做出贡献！

朱建华

宁波邦达智能停车设备股份有限公司董事长

朱建华董事长是 1978 年高考制度恢复后全国统考第一届大学生，毕业于浙江师范大学政教系；1996 年，在鄞州日报社党组成员、副总编岗位上，经组织批准，创办企业；2005 年，获得上海交大首届 EMBA 硕士学位；2009 年，毕业于浙江大学金融和资本运作班。曾在国家一级刊物上发表多篇专业论文，如"薄壁型材嵌套式复合构件的停车设备""节能环保型立体停车设备""嵌套式复合型材构件制造技术及其专用机床"等。

不平凡的人注定要走不寻常的路。朱建华董事长所创立的邦达公司早在 2008 年就制造了一套五层升降横移机械停车设备样机，并取得了立体机械车库制造加工和安装特种设备许可证。但他却未满足于现状，反而从中发现传统的产品在结构设计、材料选用、制作工艺、产品外观等方面存在很多缺陷。因此，最后决定暂不开发市场和批量制作，而是组织专业人员潜心研究开发可代替传统产品的新的智能停车设备。

"世界上怕就怕'认真'二字"。正是凭着认真、执着、专注的"工匠"精神，在朱建华董事长的带领下，经过多年的精心研发和大量的财力、物力、人力投入，2012 年，一套世界首创的 1+1 模块化智能停车设备的问世引起了业界的极大关注。"创新引领市场，智能创造未来"——邦达公司的这句口号，体现了朱建华董事长对于技术创新的重视，最终赋予了邦达机械式停车库"高品质、低成本、差异化"的产品优势；截至 2018 年，该产品已获各种专利 100 多项；其中欧美、日韩国家 PCT 国际发明专利 22 项、国内发明专利 65 项，成为行业内"独辟蹊径"的明星。

"路遥知马力"，随着越来越多的业内企业人士、专家和用户关注邦达智能停车设备，朱建华董事长与他的团队也赢得了众多赞誉。朱建华董事长已获得国家科技部创新创业人才、中国重型机械工业协会停车设备工作委员会专家、中国房地产学会停车专委会主任、中国高新技术企业专业委员会会员、中国发明协会会员和中国优秀创新企业家等诸多荣誉称号。

"不忘初心，牢记使命"。朱建华董事长正是为了实现他创业之初"实业报国，奉献社会"理想，一步一个脚印，带领着他的团队向创造出中国乃至世界一流的立体车库产品的目标迈进。

王 健

青岛齐星车库有限公司 总经理

王健总经理，一个专注于解决城市停车难题的行业领军人物。十余年来，王健总经理带领国内顶尖技术团队亲自参与研发了九大机型，申请了200多项国家专利。王建总经理根据多年的行业经验，对企业提炼出"一稳、二大、三快、四面"的发展战略格局。"一稳"指一线城市的市场需求基本平稳，总量依然较大；"二大"指二线城市尤其是省会城市需求大，占到国内市场50%以上，是市场的主要板块；"三快"指三线城市市场增长很快，近三年平均增速达到47.5%，而且各城市对智能立体车库的需求已经比较成熟。"四面"指四线城市这个很大的市场群体，公司立体停车库的普及推广速度很快，尽管各城市目前还处于市场培育阶段，需求量尚不稳定，但需求面较广，比重逐渐提升。

青岛齐星在此战略格局思想指导下潜心经营，用心发展，发力产品研发和技术创新，打造出简易升降类、升降横移类、平面移动类、水平循环类、多层循环类、垂直循环类、垂直升降类、巷道堆垛类、汽车专用升降机类等九大类智能车库机型，并且与日本合作开发出全新钢结构自走式立体车库等新型立体停车场。同时，所有库型均可配备充电桩及各种智能化管控系统。特别是近几年，与德国专家共同研制的高端平面移动机型，智能搬运机器人（AGV）、各种形式的塔库，完全处在国际领先水平。

在参与研发的同时，王健总经理还坚持深入生产、安装、售后的一线，以身作则，亲赴现场予以指导。在王健总经理带领的销售团队的共同努力下，2016年，公司中标全国单个订单额最大立体车库项目，订单额高达2.69亿元；2017年，公司承接全国单体泊位数最多的立体车库项目。2018年，在"2018中国城市停车大会暨中国停车设备行业年会"中，王健总经理荣获"2017年度优秀个人"。

秉承勇为"城市智慧停车产业资源整合者"责任和担当精神，如今，青岛齐星已经发展成为拥有"一流的研发团队、一流的生产设备和流程、一流的安装和售后服务团队"的省级高新技术企业，是国际大规模的专业立体车库生产基地。公司全套引进意大利先进环保全套热浸锌、镀锌设备，被国际镀锌会授予"国际镀锌示范工厂"。青岛基地工厂的生产用电60%来自屋顶太阳能发电、地源热泵和余热再利用，实现整个生产流程的节能减排。公司与北京清华同衡设计院有限公司、山东建筑大学机电工程学院、全联房地产协会、中欧技术研发中心、北京邮电大学、航天建设集团深圳有限公司等实力超群的研发单位有着长期战略合作关系，在北京、青岛、深圳及德国等地设有研发及合作中心，完成国内多个知名重大车库项目建设，深受消费者的高度赞誉。不忘初心、砥砺前行，青岛齐星车库有限公司为成为建立世界第一流的全产业链经营的智能立体车库行业的整合者而不懈奋斗。

陆兴华

衡水奇佳停车设备有限公司
总工程师

陆兴华，高级工程师，毕业于如东电大机械制造专业，中共党员。曾在南通马塘粮机有限公司从事新产品开发设计，设计的双挤出轴榨油机获得专利，F8刚板自动蛟龙成型设备获得发明专利。

2004年开始进入停车设备行业，是中国重型机械工业协会停车设备工作委会员专家、全国趋利机械标准化技术委员会成员、全国停车设备标准化制定工作组成员。曾在江苏金冠立体停车系统工程有限公司从事产品开发，开发的车板横入式和纵入式平面移动产品、单边平面移动停车设备、双列式垂直升降停车设备、牵引挂钩和车板防自走定位已申请专利。就梳齿式垂直升降停车设备和曳引式带旋转汽车专用升降机等发表的主要论文："不等螺距锥度挤出轴的深度加工""立体停车设备安装与调试""梳齿式停车设备和车板式停车设备的比较"等。

2009年5月起，陈兴华担任衡水奇佳停车设备有限公司担任公司总工程师，负责新产品的研发、技术改造及机械设计，熟悉复合管道生产工艺及标准，参与公司与同行业的沟通交流与合作项目，主持完成公司多项新产品设计。

参与制定的行业标准和国家标准：

行业标准：JB/T 8909—2013简易升降类机械式停车设备、JB/T 8910—2013升降横移类机械式停车设备、JB/T 10215垂直循环类机械式停车设备（修订中）、JB/T10475—2015垂直升降类机械式停车设备、JB/T 10545—2016平面移动类机械式停车设备。

国家标准：《机械式停车设备设计规范》起草中。

自加入衡水奇佳停车设备有限公司以来，秉承"永远的奇佳、不变的真诚""以质量求生存、以信誉求发展"的理念，抓住机遇，勇于创新，力求把奇佳公司做大做强，不断为我国的交通事业和地质灾害治理工程做出贡献。

戴水文
广东明和智能设备有限公司
总经理

　　戴水文总经理一直以"让天下没有难停的车"为己任，带领企业通过自主创新和开拓进取，不断推出新的技术和产品，为客户带来便捷的停车体验和个性化的解决方案。在他的带领下，广东明和在不到五年的时间内，发展势头迅猛，已经获得了158项国家专利，被评为国家高新技术企业、广东省工程技术研究中心，成为行业内发展最快的智能停车设备企业。

　　客户的停车体验，是戴水文总经理最在乎的事情。因此，广东明和的一切研发与努力，也均以此为最高宗旨。他们成功地把磁驱技术创新地应用到垂直升降式车库中，研发出新一代高效安全静音的垂直升降车库。除此以外，广东明和还独创了两款车库：新型二层平面移动及智能魔方组合车库，攻克了旧城区改造泊位无法增量的世界难题。至今，广东明和拥有七大系列九个品类的丰富齐全的产品，可因地制宜地解决各种停车难题，助力智能交通发展，让车主轻松、高效出行。

　　如今，凭借匠心智造的实干精神和勇立潮头的创新精神，广东明和在全国已完成了数百个项目，赢得了市场的肯定，也迎来了企业的腾飞。其中典型包括广东长隆酒店立体车库、珠海拱北海关立体车库、西安万科金色悦城立体车库、上海华发公馆立体车库、广州南沙交警支队立体车库、顺德新宝电器立体车库、四川康定三江酒店立体车库、海南三亚山水三千立体车库、中山农业发展银行立体车库、顺德区人民法院立体车库和武汉广电局立体车库等。

李国明

**唐山宝乐智能科技股份有限公司
董事长**

　　李国明董事长始终瞄准产业链高端，通过产品的不断创新升级，将宝乐智能建成一家产品覆盖全产业链的生产制造高新技术企业。

　　李国明董事长 30 年来的创业史就是带领企业员工以敏锐的市场洞察力与工匠级的卓越精神，不断开拓创新的历史。20 世纪 90 年代初，他以一个企业家的敏锐嗅觉感到中国铁路将由传统的运输方式进入动车、高铁时代，他主动与中车集团（原北车集团）寻求合作，为其动车高铁建设配套 1000 多种产品，积极参与到我国高铁飞速发展的进程中，成为我国高铁发展实践者。近年来，他纵观钢铁行业发展未来，感到传统钢铁转型发展是企业生存和发展的必由之路。李国明董事长根据我国目前停车难解现状远赴德国、日本、韩国考察停车技术，缜密的考察了国内十几个大中城市，形成了对我国停车行业现状的积极思考，下决心把企业从钢铁产品深加工转向高端装备产品生产制造。李国明董事长自 2015 年底开始筹建宝乐智能，立项并对智能停车设备项目进行优化及产业化。通过 3 年的艰苦努力，依托连创集团技术、资金、市场和管理优势，使宝乐智能快速发展，成为产品线丰富、质量可靠，具有价格优势的新兴企业，完成了集团公司的完美转型。

　　李国明董事长提出的"真君子仁中得利，大丈夫义内求财""失败不等同失信，可失信就是失败"经营理念，正是公司厚积薄发、日新月异的发展动力。

　　自宝乐智能成立以来，李国明董事长始终把科研与创新放在首位，目前已拥有多项国家专利，特别是将低压轨道供电技术应用到智能停车设备上，填补了我国停车设备市场的空白，这套技术将对立体停车设备的制造、使用带来重大改革，将使智能车库的市场占有率大大提高。

　　细数流金岁月，过去的 30 年是中国制造业转型升级的 30 年，也是属于李国明董事长躬耕创业的 30 年。

　　不忘初心、创新不竭，李国明董事长将带领企业在未来的时代大浪潮中书写新的辉煌篇章。

李发东

兰州远达停车产业有限公司 董事长

　　李发东董事长，在市场经济取代计划经济之时，带领企业进行战略转型，于1999年成功立项机械式停车设备，带领集团从中石化机械厂跨入智能泊车领域。

　　在企业原有的生产基础上，李发东董事长要求企业不断开发创新适应市场需求的革新技术，经过长期的发展沉淀，研发出了多种适用于公共停车场、机关单位、商业住宅小区的智能化机械车库以及核心部件。其产品独特的设计在国内各个厂家搬运器中独占鳌头，获得了多个国内首创。截至目前，公司已申报国家专利十余项，其中有多项获得了发明专利。

　　"超静音机械调速升降横移类停车设备"是业界瞩目的创新研发项目成果。独特的设计，可实现无需变频器的机械调速、带导向的载车板提升形式，低成本的超静音运行等，在国内停车设备市场注入了一股清流。

　　在李发东董事长的带领下，公司不但在国内多个省市开设了分支机构，还建立了兰州、宁夏、重庆和北京4个生产制造基地。一个以市场为先导，以技术为后盾的强大的机械式立体停车库研发、生产及销售为一体的大型的产业集群已初步成形，为公司进一步发展，奠定了坚实的基础。

杨晓川

北京大兆新元停车设备有限公司 董事长

杨晓川董事长，自公司成立以来，带领企业团队在停车领域做出突出贡献。主要研制的升降横移、简易升降、多层循环、平面移动、垂直升降（塔库）、汽车专用升降机六大类几十个品种的机械停车设备产品及汽车回转盘、智能化管理收费系统等辅助设备配套设施产品，涵盖了目前市场上常见的从普及型到高端的机械式停车设备产品，产品已在全国50多个大中城市投入使用。随着经营规模的日益扩大，公司已在全国的各大区域中心城市和部分二线城市设立了办事处和售后服务分支机构，产品销售和售后服务网络覆盖全国大部分地区。杨晓川董事长带领公司设计团队开发了专门适用于欧洲市场的平面移动类停车设备产品，并获得了国家发明专利，完全拥有自主知识产权；所研发的产品已远销以色列、乌克兰、俄罗斯、德国等国家和地区。由于产品优越的性能及合理的市场售价，公司产品在海外市场中具有明显的竞争优势。公司已与以色列客户建立了长期友好的设备供货合作关系，出口产品的逐年增加，公司在海外市场也拥有自己的一席之地。

杨晓川董事长带领技术人员学习引进国外最先进技术，电机等主控元件的供应商均为国际知名品牌制造商。产品价位多层次，设计科学经济，技术安全可靠，涵盖机械式停车设备高、中、低端产品，产品成熟且具有很强的市场优势。

公司高层决策机构，由一批停车设备行业的管理精英、资深专家组成，具有丰富的现代化企业管理经验，为公司的快速、稳步发展提供了思想和组织保障。

杨晓川董事长注重招揽优秀设计人员。公司汇聚了一批行业内顶尖的机械、电气设计资深专家及优秀的设计人才，在韩国和日本分别拥有研发团队，拥有十余项技术发明及实用新型技术专利，完全拥有自主知识产权。

公司成立以来，杨晓川董事长带领企业在国内30多个大中城市完成了上万泊位的设计制造安装，树立了大兆新元品牌。主要合作的发展商：首创集团旗下北京兴泰吉成置业有限公司、绿地集团旗下北京京坤置业有限公司、绿地集团成都金牛房地产开发有限公司、恒大集团旗下成都市温江区鑫金康置业有限责任公司、郑州红星美凯龙国际家居广场置业有限公司、晋中市龙湖房地产开发有限公司、内江邦泰置业有限公司、河北辰光集团、内蒙古大唐国际托克托发电有限责任公司等知名企业。代表项目：首创4#地项目、北京顺义启航国际、成寿寺二期经济适用房工程、成都绿地世纪城、成都恒大城1~4期48~76#楼、成都锦天国际、重庆东原香郡、西安泽星大厦、郑州红星美凯龙国际家居广场、山西龙湖国际住宅小区、内江国际社区、邢台晨光五星级大酒店、湖南长沙女人天地、诚德·清华俊景盛世华庭和呼和浩特喜来登国际大酒店等。

秉着以诚实守信、固本创新、品质取胜、携手共赢为经营理念，公司不追求利润最大化，而是追求客户价值最大化，从而获得企业可持续发展的机会和空间。

王孙同

浙江东海减速机有限公司
上海特国斯传动设备有限公司
董事长

王孙同总经理注重高端传动产品研发，带领一支精干高效的技术人才团队，为全球智能工业成套装备提供完全按照欧洲标准和国家标准及企业标准的精密机电一体化高性能减速机。全面推行实施各类产品认证及国家重型机械装备行业行政机构认可认证，企业产品获得CE、CCC、CQC、XT等各类认证。王孙同总经理先后荣获"十一五"全国重型机械行业优秀企业家，2015—2017年度中国停车设备行业优秀个人等荣誉。

在他的精心运作和带领下，公司已发展成为国家高新技术企业、军民融合企业，并入选中国重型机械工业协会理事，中国重型机械工业协会停车设备工作委员会、桥式起重机专业委员会的理事单位，全国齿轮标准化技术委员会理事单位。同时，还被评为全国停车设备行业优秀配套企业、全国起重机行业优秀配套企业以及浙江制造精品品质称号企业。

特别是在中国重型机械工业装备中，多次为国家重点工程项目配套，主要案例：上海洋山深水港码头装备、黄浦江隧道工程、上海红色纪念馆四行仓库停车库、嘉定汽车城停车库、陆家嘴上海中心大厦、中央电视台、航天航空装备、天安门广场和哈大高速铁建设等。

华晓星

无锡市三爱电器有限公司 董事长

华晓星董事长，毕业于浙江大学电机系，教授级高工程师。二十多年来，致力于电气自动控制产品的开发与研制，带领研发团队，进行科研考察和技术创新，自 1995 年起就为我国立体停车设备行业专门配套车台板安全挂钩用的牵引电磁体，后又开发了具有自主知识产权的轴伸式、垂钩式和各种自落式防坠器等专用产品。如今公司已发展成为江苏省高新技术企业，省级企业技术中心，先后获得了重合同守信誉单位、停车设备采购 30 强等多项荣誉。

在华晓星董事长注重研发、力求创新的指导思想下，公司核心技术人员从 20 世 70 年代就开始设计液压用机床电磁铁以及机械安全防坠器，经过长期的技术积累、创新和发展，不断开发新的智能停车防坠器，先后开发了 MQB 牵引式防坠安全器，FQB1 轴伸式防坠安全器，FQB 双联式防坠安全器，FQB2 自落式防坠安全器，FQB3 垂钩式、FQB4 侧装式、FQB5 顶面安装自落式、FQB8 底座式防坠器等新产品，以满足市场不同客户群体、不同地质条件和场地环境的需求。

如今，无锡三爱已累积交付约 600 万套安全防坠器，配套近千个大型项目。

郭健胜

**淮安仲益电机有限公司
董事长**

郭健胜，仲益电机创始人，19岁进入了机械行业，26岁创办了自己的工厂，一生精益求精专注于减速电动机的设计研发，凭借自身技术力量，与时俱进不断地创新；他是一个苛求完美的设计者，不断优化产品设计方案并结合实际使用，不断改进产品，至今研发设计的减速电机已经历五代更新。

郭健胜董事长坚持"技术引领进步、创新驱动发展"。他认为，设计一个单一产品很容易，但是，要设计一系列的产品，由小到大，就需要充分考虑减速比、功率、型号规模、大小强度等各种因素，这就是一个很严密很复杂的过程。工作中，他亲自带领研发团队深入学习、考察、研究，如何实现产品转型升级，能让企业更好地提供市场所需。为此，公司加大研发项目投入，并荣获得苏州技术创新奖，被评定江苏省高新技术企业。

仲益牌减速电动机自2006年在大陆投产开始，随着停车设备行业10年间不断地发展壮大，仲益电机也快速成长，从最初为100多家立体车库制造商提供配套产品服务，至今已为400多家立体车库制造商提供配套服务。

随着"互联网+"时代的到来，公司已和电子商务平台、电子机器人等自动化信息领域之相关企业达成战略协议，并将自身减速电动机的专业知识投入应用。仲益电机通过企业资源e化的系统，掌控企业内部资源，利用便捷的国际网络，将公司国内外营运据点连成一体，即时掌控企业资源及经营资讯，为管理执行者做出准确的判断提供支持。公司将持续秉承"诚信为本、质量第一、服务至上"理念，走"以质取胜、自主创新"的发展道路。

蔡树源

**苏州联发电机有限公司
董事长**

　　蔡树源，30 年来全心投入电动机与减速机的经营与发展，并以精湛的专业技术与知识享誉电机业界，在其专业与精心经营下，企业获得国内外 40 多项的电动机新型发明专利。

　　专业服务、永续经营是其经营理念，创新研发、严格品管是其所好，专业制造、营销世界是其所图。蔡树源董事长相信，唯有不断进步与坚强的实力方能符合潮流、满足客户之要求；拥有精湛的技术与质量方能成就好的产品并成为客户的坚实后盾。

　　在蔡树源董事长带领下，苏州联发已开发出一系列精良高效的电动机与减速机产品，并都已取得全世界重要市场与国家的认证（CCC/CE/UL/CSA/CN）。除可轻易满足升降横移停车设备的使用外，其在斜齿轮、锥齿轮的四大系列减速机产品的运用上，亦受到很高的使用评价。目前已有十几家厂商将苏州联发电动机应用于垂直循环类停车设备、塔库与智能停车设备上。

　　展望未来，在环保节能大环境与智能控制的市场要求下，公司已率先规划好产品与系统并着手优化，除现行的节能变频电动机／减速机外，亦开始着手试行伺服电动机应用于智能车库使用上，期望在不久的将来，为所有关心绿色节能环保产品的客户提供真正节能高效的产品与方案。

创新应用案例

30

项目名称：密渡桥全地下沉井式智能停车库
承接单位：杭州西子智能停车股份有限公司
占地面积：项目占地面积 900m^2，设备占地 200m^2
车库高度：地上 4.8m，地下 33.4m
泊 位 数：112 个
停取车速度：90s
设备形式：全地下沉井式智能停车库，PCS 沉井式
完成时间：2016 年 1 月

技术难点：

（1）泊位数量缺口巨大，必须提高土地使用效率。

（2）车库高度受严格限制，对周边建筑物的采光等不能造成破坏，只能考虑向下利用空间，另由于车库周边建筑及土建受限，地下无法向外扩张，可利用空间极其有限。

（3）项目落成后向社会公众开放，需尽可能提高使用的便利性。

设计亮点：

该项目为 24h 全天候开放停车场，同时因采用全地下形式，地上部分高度不足 5m，外立面美观简洁，与周边环境的采光等干涉极小；全地下沉井式结构不受规划高度影响，可降低对周边建筑等条件的约束和干扰；沉井式塔库占地面积小，空间利用率极高，相对传统地下车库，更节能环保，是在寸土寸金的城市中心解决停车难的最佳选择；可减少驾驶人在开车寻找泊位时排放的尾气，同时可减少因拥堵而鸣笛，减少对周边居民的影响；封闭式管理，车库区无人，车辆停放非常安全。

社会效益：

该项目为向社会开放的公共停车场，车库建成之后解决了周边住宅小区及商业用的停车需求，减少了周边道路的违章停车情况。

项目名称： 南京夫子庙怡丰机器人停车库

承接单位： 深圳怡丰自动化科技有限公司

占地面积： 2000m² **车库高度：** 2 m（地下一层）

泊 位 数： 57 个 **停取车速度：** 120 s

设备形式： 平面移动类 **完成时间：** 2016 年 9 月

技术难点：

南京夫子庙地铁站地段形状特异，而且是在地下夹层，存在许多空间"死角"，传统坡道式停车，只能最多规划 10 个泊位，难以满足该地段大量泊位需求。

设计亮点：

南京夫子庙地铁站机器人停车库是怡丰公司停车 AGV 首个成功案例，也是国内乃至全球的首个自动导引运输车机器人停车库项目。项目采用深圳怡丰梳齿式 AGV 停车技术，借助 AGV 强大的柔性特点，将这些"荒废"空间利用起来，省去传统横移车设备，实现 57 辆车的停放，完美地解决了泊位规划问题。

车库利用升降机 360° 旋转的技术，解决了占地面积巨大的停车坡道问题；采用激光导航技术，解决了建筑物柱网结构复杂、停车操作紧凑、精度高的问题。驾驶人将车辆行驶到车库出入口，车库门经线圈感应则可以自动开启，车辆停到出入口后驾驶人则可刷卡离开，停车机器人完成整个停车过程。取车时刷卡即可自动出

车，给用户不一样的智能化停车体验。

社会效益：

与传统停车相比，不需要人工寻找泊位、倒车、寻找车辆、寻找出口、停车收费等烦琐环节。无人化的机器人停车场充分利用有限空间，实现高密度停车，不需多余的坡道、走道，更好地利用建筑网柱空间，改造后的停车场可增加 40% 以上的停车位，为新建的停车场增加 100% 以上的停车位，解决存量停车场无法增量改造以及社会停车难等问题。

项目的成功实施不但使我国在 AGV 领域获得突破性成果，还可在较短的时间内使成果转化为我国立体车库及自动化装备的支柱产业。该项目填补了国内以及国外的应用空白，打破同类技术长期依赖进口、受制约、成本高的被动局面，加速国内 AGV 产业的发展与应用，改善生产结构与环境，在节约城市土地资源、减少汽车尾气污染、解决城市停车问题、促进城市绿色可持续发展等方面都产生显著经济效益和社会效益。

项目名称： 上沙村立体停车库

承接单位： 深圳怡丰自动化科技有限公司

占地面积： 700 m²　　　　　　**车库高度：** 30m（地上 11 层）

泊 位 数： 300 个　　　　　　　**停取车速度：** 90s

设备形式： 新型垂直升降类　　　**完成时间：** 2016 年 3 月

技术难点：

　　深圳上沙村是典型的深圳城中村，地面停车场靠近沙嘴路，上沙东村九巷旁边，以前只有 50 个停车位，周围居住着大量在 CBD 上班的白领们，私家车辆多，停车位紧缺，众多车主常常反映停车难、路边拥堵等。

了人车分离停车和完全自动化泊车。车主将车开进停车库，下车刷卡后，传送机器就会把汽车传送到空余泊位。取车时，到车库刷卡即可通过传送设备将汽车送到面前。由于车库机房是完全封闭的，运行时并不会对周边产生噪声影响。

设计亮点：

　　上沙村立体停车库采用怡丰全自动垂直移动式机械立体车库，分为 3 个独立停车库，每个车库各有 2 个出入口，出入口一个为直进直出，一个为正进倒出，实现

社会效益：

　　节约利用了土地，同时减少汽车尾气碳排放，建筑体变成绿色、环保、生态建筑

项目名称：**北京通州运河核心区市政综合配套服务中心**
　　　　　工程智能立体车库工程

承接单位：**北京航天汇信科技有限公司**

占地面积：**约 2610m²**　　车库高度：**约 7m**

泊 位 数：**220 个**　　　　停取车速度：**90s**

设备形式：**平面移动式智能立体停车库**

完成时间：**2016 年**

技术难点：

　　设备采用全钢结构框架形式，需设置防震降噪措施，降低设备运行时所产生的振动和噪声。在存取车早晚高峰时，系统根据高峰时间段将停车库出入口自动调整为存车或取车优先，最大化减少出行高峰时段停车等候排队时间。

设计亮点：

　　设备具有自动旋转功能，实现车辆自动掉头。升降机配备的自动对中装置可自动将车辆姿势纠正居中，从而确保车辆安全存放。

社会效益：

　　项目不仅满足核心商务区停车位需求，避免核心商务区交通拥堵问题，有效解决静态交通弊病，同时项目距通州北关地铁站 200m，市民可将车辆停放在服务中心内，换乘公共交通地铁，实现 P+R 出行方式，既减少了道路拥堵时间，又节省了油费。特别在响应国家绿色、节能出行方式，减少汽车出行，倡导乘坐公共交通，有效缓解首都交通拥堵等方面起到积极的作用，既可降低汽车尾气排放对空气的影响，又提高了出行效率。

项目名称：江苏省省级机关医院地下自动车库

承接单位：北京航天汇信科技有限公司

占地面积：约 1470m²

车库高度：约 9m

泊位数：156 个

停 / 取车速度：90s

设备形式：平面移动车库

完成时间：2014 年 6 月

技术难点：

　　施工场地狭小、地质条件复杂、四周楼宇多等。

设计亮点：

　　车库控制系统全部采用计算机自动化控制，整个车辆的存取过程，只需车主刷卡确认，设备自动运行。

　　入库流程：当车辆驶进库区，车库门自动打开，驾驶员将车辆停稳后，只需在库区门口刷卡运行设备即可，升降机配备的自动对中装置可自动将车辆姿势纠正居中，从而确保车辆安全存放，选用的智能搬运器为国内乃至国际最为先进的第三代抱轮交换技术，每个智能搬运器上设有行走及导向装置，运行高效平稳，噪声小。设备具有自动旋转功能，实现车辆自动掉头。

　　出库流程：当用户取车时，只需将用户卡在读卡器上刷卡操作，读卡成功后，操作屏上的红色指示灯随即点亮，中央控制室计算机立即识别，迅速将车辆从闲置的出入口取出，运行同时，操作屏上方的大屏幕即库区显示屏人性化地显示车辆号牌及等待情况，并将车辆旋转掉头，方便驾驶人员直接驾驶车辆驶离库区，提高了车库的使用率及仓储能力。

社会效益：

　　该车库运行便捷高效，速度快，有效增加了停车位数量，切实解决了医院停车难的矛盾，采用全自动立体停车库，缩短了就医人员停车排队等候时间，提高了出行效率，同时有效缓解了医院周边市政道路的交通压力。

项目名称：**湖北粮食局智能车库**
承接单位：**大洋泊车股份有限公司**
占地面积：**240m²**
车库高度：**14m**
泊 位 数：**87个**
升降速度：**20 ~ 25m/min**
设备形式：**升降横移**
完成时间：**2017 年 10 月**

技术难点：

湖北省粮食局位于武汉交通最拥堵的中华路 34 号，毗邻汉江码头和武汉最大的小吃一条街；周边道路狭窄，车流量众多。每天前来粮食局办理业务的人因停车难题头痛不已，不但严重影响办理业务的效率，而且大量办理业务车辆在路边停靠造成周围更加严重的交通拥堵。

设计亮点：

该项目为国内独有液压驱动式立体车库，升降速度为 25m/min，单泊位平均存 / 取时间仅需 55s，并且打破了升降横移车库只能做到 6 层的技术瓶颈。而且该设备采用的专利液压技术及防坠落架，彻底解决行业内过行程冒顶摔车的根本难题。该项目维保费用低，比电动机驱动节能降耗。

社会效益：

该项目自投入使用后，完全解决粮食局工作人员及来访人员的停车难停，极大缓解周边交通，获得各方一致好评；作为武汉立体智能停车领域的标志性项目，此车库的投入使用为武汉如何解决城市停车难题提供了有效方案！

项目名称： 石家庄乐橙平面移动智能车库

承接单位： 大洋泊车股份有限公司

占地面积： 1200m^2

设备形式： 平面移动

车库高度： 深度 7m（地下车库）

泊 位 数： 156 个

停取车速度： 80s

建设时间： 2016 年 4 月 1 日进场开始建设

技术难点：

乐橙商务广场位于石家庄主干道槐安路与西二环交叉口西南角，是集超市、写字楼、家居卖场于一体的繁忙商业街区，每天车流量很大；由于地上停车位有限，根本无法满足大量的停车需求，为满足停车需求，最终确定建设纯地下平面移动式智能车库，出入口设在商务广场地上，车主将车开进地上的出入口处，通过智能搬运小车将车辆运行至地下适停泊位，实现车辆存取，体现了智能立体车库可以"上天入地"的特点。

设计亮点：

该智能车库采用了大洋泊车先进的夹轮式搬运技术，结构简单、存取车效率高，平均存／取车辆时间仅需80s，方便快捷。整个系统通过超限保护、超时保护、防坠落保护、车辆自动对中、车辆滑移保护等20多项措施，保障设备运行的安全性。

社会效益：

乐橙平面移动智能车库投入使用后，完美解决卖场停车需求，有效缓解周边区域交通拥堵状况。获得顾客及投资方的一致好评。

项目名称： 河南省地方税务局智能停车场

承接单位： 大洋泊车股份有限公司

占地面积： 140m²

车库高度： 20m

泊 位 数： 54 个

停取车速度： 80s

设备形式： 梳齿垂直升降和新式平面移动

完成时间： 2017 年 12 月 19 日投入使用

技术难点：

河南省地方税务局直属税务分局位于郑州市中州大道与丰产路交叉口，毗邻丰产路小学及多之彩农贸市场，道路狭窄，车流量大；每天前来办理业务的人因停车难浪费大量时间，而且大量车辆停放在路边也造成严重的交通拥堵。

设计亮点：

该项目为十层平面移动式智能车库，设置 2 个存取单元，每个存取单元可停放 27 辆车，总泊位数由之前 6 个增加至 54 个。

该项目采用大洋泊车先进的专利技术，利用梳齿交换技术进行垂直交换，利用横移回转技术实现平移换位及垂直交换，将横移回转融为一体，大大节省存取车时间，平均存取车时间只有短短 80s。而且整个系统通过超限保护、超时保护、防坠落保护、车辆自动对中、车辆滑移保护等 20 多项措施，保障设备运行的安全性。

社会效益：

该车库自投入使用后彻底解决了地税局停车难题，极大缓解周围交通拥堵情况，获得地税局工作人员及纳税人的一致好评。

项目名称：昆明宜良县第一人民医院

承接单位：山东天辰智能停车有限公司

占地面积：1215m²

车库高度：17.3m

泊位数：161个

停取车速度：22.6s（单元存取车时间）

设备形式：平面移动类

完成时间：2017年3月投入运营

技术难点：

（1）160个泊位的硬性指标。受规划限制，该立体车库高度不能超过17.3m，如果选用市面上常用的板式交换或梳齿交换（固定齿、伸缩齿），只能布置6层、137个泊位。

（2）115s的存取车时间要求。相对于板式搬运器，该项目采用的抱夹式智能搬运器节省了放回空板的时间，且自定位整体抱夹式智能搬运器单元存取车时间仅为22.6s，满足了院方提出的115s的存取车时间要求（单元存取车时间为搬运器从搬运台车运行至泊位，放下车辆后，再抱起车辆返回至搬运台车的过程所需要的时间）。而且22.6s的单元存取车时间在行业同类产品中具有绝对领先优势。

设计亮点：

该项目采用公司研发的专利技术——抱夹轮胎式技术，可停车161辆车，有效解决了层高限制问题，满足了院方提出的160个泊位的硬性要求。内含中置升降机两台，抱夹智能搬运器两台、两进两出自带旋转出车口，配带微信二维码存取车和剩余车辆显示等功能。真正实现了智能化，便捷化，并运用了电缆恒力矩自动收放器，平行抱夹等多项发明专利。该设备除了具备常规的安全

功能外，还具有以下功能：①故障诊断、保护与备份系统；②升降电动机采用子母电动机实现双备份功能；③视频监控及收费管理系统功能；④两侧后视镜检出装置；⑤车辆引导系统；⑥行李箱开启，车门开启检测装置；⑦车库底层范围内全覆盖活体检测功能；⑧双向道闸，配车牌号识别仪；⑨升降机运行中车门异常打开检测保护装置；⑩车库预留电动车充电设施接口。

社会效益：

宜良第一人民医院立体车库项目是高技术含量、高智能化和高效存取车的完美结合，该项目作为宜良县引入的第一个智能停车楼，为前来就医、探病者提供良好的停车体验。车库安排专职人员负责日常操作和管理工作，4元/小时的停车费，与普通地面停车费用相当。而立体车库作为院内的新型设备，许多驾驶人为了体验智能化的停车服务，也会选择将车辆停放在立体车库内。

该项目运行以来，以平稳高效、安全可靠的性能，得到院方和使用者的高度评价，极大解决了医院停车难的问题，提高了医院综合效益、运行效率，畅通了医院车辆循环，提升了医院服务品质，对该区域以后的停车行业发展具有深远意义。

项目名称：上海"源创"创意园

承接单位：上海赐宝停车设备制造有限公司

占地面积：140m²

车库高度：4.4 m

泊 位 数：16 个

停取车速度：200s

设备形式：多层循环式

完成时间：2010 年 4 月

技术难点：

　　该项目位于门厅后方，空间狭长，高度不足，且泊位前后左右皆有墙壁，唯有右方最边上有一个出入口，既需要升降功能，又需要做出入口，极大地增加了该车库的设计难度。

设计亮点：

　　①无需坡道，节约占地，极大提高土地使用率；

　　②自动存取，方便快捷，一次按键即可完成存取车；

　　③最适宜建于地形细长且地面只允许设置一个出入口的场所；

　　④设有安全保护装置，使用可靠，避免各种意外发生；

　　⑤光电安全检测控制车辆规格及停车数量；

　　⑥一般不需要强制通风，无大面积照明，节约能量及成本。

社会效益：

　　上海"源创"创意园机械车库建成后有效解决了该园区的停车问题，园区目前已入驻的企业 40 余家，入驻率已达 95% 以上，车库建成后基本达到每家企业至少有一个固定泊位的目标，一定程度上缓解了市中心办公企业的停车难问题，也保证了投资方改造园区之初从"构造设计、场所配置、管家服务到商业配套，提供个性化服务，处处体贴入微、精致细腻"的设计经营理念。

项目名称： 晨光饭店塔库

承接单位： 北京鑫华源机械制造有限责任公司

占地面积： 64m²

车库高度： 27.29m

泊 位 数： 22 个

停取车速度： 60s

设备形式： 垂直升降类

完成时间： 2015 年 11 月

技术特点：

(1) 采用变频控制技术解决了停车过程中从起动到静止的平稳性，提高了整体的运行速度。

(2) 采用梳齿交换技术解决了车辆提升的导向问题和空中交换的难题，提高了上下行和空中交换的平稳性，整体运行速度也有较大提升。

(3) 通过进一步优化和先进的软件技术相结合，让结构件的设计更精准，并提高了外装的美观性。

(4) 通过回转盘技术，解决了存车取车正进正出的难题。

(5) 增加空气自动导流系统，解决了车库温度过高的难题，让车辆在炎热的夏天也不会造成车内温度过高，更有利于车辆养护。

设计亮点：

车库采用梳齿交换方式，省去了搬运器搬运车辆的时间，存取车速度快；车库内部设置了完善的消防系统和通风系统，保证车辆的安全；车库外立面设计为佳和板和玻璃相结合的方式，兼顾美观性和耐火要求。

社会效益：

该车库位于门头沟核心区双峪环岛西晨光饭店院内，该饭店泊位紧张。通过分析饭店的静态交通特性和现场勘查，采用了占地面积小、容车密度高、存取车速度快的梳齿交换式垂直升降类机械式停车设备来解决停车难题。

该车库共有 12 层，泊位数 22 个，占地约 64m²，在有限的空间上实现了泊位的成倍增长。项目投入使用后，一部分作为饭店配套商业的固定泊位，一部分作为临时泊位供顾客使用，每天存取车 100 多次，有效地解决了饭店的停车难问题。

项目名称：漳州西街停车楼

承接单位：杭州友佳精密机械有限公司

地面积：**1000m²**

车库高度 **40m**

泊位数：**296个**

停取车速度：**110 m/min**

设备形式：**垂直升降式停车塔**

完成时间：**2017年11月21日**

技术难点：

（1）8座停车塔296个停车位集中控制，自动化、智能化程度要求高。

（2）停车塔主体结构高40m，升降速度高达110m/min，存取车效率要求高。

（3）适停车辆长度规格达5350mm，重量达到2550kg。

（4）需要共设置32个充电泊位，可靠的供电方式，实现车辆存放到停泊位之后安全充电。

设计亮点：

（1）停车场入口处安装了落地大型LED灯箱，实时显示停车场剩余泊位数。

（2）车辆驶入停车场识别车牌对比后，LED显示屏和语音提示：请停几号库几号泊位，停车场管理系统主动联网停车设备操作系统自动远程派库派位，指派泊位自动下降到首层，大门打开后车主驾车驶入，车主无须下车操作设备；

（3）设计了4m高的不透光雨棚为顾客遮雨避阳。

（4）设计3m宽的环氧地坪为顾客安全保驾护航。

（5）车辆驶入停车板内，由LED显示屏和语音提示直至车已停妥、拉手制动、收天线、收后视镜。

（6）采用手机APP自助缴费，并可实现预约停车、预约取车。

（7）出库采用纸票扫码取车。

（8）设计了4座专门停放SUV高顶车的停车塔。

社会效益：

漳州西街立体停车塔库项目位于漳州市医院南门，步行约需1~2min。解决了医院职工及病患家属停车难、医院周边停车乱、妨碍交通等问题。有效地利用了空间，减少了交通负荷，使医院交通变得更为顺畅，保证了交通安全，提高了运输效率，为急救人员提供了更方便的交通环境，为病患提供了更好的救治环境。

项目名称：河南省人民检察院立体车库

承制单位：江苏金冠停车产业股份有限公司

占地面积：550m²

车库高度：22.4m

泊位数：234个

停取车速度：平均70s/辆

设备形式：升降横移类停车设备

完成时间：2016年12月

技术难点：

（1）完成立体车库运动控制系统软硬件设计，PLC作为下位机控制核心，联接各传感器实现位置检测，通过矢量控制变频器实现速度调节等。控制系统采用模块化结构，分为门禁管理系统、泊位显示系统、出入库控制系统、监控管理系统、安全运行系统等等。

（2）在采集个性化载荷的基础上，进行总体结构设计，使立体车库在安全运行的条件下减少总体重量，降低立体车库的建造成本，并进行失效分析。

（3）综合前期产品零件信息，拟定设计相似性标准，选择合理的编码系统实现分类，建立基于成组思想的零件特征数据库和检索系统，借助CAD软件完成新零件的参数化变异设计。

（4）通过对立体车库泊位调度原则及控制策略的研究，设计能耗最优化、时间最优化及设备损耗最优化的多目标优化控制决策，并在上位机通过软件实现。

（5）基于摩擦传动的无动力载车板设计，包括梳齿载车板结构设计和摩擦轮位置选择及摩擦力计算。

（6）梳齿载车板在升降过程中的基于速度的同步控制，包括变频调速和相关控制策略的研究。

设计亮点：

设备采用优质减速电动机曳引式升降传动方式，提高了运行稳定性，升降运行速度最大达60m/min，优化设计的曳引机顶置式结构有效节约了设备占地面积；链条8吊点提升装置，牵引载车板电动机通过万向联轴器传动轴带动链条，改善了受力条件，提升了设备的使用寿命；采用包胶轮作为导向轮制作材质，减少了设备运行噪声，提高了设备运行稳定性；自主设计的控制系统专利技术与最新自主研发的操作控制软件有效提高了设备安全性、稳定性与运行效率；设备主体框架全面喷涂防火涂料，采用高强度螺栓联接，使设备的防火性能与使用寿命得到有效提升。该产品的核心技术具有自主知识产权，获授权发明专利2件、实用新型专利6件、软件著作权1件。

社会效益：

车库建成投入使用后，极大地缓解了河南省人民检察院院内停车压力，满足院内职工停车需求，停车秩序得到极大改善。

项目名称：广州锦绣文化中心机械式立体停车库
承接单位：广州三浦车库股份有限公司
占地面积：475m²
车库高度：11m
泊 位 数：156 个
停取车速度：90s 以内
设备形式：升降横移类
完成时间：2017 年 5 月 6 日

技术难点：

（1）车辆驶入停放后，智能车库的安全检测装置能够准确地判断出是否有人在停车区域内。与塔库、平面移动类机械车库不同，该项目机械车库设置多个车辆出入口，多部车辆能够同时快速、便捷停车，保证行车通道畅通无阻。

（2）车库设备是否能够精确判断出车顶是否超过车库车辆停放高度，防止车辆顶部损伤。

设计亮点：

（1）出入口具备完善的安全检测功能和声光导向提示装置，确保人、车出入库的安全，人性化泊车技术程度高。入口处设置车辆长宽高检测装置，当有超规格车辆时，发出报警提示信号。

（2）车库门设置存取车刷卡机，按存车键或取车键后刷卡，实现存取车功能。

（3）105° 斜边梁防刮车轮设计，使得车辆进入载车板时载车板边梁与车轮侧面不在一个平面，防止轮胎刮伤。

（4）设有层层超高检测装置，部分品牌车型车顶过高，在停放高处时容易造成车辆车顶损坏。

社会效益：

广州锦绣文化中心是广州重要的交通枢纽之一，繁华的商业中心，周边车流量非常大，停车位置少，供不应求。该车库的占地面积约为平面停车场的 1/2 ~ 1/25，空间利用率比建筑自走式停车库提高 75% 以上。节省占地面积，充分利用空间。

机械式停车库所产生的社会效益及经济效益均高于其他方式停车库，尤其是在特大城市繁华商业地区，意义更为显著。

项目名称： 北京市西城区财政局车库

承接单位： 北京天宏恩机电科技有限公司

占地面积： 1590m²

车库高度： 11.4m

泊位数： 82个

停取车速度： 升降60m/min，横移60m/min

设备形式： 平面移动类滚轮车库

投入运行时间： 2018年

设备特点：

该项目为西城区财政局办公楼建筑物地下2层，有南北两个停车区域，共用中间的两套升降机构，分别为2个停车层，4套搬运器系统，地面设1个控制室站房，2个出入口，共有82个停车位。

（1）没有任何空行程，存取车效率更高。

（2）故障率低，故障处理容易。

（3）采用由多滚轮交错排列组成的滚道，可以防止车辆在滚道上的滑动，同时可以在滚轮直径一定的条件下，减小滚轴间距，提高传动的平稳性。

（4）前轮滚道设计成凹槽滚道，既可以防止滚道转动过程车辆歪斜，也可以有效防止搬运器运行过程中可能发生的车辆前后窜动。

（5）搬运器上设有动力传递装置，泊位上不需要动力，可以降低制造成本。

社会效益：

该车库是中国第一台采用交错滚轮技术建造的机械停车库，申请多项实用新型专利，其中一项获得国家发明专利。

项目名称： 北京玺源台小区有托板平面移动车库

承接单位： 北京天宏恩机电科技有限公司

占地面积： 1548m²

塔库高度： 19m

泊 位 数： 457 个

设备形式： 平面移动类

设备特点：

　　该车库建在北京西客站东边玺源台小区，为地下 2 层地上 6 层。设有 7 个出入口，7 台升降机，16 辆搬运器，共有 457 个机械停车位。出入口设在地面层，整个地面层架空作为行车道，方便车辆进出。每个站房有 2 个车库门，实现车辆正进正出。该车库为无人值守车库，存取车由用户自己完成，每天运行 20h。

社会效益：

　　该车库运行稳定，使用方便，解决了小区的停车问题。紧邻铁路建造，往来西客站的旅客都能看到，成为当地标志性建筑。

项目名称： 珠海横琴宝兴路立体停车场
承接单位： 深圳市伟创自动化设备有限公司
占地面积： 3358.45m²
车库高度： 5层平面移动
泊 位 数： 276个
设备形式： 平面移动类
完成时间： 2017年

设计亮点：

　　拥有国内先进的新型梳齿智能交换技术，可实现有卡、无卡一键式存取车，采用视频实时监控、语音提示、车牌识别系统及APP智能预约存取车等，国内领先科技应用，高效便捷，优化客户存取车体验。

　　车库类型为5层平面移动类，4个进出口，采用目前最先进的双车板交换技术，存取车时间快，外观呈海天一色，一经面世便引起社会一致好评，2018年1月获评"国内最美立体智能车库"奖。

项目名称： 合肥金都楼智能公共停车场

承接单位： 安徽马钢智能停车设备有限公司

占地面积： 8200m²

车库高度： 18.2m

泊位数： 296 个

停取车速度： 120s

设备形式： 平面移动类

完成时间： 2017 年 10 月

技术难点：

合肥市都市广场金都楼智能停车楼是合肥市首个智能立体停车场。该停车库位于合肥市都市广场，淮河路和六安路交叉口，地处老城区，周边交通道路狭窄，建筑密集，树木及高压线林立，交通压力颇大，停车场改造困难。停车场规划区域位于闹市区十字路口附近，出入口及行车道空间要求严格。

设计亮点：

车库利用地下及地上空间结合的方式，设计地下三层，地上两层的智能停车楼，采用平面移动式停车设备。由于停车楼位于道路交叉口，存取车等待时间易造成道路拥堵，公司在停车楼设计了南北两个出入口，车辆驶出停车楼后也设计了一圈自走泊位及行车道，方可驶出停车场，缓解道路交通压力。

该停车场最大的亮点在于"搬运机器人"会自动帮忙停车，车库采用红外线测距测动，可自动识别车辆长短高低。此外还采用了如下新技术：升机和旋转盘一体化设计，旋转盘使用回转支撑加多点滚轮支撑技术，提升机到位设置轨道对中技术，搬运器利用滑阻线供电，无线信号。

社会效益：

金都楼智能停车楼投入使用以来，有效缓解了周边停车压力，受到广泛好评。

项目名称：宝鸡冠森路垂直升降式立体车库

承接单位：陕西隆翔停车设备集团有限公司

占地面积：165m^2

车库高度：51.8m

泊位数：100个

停取车速度：70s

设备形式：垂直升降式智能立体车库

完成时间：2017年5月

设计亮点：

　　该项目的设计亮点在于采用双曲柄摇杆技术，以计算机控制、矢量变频调速，运行平稳、省电、噪声低，存取车速度快，内置回转实现前进入库、前进出库；只需按相应按钮，即可快速调出存放的任意一辆汽车；设置多种安全保护装置，并应用光电检测装置充分体现智能性，确保人车安全。车库外立面采用的是硅镁铝合金保温装饰一体全能板，防火等级为一级，安全系数高。车库外观设计为欧式建筑风格，大气恢宏、华丽美观，极具设计感，充分体现了空间与视觉、机械与艺术的完美融合。

社会效益：

　　在目前的国情下，使用垂直升降智能立体车库来处理停车位不足的问题，可以解决由于停车位不足带来的种种社会问题，而且并不需要重新兴建停车库或停车楼，完全可以在原有停车位的基础上做改造，这样可以节省大量的投资。即使新建社区，若使用垂直升降式立体车库，同样也可以节省项目成本，带来巨大的社会效益和经济效益，在今后的建设项目中会越来越受到广泛的应用。

项目名称： 重庆和弘·江山国际项目机械停车
设备工程

承接单位： 上海禾通涌源停车设备有限公司

泊 位 数： 784 个

设备形式： 无避让停车宝 PFB-HT

建造时间： 2017 年 1 月 17 日

设计亮点：

　　旋转滑升无障碍立体车库是一种高效、产权明确的立体停车设备，每台设备独立运行、独立控制，直接在原来泊位的基础上实现"一变二"；升降原理采用仿生设计，是根据人的手臂关节活动的特征延伸出来的一种机械停车设备；车板自带旋转机构，360°任意旋转，车辆可以在任意角度直接开上载车板，避免倒车入库的缺陷；车辆存好后直接落在框架上，安全性高，不用担心砸车事故的发生。该设备的上、下车位相互独立运行，同时车板可以旋转，上车位进库、出库时无须倒车，提高了整机设备的实用性。

社会效益：

　　该项目建设在重庆市高端商品住宅区内，车库建成后实现每个家庭拥有 2 个产权泊位。对于开发商而言使用无避让停车产品可以 100% 提升泊位数，较二层升降横移设备大幅提高车位数。另外可以直接向业主出售无避让停车设备，降低投资成本。对于使用者而言可以固定停车位，方便管理和找寻停车位。实现前进入库前进出库，使用便捷。

项目名称： 西安市铁路局小区联排塔库项目

承接单位： 安徽华星智能停车设备有限公司

占地面积： 612.6m²

塔库高度： 21m

泊位数： 331个

停取车速度： 平均取车时间不超过55s

技术难点：

（1）项目需建17个智能塔库群，是国内最大的塔库群。

（2）立柱、梁实现设计共用对接，增大停车位尺寸和停车通道空间。

（3）多进出口设计，使出入车更便捷。

设计亮点

（1）采用建筑学空气对流原理，空气自动循环。

（2）人性化的操作界面，智能语音播报系统，预留通信接口实现一卡通，智能化程度高。

（3）存取车速度快，单向取车时间平均不超过40s，处于行业领先水平。

（4）智能化程度高，占地面积小，抗震强度高。

社会效益：

该项目是西安市"创和谐社会、解决城市停车难"的重点民生示范工程；投建前仅能停放20辆车的停车场，建成后可停放331辆车，提高了16倍的停车容量，缓解项目周边居民停车难题。

项目名称：安徽铜陵长江路智能停车楼

承接单位：山西东杰智能物流装备股份有限公司

占地面积：2150.22 m²

车库高度：25.64m

泊 位 数：182 个

停取车速度：平均 60s

设备形式：平面移动类

完成时间：2017 年 10 月

技术难点：

项目最大的特点是一二层带商业，为了最大限度地增加商业面积，减少进出车室占用的空间，本项目横移台车采用了旋转与行走同时动作的方案，提升了车库节拍的同时，解决了现有进出车室因旋转盘占用空间大而浪费面积的情况。

设计亮点：

项目采用了东杰智能最先进的升降机、平移台车以及取车器三大件。最大的特点是车库的 1~2 层是商业配套面积，3~8 层为立体车库。为了最大程度上增加商业

面积，避免存取车时浪费宝贵空间，该项目将车库的旋转动作与平移动作都放到平移台车上，实现了平移和旋转同时进行，节省了车库进出车的整体节拍。存取车速度更快。该项目还首次实现了平面移动立体车库配置自动充电桩，解决了平面移动车库不能为电动汽车自动充电的问题。项目外装修全部采用玻璃幕墙，美观大方。

社会效益：

在为当地提供了大量停车位的同时，还为当地创造了一个配有停车位的商业中心，提升了城市品位的同时，为城市创造了大量的收入。

项目名称：**大理河畔人家立体车库项目**
承接单位：**山西东杰智能物流装备股份有限公司**
占地面积：**822.4 m²**
车库高度：**25.4m**
泊 位 数：**222 个**
停取车速度：**平均 60s**
设备形式：**垂直升降类**
完成时间：**2017 年 7 月**

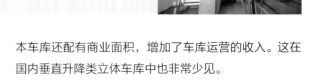

技术难点：

　　卡扣式钢结构节点的设计，快速安装泊位架的设计。附带商铺。

设计亮点：

　　该项目是垂直升降类大轿箱式立体车库，在全世界率先采用快速组装式钢结构，在保证车库钢结构强度的前提下，有效地提高了车库钢结构的安装速度，减少了立体车库钢结构的安装难度。该技术为东杰智能首创，并首次投入使用。目前该技术已申请国家专利。另外，

本车库还配有商业面积，增加了车库运营的收入。这在国内垂直升降类立体车库中也非常少见。

社会效益：

　　为大理提供 222 个停车位。解决了大理河畔人家周边的停车难题，特别是大理为旅游城市，自驾游的游客非常多，对大理这座古城来说，停车压力非常大，该车库的建成除了解决了大理的停车问题，还提升了大理的城市形象。

项目名称： 大丰区人民医院垂直循环式立体停车库项目

承接单位： 山东九路泊车设备股份有限公司

占地面积： 1680.25m²

车库高度： 15m

泊 位 数： 296 个

存取车速度： 5.5m/min

设备形式： PCX 型垂直循环类机械式停车设备

完成时间： 2017 年 1 月 19 日

设计亮点：

该停车场采用垂直循环停车设备，噪声低，运行平稳；占地面积小，布局合理；操作简单，存取车时间短；车辆流通顺畅。配备安防系统、照明系统、停车收费系统、断续电系统、消防等系统。外装增加 LED 电子显示屏和广告位，

社会效益：

该项目是盐城市建设智慧城市过程中的重点工程，也是盐城市政府主持建设的惠民工程，大大推动了盐城市智慧城市的进程，极大地方便了患者就医停车，而且解决了医院门口乱停车难管理的问题，建成近一年的时间里，使用率高达 80% 以上，并且在使用期间无运行故障，受到使用单位盐城市大丰区万城工程项目管理有限公司的高度肯定。

车库全景

项目名称： 淮北惠泽垂直循环式停车库设备采购及相关服务

承接单位： 山东九路泊车设备股份有限公司

占地面积： 2736m^2

车库高度： 17m

泊 位 数： 288 个

停取车速度： 5.5m/min

设备形式： PCX 型垂直循环类机械式停车设备

完成时间： 2017 年 10 月

设计特点：

　　噪声低，运行平稳；占地面积小，布局合理；操作简单，存取车时间短；车辆流通顺畅。设计外装采用钢结构扣板，外装增设广告位，配备安防系统、照明系统、停车收费系统、断续电系统、消防等系统。

社会效益：

　　惠泽垂直循环公共停车场是淮北市第一个机械式立体停车场，属于市政建设机械式立体停车场的样板工程，极大地缓解了当地停车难的问题，使用方便简洁，使用者越来越多，在回访中使用单位淮北市城市泊车管理有限公司多次予以肯定。

项目名称：东城区东四十四条 75 号院四合院改造工程

承接单位：北京大兆新元停车设备有限公司

占地面积：328m²

车库高度：4.7m

泊位数：26 个

停取车速度：平均 90s

设备形式：全自动纵向平面移动

完成时间：2014 年 2 月

技术难点：

（1）两层共用一个搬运器。

（2）搬运器和升降机的结合及分离。

（3）升降机出入口待机 90° 回转盘。

（4）升降机和搬运器结合前的防坠落装置。

设计亮点：

（1）可多层建造，充分利用空间、节省占地面积。

（2）各层间搬运器独立运行互不干涉，高效节能。

（3）设备由升降机、搬运器、回转装置、载车板和结构框架组成，结构简单，可根据实际场地需要采取积木式组合，设置灵活。

（4）设备采用大型 PLC 作为控制系统的核心，并采用无线蓝牙通信等先进技术，实现设备的全自动化。

（5）升降、纵行、横移及回转四大机构采用变频调速技术，启动、停止平稳无冲击。

（6）升降机最高速度可达 120m/min，搬运器最高运行速度可达 200m/min，极大提高了存取车速度。

（7）采用人机界面触摸屏及刷卡、遥控操作，操作简便。

（8）具有完备的检测和安全保护系统，保证人、车及设备的安全。

项目名称： 茂源停车香江路智能停车场

承接单位： 青岛茂源停车设备制造有限公司

占地面积： 2233 m^2

车库高度： 23.5m

泊 位 数： 150 个

停取车速度： 90s

设备形式： PPY 型平面移动类机械式停车设备

完成时间： 2018 年 1 月

技术难点：

　　项目位于香江路商圈，设备使用频繁，要求设备运行稳定，存取车时间短。

设计亮点：

　　该项目运用的搬运器为茂源智能停车研发的最新科技 5.0 机器人式全自动智能搬运器，具有超薄机身设计，运行速度快，适用于绝大多数家用轿车的存取车需求，并且通过回转盘可实现车辆的正进正出。车库内的两个驻车室各配置一套搬运器和回转盘，能够同时实现存取车并通过控制室进行统一控制，实时监控存取情况，大大提高车库运行效率。

　　同时，还采用了青岛茂源停车设备制造有限公司独

立研发并取得国家专利的基于 Internet 大数据的立体停车设备远程维护和故障诊断系统监控平台。该系统可以自动监控设备运行，自动分析故障原因并报警。亦可实现工程师通过网络进行调试、维护及故障排查、状态数据监控等功能。通过该系统还可以对接手机 APP，实时显示空余泊位，实现手机预约存取车、支付等功能，极大地方便了市民的存取车操作。

社会效益：

　　香江路智能停车场的建设切实改善香江路商圈周边往来车辆通行不畅的问题，同时也将开启西海岸新区智慧停车、取车、电子化缴费等智能泊车时代的新篇章。

项目名称：上海宾馆智能立体停车库

承接单位：深圳精智机器有限公司

占地面积：2014.13m²

车库高度：91.5 m

泊 位 数：468 个

停取车速度：80s

设备形式：巷道堆垛式

完成时间：2017 年 3 月

技术难点：

地处上海商圈核心地带，周围高楼林立、人口密集、车流量大、交通拥堵。

设计亮点：

（1）突破性技术：运用超高层单轨堆垛机——解决了多年没有突破的几个关键技术问题，实现了超高层堆垛机高速无噪声稳定运行及高精度定位。

（2）核心设备：超薄智能搬运器——高度低、刚度强、承载能力大、对车辆保护全面，确保了整体建筑高度满足规划要求、容车规格广。车库内部设备包含6套堆垛机、6套智能搬运器以及12套旋转出入口，保证车辆正入正出，可同时存取车12辆，且互不干扰。

（3）全方位检测：整体方案具有38项检测，包括活体安全检测功能。

（4）低碳环保：采用自然通风、自然采光，最大限度地节省了通风、取暖、降温及照明设施。

（5）智慧城市停车系统：采用精智智慧城市停车系统，互联网存取车，建立智慧停车大数据，为将来智慧交通、智慧停车管理等打下根基。

（6）扫码开票平台：车主可自助扫码开票，方便快捷。

（7）高智能化控制系统：采用精智独有的分布式多智能体群体控制方法，引入人工智能及深度学习算法，极大提高了系统网络实时性及控制效率。

社会效益：

该项目充分体现了精智团队与未来城市级停车难综合治理及智慧城市建设运营商之间的完美结合，为精智参与城市停车场大规模PPP项目建设打下了良好基础，也是公司实现"打造精智世界，创新品质生活"使命的充分体现。该项目自建成后，先后接待全国各地政府、企业组织的考察学习，为全国大中城市树立了一个解决城市停车难问题及建设智慧城市的标杆性工程。

项目名称：铜陵市淮河路智能化多出入口塔式立体停车楼

承接单位：深圳市中科利亨车库设备股份有限公司

占地面积：530m²

车库高度：13 层钢结构

泊 位 数：200 个

设备形式：圆形塔式

完成时间：2017 年 7 月

设计亮点：

节能：存取车一次少于 0.2 千瓦·时

环保：可减少车辆在寻找停车位产生的燃油消耗和尾气排放

省地：停车容量超平面停车 10 倍以上

方便：存取车只需在出入口刷卡或扫码，十分方便

快捷：存取车无须掉头，每次一分钟便可完成

附加值高：周转率高，能吸引大量的人流车流，车库及外墙成为绝好的广告位

高智能化：自动车牌识别、停车引导、自动分配停车位、自助缴费功能、可实现无人化管理

多出入口：独特的多出入口设置，存取车高峰也不会拥挤

安全可靠：如车辆的保险柜一般，可防盗抢、防刮碰、防水淹、防晒、防冻等

无线充电：目前国内能安装无线充电系统的塔式车库之一。

项目名称：顺德新宝电器塔库

承接单位：广东明和智能设备有限公司

占地面积：100m²

车库高度：48m

泊位数：100 个

停取车速度：90s

设备形式：垂直升降车库

完成时间：2016 年 12 月

设计亮点：

磁驱技术首次被公司创新应用到机械式停车设备中。利用"同性相斥，异性相吸"的原理，使物体处于一个无摩擦、无接触悬浮的平衡状态，实现力的无接触传递，相对于传统的垂直升降车库，具有可实现高速存取车、故障率低、安静无噪声的优点，平均存取车时间为 90s，比其他同类型的垂直升降类立体车库要快。

该项目的电控系统是广东明和与全球电气品牌西门子战略合作的成果之一，应用了多项最顶尖的西门子技术，运行速度快，具有更高的可靠性和稳定性，大大节省了后期的维护成本。

社会效益：

25 层的顺德新宝电器塔库项目是全球第一座采用磁驱技术的智能车库，更因其时尚夺目的外观被评为全国最美立体车库之一。

项目名称：四川康定大酒店智能车库

承接单位：广东明和智能设备有限公司

占地面积：450m²

车库高度：43m

泊 位 数：234个

停取车速度：50s

设备形式：平面移动车库

完成时间：2017年12月

设备特点：

采用15层横向布置的平面移动技术，是目前国内同类产品中最高的智能车库。其中一、二层架空做商业，极大地创造了场地商业价值。

该车库采用了多项广东明和发明专利，优化存取车程序算法，实现车库的信息化管理控制技术，车辆从入库到出库全程人性化、可视化、自动化，提高存取车速度，解决存取车过程中出库难的问题。

车库采用带式轨道平移输送车辆技术，实现了泊位中不需动力和载车板，提高了设备的可靠性和存取车的速度，平均每次存取车时间约为50s，是目前世界上存取速度最快的立体车库之一。

项目名称：智汇 PARK 创意园

承接单位：广东明和智能设备有限公司

占地面积：720m²

车库高度：12.5m

泊位数：194 个

停取车速度：50s

设备形式：升降横移式立体车库

完成时间：2016 年 1 月

设计亮点：

　　4~6 层的 T 型升降横移式立体车库，在原有可停放 44 个泊位的空旷地平面停车场上升级改造机械式停车设备，项目采用多项广东明和的专利技术，设备安全可靠、稳定耐用、故障率低。建成后机械泊位达 194 个。

　　垂直绿化的外观设计成为智汇 PARK 立体停车库的最大亮点，车库覆盖着热带雨林风情的蕨类、藤蔓、苔藓等植物，鲜花垂吊、绿意盎然，与园区垂直绿化建筑交相辉映、相得益彰，成为园区一道亮丽的风景线。

社会效益：

　　垂直绿化设计，不但能使车库更好地融入环境，绿色植物还可以吸附汽车尾气，对空气质量的提升也有很大好处，为园区创造了真正舒适的办公环境。泊位增加 150 个，切实解决了园区的停车难题，同时也助力园区更好地招商！

项目名称：**廊坊市第四人民医院智能停车库**

承接单位：**唐山宝乐智能科技股份有限公司**

占地面积：**项目占地面积 400m²，设备占地 360m²**

车库高度：**地上 16.4m**

泊 位 数：**144 个**

停取车速度：**平均存 / 取车速度平均 120s，**

设备形式：**七层垂直循环类**

完成时间：**2017 年 12 月**

技术难度：

1. 项目规划用地狭小，必须提高土地使用效率；

2. 车库高度受严格限制，对周边建筑物的采光等不能造成破坏。另由于车库周边建筑及土建受限，地下无法向外扩张，可利用空间极其有限。

3. 项目落成后向社会公众开放，需尽可能提高使用的便利性，满足医院停车需求。

设计亮点：

该项目为 24h 全天候开放停车场，采用七层垂直循环类停车设备，地上部分高度 16.4m，外立面美观简洁，对周边环境采光等的干涉极小；设备镂空式存放车辆，可降低对周边建筑等的约束和干扰；垂直循环式停车设

备占地面积小，空间利用率极高，相对传统地下车库，更节能环保，是在城市中心解决停车难的最佳选择；带有设备分区电子显示屏可减少驾驶人在开车寻找车位时排放的尾气，同时可减少因拥堵而鸣笛，减少对周边居民的影响；封闭式管理，车库区无人，设备运行平稳、故障率低，车辆停放非常安全。

社会效益：

该项目为医院向社会开放的公共停车场，也是目前霸州市垂直循环类最大的项目，车库建成之后解决了医院患者车辆的存放问题，同时也解决了周边住宅小区及商业用的停车需求，减少了周边道路的违章停车情况。

项目名称：四川省东城之星观邸（香槟城）智能停车库

承接单位：唐山宝乐智能科技股份有限公司

占地面积：项目占地面积 2060.6m² ，设备占地 1358m²

车库高度：地上 2.3m，地下 2.15m

泊 位 数：256 个

停取车速度：平均存 / 取车速度平均 90s，

设备形式：升降横移式类

完成时间：已完工 100 泊位，其余在建

技术难点：

　　1. 项目规划用地狭小，必须提高土地使用效率；

　　2. 受地下室柱网结构及土建受限，可利用空间极其有限；

　　3. 项目落成后向业主交付使用，需满足早晚高峰时期的使用需要。

设计亮点：

　　东城之星观邸小区共计 2260 户。该小区采用绝对的人车分流，机动车分别从两个地下车库出入口直接进

出地下车库；采用升降横移类停车设备占地面积小，空间利用率高，相对传统地下车库更节能环保。封闭式管理，车库区无人，设备运行平稳、故障率低，车辆停放非常安全；多组多分区设计，提高设备运行效率，能够满足早晚高峰使用要求。

社会效益：

　　该项目为小区自用停车库，建成之后解决了业主车辆的存放问题，减少了周边道路的违章停车情况。

行业
产品介绍

机械式停车设备的类型

1. 机械式停车设备的分类

依据GB/T 26559—2011《机械式停车设备 分类》,机械式停车设备(简称停车设备)根据工作原理分为九大类,即升降横移类、简易升降类、垂直升降类、平面移动类、巷道堆垛类、垂直循环类、水平循环类、多层循环类、汽车专用升降机。

1)升降横移类:根据 JB/T 8910—2013 规定,升降横移类机械式停车设备代号为 PSH,示意图及实景图见图1。

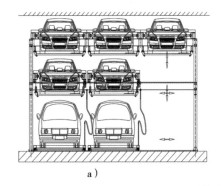

a) b)

图 1 升降横移类机械式停车设备

a)示意图 b)实景图

2)简易升降类:根据JB/T 8909—2013规定,简易升降类机械式停车设备代号为PJS,示意图及实景图见图2。

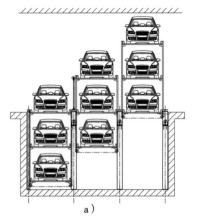
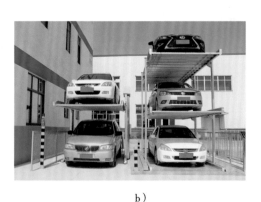

a) b)

图 2 简易升降类机械式停车设备

a)示意图 b)实景图

3)垂直升降类:根据 JB/T 10475—2015 规定,垂直升降类机械式停车设备代号为 PCS,示意图及实景图见图3。

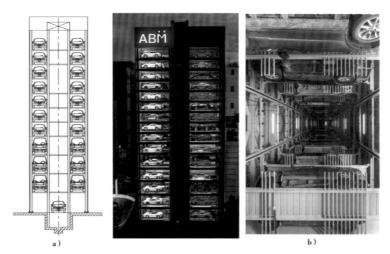

图3　垂直升降类机械式停车设备

a）示意图　　b）实景图

4）平面移动类：根据 JB/T 10545—2016 规定，平面移动类机械式停车设备代号为 PPY，示意图及实景图见图4。

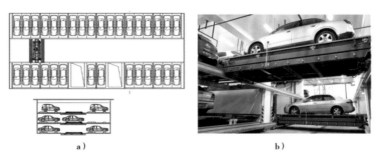

图4　平面移动类机械式停车设备

a）示意图　　b）实景图

5）巷道堆垛类：根据 JB/T 10474—2015 规定，巷道堆垛类机械式停车设备代号为 PXD，示意图及实景图见图5。

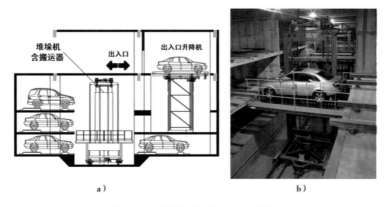

图5　巷道堆垛类机械式停车设备

a）示意图　　b）实景图

6）垂直循环类：根据 JB/T 10215—2000 规定，垂直循环类机械式停车设备代号为 PCX，示意图及实景图见图6。

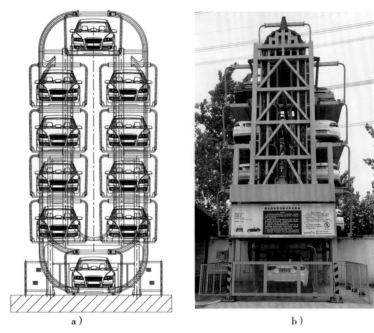

图6 垂直循环类机械式停车设备

a）示意图 b）实景图

7）水平循环类：根据 GB/T 27545—2011 规定，水平循环类机械式停车设备代号为 PSX，示意图及实景图见图7。

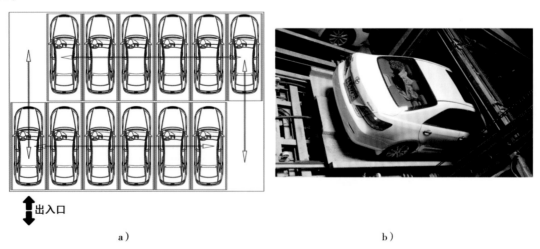

出入口

a） b）

图7 水平循环类机械式停车设备

a）示意图 b）实景图

8）多层循环类：根据 JB/T 11455—2013 规定，多层循环类机械式停车设备代号为 PDX，示意图及实景图见图8。

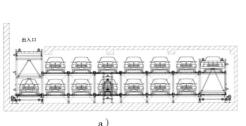

图 8　多层循环类机械式停车设备

a) 示意图　　b) 实景图

9）汽车专用升降机：根据 JB/T 10546—2014 规定，汽车专用升降机代号为 PQS，示意图及实景图见图 9。

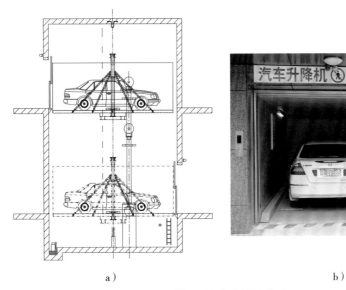

a)　　　　　　　　　　　　　　　　　b)

图 9　汽车专用升降机

a) 示意图　　b) 实景图

2. 机械式停车设备的型式

机械式停车设备的型式很多，根据 GB/T 26559—2011《机械式停车设备　分类》规定，机械式停车设备型式说明如下：

（1）按人与停车设备关系划分

1）无人式：驾驶员不进入工作区，由停车设备完成存 / 取车功能。

2）准无人式：驾驶员将汽车开进工作区，人离开后，由停车设备完成存 / 取车功能。

3）人车共乘式：人和汽车一同进入工作区，并一起移动。

（2）按停车位排列层数划分

1）单层式：停车位只排在一个层面上。主要在水平循环类和平面移动类机械式停车设备中有此种形式。

2）二层式：停车位排列层数为两层。主要在升降横移类、水平循环类、多层循环类、巷道堆垛类、平面移动类、简易升降类机械式停车设备中有此种形式。

3）多层式：停车位排列层数在二层以上、六层及以下。主要在升降横移类、平面移动类、垂直升降类、多层循环类、巷道堆垛类、垂直循环类（小型循环）、水平循环类机械式停车设备中有此种形式。

4）高层式：停车位排列层数在六层以上。主要在升降横移类、平面移动类、巷道堆垛类、垂直升降类、垂直循环类（大型循环）机械式停车设备中有此种形式。

（3）按与其他主体建筑物的相对关系划分

1）内置式：停车设备建在主体建筑物内部。

2）地下式：停车设备建在主体建筑物的地下空间。

3）独立式：停车设备独立于建筑物，单独建成车库。

4）室外式：停车设备独立于建筑物之外，在室外设置的车库。

（4）按进（出）车口的布置位置划分

1）下部出入式：车辆出入口设在停车设备的最下部。

2）上部出入式：车辆出入口设在停车设备的最上部。

3）中部出入式：车辆出入口设在停车设备除最上部或最下部位以外的其他位置。

（5）按进车口与出车口的相对关系划分

1）贯穿式：进车口与出车口分开设置在面对面位置，车辆可贯穿通过。

2）旁通式：进车口与出车口错开，一般进车口与出车口错开90°比较多，其他角度错开形式比较少。如平面移动类、巷道堆垛类机械停车设备进出口有此种布置形式。

3）折返式：进车口与出车口合一，车辆掉头后开出或车辆倒车开车。

（6）按起升方式划分

1）钢丝绳起升：通过钢丝绳运动升降载车板或其他载车装置进行汽车搬运的方式。

2）链条起升：通过链条运动升降载车板或其他载车装置进行汽车搬运的方式。

3）丝杆起升：通过丝杆运动升降载车板或其他载车装置进行汽车搬运的方式。

4）液压起升：通过液压缸运动升降载车板或其他载车装置进行汽车搬运的方式。

5）齿轮齿条起升：通过齿轮齿条啮合升降载车板或其他载车装置进行汽车搬运的方式。

6）齿形带起升：通过齿形带运动升降载车板或其他载车装置进行汽车搬运的方式。

7）其他起升：不包含以上六种的起升方式。

（7）按停车形式划分

1）横向机械式停车设备：停车位上停放汽车的长度方向与搬运台车或有轨巷道堆垛机运行的巷道长度方向垂直布置的停车设备。

2）纵向机械式停车设备：停车位上停放汽车的长度方向与搬运台车或有轨巷道堆垛机运行的巷道长度方向平行的停车设备。

3）重列式机械式停车设备：连续两排及以上的机械车位纵向或横向贯穿排列在一起的停车设备。

3. 机械式停车设备的选型原则与基本参数

（1）机械式停车设备的选型原则

采用机械式立体停车方式的区域都是寸土寸金的地段，不论是地表面积还是地上或地下空间，都十分珍贵，因此，要最大限度地利用地上与地下空间。机械式停车设备最大的优点是停车密度高，最大的缺点是容易出现出入库的排队等候。所以出入库效率成为停车设备的重要指标，设计时必须充分考虑驾驶时占用出入口的时间、出入口设置的位置与数量、周边的交通流量及流向等因素，来确定停车设备的形式和数量。同时还要充分考虑周边的环境，使之与环境相协调。

1）停车需求分析。针对拟采用机械式停车设备客户的需求，首先确定停车方式。要了解当地的停车状况和国家有关法律法规，对不同停车方式进行对比分析，包括对经济、停车用地性质、环境规划等方面进行综合比较。同时根据所需停放汽车的种类（容车参数）和停车位需求量、进出车高峰时段、进出停车场的汽车流量、固定停车与临时停车比例等最后确定是采用平面停车、自走式立体停车还是机械式立体停车方式。

2）停车设备选型。确定停车方式后，选择机械式停车设备的类型至关重要。如何选择一种最适合的停车设备，使其即满足使用功能，又满足安全性、可靠性、经济性、顺畅性及容车密度要求等。建设单位应根据项目的具体情况综合考虑，选择合适的机械式停车设备的类型。

建设机械式停车设备的目的就是为了解决停车问题，停车设备是否好用应是优先考虑的问题。同时还必须充分考虑周边的交通流量及流向等，以此来确定停车设备的形式和数量。选择的停车设备应当符合安全性高、可靠性好、使用方便及投入合理的原则。

在选型决策中，建议预先设计几种方案，然后对这几种方案的一些指标进行对比，经综合评定后选定一种最佳方案。在停车设备选型时建议综合考虑以下指标：

①满足需求的能力（停车位数量、停放车辆的规格、所服务对象的特性、所服务的区域半径、进出车流向的通畅性等）。

②储存的效率（全部存入或取出时间）。

③存取车的效率（最长、最短、平均存取车时间及连续存车或取车时间）。

④技术先进性（控制的自动化、智能化、人性化等）。

⑤空间的利用率。

⑥产品灵活性及适应性。

⑦安全性。

⑧与周围环境的协调性（外观设计）。

⑨产品质量（包括配套产品可靠性）。

⑩投入费用（包括地价、土建费用、设备费用、外围设施费用等）。

⑪后期费用（使用维护费用及设备管理费用）。

（2）机械式停车设备的基本参数

1）适停车辆尺寸及重量。对适合在机械式停车设备中停放的车辆，目前一般按其尺寸及质量（整车整备质量加50kg物品的质量）分为X（小）、Z（中）、D（大）、T（特大）、C（超大）五个轿车组和K（客车）一个客车组，共6个组，分组范围见表1。

2）单车最大进（出）车时间。机械式停车设备的最大进（出）车时间就是指从给出一个进车（出车）的指令开始，将车从出入口停放到该机械式停车设备的最不利位置（将车辆从最不利位置取出至出入口），直到该停车设备能进行下一个进车（出车）指令为止所需的时间（不包括辅助时间，如驾驶员开入或驶出出入口时间）。

表1　机械式停车设备停放车辆分组范围

组别代号	最大汽车尺寸 （长×宽×高）/ （mm×mm×mm）	质量（kg）
X	4400×1750×1450	≤ 1300
Z	4700×1800×1450	≤ 1500
D	5000×1850×1550	≤ 1700
T	5300×1900×1550	≤ 2350
C	5600×2050×1550	≤ 2550
K	5000×1850×2050	≤ 1850

注：目前尚有大型公交车、新能源大巴未列入标准中。

单车最大进（出）车时间应根据其使用环境、地区、用途及用户的特殊要求，以及存取车的频繁程度等因素综合考虑，坚持经济合理和使用方便的原则。

各种类型的机械式停车设备，可参考下面数据选取：

①升降横移类：75～200s。

②简易升降类：30～100 s。

③平面移动类：≤ 200 s。

④巷道堆垛类：≤ 200s。

⑤垂直循环类：对存容量 ≤ 12 辆的小型循环式停车设备，≤ 160s；对存容量为 12～50 辆的中、大型循环式停车设备，≤ 220s。

⑥垂直升降类：70～180s。

⑦水平循环类：≤ 240s。

⑧多层循环类：≤ 240s。

各类机械式停车设备简介

1. 升降横移类机械式停车设备

（1）设备的工作原理

这类停车设备每个车位均有载车板，所需存取车辆的载车板通过升、降、横移运动到达地面层，驾驶员进入设备，存取车辆，完成存取过程。停在这类停车设备内的地面层车辆只作横移，不必升降，上层车位或底坑层车位需通过中间层横移让出空位，将载车板升或降到地面层，驾驶员才可进入设备内将汽车开进或开出。升降横移类机械式停车设备结构示意图如图1所示。

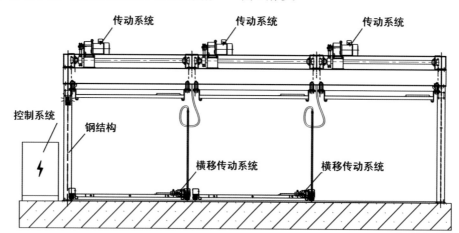

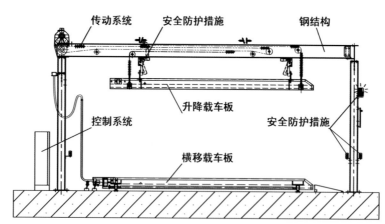

图1　升降横移类机械式停车设备结构示意图

（2）设备的主要组成部分

升降横移类机械式停车设备主要由钢结构、传动系统、载车板、控制系统及安全防护装置五大部分组成。

1）钢结构。主要采用热轧H型钢、方管、槽钢、型材及钢板等焊接成形，用高强度螺栓联接成框架结构，具有较好的强度和刚度。根据不同的结构要求，有单柱式、跨梁式和后悬臂式等。

单柱式结构紧凑，安装、搬运方便，但因每个位都有立柱，驾驶员开进或开出停车位时容易擦到立柱，不方便停车。

跨梁式根据结构不同有二跨度、三跨度形式。其他跨数的跨梁形式基本是这两种形式的组合。跨梁式结构进出车辆较方便，为目前市场上的主流产品。结构较简单但较单柱式跨度大，所以安装、搬运较不便。

后悬臂式无前柱，有利于汽车进出载车板，但因钢结构在后侧，稳定性较差，且一般不能做重列式布置。

2）传动系统。传动系统分为升降传动机构、横移传动机构。

升降传动机构有四点吊挂式、二点吊挂附平衡机构式、后悬二点吊挂式和直顶式等。横移传动机构一般由电动机、减速机、驱动轮和从动轮、横移导轨组成。除顶层、底坑最下层及地面层外的中间层载车板需要升降传动机构与横移传动机构的结合。

传动动力系统的主机一般包括减速电动机、卷扬机、液压马达等。减速电动机、卷扬机必须设有制动系统，制动系统采用常闭式制动器，其制动力矩不小于1.5倍的额定载荷。液压马达必须设有防止因漏油或油管瞬间破裂而导致载车板下坠的装置，如防爆阀等。

3）载车板。载车板用来存放车辆，按结构形式有整体式和拼板式两种。

整体式载车板用型材和钢板焊接成承载框架，并多数采用中间凸起结构，在两侧停车通道和中间凸起的顶面铺设钢板或直接用两块钢板折弯拼焊而成。这种载车板的优点是可按需要设置行车通道的宽度，并具有较好的导入功能，适合车型变化较多的小批量生产。

拼板式载车板用镀锌钢板（钢板）一次滚压或折弯成组装件，采用咬合拼装成载车板，用螺栓紧固联接。拼装前可以先对组件进行各类表面处理（如电镀、喷漆、烤漆等），使载车板轻巧、美观、运输方便、通用性及互换性好，适合批量生产。

4）控制系统。控制系统主要由主回路和控制回路组成。主回路主要控制载车板的升降、横移。控制回路主要是针对人、车的安全而设的。

控制系统的控制形式主要有可编程序控制器PLC（Programmable Logic Controller）、微型计算机、总线等。这些硬件通过软件控制各类继电器、接触器的动作，完成设备的升降、横移。

控制系统主要运行方式有自动运行、手动或点动。

自动运行方式：操作人员只要输入存、取停车位的密码及停车位编号（或只需输入停车位号码），再按一下确认键（或启动键），所有升降、横移动作都会自动完成，指定停车位就会到达出入口层地面，驾驶员即可将车开到该停车位的载车板上或从该停车位的载车板上把车开出。自动运行方式主要为正常的使用者使用，常用的存取车方式有按停车位号存取车、密码存取车、刷卡（分接触式与非接触式）存取车等。一般操作盒上除按键及刷卡功能外，还有故障显示功能与紧急停止开关等。

手动或点动运行方式：在手动运行方式下，操作人员可单独操作某一个运行动作的连续运转，如单独升降、单独横移等。在点动运行方式下，操作人员可单独操作一个运行动作为断续运转，即按住按钮运行，放开停止。这两种方式一般是在调试、检修时使用。其运行方式中可能部分安全回路无效。

5）安全防护装置。根据GB 17907—2010《机械式停车设备 通用安全要求》附录A的要求，升降横移类机械式停车设备一般装有以下一些安全防护装置（但不限于此）：

①紧急停止开关：一般在操作盒上设有红色紧急停止按钮，当发生紧急异常情况时按下此按钮，能使设备立即停止运行，同时状况未解除前，停车设备不会启动。

②防止超限运行：升降载车板在上、下定位开关外还应分别设有上、下极限开关，以在定位开关失效时能保护载车板及车辆。

③汽车车长检测装置：一般在设备前后装有车辆长度检测装置，当车长超过适停车长时，设备不动作并报警。车辆长度检测装置一般为光电开关。

④阻车装置：沿汽车进入的方向，在载车板适当位置上装有高度为25mm以上的阻车装置或采取其他有效措施以阻止车辆溜车。

⑤人、车误入检出装置：在设备运行时为防止人、车进入设备造成危险，对不设门的设备应装人、车误入检出装置，以确保安全。一般采用光电开关。

⑥防坠落装置：当载车板升至定位后，须设置防坠落装置，以防止载车板因故突然落下伤害人、车。防坠落装置一般采用挂钩形式。挂钩驱动方式有电磁吸铁驱动和机械驱动两种形式。

⑦警示装置：当设备运行时必须有警示装置，以提醒人员注意。一般为警灯或蜂鸣器。

⑧出入口门（栅栏门）联锁安全检查装置：对设置有出入口门或栅栏门的设备应设置联锁检查保护装置。当车辆未停放到准确位置时，出入口门或栅栏门等不可运行；当出入口门或栅栏门未关闭时，设备也不可运行。

⑨轨道端部止挡装置：为防止载车板横移时脱轨，应在横移导轨端部设置止挡装置。

⑩松绳（链）检出装置：为防止驱动绳（链）松动导致载车板倾斜或钢丝绳跳槽，应设置松绳（链）检出装置，当载车板在运行过程中出现松绳（链）情况时设备应立即停车运行。

⑪控制联锁装置：当设备可以由几个控制点操作存取车时，这些控制点应联锁，以使得仅能从所选择的控制点操作。

（3）停车设备的选型

升降横移类机械式停车设备的形式比较多，是九大类停车设备中市场使用量最多的，可根据不同情况进行选择。该类停车设备对场地的适应性较强，对土建要求较低。该类停车设备的场地可在露天场所，也可在大楼的地下。可根据不同的地形和空间对该类停车设备进行任意组合、排列，规模可大可小，可以有十几个车位，也可建成成百上千个车位。

按层数分有二层和多层（高层），可根据场地大小、车位数量要求、周围环境及允许高度等确定层数。从经济性及使用方便性考虑，一般建议建六层及以下。

按结构分有四柱结构、后悬臂结构和多柱结构。四柱结构使用最多，为最常用的结构形式，其结构稳定、可扩性强，可用于二层到多层。后悬臂结构一般只用作二三层结构，同时由于其悬壁结构对柱脚要求很高，很容易出现载车板或车辆倾覆事故，所以目前使用不是很多。多柱结构是每跨车位都有立柱的结构形式，其特点是钢结构轻，缺点是进出车不方便，所以目前也用得不多。

按传动形式分有链条提升、钢丝绳提升、滚珠丝杆提升及液压传动等。链条提升和钢丝绳提升应用得较广泛，相对于钢丝绳提升，链条提升定位准确，但声音较大；滚珠丝杆提升一般都为后侧直顶式提升，其传动精度比较高，定位精准，但单侧直顶提升容易导致滚珠丝杆单边磨损，后期维护成本比较高；液压传动声音较小，运动较平稳，但其安装和维修要求较高，后期维护麻烦，费用也高。一般二三层选用链条传动比较多，四层及以上选用钢丝绳传动比较多。

升降横移类机械式停车设备产品成熟，结构与传动都比较简单，产品性能相对比较稳定，投入成本与维护成本都比较低，维护保养简单，可扩充性好。

对停车自动化程度要求不高，同时投入成本有限，又要求有比较多停车位的用户，建议优先选择此类停车设备。

图2所示的是几种常见的升降横移类机械式停车设备形式。

a）

b）

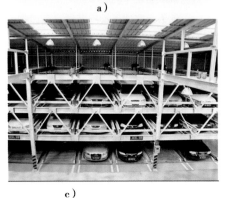

c）

d）

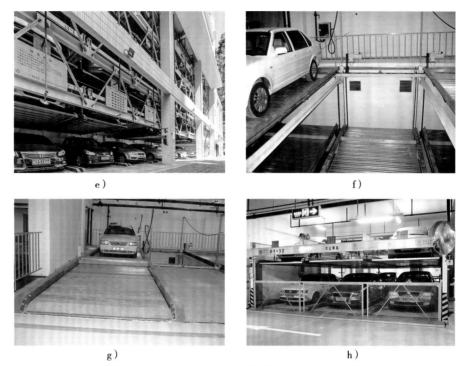

图2　几种常见的升降横移类机械式停车设备形式

a）地面二层　b）地面三层　c）地面四层　d）地面五层　e）地面六层

f）底坑二层（负一正一）　g）底坑二层重列（负一正一）　h）底坑三层（负一正二）

2. 简易升降类机械式停车设备

（1）工作原理

这类设备通过升降机构或俯仰机构将车辆直接存入

载车板或从载车板中取出。简易升降类机械式停车设备运行示意图如图3所示。

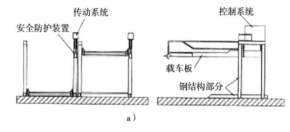

a）

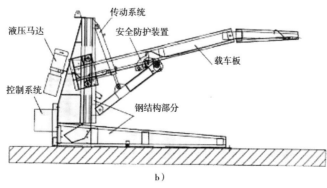

b）

图3　简易升降类停车设备运行示意图

a）垂直升降地上二层　b）俯仰升降地上二层

（2）设备的主要组成部分

简易升降类机械式停车设备主要由钢结构、传动系统、载车板、控制系统、安全防护装置五大部分组成，有些简易升降类机械式停车设备许多组成部分与升降横移类机械式停车设备基本相同。

1）钢结构。主要采用热轧 H 型钢、方管、型材、C 型钢及钢板等焊接成形，用螺栓联接成框架结构，具有较好的强度和刚度。

2）传动系统。此类停车设备的传动系统只有升降传动机构或俯仰机构。升降传动机构有四点吊挂式、二点吊挂附平衡机构式、后悬二点吊挂式、直顶式及俯仰式等。

传动动力系统的主机一般包括减速电动机、卷扬机、液压马达等。减速电动机、卷扬机必须设有制动系统，制动系统采用常闭式制动器，其制动力矩不小于 1.5 倍的额定载荷。液压马达必须设有防止因漏油或油管瞬间破裂而导致载车板下坠的装置，如防爆阀等。

3）载车板。载车板用来存放车辆，按结构形式有整体式和拼板式两种。

整体式载车板用型材和钢板焊接成承载框架，并多数采用中间凸起结构，在两侧停车通道和中间凸起的顶面铺设钢板或直接用两块钢板折弯拼焊而成。这种载车板的优点是可按需要设置行车通道的宽度，并具有较好的导入功能，适合车型变化较多的小批量生产。

拼板式载车板用镀锌钢板（钢板）一次滚压或折弯成组件，采用咬合拼装成载车板，用螺栓紧固联接。拼装前可以先对组件进行各类表面处理（如电镀、喷漆、烤漆等），使载车板轻巧、美观、运输方便、通用性及互换性好，适合批量生产。

4）控制系统。此类停车设备的控制系统较简单，一般只需几个接触器就能控制减速电动机的正反转或液压马达的运转，外加一些辅助元器件及安全控制回路，即构成了整个控制系统。此类停车设备一般采用按键操作为主，存取车只要按一下相应的停车位编号按钮，停车设备就自动完成升降动作，让相应停车位到达地面层。

5）安全防护装置。根据 GB 17907—2010《机械式停车设备　通用安全要求》附录 A 的要求，简易升降类机械式停车设备一般装有以下一些安全防护装置（但不限于此）：

①紧急停止开关：一般在操作盒上设有红色紧急停止按钮，当发生紧急异常情况时按下此按钮，能使设备立即停止运行，同时状况未解除前，停车设备不会启动。

②防止超限运行：升降载车板在上、下定位开关外还应分别设有上、下极限开关，以在定位开关失效时能保护载车板。

③汽车车长检测装置：一般在设备前后装有车辆长度检测装置，当车长超过适停车长时，设备不动作并报警。车辆长度检测装置一般为光电开关。

④阻车装置：沿汽车进入的方向，在载车板适当位置上装有高度为 25mm 以上的阻车装置或采取其他有效措施以阻止车辆溜车。

⑤防坠落装置：当载车板升至定位后，须设置防坠落装置，以防止载车板因故突然落下伤害人、车。防坠落装置一般采用挂钩形式。挂钩驱动方式有电磁吸铁驱动和机械驱动两种形式。

⑥警示装置：当设备运行时必须有警示装置，以提醒人员注意。一般为警灯或蜂鸣器。

⑦控制联锁装置：当设备可以由几个控制点操作存取车时，这些控制点应联锁，以使得仅能从所选择的控制点操作。

（3）停车设备的选型

简易升降类机械式停车设备的形式一般有单一车板的垂直升降式与俯仰升降式两种及底坑二层、底坑三层、底坑四层同升降式。这几种形式的设备主要以减速电动机加链条升降传动和液压泵加液压缸升降传动两种传动形式为主。该类停车设备产品比较成熟，投入成本不高、操作简单、维护方便。现在市场上刚推出的无避让设备，也属于简易升降类机械式停车设备。具体形式见图 4。

单一车板的垂直升降式有多种形式，最普遍的形式有二柱式与四柱式，二柱式一般是 1 套为一个独立的系统，很适用于家庭使用；四柱式可以使 1～3 个车位任意组合，装置尺寸较二柱式小，主要用于家庭、企事业单位及房地产。

单一车板的俯仰升降式主要用于层高不高的地方，一般只要梁下净高达 2800mm 以上即可设置，这类设备一般多采用液压升降方式，也有部分采用链条升降形式。

底坑同升降设备一般安装于室外对景观或视线有一

定要求的地方，在室外选用此类设备时，一定要做好底坑排水，同时建议选择表面全镀锌形式设备。底坑同升降二层也可设置于地下室，但事实上若在地下室只做底坑同升降二层，对空间利用率不高，不如选择底坑三层升降横移停车设备更划算。

无避让停车设备是近几年兴起的一种产品形式，其带有升降、回转功能或车辆外送功能，现在推出的形式非常多，因为其安全性、可靠性还有待进一步完善与验证，所以用户在选用此类设备时要慎重。

a）

b）

c）

d）

图4　简易升降类机械式停车设备形式

a）垂直升降地上两层　　b）垂直升降半地下两层和三层

c）两层无避让停车设备　　d）二层简易升降倾斜式

3. 垂直升降类机械式停车设备

（1）工作原理

使用升降机将车辆升降到指定层，然后用存取交换机构将汽车或载车板送入停车位或执行相反程序，即通过存取交换机构将指定停车位上的汽车或载车板送入升降机，升降机升降到车辆出入口处，打开出入口门，驾驶员将汽车开走。垂直升降类机械式停车设备的运行示意图见图5。

（2）设备的主要组成部分

垂直升降类机械式停车设备主要由钢结构、升降系统、搬运器、控制系统、监控系统、安全防护装置六大部分组成。

1）钢结构。主要由外框架、内框架构件组成，基本上是一座高层钢结构构筑物。主要的作用是存放车辆及给传动系统、控制系统提供安装位置。对于独立式垂直升降类机械式停车设备，其外部应用彩钢瓦或其他装饰物封闭，还应设置避雷及通风装置，同时应依据GB 50067—2014《汽车库、修车库、停车场设计防火规范》对钢结构表面进行耐火防护。

外框架由立柱、横梁、纵梁、拉撑等组成，内框架由立柱、升降导轨、配重导轨等组成并与外框架连接成一体。

此类钢结构应根据GB 50017—2017《钢结构设计规范》进行设计计算。

2）升降系统。垂直升降类机械式停车设备的升降系统形式比较多，一般主要由功率为 18.5~30kW 的曳引电动机、减速电动机或电动机外配独立减速机作为动力，通过钢丝绳、链条起升，驱动形式有变频曳引驱动、伺服曳引驱动及强制驱动。

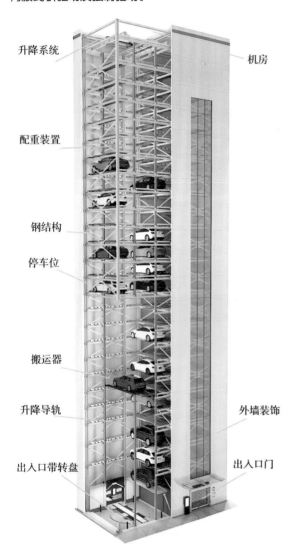

图 5   垂直升降类机械式停车设备的
运行示意图（180°型）

变频曳引驱动是最常用的升降系统，其主要由减速电动机（或电动机外配独立减速机）、曳引轮、钢丝绳、钢丝绳端部固定装置及张紧装置、转向绳轮及配重组成。升降系统的主要部件安于设备最顶部位置，行业内俗称机房。钢丝绳一端固定搬运器，另一端通过转向绳轮、曳引轮的缠绕后固定于配重端，搬运器大多采用四点同

步起升方式，通过固定于搬运器 4 个角的钢丝绳起升，一般每个角固定有 2 ~ 3 根钢丝绳，整个升降系统由 8 ~ 12 根钢丝绳负责起升，这些钢丝绳通过张紧装置来均摊整个起升力。

现在高配置的垂直升降类机械式停车设备会采用伺服曳引驱动，伺服曳引驱动与变频曳引驱动的传动原理基本相同，只是动力源不同，但其较变频曳引驱动有输出转矩恒定、定位精度高、加减速更快更平稳等特点，当然成本也相当较高。

链条起升方式属于强制驱动，其传动布置形式与曳引驱动差不多。

3）搬运器。垂直升降类机械式停车设备有多种设置方式，其中常见的设置为每层两个停车位，这种搬运器最常见的主要有两种形式，一种是载车板式搬运器，另一种是梳齿式搬运器，见图 6。现在也出现"升降机＋横移机构＋搬运器"的组合形式，俗称大轿厢；还有"升降机＋回转机构＋搬运器"的组合形式，设置成圆形或方形。这两类搬运器的形式比较多，基本上平面移动类或巷道堆垛类中使用的独立式搬运器理论上都可以用到此两类组合形式的搬运器上。

载车板式搬运器一般由两部分组成。第一部分是搬运器框架，第二部分是存取交换机构。有的载车板式搬运器设置了载车板旋转机构，以实现汽车以前进方式出入库。

载车板式搬运器的最下面部分是搬运器框架，一般由 H 型钢、方管、矩形管或槽钢等组成，主要用于承载上面的存取交换机构及载车板和车辆，框架的四角各装有升降导轮及起升钢丝绳（或链条）的固定装置。存取交换机构一般分为微移及钩拉机构和旋转钩拉机构两种。其中微移及钩拉机构是由可以在搬运器框架上微移一定距离的框架及钩拉机构组成，微移机构由减速电动机、链轮链条、齿轮齿条或其他形式的机构组成；在框架向需存取车的停车位微移过程中，一般会通过框架上的装置先打开停车位上防止载车板滑脱的锁扣，然后再进行存取车动作。钩拉机构由在长度方向两端的 1 条或 2 条循环链条、同步传动轴及减速电动机组成，在每端的链条适当位置装有 2 个钩拉机构，在载车板两边与钩拉机构对应位置装有 4 个带槽的固定板，通过减速电动机驱动同步轴转动，带动两端循环链条回转，通过其

（图中标注：升降系统、配重装置、钢结构、停车位、搬运器、升降导轨、出入口带转盘、机房、外墙装饰、出入口门）

钩拉机构钩住载车板进行存取动作。而旋转钩拉机构是直接固定在搬运器框架上的一个曲柄回转机构或回转摆臂，其通过回转曲柄回转机构或回转摆臂来钩拉载车板，这种结构可以减少微移动作，节省了时间，提高了存取车效率。

载车板式搬运器所用载车板一般为整体结构，由2片或3片花纹钢板（钢板）折弯拼装焊接而成，在下面

钩拉位置有矩形管或其他型钢补强。

梳齿式搬运器结构比较简单，一般是由左右两根前后各带一排梳齿的钢架组成，每排梳齿有约10根小方管或小矩形管组成，前轮位置的梳齿有一个约40mm的下凹，以便前轮定位，每根梳齿的前后带有升降导正轮组与吊点固定装置。

图6 垂直升降类机械式停车设备的搬运器

a）载车板式搬运器 b）梳齿式搬运器

4）控制系统。垂直升降类机械式停车设备的所有机械动作一般由控制器来控制，然后由PC计算机实现调度与车位信息的储存。控制系统可以实现自行运行、手动运行、点动运行等。

①自动运行方式：自动运行方式属于正常使用模式，一般有按键、刷卡、PC计算机操作等形式，随着手机的普及，现在还有微信或手机APP存取车形式。

②手动运行方式：在手动运行方式下，操作人员能单独操作某一个运行动作的连续运转。例如，搬运器的升降，回转盘的旋转，搬运器的单次存取车动作等。

③点动运行方式：在点动运行方式下，操作人员单独操作某一个运行动作的断续运转，即按住按钮运行，放开即停。

手动运行方式与点动运行方式一般是由专业人员在检修或调试时使用，正常情况下禁止使用此两种运行方式。

垂直升降类机械式停车设备的控制系统主要由配电部分、控制部分、调速部分、操作部分及显示部分组成。

①配电部分：主要由各级断路保护开关、熔丝、相序保护开关、变压器（或开关电源）、接触器及继电器（固

态继电器）等组成，为控制系统提供各路电源，以及过载、过电流或短路保护等。

②控制部分：主要由控制器、各种光电传感器、行程开关及中间继电器等组成，控制器是整个控制系统的关键器件，一般为PLC、单片机、工控机等。PLC是最常用的控制器，它由软件与硬件两部分组成，硬接主要是指PLC外部各种接线，含电源、输入/输出、通信等模块，软件主要是指用户为实现设备控制所编的程序。控制系统启动后，PLC会实时采集各类输入信息及接收存取车指令，根据采集到的信息执行用户程序后，依序发出各个指令给执行元件来完成各个执行机构的动作，有序完成整个存取车过程。

③调速部分：主要是指矢量变频器或伺服控制器。垂直升降类机械式停车设备中一般至少有两个矢量变频器或伺服控制器，一个是控制垂直升降速度的矢量变频器或伺服控制器，一个是控制搬运器存取车和回转台旋转速度的变频器（一般此处不用伺服控制器）。

④操作部分：主要是指人机交互设备，人机交互设备有按键式、触摸屏式、刷卡式等，现在还有用PC计算机及手机作为人机交互设备。人机交互设备一般都可

以实现自动运行、手动运行、点动运行的切换及设备故障显示甚至查询等功能。

⑤显示部分：主要由指示灯箱、车辆引导屏、信息显示屏以及人机交互设备上的显示区域等组成，用以反映停车设备的各种运行状态或故障信息。

5）监控系统。监控系统主要由前端监视设备、传输设备，后端存储、控制及显示器五大部分组成，其中后端设备可进一步分为中心控制设备和分控制设备，前、后端设备有多种构成方式，它们之间的联系（也可称作传输系统）可通过电缆、光纤、无线等多种方式来实现。

监控系统不是设备的必须配置，随着监控系统成本的降低，为能实时监视垂直升降类机械式停车设备的运行状态，现在监控系统基本上已属于标配设备，其主要监视出入口内部状况、出入口外部状况、搬运器运行状态及存取车状况等。

6）安全防护装置。根据 GB 17907—2010《机械式停车设备　通用安全要求》附录 A 的要求，垂直升降类机械式停车设备一般装有以下一些安全防护装置（但不限于此）：

①紧急停止开关：设有红色紧急停止按钮，当发生紧急异常情况时按下此按钮，能使设备立即停止运行，同时状况未解除前，停车设备不会启动。

②防止超限运行：升降搬运器在上、下定位开关外还应分别设有上、下极限开关，以在定位开关失效时能保护搬运器。

③汽车长、宽、高限制装置：在出入口应设置车辆长度、宽度、高度检测装置，当车辆超过适停规格时，设备不动作并报警。车辆规格检测装置一般为光电开关或光幕开关。

④阻车装置：沿汽车进入的方向，在载车板适当位置上装有高度为 25mm 以上的阻车装置或采取其他有效措施以阻止车辆溜车。

⑤汽车位置检测装置：应设置检测装置，当汽车未停在搬运器或载车板上的正确位置时，设备不能运行，但若有操作人员确认安全的场合则可以不设置此装置。

⑥出入口门（栅栏门）联锁保护装置：对设置有出入口门或栅栏门的设备应设置联锁保护装置。当车辆未停放到准确位置时，出入口门或栅栏门等不能启动；当出入口门或栅栏门未关闭时，设备也不能运行。

⑦自动门防夹装置：为防止进入停车设备时自动门将汽车意外夹坏，应设置防夹装置。

⑧防重叠自动检测装置：为避免向已停放汽车的停车位再存放汽车，应设置对停车位状况（有车无车）进行检测的装置，或采取其他防重叠措施。

⑨防坠落装置：当搬运器运行到位后，若出现意外，有可能使搬运器或载车板从高处坠落，应设置防坠落装置，即使发生钢丝绳、链条等关键部件断裂的严重情况，防坠落装置也必须保证搬运器不坠落。

⑩警示装置：当设备运行时必须有警示装置，以提醒人员注意。一般为警灯或蜂鸣器。

⑪缓冲器：搬运器在垂直升降的下端应设置缓冲器。

⑫运转限制装置：在人员未出设备时，设备不得启动，可采用激光扫描器、灵敏光电装置等自动检测出入口有无人员出入，当有管理人员确认安全的情况下，也可不设置此装置。

⑬控制联锁装置：当设备可以由几个控制点操作存取车时，这些控制点应联锁，以使得仅能从所选择的控制点操作。

⑭载车板锁定装置：为防止意外情况下载车板从停车位中滑出，应设置载车板锁定装置，在采取了有效措施的情况下，可不设置此装置。

（3）停车设备的选型

垂直升降类机械式停车设备也可称为电梯式停车塔，这类停车设备的动力单一，动力能耗小、控制简单、占地面积小、自动化程度高。出入口布置灵活，可以从底部、中部或上部进出车辆，进出车方向可以 90° 回转，也可以 180° 回转。设备可以在室外独立设置，也可设置在建筑物内。根据场地情况，可以单塔布置，也可以多个塔并列布置或纵列布置、甚至混合布置。

标准电梯式停车塔一般以 2 辆车为一个层面，整个车库可达 20～25 层（现在行业内最高为 50 层），即可停放 40～50 辆车，占地面积 50m^2 左右，平均每辆车占地面积只有 1～1.2m^2。在所有类型的停车设备中，其平面和空间利用率最高，且具有省电、噪声比较小，运转速度高，出入车快，可前进入车、前进出车，安全装置齐全可靠，操作简单及维护方便等独特优点。最适宜建设在繁华的城市中心区域以及车辆集中停放的集聚点。

现在行业内有一种升降机构带横移功能的垂直升降类停车设备，俗称大轿厢停车塔库。此类形式的停车设备一般一个平层停放 4 ~ 10 辆车（每边停放 2 ~ 5 辆车），一个库停放 40 ~ 80 辆车，其优点是高度不太高，在有限场地内（150 ~ 250m²）解决了比较多的停车位问题，同时存取车效率比较高效，产品性能稳定。

还有一种升降机构带回转功能的垂直升降类停车设备，俗称叫圆形塔库。此类形式的停车设备一般是 18 ~ 20m 直径的圆形结构，占地面积 260 ~ 320m²，一般一个平层的外圆周可均匀停放 8 ~ 12 辆车，中间直径 6m 左右的圆形为升降与回转机构所用，

一个库停放 50 ~ 100 辆车，其优点是高度不太高，在比较小的面积内能解决比较多的停车位，此类停车设备国内不多。

垂直升降类机械式停车设备的搬运形式主要有载车板式与梳齿式，其他还有夹抱式等。载车板式在这几种搬运形式中层高要求最低，但相对来说存取车速度比较慢，主要是因为存在送回或取出空载车板问题。随着新能源电动汽车的普及，垂直升降类停车设备加装自动充电功能的库越来越多，载车板式为实现自动充电功能提供了方便。梳齿式与夹抱式要求层高比载车板的高，相对存取车速度比较快。

几种常见的垂直升降类机械式停车设备形式见图 7。

a) b)

c)

图 7 几种常见的垂直升降类机械式停车设备形式

a) 标准停车塔库　　b) 大轿厢停车塔库　　c) 圆形停车塔库

4. 平面移动类机械式停车设备

（1）工作原理

在同一水平面上用搬运器平面移动汽车或载车板实现存取汽车。平面移动类机械式停车设备可分为单层及多层。多层平面移动类停车设备还需用升降机来实现不同层间的升降。

图 8 为多层平面移动类机械式停车设备的运行立体示意图。升降机从出入口处把车辆做垂直升降运动至不同层，该层搬运台车（搬运器）沿巷道在轨道上高速运行到升降机口，由搬运台车上的搬运器或存取交换机构将车辆从升降机上搬到搬运台车上，然后搬运台车载着搬运器和车辆自动高速运行到停车位，再次通过搬运器或存取交换机构将车辆搬运到停车位，完成存车过程，取车过程与此动作相反。

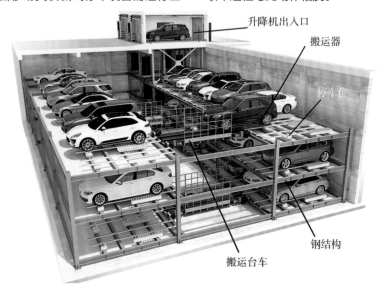

图 8 平面移动类机械式停车设备的运行立体示意图

（2）设备的主要组成部分

平面移动类机械式停车设备主要由钢结构框架、出入口、升降机、搬运台车、搬运器（或载车板）、电气控制系统、监控系统及安全防护装置八大部分组成。

1）钢结构

钢结构主要承载升降机、搬运台车（含搬运器）、车辆或载车板等部件，由 H 型钢、方管、矩形管及圆管等组成。此类钢结构一般应根据 GB 50017—2017《钢结构设计规范》进行设计计算，同时应依据 GB 50067—2014《汽车库、修车库、停车场设计防火规范》对钢结构表面进行耐火防护。

2）传动系统

①出入口。出入口是驾驶员驾驶车辆进入停车设备后停放的区域，在平面移动类机械式停车设备中除操作室外，此区域是唯一允许驾驶员进入的区域。出入口一般由安全门，车辆引导屏及语音引导功能器件，车长、车高、车宽检测装置，移动物体检测装置等组成，有些出入口还具有回转功能及车轮对中功能。出入口可以单独设置，也可以与升降机结合设置。

根据进车口与出车口位置的不同，出入口形式有贯穿式、旁通式、折返式。

②升降机。主要是将待存入的车辆从出入口位置升降到指定层（或从指定层升降到出入口），然后通过搬运台车（含搬运器）将车送到指定停车位置。升降机是此设备的核心部件之一。升降机的设计一般要结合现场空间条件、搬运器的存取车形式、需提升高度及使用频繁程度等。升降机按结构形式划分，有四柱式与二柱式；按起升方式划分，有链条起升、钢丝绳起升、液压起升、齿轮齿条起升、齿形带起升等；按动力驱动形式划分，有强制驱动、曳引驱动、伺服驱动等。出入口一般设置于升降机的顶层或最底层，在一些特殊情况下，升降机本身带回转功能。

③搬运台车。搬运台车在平面移动类机械式停车设备中相当于摆渡车，它的功能是接驳来自升降机（或

出入口）的车辆，然后在巷道长度方向上高速行走到预定的停车位置，再通过搬运器把车辆送到停车位。有些搬运台车具有在巷道上行走与存取车辆到停车位的功能，如履带式、载车板式、滚筒式等。多数搬运台车只具有行走功能，对车辆的搬运由搬运器来完成，如梳齿式、伸缩叉式、夹持轮胎式及 AGV 停车机器人等。

3）搬运器。此类设备的搬运器是核心部件之一，其性能与质量直接影响整个停车设备的可靠性、安全性与效率。搬运器形式很多，有载车板式、梳齿式、伸缩叉式、夹持轮胎式、履带式、滚筒式以及 AGV 停车机器人等。详细说明见第 3 章相关介绍。

4）控制系统。平面移动类机械式停车设备的所有机械动作一般由控制器来控制，控制器一般为 PLC、单片机、工控机等，PLC 是最常用的控制器，由 PC 计算机来实现调度与车位信息的储存。控制系统可以实现自动运行、手动运行、点动运行等。控制系统主要由配电部分、控制部分、调速部分、操作部分及显示部分组成。

平面移动类机械式停车设备的控制系统的各部分说明可以参看垂直升降类机械式停车设备的控制系统说明。

5）监控系统。在平面移动类机械式停车设备中监控系统不是设备的必须配置，但为能实时监视平面移动类机械式停车设备的运行状态，现在监控系统基本上已属于标配，其主要监视出入口内部状况、出入口外部状况、升降机运行状况、横移台车运行状况、搬运器运行状况及存取车状况等。

6）安全防护装置。根据 GB 17907—2010《机械式停车设备 通用安全要求》附录 A 的要求，平面移动类机械式停车设备一般装有以下一些安全防护装置（但不限于此）：

①紧急停止开关：一般在操作盒上设有红色紧急停止按钮，当发生紧急异常情况时按下此按钮，能使设备立即停止运行，同时状况未解除前，停车设备不会启动。

②防止超限运行：升降搬运器在上、下定位开关外还应分别设有上、下极限开关，以在定位开关失效时能保护搬运器。

③汽车长、宽、高限制装置：在出入口位置应设置车辆长度、宽度、高度检测装置，当车辆超过适停规格

时，设备不动作并报警。车辆规格检测装置一般为光电开关或光幕开关。

④阻车装置：沿汽车进入的方向，在载车板适当位置上装有高度为 25mm 以上的阻车装置或采取其他有效措施以阻止车辆溜车。

⑤汽车位置检测装置：应设置检测装置，当汽车未停在搬运器或载车板上的正确位置时，设备不能运行，但若有操作人员确认安全的场合则可以不设置此装置。

⑥出入口门（栅栏门）联锁保护装置：对设置有出入口门或栅栏门的设备应设置联锁保护装置。当车辆未停放到准确位置时，出入口门或栅栏门等不能启动；当出入口门或栅栏门未关闭时，设备也不能运行。

⑦自动门防夹装置：为防止进入停车设备时自动门将汽车意外夹坏，应设置防夹装置。

⑧防重叠自动检测装置：为避免向已停放汽车的车位再存放汽车，应设置对车位状况（有车无车）进行检测的装置，或采取其他防重叠措施。

⑨防坠落装置：当搬运器运行到位后，若出现意外，有可能使搬运器或载车板从高处坠落时，应设置防坠落装置，即使发生钢丝绳、链条等关键部件断裂的严重情况，防坠落装置也必须保证搬运器不坠落。

⑩警示装置：当设备运行时必须有警示装置，以提醒人员注意。一般为警灯或蜂鸣器。

⑪轨道端部止挡装置：为防止运行机构脱轨，在水平运行轨道的端部，应设置止挡装置，止挡装置应能承受运行机构以额定载荷、额定速度下运行产生的撞击。

⑫缓冲器：搬运器在垂直升降的下端应设置缓冲器。

⑬运转限制装置：在人员未出设备时，设备不得启动，可采用激光扫描器、灵敏光电装置等自动检测出入口有无人员出入，当有管理人员确认安全的情况下，也可不设置此装置。

⑭控制联锁装置：当设备可以由几个控制点操作存取车时，这些控制点应联锁，以使得仅能从所选择的控制点操作。

⑮载车板锁定装置：为防止意外情况下载车板从停车位中滑出，应设置载车板锁定装置，在采取了有效措施的情况下，可不设置此装置。

（3）停车设备的选型

该类停车设备是一种自动化程度很高、停车比较舒适、停车密度较大、存取车快捷的立体车库，是目前全自动立体车库领域中使用最广泛的一种停车设备。因平面移动类机械式停车设备的形式不同，其工作原理、适用范围、主要组成、车库选型、配置设计则不尽相同。

平面移动类机械式停车设备可以根据升降机、出入口及横移车数量的配比不同，停车数量可多可少。为确保进出车辆顺畅、高效、可靠，建议每个库至少配套两个出入口或升降机，同时每台升降机负责 35～50 辆车为宜。尽量不要设置搬运器随升降机升降的换层型平面移动类机械式停车设备。

多层平面移动类机械式停车设备属于全自动智能立体车库。为保障人员、车辆、设备的安全，方便车库管理，提高设备使用寿命，一般设置为封闭或半封闭形式。在规划设计、建造立体车库时，往往要与建筑、结构、照明、消防、通风、排水等工种配合或协调，因此，停车设备厂家、建筑设计单位、业主等需先进行技术交底与技术沟通，保证土建有效尺寸、升降机井道尺寸、巷道尺寸等与停车设备要求的安装空间相一致，达到最大限度地增加容车数量，安全可靠，布置经济合理，运行高效的目的。

由于不同厂家设计生产的停车设备尺寸大小并不一致，因此，必须根据具体厂家提供的停车设备布置尺寸进行机械式停车设备的土建规划设计等。

5. 巷道堆垛类机械式停车设备

（1）工作原理

使用堆垛机将汽车水平且垂直移动到停车位旁，并用搬运器或堆垛机上的存取交换机构将车辆存入，反之取出。图 9 为巷道堆垛类机械式停车设备的运行立体示意图。

图 9 巷道堆垛类机械式停车设备的运行立体示意图

（2）设备的主要组成部分

目前，国内外投入使用的巷道堆垛类机械式停车设备类型比较多，但基本上是由进出口设备、有轨巷道堆垛机（简称堆垛机）、升降机、搬运器、控制系统、监控系统和安全防护装置七大部分组成。

1）钢结构。钢结构主要承载运动构件、车辆或载车板等构件，由 H 型钢、方管、矩形管及圆管等组成。此类钢结构一般应根据 GB 50017—2017《钢结构设计规范》进行设计计算，同时应依据 GB 50067—2014《汽车库、修车库、停车场设计防火规范》对钢结构表面进行耐火防护。

2）传动系统。

①出入口。出入口是驾驶员驾驶车辆进入停车设备后停放的区域，在巷道堆垛类机械式停车设备中，此区域是除操作室外唯一允许驾驶员进入的区域。出入口一般由安全门，车辆引导屏及语音引导功能器件，车长、

车高、车宽检测装置，移动物体检测装置等组成，有些出入口还具有回转功能及车轮对中功能。出入口可以单独设置，也可以与升降机结合设置。

根据进车口与出车口位置的不同，出入口形式有贯穿式、旁通式、折返式。

②有轨巷道堆垛机。有轨巷道堆垛机是此类停车设备的核心部件之一，堆垛机至少具有在巷道方向的移动及上下升降功能，有些堆垛机还具备侧向（往停车位方向）移动功能。堆垛机主要由框架部分、行走部分、升降部分组成。

框架部分：堆垛机框架主要是行走机构与升降机构的承载体，由方管、矩形管、H 型钢、冷拉扁钢、角钢、T 形导轨等组成。结构形式有四柱门式结构、悬臂 T 形结构等。

行走部分：这部分设备主要将车辆输送到每个停车位在巷道上的相对位置，它的运行速度一般在 1~2m/s，国外最高已达 6m/s。驱动一般采用 5~10kW 的变频减速电动机直接驱动主轴运动。一般采用双轨道运行，对于较高的堆垛机还有采用单轨加顶部导正的运动导向方法。

升降部分：主要是将待存入的车辆从出入口位置升降到指定层，然后通过搬运器或堆垛机上的存取交换机构将车辆存入到停车位。升降速度一般为 0.5~1m/s。升降部分的起升方式一般有钢丝绳、链条、齿形带等。

③升降机。此设备中升降机不是必备设备，只有当堆垛机无法直接从出入口搬运汽车时，需要设置升降机，通过升降机升降到指定位置，然后再由堆垛机来搬运汽车。升降机的形式基本同平面移动类机械式停车设备中的升降机形式相同。

3）搬运器。此类设备的搬运器形式很多，可以有载车板式、梳齿式、伸缩叉式、夹持轮胎式、履带式、滚筒式以及 AGV 停车机器人等。详细说明见第 3 章相关介绍。

4）控制系统。巷道堆垛类机械式停车设备的所有机械动作一般由控制器来控制，控制器一般为 PLC、单片机及工控机等，PLC 是最常用的控制器，由 PC 计算机来实现调度与车位信息的储存。整个控制可以实现自动运行、手动运行、点动运行等。控制系统主要由配电部分、控制部分、调速部分、操作部分及显示部分组成。

巷道堆垛类机械式停车设备的控制系统的各部分说明可以参看垂直升降类机械式停车设备的控制系统说明。

5）监控系统。在巷道堆垛类机械式停车设备中监控系统不是设备的必须配置，但为能实时监视巷道堆垛类机械式停车设备的运行状态，现在监控系统基本上已属于标配，其主要监视出入口内部状况、出入口外部状况、升降机运行状况、堆垛机运行状况、搬运器运行状况及存取车状况等。

6）安全防护装置。根据 GB 17907—2010《机械式停车设备 通用安全要求》附录 A 的要求，巷道堆垛类机械式停车设备一般装有以下一些安全防护装置（但不限于此）：

①紧急停止开关：一般在操作盒上设有红色紧急停止按钮，当发生紧急异常情况时按下此按钮，能使设备立即停止运行，同时状况未解除前，停车设备不会启动。

②防止超限运行：升降搬运器在上、下定位开关外还应分别设有上、下极限开关，以在定位开关失效时能保护搬运器。

③汽车长、宽、高限制装置：在出入口位置应设置车辆长度、宽度、高度检测装置，当车辆超过适停规格时，设备不动作并报警。车辆规格检测装置一般为光电开关或光幕开关。

④阻车装置：沿汽车进入的方向，在载车板适当位置上装有高度为 25mm 以上的阻车装置或采取其他有效措施以阻止车辆溜车。

⑤汽车位置检测装置：应设置检测装置，当汽车未停在搬运器或载车板上的正确位置时，设备不能运行，但若有操作人员确认安全的场合则可以不设置此装置。

⑥出入口门（栅栏门）联锁保护装置：对设置有出入口门或栅栏门的设备应设置联锁保护装置。当车辆未停放到准确位置时，出入口门或栅栏门等不能启动；当出入口门或栅栏门未关闭时，设备也不能运行。

⑦自动门防夹装置：为防止进入停车设备时自动门将汽车意外夹坏，应设置防夹装置。

⑧防重叠自动检测装置：为避免向已停放汽车的车位再存放汽车，应设置对车位状况（有车无车）进行检测的装置，或采取其他防重叠措施。

⑨防坠落装置：当搬运器运行到位后，若出现意外，有可能使搬运器或载车板从高处坠落时，应设置防坠落装置，即使发生钢丝绳、链条等关键部件断裂的严重情况，防坠落装置也必须保证搬运器不坠落。

⑩警示装置：当设备运行时必须有警示装置，以提醒人员注意。一般为警灯或蜂鸣器。

⑪轨道端部止挡装置：为防止运行机构脱轨，在水平运行轨道的端部，应设置止挡装置，止挡装置应能承受运行机构以额定载荷、额定速度下运行产生的撞击。

⑫缓冲器：搬运器在垂直升降的下端应设置缓冲器。

⑬运转限制装置：在人员未出设备时，设备不得启动，可采用激光扫描器、灵敏光电装置等自动检测出入口有无人员出入。当有管理人员确认安全的情况下，也可不设此装置。

⑭控制联锁装置：当设备可以由几个控制点操作存取车时，这些控制点应联锁，以使得仅能从所选择的控制点操作。

⑮载车板锁定装置：为防止意外情况下载车板从停车位中滑出，应设置载车板锁定装置，在采取了有效措施的情况下，可不设此装置。

（3）停车设备的选型

巷道堆垛类机械式停车设备是一种全自动化停车设备，可采用全钢独立结构，也可设计在建筑物内，根据场地情况可以选择横向搬运方式或纵向搬运方式，见图10。一般建成全封闭形式，存（取）车速度快，安全可靠，容积率高。这种停车设备的特点是运行机构少，出入口设置方便；停车数量大，存取车辆方便，效率高；全自动化控制，集中监控，运行可靠，成本较低。

根据场地、高度要求不同，巷道堆垛类机械式停车设备既可做成地下车库，也可做成地上车库，此类停车设备比较适合空间十分有限的狭长地带，又需要解决比较多停车数量的场地。由于堆垛机的特性（1台设备完成了在巷道内的行走与升降功能，甚至有些还完成了存取车功能），一般建议每台堆垛机承担40～60辆车的存取比较理想，太少可能会提高单车位成本，太多则影响清库时间。当单个库停车数量超过100辆时或巷道特别长时，建议用2台堆垛机协同作业。应根据所能利用的平面和空间，确定车库的层数与每层的车位数，从清库能力、存取车时间及安全性考虑，建议此类车库建造层数在10层以下，5层左右比较好。

由于不同厂家设计生产的巷道堆垛类机械式停车设备尺寸并不相同，特别是升降机尺寸及基坑深度、堆垛机尺寸、库位各层层高等，因此，必须根据具体厂家提供的停车设备布置尺寸进行立体车库土建规划设计等。

a）   b）

图10 巷道堆垛类机械式停车设备搬运方式

a）纵向搬运形式   b）横向搬运形式

6. 垂直循环类机械式停车设备

（1）工作原理

在垂直平面内配置的多个载车板以循环运动的方式进行存取车辆。当所需存（取）车辆的载车板按顺时针方向或逆时针方向循环运动到车库出入口处时，驾驶员进入车库将汽车存入或取出，完成存取过程。垂直循环类停车设备的运行示意图见图11。

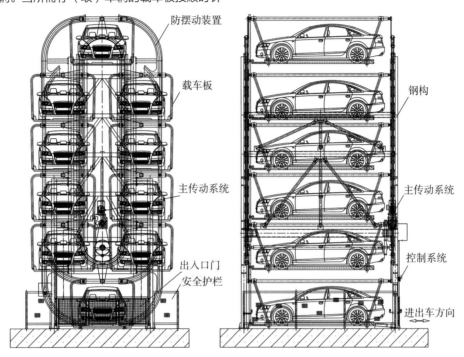

防摆动装置
载车板
主传动系统
出入口门
安全护栏

钢构
主传动系统
控制系统
进出车方向

图 11　垂直循环类停车设备的运行示意图

（2）设备的主要组成部分

垂直循环类停车设备主要由钢结构、传动系统、载车板、控制系统、安全防护装置五大部分组成。此类设备有大循环与小循环之分，一般大循环做成封闭结构，小循环可以做成露天敞开式。根据标准要求，此类设备出入口应装有安全门，安全门应与控制联动，即设备运行时安全门必须关闭，当安全门处于开启状态时，设备不可运行。

1）钢结构。设置层数较少时，钢结构设计成主要由前后两片主框架及连接前后两片主框架的连接构件组成，主要由方管、H型钢、槽钢、方钢及圆管等型材组成。每片主框架一般由左右立柱及中间框架组成，中间框架一般为整体焊接而成的钢架结构，中间框架装有限制循环链条跳脱的导轨。一般后排主框架还装有防止载车板在运行过程中左右晃动的防摆装置，一般一块载车板有两个限制点在防摆装置内，同时防摆装置设计的好坏，直接影响到载车板运行的平稳与安全。

2）传动系统。传动系统主要由主驱动系统与循环传动系统组成。主驱动系统主要由减速电动机、前后同步传动轴、链轮链条或大小齿轮组成。由于此类传动系统承载的转矩很大，所以一般经过两级减速来减小输入端电动机的转矩。循环传动系统一般由循环链条、大拨叉链轮及销轴等组成。循环链条一般选用米制输送链为基体，根据整个循环系统内载车板数量的多少，选择不同强度的输送链条，同时在需安装载车板的位置，装有加长摆臂。整个传动系统通过减速电动机经一级或二级减速后驱动前后同步传动轴，使前后循环链条同步循环，达到载车板吊篮在垂直方向循环运行的目的。

3）载车板。载车板用来存放车辆，此类停车设备的载车板像一个吊篮，其上部中间是一根前后通长的轴，轴两端装有轴承与循环链条的摆臂连接。轴长度方向固定有两个用圆管弯成的门字形拱形，拱形下部与载车板螺栓联接。

底部载车板结构形式一般是整板式的，整体式载车板用型材和钢板焊接成承载框架，并多数采用中间凸起结构，在两侧停车通道和中间凸起的顶面铺设钢板或直接用两块钢板折弯拼焊而成。这种载车板的优点是结构比较稳定，强度比较好，安装简单。缺点是制作、运输麻烦。

现在行业内也出现了拼板式载车板用于此类设备的情况，主要是用镀锌钢板（钢板）一次滚压或折弯成组装件，采用咬合拼装成载车板，用螺栓紧固联接。这种载车板的优点是制作、运输方便，安装简单。缺点是结构稳定性稍差。

为防止载车板在运行过程中左右晃动，一般载车板后端左右侧的上下位置各装有1个导轮，一个载车板共装有4个导轮。载车板在整个运行过程中，至少要确保有2个导轮在防摆装置的导槽内，载车板在循环过程中，当载车板到达最高点与最低点时，左右侧的导轮将进行无缝过渡，即载车板若从左向右循环过渡时，载车板在最高点或最低点时，载车板在防摆槽内的滚轮将由右侧上下的两个导轮过渡到左侧上下的两个导轮上。防摆装置中上下过渡的顺畅与否直接影响整个系统运转的平稳性、噪声大甚至设备使用的安全性，非常重要。

4）控制系统。垂直循环类停车设备的控制系统相对比较简单，控制系统主要由主回路和控制回路组成。主回路主要控制整个循环系统的正反旋转，其驱动形式一般为减速电动机。控制回路主要针对人、车的安全而设的。

控制系统主要采用可编程序控制器PLC控制、总线控制或微型计算机控制等。这些硬件通过软件控制各类继电器、接触器的动作，完成设备的循环动作。

控制系统的主要运行方式有自动运行、手动或点动运行。

自动运行方式：操作人员只要输入存取车位的密码及停车位编号（或只需输入停车位编号），再按一下确认键（或启动键），所有循环动作都会自动完成，指定停车位就会到达出入口层地面，驾驶员即可将车开到该停车位的载车板上或从该停车位的载车板上把车开出。自动运行方式主要为正常的使用者使用，常用的存取车方式有按停车位编号存取车、密码存取车、刷卡（分接触式与非接触式）存取车。一般操作盒上除按键及刷卡功能外，还有故障显示功能与紧急停止开关等。

手动或点动运行方式：手动运行方式是操作人员可单独操作某一个运行动作的连续运转，如单独让某层车位循环到出入口等。点动运行方式是操作人员可单独操作一个运行动作为断续运转，即按住按钮运行，放开停止。这两种方式一般是在调试、检修时使用。其运行方式中可能存在部分安全回路无效。

此类设备有时也装有车牌识别系统，用于固定车位停车、停车收费或以车牌号存取车等。

5）安全防护装置。根据GB 17907—2010《机械式停车设备　通用安全要求》附录A的要求，垂直循环类机械式停车设备一般装有以下一些安全防护装置（但不限于此）：

①紧急停止开关：一般在操作盒上设有红色紧急停止按钮，当发生紧急异常情况时按下此按钮，能使设备立即停止运行，同时状况未解除前，停车设备不会启动。

②汽车车长限制装置：一般在设备前后位置装有车辆长度检测装置，当车长超过适停车长时，设备不动作并报警。车辆长度检测装置一般为光电开关。

③阻车装置：沿汽车进入的方向，在载车板适当位置上装有高度为25mm以上的阻车装置或采取其他有效措施以阻止车辆溜车。

④人、车误入检出装置：为防止在设备运行时，人、车进入设备造成危险，对不设门的设备应装人、车误入检出装置，以确保安全。一般采用光电开关。

⑤出入口门（栅栏门）联锁保护装置：对设置有出入口门或栅栏门的设备应设置联锁保护装置。当车辆未停放到准确位置时，出入口门或栅栏门等不能启动；当出入口门或栅栏门未关闭时，设备也不能运行。

⑥自动门防夹装置：为防止进入停车设备时自动门将汽车意外夹坏，应设置防夹装置。

⑦警示装置：当设备运行时必须有警示装置，以提醒人员注意。一般为警灯或蜂鸣器。

⑧控制联锁装置：当设备可以由几个控制点操作存取车时，这些控制点应联锁，以使得仅能从所选择的控制点操作。

（3）停车设备的选型

垂直循环类机械式停车设备是国内最早开发的停车设备之一，一般分小型循环（12个车位以下）与大型循环（12～40个车位）。在使用中发现大型循环因为运行噪声大、能耗大、存取车时间长、维护麻烦等，被后起的垂直升降类机械式停车设备所取代。随着国内相关技术的发展，小型循环式停车设备因为单组车位数少、清库快、占地面积小、存取车速度快、故障少等，逐渐被市场所接受。

此类设备比较适合于场地很小（一般只有6m左右宽度），又要求解决比较多的停车位数量的地方。为方便出车，现在还有配180°回转机构的垂直循环类机械式停车设备和配备电动汽车充电桩功能的垂直循环类机械式停车设备。垂直循环类机械式停车设备设置的层数不宜超过11层，原则上推荐作为小型循环车库为宜。

7. 水平循环类机械式停车设备

（1）工作原理

存取停放车辆的车位系统在水平面上做循环移动，将所需存取的车辆的载车板移动到出入口处，驾驶员再将汽车存入或取走。载车板循环运动的形式可以是圆形循环，也可以是箱形循环。

水平循环类机械式停车设备的动作是将放置车辆的载车板在同一平面作次序排列，载车板做平移循环运动。依车辆行进方向排列的称为纵向排列，与车辆行进方向垂直的排列称为横向排列。此种方式是连车道空间一起利用的高收容停车方式，相对容车密度较大，若多层重叠可成为大型的停车库。但因一般只有一个出入口，循环存取车运转效率较低，所以存取车时间较长，一般设置的停车设备车位数不宜多。图12为水平循环类机械式停车设备（箱形循环）的运行立体示意图。

出入口　　升降机　　　停车位（载车板）

图12　水平循环类机械式停车设备（箱形循环）的运行立体示意图

（2）设备的主要组成部分

水平循环类机械式停车设备主要由钢结构、传动系统、载车板、控制系统、安全防护措施五大部分组成。

1）钢结构。此类钢结构主要承载传动机构、载车板与车辆，主要由H型钢、角钢、槽钢、圆管等组成，用高强度螺栓联接成框架结构，具有较好的强度和刚度。

2）传动系统。传动系统主要有两部分，一部分是升降机，另一部分是水平循环机构。

升降机的主要功能是负责不同层间车辆的输送及将需出库车辆送到出入口层或从出入口层把车辆运到需要的停放层。

水平循环机构的主要功能是在同层间前后或左右循环运转。水平循环机构种类比较多，有摩擦传动、销齿传动等方式。

3）载车板。载车板用来存放车辆，水平循环类机械式停车设备一般为框架式结构。框架式载车板用型钢和钢板焊接成承载框架，并多数采用中间凸起结构，在两侧停车通道和中间凸起的顶面铺设钢板或花纹钢板。这种载车板的优点是可按需要设置行车通道宽度，强度较好，安装方便，并具有较好的导入功能。

4）控制系统。水平循环类机械式停车设备的所有机械动作一般由控制器来控制，控制器一般为PLC、单片机及工控机等，PLC是最常用的控制器。这类停车设备还有用PC计算机来实现调度与车位信息储存。整个控制可以实现自动运行、手动运行、点动运行等。控制系统主要由配电部分、控制部分、调速部分、操作部分及显示部分组成。

水平循环类机械式停车设备的控制系统各部分说明可以参看垂直升降类机械式停车设备的控制系统中相对应部分的说明。

5）安全防护装置。根据GB 17907—2010《机械式停车设备 通用安全要求》附录A的要求，水平循环类机械式停车设备一般装有以下一些安全防护装置（但不限于此）：

①紧急停止开关：一般在操作盒上设有红色紧急停止按钮，当发生紧急异常情况时按下此按钮，能使设备立即停止运行，同时状况未解除前，停车设备不会启动。

②防止超限运行：升降搬运器在上、下定位开关外还应分别设有上、下极限开关，以在定位开关失效时能保护搬运器。

③汽车长、宽、高限制装置：在出入口位置应设置车辆长度、宽度、高度检测装置，当车辆超过适停规格时，设备不动作并报警。车辆规格检测装置一般为光电开关或光幕开关。

④阻车装置：沿汽车进入的方向，在载车板适当位置上装有高度为25mm以上的阻车装置或采取其他有效措施以阻止车辆溜车。

⑤汽车位置检测装置：应设置检测装置，当汽车未停在搬运器或载车板上的正确位置时，设备不能运行，但若有操作人员确认安全的场合则可以不设置此装置。

⑥出入口门（栅栏门）联锁保护装置：对设置有出入口门或栅栏门的设备应设置联锁保护装置。当车辆未停放到准确位置时，出入口门或栅栏门等不能启动；当出入口门或栅栏门未关闭时，设备也不能运行。

⑦自动门防夹装置：为防止进入停车设备时自动门将汽车意外夹坏，应设置防夹装置。

⑧防坠落装置：当搬运器运行到位后，若出现意外，有可能使搬运器或载车板从高处坠落，应设置防坠落装置，即使发生钢丝绳、链条等关键部件断裂的严重情况，防坠落装置也必须保证搬运器不坠落。

⑨警示装置：当设备运行时必须有警示装置，以提醒人员注意。一般为警灯或蜂鸣器。

⑩缓冲器：搬运器在垂直升降的下端应设置缓冲器。

⑪运转限制装置：在人员未出设备时，设备不得启动，可采用激光扫描器、灵敏光电装置等自动检测出入口有无人员出入。当有管理人员确认安全的情况下，也可不设置此装置。

⑫控制联锁装置：当设备可以由几个控制点操作存取车时，这些控制点应联锁，以使得仅能从所选择的控制点操作。

（3）停车设备的选型

采用水平循环类机械式停车设备可自动存取车辆，不需要行车道，可充分利用车道空间，省去原平面停车的进出车道，提高了土地利用率。由于车辆存取在出入口完成，由停车设备自动运行代替了驾驶员在车道内的驾驶，减少了废气排放，减少了污染，还降低了安装通风装置的费用。

该类停车设备一般用于面积受到一定限制的地下车库改造。较适合于地形细长又只允许设置一个出入口且无法做汽车斜坡道的场所，如建筑物的地下室、广场、便道的地下以及高架桥的下面等。但因只能设一个出入口，运行速度不快，所以设备的存容量不能太大。

8. 多层循环类机械式停车设备

（1）工作原理

多层循环类机械式停车设备是通过上下循环机构或升降机在不同层的停车位之间进行循环换位来实现存取车功能的。按设备运行方式可分为圆形循环式停车设备和箱形循环式停车设备。图13为多层循环（箱形循环）类机械式停车设备的运行立体示意图。

升降机　　停车位载车板　　传动系统　　　　　　出入口

升降机

图 13　多层循环（箱形循环）类机械式停车设备的运行立体示意图

（2）设备的主要组成部分

多层循环类机械式停车设备主要由钢结构、传动系统、载车板、控制系统、安全防护措施五大部分组成。

1）钢结构。此类钢结构主要承载传动机构、载车板与车辆，主要由 H 型钢、角钢、槽钢、圆管等组成，用高强度螺栓联接成框架结构，具有较好的强度和刚度。

2）传动系统。传动系统主要有两部分，一部分是升降机，另一部分是左右循环机构。

升降机的主要功能是负责不同层间车辆的输送及将需出库车辆送到出入口层或从出入口层把车辆运到需要停放的楼层。在箱形循环的设备中，一般升降机是配对使用的，即在停车设备的左右两端各有 1 台升降机，有时每一端的升降机还可升降到出入口层。

左右循环机构的主要功能是在同层间左右车辆的循环运转及在圆形循环中同层间左右车间与两端部上下层间的上下车辆循环运转。水平循环机构种类比较多，有摩擦传动、销齿传动、链轮链条传动等方式。

3）载车板。载车板用来存放车辆，多层循环类机械式停车设备一般为框架式结构。框架式载车板用型钢和钢板焊接成承载框架，并多数采用中间凸起结构，在两侧停车通道和中间凸起的顶面铺设钢板或花纹钢板。这种载车板的优点是可按需要设置行车通道宽度，强度较好，安装方便，并具有较好的导入功能。

4）控制系统。多层循环类机械式停车设备的所有机械动作一般由控制器来控制，控制器一般为 PLC、单片机及工控机等，PLC 是最常用的控制器。整个控制可以实现自动运行、手动运行及点动运行等。控制系统主要由配电部分、控制部分、操作部分及显示部分组成。

多层循环类机械式停车设备的控制系统各部分说明可以参看垂直升降类机械式停车设备的控制系统中相对应部分的说明。

5）安全防护装置。根据 GB 17907—2010《机械式停车设备　通用安全要求》附录 A 的要求，多层循环类机械式停车设备一般装有以下一些安全防护装置（但不限于此）：

①紧急停止开关：一般在操作盒上设有红色紧急停止按钮，当发生紧急异常情况时按下此按钮，能使设备立即停止运行，同时状况未解除前，停车设备不会启动。

②防止超限运行：升降搬运器在上、下定位开关外还应分别设有上、下极限开关，以在定位开关失效时能保护搬运器。

③汽车长、高限制装置：在出入口位置应设置车辆长度、高度检测装置，当车辆超过适停规格时，设备不动作并报警。车辆规格检测装置一般为光电开关或光幕开关。

④阻车装置：沿汽车进入的方向，在载车板适当位置上装有高度为 25mm 以上的阻车装置或采取其他有效措施以阻止车辆溜车。

⑤汽车位置检测装置：应设置汽车长度方向的位置检测装置，当汽车未停在搬运器或载车板上的正确位置时，设备不能运行，但若有操作人员确认安全的场合则可以不设置此装置。

⑥出入口门（栅栏门）联锁保护装置：对设置有出入口门或栅栏门的设备应设置联锁保护装置。当车辆未停放到准确位置时，出入口门或栅栏门等不能启动；当出入口门或栅栏门未关闭时，设备也不能运行。

⑦自动门防夹装置：为防止进入停车设备时自动门将汽车意外夹坏，应设置防夹装置。

⑧防坠落装置：当搬运器运行到位后，若出现意外，有可能使搬运器或载车板从高处坠落，应设置防坠落装置，即使发生钢丝绳、链条等关键部件断裂的严重情况，防坠落装置也必须保证搬运器不坠落。

⑨警示装置：当设备运行时必须有警示装置，以提醒人员注意。一般为警灯或蜂鸣器。

⑩缓冲器：搬运器在垂直升降的下端应设置缓冲器。

⑪运转限制装置：在人员未出设备时，设备不得启动，可采用激光扫描器、灵敏光电装置等自动检测出入口有无人员出入，当有管理人员确认安全的情况下，也可不设置此装置。

⑫控制联锁装置：当设备可以由几个控制点操作存取车时，这些控制点应联锁，以使得仅能从所选择的控制点操作。

（3）停车设备的选型

多层循环类机械式停设备通过使载车板做上下循环运动实现车辆多层存放，减少了占地面积，提高了存取车自动化程度。这种车库不需要坡道，节省占地面积，自动存取，但运行效率不高、存取车时间比较长。

这类停车库最适宜建于地形细长、宽度只有 6 ～ 7m 且地面只允许设置一个出入口的场所，如建筑物的地下室、广场、便道的地下，以及高架桥的下面等。但因只能设一个出入口，运行速度不高，所以设备的存容量不能太大。

9. 汽车专用升降机

（1）工作原理

汽车专用升降机只作垂直升降搬运汽车用，以专门代替停车库坡道。其工作原理就是驾驶员直接将汽车开进升降机，升降机升或降到某一层停车平面（地下室、中间楼层、屋顶），驾驶员再将车开到该层停车平面上的停车位上停车。取车时与上述过程相反。汽车专用升降机运行示意图见图 14。

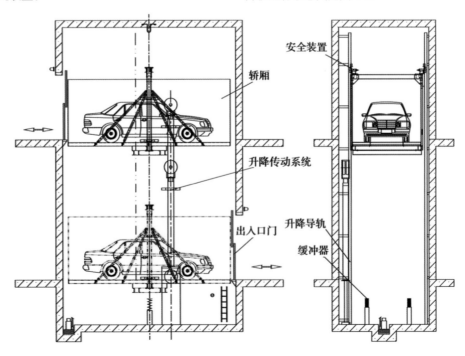

图 14 汽车专用升降机的运行示意图

（2）形式

1）按功能划分：有普通升降式、升降带回转式及升降带横移式三种，见图15。

①普通升降式：将升降机升（降）至地面层出口处，驾驶员将汽车开进升降机的轿厢，升降机升或降，将汽车送到某一层的出入口，驾驶员再将汽车从升降机的轿厢上开出，完成搬运汽车的功能。

②升降带回转式：这种型式的升降机不仅可以升降，同时轿厢或轿厢上的载车板还可以回转一定的角度，以改变汽车出入口的方向。驾驶员将车开进载车板，升降机升或降到某一停车层，升降装置载车板回转一个角度后，驾驶员再将汽车开到该停车层停车，完成搬运汽车的功能。

③升降带横移式：这种形式，主要是升降道与出入口不在同一垂直面上，载车板随升降机升降的同时，在出入口处可横向移动，便于驾驶员存取车。升降装置或载车板横向移动，驾驶员将汽车开到载车板上，升降机升或降到某一层，载车板横向移动，驾驶员再从载车板上将汽车开出。

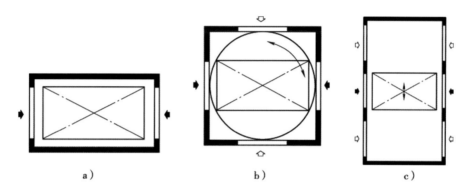

图15　汽车专用升降机的形式

a）普通升降式　　b）升降带回转式　　c）升降带横移式

2）按传动方式划分：有液压加钢丝绳式、液压加链条式、曳引电动机加钢丝绳式及减速电动机加链条式等。

一般情况下，低层汽车专用升降机采用液压加钢丝绳式或液压加链条式驱动，高层汽车专用升降机采用曳引电动机加钢丝绳式或减速电动机加链条式驱动。

（3）设备的主要组成部分

汽车专用升降机一般都建在建筑物的井道内，所以主要由传动系统、轿厢（或搬运器）、控制系统、安全防护装置四大部分组成。若是依附在建筑物外侧的汽车专用升降机除前面讲的四大部分组成外，还有钢结构部分。

1）钢结构。一般只有依附在建筑物外侧的汽车专用升降机才有钢结构，钢结构主要用于支撑传动系统、升降导轨、层门与机房等，一般由H型钢、工字钢、槽钢、方管等型材组成，钢结构外面应用彩钢瓦或玻璃等外墙材料包覆。

2）传动系统。汽车专用升降机传动系统主要由驱动主机与传动元件组成。根据传动形式的不同，有液压泵站加钢丝绳式、液压泵站加链条式、曳引电动机加钢丝绳式、减速电动机加链条式、减速电动机加钢丝绳卷筒式等。

液压泵站加钢丝绳式是最常用的传动方式，通过液压泵站与液压缸的组合提供动力。因为液压缸可以出力很大，但液压缸行程长，费用就比较高，所以一般这种传动方式至少是2：1挂比（动滑轮原理），就是液压缸出力大一倍，但行程减一半。这种传动形式还有4：1挂比形式。

液压泵站加链条式的传动形式一般是2：1挂比，就是液压缸的上面安装一套链轮顶升机构，通过链条一端固定于轿厢，绕过液压缸上的链轮顶升机构后，另一端固定于地面或墙面，形成整个传动机构。通过液压缸的升降来带动轿厢2倍速的升降，一般此类传动形式的层高不能太高，否则链条容易在升降过程中因抖动而产生噪声。

曳引电动机加钢丝绳式、减速电动机加链条式、减速电动机加钢丝绳卷筒式的传动形式基本相同，只是提升方式有所不同。一般这种传动方式是通过曳引电动机或减速电动机驱动，利用钢丝绳或链条来提升轿厢。曳引电动机加钢丝绳式与减速电动机加链条式一般都带配重提升，而减速电动机加钢丝绳卷筒式可以不带配重提升。

3）轿厢。轿厢主要是承载汽车的装置，一般用型钢焊接成框架，上面铺设花纹钢板，在轿厢左右及上部有板支撑，多数前后敞开设置，在轿厢顶部一般设有0.5m×0.5m左右的检修孔（或叫逃生孔），轿厢内还有楼层选择按钮与紧急联络装置。安全钳一般安装在轿厢顶部，中间连杆机构连接着限速器的钢丝绳，当轿厢失速时，限速器瞬间启动，让安全钳动作，确保人车安全。

4）控制系统。控制系统主要由主回路和控制回路组成。主回路主要控制轿厢的升降及层门的开闭，其驱动形式有减速电动机、液压马达等。控制回路主要针对人、车的安全而设。

控制系统主要采用可编程序控制器PLC控制、微型计算机控制等。这些硬件通过软件控制各类继电器、接触器的动作，完成设备的升降动作。

控制系统主要运行方式有自动运行、手动或点动运行。

自动运行方式：此类操作与电梯操作相似，操作人员只要按上升或下降按钮（也可以用地感线圈代替按键），轿厢到达指定楼层，车辆驶入后，驾驶员按楼层号，设备就会把车辆送到指定楼层，层门打开，驾驶员把车辆驶出设备，然后自主寻找停车位停车。

手动或点动运行方式：手动运行方式是操作人员可单独操作某一个运行动作的连续运转，如单独升降到某

层、单独开层门等。点动运行方式是操作人员可单独操作一个运行动作为断续运转，即按住按钮运行，放开停止。这两种方式一般是在调试、检修时使用。其运行方式中可能存在部分安全回路无效。

5）安全防护装置。根据GB 17907—2010《机械式停车设备 通用安全要求》附录A的要求，汽车专用升降机一般装有以下一些安全防护装置（但不限于此）：

①紧急停止开关：一般在操作盒上设有红色紧急停止按钮，当发生紧急异常情况时按下此按钮，能使设备立即停止运行，同时状况未解除前，停车设备不会启动。

②防止超限运行：升降搬运器在上、下定位开关外还应分别设有上、下极限开关，以在定位开关失效时能保护搬运器。

③汽车车长限制装置：一般在设备前后位置装有车辆长度检测装置，当车长超过适停车长时，设备不动作并报警。车辆长度检测装置一般为光电开关。

④阻车装置：沿汽车进入的方向，在载车板适当位置上装有高度为25mm以上的阻车装置或采取其他有效措施以阻止车辆溜车。

⑤汽车位置检测装置：应设置汽车长度方向的位置检测装置，当汽车未停在轿厢上正确位置时，设备不能运行，但若有操作人员确认安全的场合则可以不设置此装置。

⑥出入口门（栅栏门）联锁保护装置：对设置有出入口门或栅栏门的设备应设置联锁保护装置。当车辆未停放到准确位置时，出入口门或栅栏门等不能启动；当出入口门或栅栏门未关闭时，设备也不能运行。

⑦自动门防夹装置：为防止进入汽车专用升降机时自动门将汽车意外夹坏，应设置防夹装置。

⑧警示装置：当设备运行时必须有警示装置，以提醒人员注意。一般为警灯或蜂鸣器。

⑨缓冲器：搬运器在垂直升降的下端应设置缓冲器。

⑩安全钳、限速器：安全钳、限速器的选用应符合GB 7588—2003《电梯制造与安装安全规范》的规

定，轿厢在运行过程中，在达到限速器动作速度时，甚至在悬挂装置断裂的情况下，安全钳应能夹紧导轨使有额定载荷的轿厢制动停止并保持静止状态。

⑪ 紧急联络装置：对于人车共乘式的汽车专用升降机，在轿厢内必须设置紧急联络装置，以便在发生停电、设备故障等紧急情况时与外部联络。

⑫ 控制联锁装置：当设备可以由几个控制点操作存取车时，这些控制点应联锁，以使得仅能从所选择的控制点操作。

超载限制器：汽车专用升降机应设置超载限制器。当停车设备实际载荷超过额定载荷的 95% 时，超载限制器宜发出报警信号；当停车设备实际载荷超过额定载荷的 100% ~ 110% 时，超载限制器起作用，此时应自动切断起升动力电源。

（4）停车设备的选型

汽车专用升降机主要用于代替汽车进出车库的斜坡道，可大大节省空间，提高车库利用率，汽车专用升降机常用于将汽车升降搬运到不同高度位置的停车楼层，如用于地下、屋顶、多层停车楼存放汽车的搬运。在停车库的建设中，会遇到场地狭小无法采用自走式坡道的情况，这时，可考虑使用垂直升降的汽车专用升降机来搬运汽车，将其运送到位，起到类似电梯一样的作用，这样可大大节省空间，提高车库的利用率。汽车专用升降机只允许设置在防火分类为Ⅳ级的停车库（总停车数量 ≤ 50 辆），当汽车专用升降机用作汽车疏散出口时，升降机的数量不应少于 2 台，在停车数少于 20 辆时，升降机可设 1 台。

机械式停车设备核心零部件介绍

1. 升降横移的升降机构

（1）循环链式升降机构

此类升降机构主要用于二、三、四层的升降横移类机械式停车设备及二层简易升降类机械式停车设备。是目前使用很广的一种升降机构。循环链式升降机构由主传动机构及升降机构组成，见图1。

主传动机构主要由减速电动机及电动机轴端的马达链轮、主传动轴组及马达链条组成，主传动轴组包括与马达链轮传动的轴端从动链轮、两端的升降链轮和带座轴承。主传动机构一般布置于设备后端。

升降机构主要由主传动链条、升降链条、循环链条、转向轮或转向链轮、链条张紧装置、升降定位开关及极限开关、松链检出装置、链条端部固定装置及防脱装置等组成。升降机构一般布置于车位左右两侧的纵梁上，

通过主传动链条与主传动轴两端的升降链轮同步连接。每侧的主传动链条与循环链条形成一个闭环，载车板一侧的前后升降链条分别连接于闭环的链条连接点上。整个载车板通过4条升降链条连接，完成整个升降机构，见图2。一般这类机构形式的主传动链条比升降链条大一个规格。

整个循环链式升降机构利用减速电动机的正反转带动主传动轴回转，通过主传动轴两端的升降链轮同步带动整个循环链条回转，来实现升降载车板的同步平衡升降运动。

此类升降机构还有将4根升降链条改成钢丝绳的型式及每一侧主传动链条采用与升降链条同规格的两条链条形式。

图1　循环链式升降机构

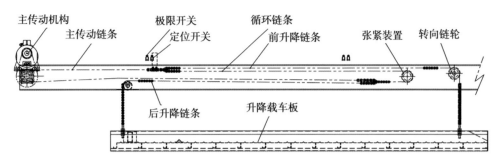

主传动机构　　极限开关　　循环链条　　　　　　　张紧装置　转向链轮
主传动链条　　定位开关　前升降链条

后升降链条　　　　升降载车板

图2　循环链式升降机构示意图

（2）钢丝绳卷筒式升降机构

此类升降机构主要用于高层升降横移类机械式停车设备，因为链条在高层时容易抖动，所以4层及以上升降横移类机械式停车设备基本选用钢丝绳起升方式。

钢丝绳卷筒式升降机构一般用减速电动机作为动力源，通过减速电动机轴端链轮、马达链条与主传动轴轴端的从动链轮，完成从减速电动机到主传动轴的动力传输。主传动轴两端各装有一套卷筒机构，每套卷筒机构有左右旋向的两个卷筒组成（有些机构采用同旋向的一个或两个卷筒），每个卷筒固定有1根升降钢丝绳，4

根钢丝绳另一端分别固定于载车板四角。载车板后端固定的两根钢丝绳一般在每套卷筒机构的内侧，另外2根钢丝绳一般在每套卷筒的外侧通过前端转向轮固定于载车板前侧。这样就组成整个升降机构。

升降机构通过减速电动机驱动，带动主传动轴上的卷筒同步转动，通过卷筒回收或释放4根钢丝绳，达到载车板升降功能。

此升降机构还有把整个机构安装于载车板上（一般在载车板后端）、钢丝绳另一端固定于上端钢结构上的结构形式。

图3　钢丝绳卷筒式升降机构

2. 全自动车库用搬运器

一般行业内把垂直升降类机械式停车设备、平面移动类机械式停车设备及巷道堆垛类机械式停车设备称为全自动立体车库，其他六大类停车设备称为半自动立体车库。下面主要介绍一下目前最常用的几类全自动立体车库搬运器形式。

（1）梳齿式与伸缩叉式搬运器

梳齿式搬运器是利用搬运器梳齿和停车台上的梳齿上下交叉错位动作实现车辆的存取的。梳架搬运车辆时，一般以前轮定位，前轮两个梳齿间距一般在200～240mm，这样既起到了定位作用，又防止车辆在搬运过程中前后移动。后轮梳架间距为160mm左右，而且由 10 根以上梳齿组成，这样基本保证了长度为 3～5.3m 车辆的存放。

梳齿式搬运器的优点是利用搬运器上的梳齿直接与停车台上的梳齿通过上下错位交叉错位动作存取车辆，不需要载车板的交换，存取车效率高。另外，这种输送方式一般都是纵向输送，在一些特殊场合也可重列布置，每一列停放 2 辆车甚至 3 辆车，这样就提高了存车容量。由于存放车辆的梳体采用的是方管，所以，每个车位所需材料比较少，减少了成本。经过几十年的改良与完善，此类搬运器非常成熟、可靠。

梳齿式搬运器的不足之处是，由于梳体上下交叉错位需要一定的高度，另外搬运车辆的搬运器本身也有一定高度，所以，层高要比其他存放形式高出 150～200mm。

伸缩叉式搬运器是与梳齿式搬运器外形差不多的一种搬运形式，它的不同之处在于前后梳齿可以伸缩。正常情况下搬运器的梳齿是缩回在搬运器内的，伸缩梳齿上表面一般只比库位梳齿上表面低 20mm 左右。存取车时，搬运器钻到车辆下面定位后（一般是前轮定位形式），伸缩叉通过库位梳齿的间隙伸出到车轮下面，然后通过升降机构抬起伸缩叉（一般让伸缩叉高出库位梳齿 40mm 左右），完成汽车从库位或出入口到搬运器的交换，然后搬运器行走，存入或取出车辆。这种搬运方式节省了梳齿式搬运器要从库位梳齿下方行进的高度，这种结构一般比梳齿式搬运器每层至少能降低高度 100mm 以上。

梳齿式搬运器与伸缩叉式搬运器见图 4。

a）　　　　　　　　　　　b）

图 4　梳齿式搬运器与伸缩叉式搬运器
a）梳齿式搬运器　b）伸缩叉式搬运器

（2）夹持式搬运器

这种存取车方式是近些年发展起来的一种搬运器存取车方式，它的主要特点是搬运功能集中在一台或多台搬运器上，依靠搬运器上的夹持机构将车辆的四个车轮抬离地面后做纵向运行。不存在载车板交接问题，也不需载车板或梳齿架的抬轮机构，搬运器运行到指定的停车位后，夹持机构释放掉车轮，车辆就停放到了停车位，搬运器退回，完成存取车动作。夹持式存取车机构一般采用前轮定位形式。

目前，夹持式存取车有两种形式：一种是搬运器很薄，总高度只有 90～120mm，这种搬运器可以直接在地面上进行夹持存取车，其优点是占用高度小，特别适合土建结构车库，无需载车板和停车梳架，安装简便，

从而减小了停车设备成本。缺点是由于搬运器很薄，所以一般采用伺服电动机、液压或直流电动机驱动与夹取，由于液压后期维护麻烦，所以现在较少使用；而用得比较多的是用伺服电动机或直流电动机驱动，但因为车轮比较小，所以过间隙能力比较弱，电动机容易过载报警，所有零件都比较精致，所以后期损坏的概率也比较大。另外，因为高度限制，这类搬运器的电源线与通信线等的电缆容易被自身框架结构压扁或刮伤，所以最近行业内又新推出了用电池供电与无线通信的超薄搬运器。另一种搬运器厚度为 200～220mm，因为汽车底盘没有那么高，所以停车位需要抬高 100～120mm。这种搬运器一般采用电动减速机驱动与夹取，优点是行走力与夹持力都比较大，过间隙能力强，小车本身结构强，

可以直接抬起车辆运行而无需借助其他力。缺点是需要让客户做水泥墩或做钢结构支架停放车辆。夹持式搬运器见图5。

由于这类搬运器本身无对中功能，为使在出入口停偏的车辆能正常夹持，一般要求在出入口位置装设车轮对中装置。同时为防止底盘太低或底盘防护板有损坏的车辆停车，还应在出入口位置装有底盘高度检测装置。

这类搬运器的共同特点是：对地面要求比较高，一般要求金刚砂地面，同时对地面平整度要求也很高，一般要求地面平整度为 ±10mm，所以，土建施工难度比较大；由于搬运器要进入到车辆底盘下面，所以底盘太低或底盘防护板有损坏的车辆不适合此类存取方式，另外搬运器动作较多，运动机构和控制相对较复杂，日后的维修保养有一定难度。

 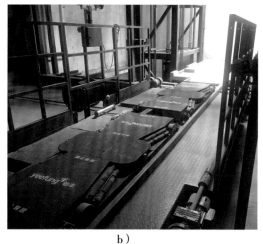

| a） | b） |

图5　夹持式搬运器

a）薄形整体式（厚度为 90 ~ 120mm）　　b）厚型分体式（厚度为 200 ~ 220mm）

（3）履带式与滚筒输送式搬运器

履带式搬运形式也是一种存取车效率比较高的车辆存取方式，见图6。其搬运原理是搬运器在车辆前后轮处有两个主动履带，在停车位或出入口（或升降机）有被动履带，搬运器到达出入口位置后，主动履带转动，同时搬运器主动履带部分向出入口微移一段距离后啮合被动履带，使被动履带同时转动，将车辆通过履带传送到搬运器上，然后搬运器在巷道内运动到指定位置后，同理将车辆送至停车位上，完成存取车辆。一般这种搬运形式比较适合于纵向搬运形式。

履带式搬运器对底盘高度无任何要求，因为履带回转要有一定弧度，所以要求层高比载车板式高。其优点是存取车比较快速，缺点是履带比较重且比较贵，同时停车位也全有履带，所以施工麻烦、成本高。现在这种形式已经使用得比较少。

图6　履带式搬运器

滚筒输送式搬运形式是与履带式搬运形式原理差不多的一种存取车方式，见图7。其不同之处在于把履带改成滚筒，前者是履带托着车轮走，后者是滚筒靠摩擦力推着车轮走，同时在库位需要有动力来驱动滚筒。搬运原理是搬运器、停车位及出入口（升降机）

位置在车辆前后车轮处有两条滚筒输送线,滚筒与滚筒之间通过链轮链条连接,前后滚筒输送线一般通过减速电动机同步驱动。搬运器到达出入口位置后,搬运器上滚筒线及出入口处滚筒线同向转动,通过两条滚筒线的接驳传输,把车辆从出入口位置传送到搬运器上,然后搬运器在巷道内运行到指定位置后,同理将车辆送至停车位上,完成存取车辆。一般这种搬运

形式比较适合于纵向搬运形式。

滚筒输送式搬运器也应该在出入口安装车辆校正装置。此类搬运形式的优点是存取车比较快速,要求层高比履带式搬运形式低,缺点是每个库位都要有前后两条滚筒输送线体,所以施工量大,成本比较高,在雪天有可能造成滚筒与车轮摩擦力不足而出现打滑现象。

图 7　滚筒输送式搬运器

（4）载车板式搬运器

载车板式搬运形式是一种比较普遍使用的车辆存取方式。它既有横向搬运形式,也有纵向搬运形式,见图8。其搬运特点是每个车位都有一块载车板,一般在载车板上装有滚轮或在停车位上装有让载车板在上面滑动的滚轮。平常有一块空载车板放在进出口,当程序以进车优先设置时,入库车辆停到载车板后,停车系统自动将载车板与停放车辆存入载车板原来所在的位置,然后再就近取出一块空载车板放在进出口。若在此状态下,程序收到取车指令时,则系统先把在出入口的载车板存回原载车板所在位置,然后再去取要取车位置的载车板,再通过整个取车过程程序把此载车板放到出入口。

载车板式搬运器一般有摩擦轮式、链条钩拉式与旋转钩拉式三种。

摩擦轮式就是通过搬运器上一对或几对相对位置比较近的包胶轮（每对2个）,通过搬运器微移及两个包胶轮反向旋转的摩擦力来夹住载车板下面的摩擦板,把载车板送到停车位或从停车位取到搬运器上。可以设计成横向搬运形式,也可以设计成纵向搬运形式,要克服

的难点是如何选择摩擦力大又耐磨,同时在包胶轮表面磨损或摩擦光滑后其摩擦力还足够存取载车板及车辆的包胶轮。

链条钩拉式就是在搬运器长度方向两端各设置1条或2条封闭循环链条,在每端的链条适当位置装有两个钩拉机构,在载车板两边与钩拉机构对应位置装有4个带槽的固定板。取停车位载车板时,搬运器中的微移机构适当向停车位侧移动,然后减速电动机驱动两端的循环链条转动,让左右两个钩拉机构进入载车板的固定槽内,链条继续带动,就把载车板从库位钩拉到搬运器上。在此过程中,另外两个钩拉机构要在载车板即将全部进入搬运器时进入载车板另一侧的固定槽内,然后微移机构复位,从停车位取载车板的整个动作就全部完成。从搬运器向停车位送载车板的动作与此相反。这种形式一般以纵向搬运形式为主,在垂直升降类机械式停车设备中使用得比较普遍,并且此类机构技术非常成熟。要克服的难点是如何顺利入钩与脱钩,如何确保一边取的载车板要能两边互存。

旋转钩拉式就是在搬运器适当位置有一个曲柄回转

机构或回转摆臂，曲柄回转机构或回转摆臂端部有一个圆柱状回转体。取载车板时，搬运器移动到取车位后，曲柄回转机构或回转摆臂旋转，通过圆柱状回转体进入停车位载车板边上的滑槽内，然后曲柄回转机构或回转摆臂继续旋转，把载车板从库位钩拉到搬运器上，此时圆柱状回转体未脱槽，可以确保搬运器在运行时载车板不会滑脱。相反，搬运器移动到存取车位后，曲柄回转机构或回转摆臂直接转动，把载车板从搬运器上推送到停车位上，然后曲柄回转机构或回转摆臂反方向脱槽收回，完成存载车板动作。这种形式一般都是纵向搬运形式，与摩擦轮式和链条钩拉式相比少了一个微移动作，减少了存取车时间，提高了效率。要克服的难点是曲柄

回转机构或回转摆臂从一边取的载车板要能两边互存，如何做到曲柄回转机构或回转摆臂顺利地入槽与脱槽并钩拉平稳、无异常声响，同时脱槽时要确保载车板不会移动。

载车板式搬运器的优点是层高要求比较低，搬运器结构比较简单，整个成本也比较低。随着新能源充电汽车的普及，要求停车库实现停车位自动充电，载车板便是非常好的形式。其缺点是在实际使用中，经常需要存或取空载车板，所以存取车时间比较长，存取效率比较低。但目前有些车库采用双车板交换法或在出入口附近设置空车板存放区等方式，来减少送回或取出空载车板的时间，从而提高了存取车效率。

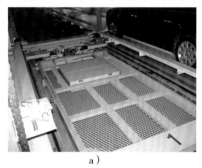 

a) b)

图 8　载车板式搬运器

a）纵向搬运形式　b）横向搬运形式

3.AGV 停车机器人

AGV 是自动导引小车（Automated Guided Vehicle）的英文缩写。用于搬运、存放汽车的AGV，统称为 AGV 停车机器人。AGV 停车机器人是指装备有电磁或光学等自动导引装置，能够沿规定的导引路径行驶，具有安全保护以及各种移载功能的运输小车。AGV 是一种以电池为动力，装有非接触导向装置的无人驾驶自动化车辆。AGV 停车机器人的主要功能表现为能在计算机监控下，按路径规划和作业要求，使小车较为精确地行走并停靠到指定地点，完成一系列作业功能。AGV 以轮式移动为特征，较之步行、爬行或其他非轮式的移动机器人具有行动快捷，工作效率高，结构简单，可控性强，安全性好等优势。与物料输送中常用的其他设备相比，AGV 的活动区域无需铺设轨道、支座架等固定装置，不受场地、道路和空间的限制。

AGV 停车机器人是最近几年才发展出来的产品，其具有技术先进、智能化程度高、布置灵活、场地适应性强等特点，一经推出，就深受用户喜爱。

AGV 停车机器人的主要功用集中在自动搬运与转运上。AGV 停车机器人的控制核心是管理软件（行业内也叫调度系统），通过管理软件实现智能化的路径规划和交通管理，对 AGV 停车机器人进行自动引导，实现了智能化搬运，提高了存取车的效率。其主要有两大功能——监控和任务执行。

AGV 停车机器人管理软件由任务管理、车辆管理、交通管理、图像监控及路径管理等各个子系统组成，模块之间协同工作，共同完成智能化搬运。软件运行时，接受任务管理系统发送的存取车任务，根据地面交通情况、AGV 停车机器人空闲情况和当前 AGV 停车机器人运行情况等综合决策，智能调度 AGV 停车机器人执行搬运任务，并同步监控任务的执行过程。

（1）AGV 停车机器人的导航方式

1）电磁感应式。也就是常见的磁条导航，通过在地面粘贴磁性胶带，AGV 自动搬运车经过时，车底部的电磁传感器会感应到地面磁条地标，从而实现自动行驶运输货物，站点定义则是依靠磁条极性的不同排列组合设置。磁条导航成本较低，实现较为简单。但此导航方式灵活性差，AGV 只能沿磁条行走，更改路径需重新铺设磁条，无法通过控制系统实时更改任务，且磁条容易损坏，后期维护成本较高。

2）惯性导航。惯性导航是在 AGV 上安装陀螺仪，在行驶区域的地面上安定位块，AGV 可通过对陀螺仪偏差信号的计算及地面定位块信号的采集来确定自身的位置和方向，经过积分和运算得到速度和位置，从而达到对运载体导航定位的目的。其主要优点是技术先进，定位准确性高，灵活性强，便于组合和兼容，适用领域广。其缺点是制造成本较高，导引的精度和可靠性与陀螺仪的制造精度及使用寿命密切相关。

3）激光感应式。激光导航是在 AGV 行驶路径的周围安装位置精确的激光反射板，AGV 通过发射激光束，同时采集由反射板反射的激光束，来确定其当前的位置和方向，并通过连续的三角几何运算来实现 AGV 的运行，把车辆运送到预定的停车位。

此项技术最大的优点是 AGV 定位精度高，可以高速行驶，行驶速度最高可达 1.5m/s，地面不需要其他定位设施，行驶路径灵活多变，能够适合多种现场环境，是目前国外许多 AGV 生产厂家优先采用的先进导航方式。缺点是制造成本高，对环境要求较相对苛刻（外界光线，地面要求，能见度要求等）。

4）视觉导航。视觉导航是在 AGV 的行驶路径上涂刷与地面颜色反差大的油漆或粘贴颜色反差大的色带，利用 AGV 上安装的摄图传感器将不断拍摄的图片与存储图片进行对比，偏移量信号输出给驱动控制系统，控制系统经过计算纠正 AGV 的行走方向，实现 AGV 的导航。

视觉导航的优点：AGV 定位精确，视觉导航灵活性比较好，改变或扩充路径也较容易，路径铺设也相对简单，导引原理同样简单而可靠，便于控制和通信，对声光无干扰，投资成本比激光导航低很多，但比磁带导航稍贵；视觉导航的缺点：路径同样需要维护，目前基于无固定参照的视觉导航 AGV，其定位精度往往不高。

5）混合导航方式。为了确保定位精准，AGV 停车机器人一般会采用混合导航方式，比如"激光导航 + 惯性导航"的导航模式。在运行过程中，用激光导航作为主导航，用惯性导航来校验与修正 AGV 停车机器人的行走轨迹，同时用磁钉来精确定位，可以达到定位精准度误差少于 5mm。

（2）AGV 停车机器人的主要形式

AGV 停车机器人主要有智能停车机器人、夹持式停车机器人、梳齿式停车机器人及抬板式停车机器人等几种形式。目前国内投入实际应用的主要是后三种形式。

1）智能停车机器人：采用"视觉 + 惯性"双导航技术，见图 9。

2）夹持式停车机器人：是采用"激光 + 视觉"导航的分体式小车，每个小车上各有 4 个夹持臂，用于夹持轮胎，整车高度较低，可直接进入车底，即夹持轮胎机器人能直接钻入车辆下面，利用夹持装置将车辆轮胎夹起，把汽车送到停车位，实现汽车夹持举升和运输。其具有结构简单、安装方便快捷、运行效率高等优点，但控制相对比较复杂。实景图见图 10。

图 9　智能停车机器人

图 10　夹持式停车机器人

3）梳齿式停车机器人：利用"激光＋磁钉"的混合导航方式及梳齿交换技术，无需载车板，具有运行速度快、效率高、定位精准、运行可靠等特点。实景图见图11。

4）抬板式停车机器人：是具有"载车板＋举升"功能的AGV。此类型式的载车板下面有一定高度，

带举升功能的AGV可以钻到载车板下面，通过AGV的举升机构抬起载车板后行走，完成存取车动作。此交换技术门槛低，只要有AGV技术的公司基本都能做，使用效果还可以。但占用空间大，效率低，层高要求高。

图11 梳齿式停车机器人

图12 抬板式停车机器人

（3）AGV停车机器人的特点

1）高精尖产品：AGV是机械式停车设备部件中自动化与智能化程度很高的设备，它主要由机构框架、驱动行走机构、举升机构（或夹取机构）、电控设备、控制系统及软件、路径识别系统及定位系统等组成。整台设备集搬运、转运、交互通信、自动侦测及自动避让等功能于一体。

2）灵活高效：AGV系统可以根据现场实时情况智能规划最佳路径与调度最近的AGV去搬运，因此AGV具有灵活、智能、高效的特点。

3）场地适应性强：AGV可以原地180°调头，也可任意角度转弯，解决了不规则场地或狭窄场地停车少或无法停车的困扰。

4）产品成熟可靠：AGV作为物流搬运设备已经发展了20～30年，产品已经相当成熟。虽然AGV停车机器人发展没几年，但因为AGV的运行原理、控制方式、管理系统等基本相似，所以AGV停车机器人是成熟可靠的。

5）外观美观：AGV停车机器人的外观都非常漂亮或科幻，给人一种高大上的感觉。

6）成本易控制：AGV系统的资金投入是短期的、一次性的，后期也只有AGV与升降机的维护费用。若采用人员驾驶车辆，则人员的工资是长期投入，并且还

会随着通货膨胀而不断增加。若采用其他全自动车库，则因全自动车库部件多，到一定年限后的维护更换费用也比较高。

7）可预测性：AGV在行驶路径上遇到障碍物会自动停车，而人为驾驶的车辆因人的某些因素可能出现判断偏差。红外传感器和机械防撞装置可确保AGV免遭碰撞，降低故障率。

8）自动充电：AGV有电池管理系统实时监测电量，当电量不足或AGV运行空闲时，会自动到充电的地方去充电。

9）对地面要求高：AGV对地面平整度及地面耐磨强度要求比较高，一般要求地面做成金刚砂地坪，并且平整度在±5mm内。

10）对维护人员素质要求高：因为AGV停车机器人是自动化程度很高的设备，内部电器元件比较多，线路比较复杂，控制系统又是无线通信，所以要有一定专业素质的专业人员才能进行日常维护、保养与检修。

4. 垂直循环机构

垂直循环类机械式停车设备是我国最早引进与开发的停车设备之一，当时由于制造技术、配套件、设计消化能力等原因，此产品慢慢退出了市场。最近几年，随着国内制造水平的提高、配套件的成熟与设计能力的提高，垂直循环类机械式停车设备又慢慢进入人们的视野。

垂直循环机构是垂直循环类机械式停车设备的核心传动机构，其传动机构种类也比较多，有米制输送链循环、套筒链循环及锯齿链循环等。图 13 是现在比较常用的一种垂直循环机构形式。

图 13　垂直循环机构示意图

垂直循环机构一般由两部分组成，一部分是主驱动系统，另一部分是循环传动系统。

主驱动系统主要由减速电动机、前后同步传动轴、大拨叉链轮、链轮链条或大小齿轮组成。由于此类传动系统承载转矩很大，所以一般都是经过二级减速来减小输入端电动机的转矩。若采用一级减速，则减速比会非常大，图 13 所示为一级减速形式。

循环传动系统一般由循环链条、大拨叉链轮、链条导轨及链条张紧装置等组成。循环链条一般选用米制输送链为基体，根据整个循环系统内载车板数量的多少，选择不同强度的输送链条。在需安装载车板的位置，装有支撑载车板吊篮轴的摆臂板，摆臂板一般固定在米制输送链的外链板位置。循环链条一般在顶部张紧，底部为大拨叉链轮传动位置，采用一级减速的传动机构，大拨叉链轮直接安装在同步传动轴两端，采用二级减速的传动机构，大拨叉链轮一般安装在销轴上，通过同步传动轴上的二级减速机构实现前后同步。

整个传动系统通过减速电动机经一级或二级减速后驱动前后同步传动轴，使前后循环链条同步在导轨槽内循环运转，使安装在摆臂上的载车板吊篮在垂直方向循环运行。

后记

30

后　记
我走过的路

姜 勇

　　我一不小心闯进了泥潭，在里边苦苦挣扎，越挣扎感觉这个泥潭越大。但等我爬上彼岸时，却发现这不是个泥潭，而是个大湖！

　　本文回顾了我挣扎的苦与乐，回顾了我国第一台机械车库是怎样诞生的，第一台垂直循环式车库是怎么建成，第一台平面移动式车库是怎么问世，介绍了我国早期的停车设备"王国"恩菲的生与死。

　　在庆祝行业协会成立二十周年之际，仅以本文献给想了解停车设备行业发展历程的人。

　　在人生旅途走过四十五年后，1984 年 10 月 11 日这天，我发现了世界上还有一种东西叫机械车库。我对它一见钟情，心想，干机械车库吧，于是沿着这条路一步一步地走下去，这一走就是三十多年。一万多天的路啊，从年富力强一直走到年逾古稀！

一、起步

　　20 世纪 80 年代初，正值我国改革开放初期，我的工作单位北京有色冶金设计研究总院（简称有色院）刚刚转型，从由国家"包养"一下子变成自负盈亏，事业费取消了，吃饭成了问题。在严酷的现实面前，一些不愿坐等挨饿的同事们，在领导的召唤下，齐心协力，探索新道路，寻找新方向，掀起一股开发热潮。凭着积极进取的热情、坚实的技术功底，成功开发了一些颇受市场欢迎的新项目。在这样的背景下，我放眼四周，指望猎取到更好的项目。

　　1984 年秋，正在设计中的有色总公司办公楼在停车问题上遇到了麻烦。有一天，办公楼设计组的建筑师翁如琳跟我说："我设计的地下车库的坡道不好设

置，你能不能帮我设计一个升降机，用于汽车的升降，代替坡道？"我说："可以，你把具体要求提给我。"时隔不久，我得知她要去日本考察，就对翁如琳说："你不是让我设计一个汽车升降机吗，趁这次出去，看看国外是怎么解决的？如有资料，收集点。"当时就这么一说，一点都没预料到今后会发生什么。等到 10 月 11 日她回来的时候，给我带来几份机械车库样本和日本立体驻车场工业会的资料。我接过来一看，茅塞顿开，原来国外还有这种东西。我捧着这几本样本，如获至宝，翻来覆去地看，字里行间地琢磨，拿着放大镜端详照片里的每一个细节，……几天之后，我觉得已经吃透了这几本东西，便向室主任成大先汇报。我汇报了四个方面的问题：一是讲解了什么是机械车库；二是说明了这个项目是有前途的，随着我国经济的发展，汽车定会越来越多，停车需求会有的，市场会发展起来的；三是这个项目我们能干，技术问题能解决；四是这个项目看起来有些超前，但必须马上着手干，干就干在别人前头。我的领导成大先是个支持发展、支持创新、有眼光、有魄力的人，当即拍板说："干！给你配几个年轻人，你在组里挑。"汇报后我很兴奋，

因为新诞生的愿望得以实现。说实在的，当时在技术上我是有把握的，在初步了解了它的结构后，我知道这是我力所能及的事。但在市场需求方面，我的内心却不踏实。毕竟那时路上没有多少车，又没做社会调查，我不知道市场的需求哪一天才能活生生地摆在面前，也估计不出这个需求究竟有多大，所以汇报时只从发展的眼光定性地分析了市场前景。但有一点我是坚信的，就是搞出来不会没人要。

接下来，开始全面收集资料和走访有关部门。这在今天是轻而易举的事，手指一点，就能在互联网上看到想要的东西。可三十多年前没有互联网，要东奔西跑才行，有时候一天跑下来除了疲劳别无所获。但功夫不负有心人，积累起来还是得到了一些有用的东西。最为可喜的是在北京市公安局看到了公安部 1985 年 3 月 19 日制定的《关于制定＜大型公共建筑的停车场（库）规范＞的通知》，看到国家正在抓这件事，内心无比兴奋。我把它看成是中国机械车库发展的曙光，这一曙光把原本模糊的前景照亮了，透过它，我仿佛看到了一座座机械车库屹立在中国大地上。

当时的中国，一般人都不知道什么是机械车库，就连去过日本的人，问起来，也都说没见过。所幸有色总公司考察组的成员发现了它，而且告诉我说，日本机械车库很多，见缝插针，很解决问题。当时他们也正为停车问题发愁，设一层地下车库，车位数不够，设两层，坡道下不去。于是办公楼设计组的负责人屈铁生把解决停车位的希望寄托在采用机械车库上，他们找我商讨此事。而我呢，在做了一些调查和搜集资料的工作之后，正想把工作向前推动一步，最好是得到一个具体项目，真刀真枪地干一把。双方的需求交在了一个点上，又一个一拍即合。

根据他们的要求和条件，采用两层升降横移式车库最为合适，这对我也是最合适的，因为它结构简单，技术问题好处理，风险小，作为起步的第一个项目很是恰当。而且，它造价低，适用面广，有利于今后推广。

技术方案基本确定后，经过多次与甲方沟通，从各方面打消了甲方的疑虑，1985 年 5 月 22 日有色总公司办公楼工程组会议决定采用机械车库方案。在这里我要感谢屈铁生，他的支持起了关键作用。这以后便开始了与土建设计的技术配合，各专业相互提出、反馈设计条件。正常情况应该是依据设备参数提出设计条件，可是当时那个车库是处女作，什么都没有，只好先把条件估摸着提出去，回过头来，再按这个条件设计设备。为降低风险，只好把条件提得宽松一点，为设备留有余地。还好，放宽了的条件也没超出土建设计容许的范围，跨专业之间的协调很顺利。在这些工作都做完之后，直到 1985 年 11 月 4 日机械车库的设计合同才生效，此项目才算正式确立。

车库的机械部分由我和段志军设计，电气部分的设计是由一位很有经验的老工程师蒋宗闵负责，整个项目由我主持。当时我制定的设计原则是：确保安全、可靠、实用，不追求先进性，不追求经济技术指标。因为只要搞出来就是中国第一个，没有第二个可以和它相比，天生具有先进性，不用刻意追求。要是出点事，那可就全完了，刚刚孕育起来的、指望它发展壮大的新项目就会遭到流产的厄运。因此，在整个设计过程我们都把安全可靠放在首位。有些看似简单的部分，也决不掉以轻心。在设计中还不断提醒自己：这是在闯一条新路，不能因微小的失误而影响全局。我们几个人配合得很好，设计进行得很顺利，也很成功。1986 年 1 月完成了全套图纸设计。

这套设备由沈阳有色冶金机械总厂制造。这是甲方指定的，是一家规模很大的机械厂，从各方面都具备制造机械车库的能力。厂方审图没提出任何问题，整个制造过程只要求我们去做了一次技术交底，就再也没找过我们。安装也十分顺利，只出现了一次小错误——有一个绳轮装反了，此外，再没费我任何精力。对一个全新的设计，施工服务如此顺利，真不多见。我庆幸遇到了一个好的施工单位，也为我们在设计过程的认真、仔细感到欣慰。

1988 年年底，设备很顺利地通过了试运行，这标志着有 68 个车位的两层升降横移式机械车库已经建成（见图 1）。

图1 中国第一座机械车库（1988年建成，两层升降横移式，68个车位，坐落于中国有色金属工业总公司）

30年后的今天，机械车库技术已经有了长足的进步，再回过头来看这台设备，它显得那样笨重，好像没什么值得夸耀的。然而，它的价值在于：它是划时代的作品，结束了我国没有机械车库的历史。

每当我回忆这段往事的时候，我感到我是幸运的。假如有色总公司办公楼没有停车问题，假如那位建筑师不问我升降机的事，假如她不去日本考察，假如她没有带回来资料……总之，如果没有这一连串的偶然，这台设备都不会在这个时间由我搞出来。辩证唯物主义认为，必然性寓于偶然性之中。当我在这条偶然链中寻找必然因素时，我感到庆幸的是，抓住了其中的每一环，没有跟机遇擦肩而过，打响了我国机械停车事业的第一炮。

二、创业

在我拿到日本机械车库资料后，很快就把主攻目标定在垂直循环式车库上。原因有四：一是它可以在40m²的地面上停30多辆车，节省占地面积，能充分体现机械车库的优点；二是从日本的实际使用情况来看，截至1983年，垂直循环式车库已建成了

111455个泊位，占8种类型车库总泊位数的58%，说明了它综合性能最优，很受市场欢迎；三是设计难度适中，既具有一定的挑战性，又是我力所能及的；四是整个运动系统由一台电动机带动，控制简单，故障点少。于是，我就做起了开发垂直循环式车库的梦，指望有一天通过我的双手，也能在中国大地上竖起这样一个塔库来。

想建库，就要找用户。上哪去找呢？在今天找个想建车库的单位易如反掌，可是在30多年前，却是难上加难。我多次走访规划局、大设计院以及有可能建车库的单位，结果是一无所获。

1986年3月的一天，我坐在自己的办公桌前，室主任成大先朝我走过来，把手里的一份文件递给我，跟我说："这个文件放在那没人理，让我发现了，是个好机会，机械车库参加展览吧！"我接过来一看，是建设部发的关于举办"全国城市建设成就展览会"的通知。我顿时感到这个决定很英明，搞机械车库已经一年多了，做了不少工作，完成了两层升降横移式设备的设计，对垂直循环式车库也大体确定了设计方案，是该宣传出去了，让社会知道我们在搞机械车库，说不定会有用户找上门来。

当时的情况是国内还没有人知道什么是机械车库，为了让人一眼就看明白，我做了一个垂直循环式车库的模型，模型会动，由计算机控制，遥控模型汽车进出，非常逼真地展示了存取车的过程。

11月26日展览会开幕了，我们的展台（见图2）很吸引人，每天都热热闹闹的，15天中从没冷过场（见图3）。可是参观的人群中，绝大多数是看热闹的。你想啊，一个会转的模型把一种新的停车方式展现出来，遥控汽车跑来跑去，一会进库一会出库，能不吸引人吗。人群中只有那么一少部分，表现出对机械车库的真正兴趣，这些人正是我们要找的，是我们的希望所在。

图 2 　1986 年全国城市建设成就展览会，有色院展台，首次在国内宣传机械车库

图 3 　有色院展台向成千上万的人宣传了机械车库

这次参展最明显的效果是让成千上万的人知道了机械车库是什么，并且宣告了有色院在搞机械车库。这是在我国首次公开宣传机械车库。这件事引起了媒体的注意，展览会后，北京电视台（1986 年 12 月 10 日《北京新闻》节目）、北京青年报（1986 年 12 月 26 日）、北京晚报（1987 年 1 月 21 日）、建设报（1989 年 9 月 26 日）、中国有色金属报（1986 年 12 月 18 日）、城建参考（1986 年 12 月 25 日）等媒体都作了报道。这是又一轮的宣传，把展览会的影响又放大了。

展览会上，上海电视台的记者倪既新对这个项目表现出浓厚的兴趣。他对我说："你这个项目是亮眼的，在上海肯定大有用武之地，我想拍个专题片，在我台《科技之窗》节目中播出。"这真是送上门来的好事，我当

即答应，双方就拍片的一些细节问题交换了意见，很谈得拢。后来由于上海电视台很忙，拍摄工作拖了下来，直至 1987 年 10 月 11 日才又来到北京拍片，此片名为《机械停车库》，于 1987 年 10 月 23 和 24 日在上海电视二台播出。后来倪既新告诉我，此片得了奖，被列为全国 15 个城市交流节目。

然而，我并没陶醉在展览会的成功之中，因为我清醒地知道，展览会的最终目的是要找用户，于是展览会闭幕后便开始了跟踪寻找。

在展览会上，杭州市市长锺伯熙饶有兴趣地问了我一些问题，还特意给了我名片，并对随行人员说在××（杭州的一个地方，我当时没听清楚）可以建一个。会后我给杭州寄了资料，满怀信心地赶赴杭州，在那里我看到了相关主管领导在我给他们的材料上的批示："解决城市停车设施，是城市发展中一个重要问题。这份材料请你们研究，有可能搞一个试点，请同省并市建委研究。"我的到访，为落实这个批示提供了方便。1987年 1 月 24 日，浙江省建设厅专门召集了一个座谈会，交流了建机械车库的有关问题。但看似很有希望的事，以后便石沉大海，不了了之。

对展览会上其他对我们的车库感兴趣人的跟踪也都以失望告终，展览会成了过眼云烟，宣传效果确实不错，就是没人买。时间一天天地过去，半年过去了都没任何起色。其实，找用户的工作从一开始就在做，1985 年 6 月 11 日还跟哈尔滨市房屋土地综合开发公司签订了《关于建立机械车库的意向书》。双方表示，要加紧工作，促成机械车库在哈尔滨早日落成，为此，还规定了双方承担的工作。两年过去了，意向书成了一纸空文。

这一件件看似很有希望的事都落空了，我的心情也随着事态的发展"潮起潮落"。本来以为垂直循环式车库会首先在松花江畔竖立起来，那是我出生的地方，能为出生地添砖加瓦多么荣幸啊！随后又把希望转到了西子湖畔，这是人间天堂，第一个塔竖在这里也蛮不错嘛！然而，这都是梦，都破灭了。

那两年中，我听到的最多的问题就是："哪有？去看看！"我最怕的也就是这个问题，连我自己都没看过，国内没有，国外出不去，每每听到这个问题，我都感到

十分无奈。除此之外，诸如停电怎么办、出故障怎么办、故障率有多大、寿命有多长等等疑问都会问到你，而且不管怎么解释，都很难抹干净他们内心的这些问号。这恐怕是今天的同行们难以想象的。上哪去找这第一个吃螃蟹的英雄呢？真有点走投无路之感。另一方面，展览会把这个项目宣传出去了，也启发了一些人，他们表现出了对开发机械车库的兴趣，有的还扛着摄像机来拍模型，我感到自己是在培养竞争对手，弄得不好，让别人抢先了，不就事倍功半了吗？因此要抢时间，抢在别人之前把垂直循环式车库立起来。怎么才能尽快把这座塔竖起来呢？还是我的顶头上司成大先想出了办法：在自己院里建一座，又能自己用，又能给人看，还能作为研究对象，不断改进。他以科研处的名义给五位院领导打了个报告，两天后，党委书记、院长、主管副院长都批了：同意建，而且要不失时机尽快建。院领导如此果断和支持这个项目出乎我的意料，但让我没想到的是在落实地点时出了问题，本来相中的地方，地下管线太复杂，有的还不能挪动。一个好主意就这样流产了。那些日子真是一筹莫展。

用户还没有，整套图纸也没出来，要求协助制造的单位却闻风而来，其中最积极的是承德柴油机厂（承德华一的前身）。当时我们院长余明顺和承德市市长范文彬关系很好，承德市给了我们院一些项目，礼尚往来嘛，我们也得拿出点东西来，于是余院长向他们介绍了我们新开发的机械车库。范市长和承德市经济委员会主任王振权都对这个项目感兴趣，要求合作。合作的模式是：我们设计，他们制造，他们给我们技术费。余院长把承德想合作的意向告诉我们，让我们去考察。我和我的领导成大先、李长顺一起去了承德。承德市经委和承德市经济技术协作办公室接待了我们，安排我们考察了两个厂，承德柴油机厂和承德悬挂输送机械厂。这两个厂很让我们失望，它们都不具备生产垂直循环式停车设备的能力，大型设备没有，锻造能力不够，热处理设备简陋，传动部件的链轮、齿轮都干不了，机架镗孔、平面也无法加工，焊接件矫形有困难。它们都没干过这么大的东西，没经验，安装能力不足。企业管理也不看好。唯一可取之处是承德柴油机厂的积极性很高，它的柴油机已经下马，没有一个叫得响的产品，急于寻找一个好产品，以摆脱困境，市里也有意让机械车库把这个厂带起来。我们这一去，等于送宝上门。为拿到这个项目，市里和厂里协同作战，三天两头往我们院跑，上上下下做了很多工作。厂长张洪胜多次向我们表示，如果给他们干的话，他们会全力以赴搞好这个项目。尽管说得天花乱坠，可是工厂条件实在太差，让他们干真有些不放心。我们如实向余院长汇报了情况，详细说了工厂不具备生产机械车库的条件的情况。可是余院长不听我们的，他说："范市长跟我说了，厂里有困难，他可以组织在市里解决。你换个地方，厂里条件可能好一些，你能取得市里支持吗？"院长这么说，我们都哑口无言。就这样，承德柴油机厂得到了制造机械车库的承诺。1986年12月30日我们先跟承德市签订了协议，并答应承德柴油机厂第一台设备给它们制造。

制造厂确定了，用户还是找不到。找不到用户就意味着这个库建不起来，我们院是不可能投资的，好不容易想自己建一个，又建不成，另找投资者比找用户还难。到了1987年我们还在努力找用户。

1987年7月21日中国石油化工总公司北京设计院（以下简称石化院）来电话问车库平面尺寸，他们想在建办公大楼时把车库设计进去。紧接着，8月6日国家教委留学生招待所筹建处处长张玉笔亲自来我院谈车库有关技术问题和合同事宜。这两个单位都是从展览会上得知我们搞机械车库的。现在相继主动找来，在我心头激起一股暖流。但石化院只要求提供一些技术数据，以便在设计大楼时考虑，并不想马上上马，这下，我的心又凉了。

国家教委却很积极，经过一番紧锣密鼓的谈判，于9月8日签订了合同。根据合同，我们要向国家教委提供一套30个车位的垂直循环式机械车库，我方负责设计、制造、安装。至此，盼望将近三年的用户终于找到了。在我看来，这绝不仅仅是个用户，它是我的事业乃至中国的机械停车事业向前发展的一个推动力。张玉笔真是第一个吃螃蟹的英雄，功不可没。我钦佩他的勇气，他对机械车库兴趣极大，为人也很正直，很有人格魅力，后来我们成了很好的朋友。

与国家教委的合同签订后，根据事先的承诺，把这台设备的制造、安装包给了承德柴油机厂。他们唾手得到了梦寐以求的项目，很是高兴。9月26日厂里特意举行了合同签字仪式，从此开始了我们与承德的合作。这个合作意味着承德柴油机厂找到了新的方向，得到了一个好产品，而我们是技术所有者，是它依靠的对象，所以在头几年合作得挺好。我把市场信息毫无保留地交给了他们，让他们去跑市场。为表示与我们的亲近，他们把厂名改为"京承科工联合机械总厂（简称京承科工）"，京和科代表我们，承和工代表他们。

找到用户前，垂直循环式车库的设计始终处于零敲碎打的状态。有时间就干一点，没时间就停下来。用户找到后，就得尽快完成整套图纸设计。为此，又从组里抽调了张瑞锋，组长王德夫也参加了设计，加上段志军和胡静，形成了以我为首的五人小组。在成大先和李长顺的安排下，我又甩掉了组里的繁杂工作，9月14日，我们集中在一个房间里，"两耳不闻窗外事，一心只设计垂直循环式车库"。车库的电气部分由电力室陈守甫设计。这是一个强有力的设计班子。

垂直循环式车库可没有两层升降横移式好干，设计难度大多啦，比如防止干涉的问题、传动方式的问题、防止摆动的问题，尤其是链条，30多辆车吊在上面，参数怎么选取？强度怎么计算？材料怎么选择？都是问题。为寻求个理想方案，有一段时间我整天算来算去，划来划去。那时如果能到日本看一看就好啦，设计会顺利得多，心里也会有底得多。为此也曾跟余院长谈过，院长说，以后谁想起个新鲜玩意儿都要出国看看，怎么办？院长这么说，我能理解。因为那时国门刚刚打开，有幸出去的人都把外面的世界说得很精彩，谁不想出去看看呀，为出去而找理由的大有人在，院长也分不清楚你的出发点究竟是什么，于是采取了封杀政策。这一关门，确实给我的工作造成很大困难，见不到"庐山真面目"，只好"闭门造车"。凭着长期实际工作打下的设计功底，再加上一些日本资料的启发与引导，我完成了设计，而且具有自己的特点。最大的特点是，为消除客户对停电的担忧，设计了一套手摇机构。在高度为4米多的张紧部平台上，操控高度为20多米的传动部件平台上的机件，实现停电取车。

设计过程中，总有些不放心的地方，为校验设计计算的准确性，用实际部件做了两个试验。第一个试验是托架的强度和刚度试验，在托架上选了22个测试点，汽车开上托架，测出各测试点的应力和位移，然后与计算值和允许值比较，结果除悬吊梁的挠度略感较大外，其余都有合适的裕度。根据这一结果，增大了悬吊梁的截面。第二个试验是链条强度试验，这是在德国制造的400t拉压试验机上进行的，链条加上偏心模拟载荷，夹持在试验机上，徐徐加载，直至破断，测出不同载荷下的应力和最终的破断载荷。通过这个试验，发现两个问题：其一是安全系数不到7，其二是各零件的承载能力不均衡，薄弱环节是销轴。分析出设计偏差后，调整了设计参数，重新做了第二次试验，结果十分理想，安全系数超过7，而且销轴和链板基本等强度。这个试验非常重要，它使我明确了许多悬而未决的问题，使设计更加合理，用起来也就放心多了。

按合同，国家教委车库应该在1988年年底交付使用，在设备制造基本完成，准备安装的时候，11月4日张玉笔告诉我们，留学生招待所缓建，教委准备把这个车库挪到二电大楼去。不知道那里什么时候才能准备好安装条件，于是，眼看着要建成的车库又陷入了没有尽头的等待之中。真是好事多磨！

可是我们不能干等啊，于是我们与承德方商定先把这台设备装在厂里，用于试运转和扩大宣传。1989年5月这台垂直循环式停车设备在承德厂里运转了起来。这一转，大家都欢欣鼓舞，我当然也不例外，这里边凝聚着我将近五年的心血！五年啦！就建了这么个10辆车的样机，什么时候才能把它交给用户使用呢？只有天知道。样机总算有了，可以提供给大家看了，我们把感兴趣的人一拨一拨地请到厂里，让人们感受这种把汽车摞起来的停车方式。

为进一步扩大影响和提高这台设备的身价，1989年9月2日在承德召开了评议会。评议会由河北省计划经济委员会主持，国家计委、公安部、建设部、机电部、国家教委、北京市规划局、北京市交管局等单位近百人应邀参加会议，承德市市长范文彬、副市长谢应开亲临会议，有色院副院长陈楚材率有色院有关人员参加会议。我在会上做开发报告。会上垂直循环式停车设备受到了高度评价，说它"填补了国内空白""达到80年代国际同类产品水平"。会后多家媒体做了报道，最瞩目的是1989年9月5日中央电视台《新闻联播》节目的报道。

转过年，进入了20世纪90年代。开春后，石化院又来找我们，说他们要上车库了，由于两年前就做过技术商讨和配合，所以这次比较单一，就是谈合同。因为我们跟承德已经结为一体，我让他们跟承德方谈，于1990年4月27日签了合同。这个迟来的合同有点难啃，他们要求容纳小轿车和小面包车两种车型，两种车的高度不同，按轿车设计，面包车进不去；按面包车设计，空间又浪费太大。怎么才能使空间紧凑合理呢？又是个新问题。最终我们采用轿车托架的悬吊点与相邻托架空间交错的办法妥善地解决了这一问题。核心问题解决后，其他问题也都迎刃而解，再把样机中不尽如人意之处修改完善，做成一套定型图纸。

两年后，石化院车库建成，1992年5月16日进行了验收（见图4、图5）。至今，我都忘不了那个场面。那天，车库门前聚集着很多人，除有关人员外，还吸引了许多石化院的人前来看热闹，侧面办公楼的窗户里也探出了许多脑袋，面对这新鲜玩意儿，他们兴高采烈，有说有笑，赞扬声不断。我站在人群中，凝视着车库的运转，缄口无言，可内心却很不平静，始终有一种紧张情绪，生怕出点意外，当众出丑。直到甲方说："行了，就到这吧。"我这才松了一口气。熙熙攘攘的人群散开了，他们把我的紧张情绪也带走了，松弛下来的我还在注视着自己的作品，这时"她"越发显得可爱，真够争气的。我走过去，在"她"身上拍了几下，默默地说"好样的！"一股喜悦涌上心头……这喜悦包含了多少酸甜苦辣，是走过了多少艰难、崎岖、漫长的路才得到的啊。回顾起来，都八年啦。整整一个"八年抗战"！

八年来，这个垂直循环式车库赢得了不少荣誉。

1989年8月21日，赶在评议会之前，我们申请了垂直循环式车库的专利，1990年10月10日获专利局授权。把属于我们的、来之不易的知识产权置于法律

保护之中。

图4　我国第一座垂直循环式车库（1992年建成，可容16辆小轿车和10辆小面包车，坐落于石化院）

图5　石化院车库出入口

1989年9月通过了技术鉴定，1992年6月通过了新产品鉴定。两个鉴定都对该设备给予了极高评价。

1990年11月获部级科学技术进步奖二等奖。

1989年7月获首届北京国际博览会银奖。1990年12月获振兴河北经济奖。1991年4月获第二届北京国际博览会金奖。

而国家教委的车库却是另一番景象。由于国民经济计划调整，留学生招待所由缓建到停建，把车库挪到二电大楼去的事也没办成，教委不再需要这个车库，于

1993 年 10 月 26 日提出退货。这台车库没能为教委服务，我感到很可惜。我忘不了，这是我的第一个垂直循环式车库合同，是久旱逢甘雨；我忘不了，利用这个合同我们制作了样机；我忘不了，这台样机对我们总结技术和扩大宣传所起的作用；也忘不了，跟我签订合同的张玉笔对我们的支持。我理所应当地协助他们完成了退货，只是从感情上有点恋恋不舍，不愿意割断这一关系。

"八年抗战"中，起初我们还建了一座两层升降横移式车库，那是我国的第一座机械车库。论排行，这座车库屈居第二了。但它在我国机械车库发展史上所起的作用并不亚于第一座。在开发这座库的过程中，我倾注了大量心血。我们引进了停车新概念，倡导了用机械的办法把汽车摞起来的停车方式，并在社会上广为宣传，争取政府有关部门的支持，到处寻找用户，不断吆喝这件事。说得多了，总会产生一些社会影响。我们做了许多今天谁也看不见、谁也想不到的事。说得好听一点，是做了"超前"的事；说得实际一点，是做了"超累"的事。然而，这些事并没有白做，这座车库建起来了，就是回报。关键是我们坚持下来了，没有半途而废。苍天不负有心人啊！

这座车库的建设成功，促成了机械车库春天的来临。机械车库再也不是看不见的东西，它立在那里，想看的人都能看到，看到的人都挺喜欢，喜欢的人有想拥有的，它开始萌芽了。再加上时光已进入了 20 世纪 90 年代，人们的停车观念和停车需求也在朝着有利于机械车库的方向发展，使得以后的路好走得多，大有闯过难关之感。从那以后不再是八年建一台，而是一年能建数台。据不完全统计，在 20 世纪剩下的 8 年里，共建成了 46 座这种车库。这是 20 世纪我国使用最多、影响最大的一种机械车库，它们散布在全国九大城市，除了发挥其停车功能外，还起了播种作用，为我国机械车库的发展做出了贡献。

三、恩菲

设计院是干设计的，没有加工制造能力，遇到要加工的时候，就得外协。开发垂直循环式车库的过程中，

我们与京承科工结为合作伙伴。合作的方式是，我方设计，它制造，我方把技术转让给它，收取技术提成费。这是那个年代我们设计院与外单位合作的基本模式，虽然到了 1987 年这种合作的弊病已经显现出来，但我们还是没有冲破束缚，继续延用这种传统方式。

垂直循环式车库试制成功后，河北省也把它当成一项成果，因为是承德京承科工制造的嘛。1991 年，河北省省长叶连松率河北省代表团赴福建省招商引资，把机械车库这个项目也带去了，其间，香港祥业投资有限公司董事长颜章根先生看上了这个项目，要投资。有人投资是求之不得的事，不仅可以解决资金问题，而且可以得到优惠条件，还能挂上一个合资的标签，在那个年代，这对提高企业在人们心目中的地位非常有效。有利的事大家都愿意办，我作为有色院的一方与京承科工商量后，决定请颜章根来承德共商此事，颜先生的积极性也很高，很快就来到了承德。

三方的谈判很顺利，一致决定尽快组建一个合资公司。总投资 1700 万元，注册资金 1200 万元，京承科工出资 648 万元，拥有 54% 的股权；香港祥业出资 432 万元，拥有 36% 的股权；有色院技术入股，作价 120 万元，拥有 10% 的股权。这 10% 的股权显然太少，为平息我的不满情绪，另给我们每年 20 万元的技术补贴费。这是由于当时只有我们拥有这项技术，我们不干，合资公司就建不成。合资公司取名承德祥业自动化停车设备有限公司（简称承德祥业），京承科工的厂长张洪胜出任董事长兼总经理，香港祥业颜章根先生任副董事长，我任副总经理。1991 年 7 月 18 日在承德举行了合同签字仪式，8 月 14 日领到营业执照，中国第一个专营机械车库的合资公司宣告成立。

1991 年 9 月 6 日召开了承德祥业第一次董事会，搭起了公司的框架，开始工作。

1992 年 1 月 4 日开了经理会，在经营方式上做了大的调整，原本打算是要建厂的，筹备一段后，了解到征地费用太高，企业初期投资大，风险大，为轻装起步，尽快收到效益，决定暂不建厂，外协加工。承德祥业的职工基本上是从京承科工转过来的，是张洪胜精选的，一帮很能干的年轻人。在技术上，承德祥业得到了有色

院作为投资的整套垂直循环式图纸，此外，由于我是有色院机械所所长，机械所自然就成了承德祥业的技术后盾。工厂也不建了，技术后盾又有了，承德祥业要干的就是做好市场和每一项工程。

1992年7月2日，在北京新华社召开了新闻发布会，100多人应邀参加。会后中央电视台、北京电视台及首都十余家报纸作了报道，取得了较好的宣传效果。之后，在上海、杭州也都开了产品推广会。这三个城市都借会议的声势实现了销售，初步打开了局面。到1994年承德祥业成立三周年时，已签订销售合同4429.14万元，面对刚刚萌发的市场，这是个不错的成绩。1994年香港祥业收购了京承科工的股份，承德祥业变成了香港祥业和有色院的公司，我任副董事长兼总经理。

到1993年，我在机械车库这条路上已经走过了九个年头。九年来，历尽千辛万苦，总算把机械车库吆喝出去了，我们的技术得到了承认，还成立了个合资公司。可是下一步怎么走呢？作为开发机械车库的领头人，我必须考虑这个问题。当时我有三种选择。

一是靠承德祥业。那么承德祥业靠得住吗？它成立后的诸多事情都向我发出了警告。首先，京承科工和香港祥业只有15%的出资额是按合同要求支付的，根据合同，剩下的85%应在1992年年底之前全部缴清，可是它们谁都不想再出钱了。不按合同办事，诚意何在？信用何在？三家合资，只有我们技术股100%一次到位，其余两家只到位15%。实质上等于它们两家只用了15%的钱分享我们这套技术的90%。这样下去，能长久吗？就算我们认了，承德市工商局还不干呢，注册资金长期不到位能行吗？公司岌岌可危呀！再有，合资后不到两年，大股东京承科工更换法人代表，造成了大股东与合资公司之间的矛盾，而且种种迹象表明，这个矛盾会愈演愈烈，这给承德祥业蒙上了很大阴影。

二是不靠承德祥业，沿着技术开发的道路继续走下去，不断开发，不断转让，不断地充当技术服务的角色。这是按设计院的常规走路，平稳，没有风险，但是会吃亏，形不成自己的产业，技术得不到保护，技术收益没有保障，到头来只能看着别人发达。

三是搞自己的实业，成立自己的公司，变卖技术为

卖产品，创自己的品牌，闯一条新路。这样做困难大，有风险，但可以把事业搞起来。因过去技术转让的亏吃得太多，一桩桩的教训深刻脑中，我生怕机械车库也重蹈覆辙，艰辛耕耘，别人收秋。所以，横下一条心，坚定地走了搞自己的产业这条路。这也是时任有色院科研处处长和北京恩菲新技术开发公司总经理李长顺的主意。他思想敏锐、颇具前瞻性，有他的支持事情就好办了。1993年7月6日我和李长顺一起给有色院余明顺院长打了报告，分析了机械车库美好的发展前景，要求不失时机地成立一个专营机械车库的技工贸一体化的实体公司。这个想法得到了余院长的支持，9月28日北京恩菲自动化停车设备公司成立了。

新成立的公司隶属于北京恩菲新技术开发公司，1994年11月30日改为院属二级公司，1995年4月26日出于包装企业的目的，更名为北京恩菲停车设备集团（以下简称恩菲）。从恩菲成立到我退休，我在公司法人代表和总经理的"宝座"上坐了六年。

刚诞生的恩菲实际上只是一个空壳：人，只有我一个光杆司令；钱，一分都没有；房子倒是有一间，是借的；公司的第一笔钱也是借的，2万元，开账户用的；没有流动资金，连注册资金都没到位。实在没办法，我就从天津分院拨过来23万元（那时我兼任有色院天津分院院长），作为开办费。就这样起家，困难可想而知！办公司前，虽然对困难有所估计，但身临其境后，却是另一番滋味，没有条件硬要干，谈何容易！想来想去，路只有一条，到市场上去挣钱。

恩菲成立后的第一件事就是招兵买马，我网罗了跟我一起工作的伙伴们，他们都是我国机械车库的首批拓荒者，为恩菲立下了汗马功劳。随着时间的流逝，他们都成了恩菲的元老、行业的精英，其中张瑞锋、邵培毅至今还在为中国的机械停车事业奋斗.他们后来虽然离开了恩菲，但他们在开创恩菲的道路上所做的贡献是不可抹杀的，他们在恩菲练就的本领是他们自身的财富。

艰苦奋斗了8个月之后，恩菲开张了。1994年5月签订了第一个合同，从此，公司有了收入，有了全面开展工作的条件。

1995年是恩菲腾飞的一年，这年完成销售合同

1815.5万元，这在今天看来微不足道，可在23年前，汽车数量很少，停车需求很低，机械车库刚刚打开局面，有这样的成绩也很不错了，在有色院也算轰动了一下。当时，恩菲加上承德祥业，几乎垄断了中国市场。后来，由于种种原因，承德祥业自消自灭了。

在技术方面，恩菲始终坚持走自主开发的道路，不断推陈出新，发扬技术能力较强的优势，保持技术领先的地位。在恩菲成立之前，我们拥有的垂直循环式和两层升降横移式技术，是在只看到几本国外产品样本的情况下搞出来的，虽然它们覆盖了我国的初期市场，为确立恩菲的地位立了大功，但进入90年代中期，显得有些笨重和陈旧。恩菲成立后，把先进的触摸屏技术应用于垂直循环式停车设备，明显改善了设备的操作、显示系统，增加了科技含量。随后，又根据多年的使用经验并参考了国外资料，重新设计了垂直循环式第二代产品，每台重量减少了10余吨，尺寸更加紧凑，结构更为合理，第二代产品才算是达到了国外同类产品的水平，可惜没有生产几台便被随后兴起的垂直升降式淘汰。继升降横移式和垂直循环式两次填补国内空白后，恩菲开发的两层循环式于1998年建成，再一次填补国内空白，这是技术难度较大的项目，由张瑞锋主持设计，该项目用于窄长条的地下空间非常适宜。

恩菲的每一项技术开发都是逆常规走路，有人要，签了合同再开发。也就是说，不是开发出来再卖，而是卖出去再开发。这样做实属无奈，没有研发资金，又要生存，只好借鸡下蛋。没有图样就签合同是恩菲的"长项"，不过，运作起来还是很谨慎的，总是要先做样机，经过试验。也许是恩菲的技术功底强，也许是恩菲的运气好，打了不少这样的仗，没败过。

在我为恩菲的成绩沾沾自喜的时候，总忘不了1221事故，那是一场灾难，是我有生以来处理的最为棘手的事故。事情发生在1996年12月21日，我们在天津的一台垂直循环式车库发生了事故。据用户来电话说，一辆进库的车，前轮刚驶上托板，设备就转起来，把汽车前轮抬起，此时后轮还在地上，汽车歪斜着，被挤坏，幸亏没伤着人。我当即带几个人赶赴事故现场，经过近一周的时间，总算把事故处理完毕。甲方咬定设备是自己转起来的，我

怎么也不相信设备能自己转起来。设备转起来要同时具备四个条件：一是三组光电开关不被遮挡；二是急停按钮和同步保护开关不合上；三是选择一个非底部的车位号；四是按执行键。在汽车前轮刚驶上托板的时候，如不操作，充其量只有条件二满足，自己转起来才见鬼呢！为查明原因，双方共同检查了设备，找不出一点可能引起事故的毛病，而且在这之前已经运转了4621次，都很正常。再说，这套技术是成熟的，有几十台这种设备在运转，从没发生过这种事。但事故毕竟出了，我作为厂家的代表，当然希望大事化小、小事化了。我没有争辩，认倒霉，赔了点钱，了事。可事后回想起来，太窝囊。

1998年有色院推行新的发展计划，把北京恩菲停车设备集团改为北京恩菲科技产业集团。工商局给出了个主意，说："如果你们院有两万的集团，可以更名"。

为了给我们这帮人安个窝，院里决定另外成立一个"北京恩菲停车设备有限公司"。这是个个人参股的公司，有色院是大股东，占了34%的股权。其余66%的股权分给了包括原恩菲职工在内的40个人。我有3.99%的股权，是公司的第二大股东，任公司董事。为了让大家少出资，注册资金定为办公司的下限，50.12万元。这样就变成了一套人马两块牌子，需要哪块，打哪块。需要资信的时候，用集团；内部核算，用公司，运作起来倒也灵活。《香港商报》1998年9月1日对恩菲进行了报道（见图6）。

图6 《香港商报》1998年9月1日对恩菲的报道

1999年是我到点退休的一年，这时恩菲六岁。六年来，恩菲根据自身的条件制定了发展技术、开拓市场、外协加工的基本运营模式，把技、工、贸有机结合起来，建立市场营销、技术开发、生产制造、安装调试、售后服务的完整体系。恩菲建立了适合这一模式的各个部门，逐渐健全了管理制度。恩菲取得了新技术企业的资格，通过了ISO9001认证。恩菲被国家科委批准为"国家级科技成果重点推广计划"项目"立式机械车库"的技术依托单位和"建设部科技成果重点推广项目"机械车库的技术依托单位（见图7）。恩菲是行业协会（中国重型机械工业协会停车设备工作委员会）的副主任委员单位。

图7　恩菲获得的国家级证书

在我退休时，恩菲运转正常，有资金，有项目，有信息，有声誉，有技术，唯独没有的是债务。尤其可贵的是公司拥有一批忠于职守的职工，他们跟着项目经受锻炼，随着公司一起成长，他们是公司的宝贵财富。可以说，公司在市场经济的惊涛骇浪中生存了下来，并且为以后的发展奠定了良好的基础。公司取得这样的成果实属不易，这是全体员工用心血浇灌成的。在我脑子里经常浮现着大家一起奋斗的一幕幕的情景。大家为公司的困难而担忧，也为公司的成就而喜悦，每个人都融入这个集体中，共同品味着酸、甜、苦、辣。我真是感到，这是一个很有凝聚力的集体，是一个充满活力的公司，是一个很有希望的企业。我为创建、领导和交出这样一个公司感到欣慰！

我说欣慰，是基于这样一个现实：0投入。分母是0，不管分子大不大，用0除，其值总是无穷大。也就是说，

白手起家不容易，成绩说多大都行。作为交差，问心无愧！当然，这是一方面。如果站得更高一点，总会感到一些不足。最大的问题是我没为公司筹集到迅速发展所需的资金，关键是我没下功夫到社会上去找钱，只靠自己滚雪球。靠自己滚，也能大，但是要时间，这个时间就是风险，很可能在你还没滚大的时候，就被激烈的竞争冲垮。在我开创这份事业的时候，占了超前的天机，没有竞争，独享天下。那时的困难在于说服甲方使用机械车库，只要它用了，就是我的。可是到我临近退休的时候，情况就不同了，同行多起来了，竞争的态势已经拉开，再不迅速扩展自己就岌岌可危了。我反思了这个问题，向主管副院长说："我一直走的是自我发展的道路，事实证明，靠自己滚，只能混个温饱，很难迅速膨胀起来。搞企业，没有投入不行。"这是我拼搏多年的体会，我的话一出，即刻引起共鸣，那位副院长慷慨激昂地说："是啊！我们设计院天天给人家做可行性报告，哪一份报告里都有投入、产出。没有投入，哪有产出。轮到自己就不明白了。"我听了，一阵欢喜，心想，也许这位新上来的少壮院长有点魄力，敢投资，恩菲有转机了。结果还是，没动真格的。

进入21世纪，有色院调整了航向，砍掉了产业这一块。恩菲停车设备有限公司等十几个公司都取消了（见图8）。

图8　恩菲在复兴路临街楼顶上的广告牌

2006 年 1 月 22 日在有色院的安排下，我主持召开了恩菲停车设备有限公司股东大会。开场白上我说：

"今天由我来主持这次股东大会，我的心情十分沮丧，因为这次大会是为恩菲办后事的大会。我创建了这个公司，现在为它送行。……大家都知道，咱们开发机械车库起始于中国人还不知道什么是机械车库的年代，那是个完全没有市场的年代，在那个年代，我们生存了下来，发展了起来，而到了今天，机械车库市场蓬勃发展的今天，我们却死了！……"

四、返聘

20 世纪末，我退休后，被恩菲返聘。无官一身轻，心想，找机会再开发个项目吧。

2000 年 12 月的一天，我的办公桌上放了一张建筑平面图，我一看就知道"又来活了"。还没等我打开看，经营部经理邵培毅笑着走过来对我说："大连来个项目，你给做个方案？"我打开一看，天啊！这个方案怎么做？地下一层是柱距 8m 的 L 型空间，与地面不通，只能通到它下面的地下二层。地下二层倒是个长条形的空间，端部通到地面，进出口只能设在这。我看后，第一句话就是问邵经理："条件能变吗？"回答是："结构尺寸不能变了，这个楼已经封顶了。车库的位置不能变了，没别的地方了。进出口的位置不能变了，别的地方都出不来。"这三不变犹如三道紧箍咒，楼都封顶了，才回过头来弄车库，当然会有麻烦。我硬着头皮接下了这活，说："我试试看吧。"当时心里真是没底，不知道弄成个什么样的东西才能适合这条件。

接下来就是对着图样发呆，怎么弄都不合适。大概想了三、四天吧，突然开窍了，用平面移动加回转不就行了嘛。想到这里，一阵高兴，但马上又告诫自己，别高兴太早了，还不知道尺寸合不合适呢？因为空间已经定死了，如果机器塞不进去，全都白搭。要搞清楚这个问题，并不那么简单。在那之前没搞过平面移动式，手头没资料，得从头开始，也就是得从机器要完成的功能入手，把它分成几大部分，初步定出各部分的设计方案

和结构尺寸，然后组合起来，再看看整体尺寸是否合适？我这样做了，发现这个项目的土建空间很紧，采取些措施后，勉强可以把机器塞进去，但是安全裕度已经很低了，一旦出现点意想不到的事，补救起来可就没有膨胀的空间了。条件就这样摆着，干吧，有风险，不干吧，又不甘心。想来想去，最后横下一条心：干吧。

很显然，这个项目的前期工作，技术上是我的事，商务上是邵培毅的事。2001 年 1 月 8 日我写好车库方案设计说明书和报价书，交给甲方（大连数码大厦，后改名叫大连报业大厦）。在说明书中，我设计了两个方案。一个方案是完全按照甲方的条件做的，地下一层的车通过地下二层进出，这显然是不合理的。于是我又做了另一个方案，让地下一层的车直接进出，与地下二层互不干扰，这个方案不仅输送路径合理，调车快，还多出来 8 个车位，但需要甲方把地下一层的空调机房挪走。我们当然推荐后一个方案。甲方也是明白人，我们把理由说清楚后，他们也认为挪走空调机房是值得的。

这个方案采用四层平面移动式停车设备，共 64 个车位，可容纳 6 辆 5.2 m 的车和 58 辆 5m 的车。这个方案的设计特点如下：

1）车位纵向配置，由钢结构框架构成，每个车位有一个载车板。

2）每层配备一辆台车，用于汽车的纵向和横向输送，各移动台车可以同时工作，也可以与升降机同时工作。连续存取时，各层的移动台车可以同时完成各自的从停车位到升降通道旁的输送工作，等待在升降通道旁，升降台一到，便可进行水平与垂直的转运，即可以节省等待横向和纵向移动的时间。

3）设有两台升降机，用于汽车的垂直方向输送，使通行能力倍增，缩短了存取车的等待时间，而且，两套升降设备互为备用，即使一套出现故障，车库仍可继续使用。

4）L 形巷道的转角处设有回转盘，台车在此可以转向，以驶向 L 形巷道的另一边。这是解决 L 型巷道的关键所在。

5）采用变频调速，合理地控制设备的运行速度，确保起动、停止平稳，无冲击，并实现停位的高精度。

6）用工业控制计算机加 PLC 控制，配以功能强大的软件，确保设备的安全使用、可靠运行和控制精度。

7）在操作台上设有自动和手动两种操作方式，自动操作方式用于正常使用，手动操作方式用于设备调整和检修及应急操作。在运转设备上设有就地操作方式，维修时可以在设备跟前操作。三套操作系统互为闭锁，切换容易，使用方便。

8）用触摸屏操作，在触摸屏上显示有各种按钮和模拟图，非常直观，存、取车操作简便，一触即可。触摸屏还设有故障自动诊断功能，当设备发生故障时，对故障位置、故障原因、处理方法都有明确的指示，给使用和维修带来极大的方便。此外，还可以通过触摸屏进行必要的设定、调整、查询。

9）为确保在使用过程中人员和设备的安全，用机电结合、软硬件结合的方法，设置了一系列安全保护措施和闭锁检验环节，以求万无一失。

10）车库配有自动收费系统。存取车时，只需刷一下卡。

11）车库配有电视监控系统。在操作室可以看到车库内的运转情况和车库外的等待情况。

这些特点在今天看来有不少都算是常规了，可在当年，还是很先进的。因此，得到甲方赏识，战胜了竞争对手。

2001 年 3 月 26 日邵培毅代表恩菲签了合同。这个合同风险很大。合同规定，年底交付使用，总共只有 9 个月的时间，要完成一个高技术含量的全新项目，从设计开始，还要留出试验和修改的时间，设计的尺寸还必须控制在既定的空间内，而当时手头只有我上面说的那个方案。实现这个方案还有很长的路要走，在这过程中，出现任何意想不到的问题，都很难有回旋余地。方案做出来只能算是闯过了第一关，后边还有好几道险关呢。

4 月 5 日恩菲总经理胥思勇、副总经理张瑞锋和我专门开会研究这个项目的实施问题。会议决定，我为项目负责人，具体明确了项目负责人的工作范围和责任，并提供运作经费归项目负责人使用，详细规定了运作经费的使用范围。他们俩为这个项目大开绿灯。

设计是这个项目成败的关键，我挑选了恩菲最好的几位设计师，各分包一块，张瑞锋负责台车，李有川负责框架和辊道，谭平负责电气，廖乐光负责软件，我负责总体、回转盘、托板及一些从属部分。这是一个很强的设计集体，其中有两位教授级高工、三位高级工程师，而且都有多年停车设备设计经验，个个独当一面。这个集体果然不负所望，按时拿出了符合要求的设计。设计做出来，算是闯过了第二关。

样机组装起来了，没发现重大问题，小修小改当然有，但都很容易实现。9 月份准备好了试验条件，10 月 10 日正式开始试验。试验项目主要有：空、重载各部分挠度测定；各部分动作可靠性试验；动作准确性测定；确定最佳运动参数；噪声测定与限制；空、重载试运转等。试验很顺利，设计过程中的疑虑都消除了，缺陷也都弥补了。试验过后，我松了一口气，可以安排生产了，算是闯过了第三关。

一直到 2002 年 5 月甲方才通知我们进场安装，其实那时安装条件也还没完全准备好。只是根据合同，货发到现场，甲方要付我们一笔钱，为了早拿到钱，也就匆匆进场了。

开始安装的第一件事，我就让安装队仔细测量现场，因为我心里明白，这套设备的外形尺寸是压了又压，满满地塞进来，它与周围没什么间隙，如果土建施工的误差大了，就会造成很大麻烦。结果还真出了点问题，调整之后，虽然可用，却造成左进出口距墙太近，进出车有些不便。实在没办法，只能这样了。总算没出大问题，万幸！算是闯过了第四关。

至此，一切担心的事都解决了，剩下来的就是调试，实现整机联动，检查安全设施。对此我一点都不担心，我深信，出现任何问题都可以圆满解决，只是时间早晚的问题。由于整个大楼完工时间的推移，给我们留下了充足的时间。调试完成后，又进行了 3 天运转安全性检查，确认动作无误。2002 年 12 月 30 日通过验收，我代表恩菲与甲方的代表在验收文件上签了字（见图 9 ～图 11）。

图 9　大连报业大厦车库外貌（敞开双门，准备进车）

图 10　大连报业大厦车库 L 型巷道里的回转盘

图 11　大连报业大厦车库操作台

　　项目成功了，我交差了，一副重担撂下了，迎来我两年来最轻松的时刻。回顾这个过程，我像个登山者，在向上爬的过程中，感受到的只是累。登顶后，俯瞰脚下的世界，会忘记疲劳，悠然自得。我有时在想，这个项目简直是上天赐给我的一次机会，怎么偏偏让我遇到了这个 L 形的空间，正是这个曾经使我大伤脑筋的 L 形，却变成了这个车库最耀眼的特点，独一无二的。还有，这个预留空间的断面尺寸怎么那么合适，它再小一点就不行了。一切都那么巧，真像是为我量身打造的一样。

　　这个项目对恩菲意义重大，不仅仅在于它本身挣到了钱，更为深远的是，通过这个项目，开发出平面移动式停车设备，使恩菲的技术上了一个台阶，跻身于高端产品生产厂家行列。这已经是 2003 年了，独享天下的时代早已一去不复返了。这些年来，加入到停车设备行业的厂家与日俱增，其中不乏强劲对手，激烈竞争的局面已经形成，有了这项技术无疑国恩菲增添了活力。

南京特种电机厂有限公司
NANJING SPECIAL MOTOR FACTORY CO.,LTD.

合力

本公司专业制造电动机 50 年来，不断为全国起重机械、建设机械推出高品质的配套电动机产品，电动机生产规模位居国内同行业前列。先后主持参与了《电动机能效测试方法》等 8 个国家标准的制定。产品的注册商标"合力"牌是江苏省著名商标，"合力"牌电动机是江苏名牌产品。

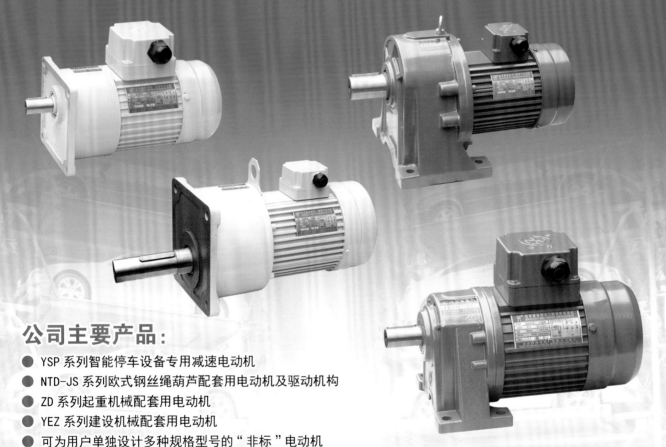

公司主要产品：

● YSP 系列智能停车设备专用减速电动机
● NTD-JS 系列欧式钢丝绳葫芦配套用电动机及驱动机构
● ZD 系列起重机械配套用电动机
● YEZ 系列建设机械配套用电动机
● 可为用户单独设计多种规格型号的"非标"电动机

◆电磁制动 ◆传动效率高 ◆运行平稳 ◆重量轻 ◆噪声低 ◆结构紧凑

地址：南京市六合区雄州东路 289 号 邮编：211500
电话：025-57512569、57512565、57759838 网址：//www.njtzdj.com
传真：025-57752314、025-57107279 邮箱：tzdj@njtzdj.com

参编单位

杭州西子智能停车股份
有限公司

山东莱钢泰达车库
有限公司

深圳怡丰自动化科技
有限公司

北京航天汇信科技
有限公司

浙江子华停车设备科技
股份有限公司

唐山通宝停车设备
有限公司

大洋泊车股份有限公司

山东天辰智能停车
有限公司

上海赐宝停车设备制造
有限公司

北京鑫华源机械制造
有限责任公司

明椿电气机械股份
有限公司

杭州友佳精密机械
有限公司

江苏金冠停车产业股份
有限公司

广东三浦车库股份
有限公司

上海浦东新区远东立体
停车装备有限公司

北京天宏恩机电科技
有限公司

上海天地岛川停车设备
制造有限公司

深圳市伟创自动化
设备有限公司

青岛齐星车库有限公司

仲益电机

唐山宝乐智能科技
有限公司

南京特种电机厂